Tendances des impôts sur la consommation 2022

TVA/TPS ET DROITS D'ACCISES, PRINCIPALES CARACTÉRISTIQUES ET TENDANCES

OCDE
DES POLITIQUES MEILLEURES
POUR UNE VIE MEILLEURE

Merci de citer cet ouvrage comme suit :
OCDE (2023), *Tendances des impôts sur la consommation 2022 : TVA/TPS et droits d'accises, principales caractéristiques et tendances*, Éditions OCDE, Paris, https://doi.org/10.1787/edb73711-fr.

ISBN 978-92-64-55787-1 (imprimé)
ISBN 978-92-64-74898-9 (pdf)
ISBN 978-92-64-37250-4 (HTML)
ISBN 978-92-64-81395-3 (epub)

Tendances des impôts sur la consommation
ISSN 1028-8171 (imprimé)
ISSN 1999-0987 (en ligne)

Les corrigenda des publications sont disponibles sur : www.oecd.org/fr/apropos/editionsocde/corrigendadepublicationsdelocde.htm.

Avant-propos

Cette publication est la quatorzième de la série *Tendances des impôts sur la consommation*, publiée tous les deux ans par l'OCDE. Elle présente des données comparatives internationales relatives aux impôts sur la consommation dans les pays membres de l'OCDE au 1er janvier 2022.

Les tableaux contenant des données provenant des *Comptes nationaux* et des chiffres relatifs aux recettes fiscales issus des *Statistiques des recettes publiques 2022* (OECD, 2022[1]) sont actualisés jusqu'à l'année 2020 comprise. Les niveaux des prix des carburants sont actualisés au 1er trimestre 2022 et proviennent des statistiques *Energy Prices and Taxes* (en anglais seulement) publiées par l'Agence internationale de l'énergie. Les données sur les différents pays ont, pour l'essentiel, été communiquées par les délégués auprès du Groupe de travail n° 9 du Comité des affaires fiscales.

Les taux de change utilisés pour convertir les monnaies nationales en dollar des États-Unis (USD) sont les taux moyens du marché pour 2021 extraits des *Statistiques monétaires et financières* de l'OCDE, sauf pour les tableaux d'annexe 3.A.6, 4.A.4 et 4.A.5, où les taux de marché pour le 1er trimestre 2022 sont utilisés dans la mesure où les données relatives aux taxes sur les carburants se réfèrent à cette période. Pour le tableau d'annexe 3.A.5, les taux de marché pour 2020 sont utilisés car les données relatives aux taxes sur le tabac se rapportent à cette année. Concernant les tableaux d'annexe 2.A.5 et 2.A.9, les taux à parité de pouvoir d'achat (PPA) pour le PIB (2021) sont utilisés car ils permettent une meilleure comparaison de la valeur des seuils d'exonération de la TVA. Ces taux de change peuvent être consultés à l'annexe B de cette publication.

Cette publication illustre l'évolution des impôts sur la consommation en tant qu'instrument servant à mobiliser des recettes fiscales et, souvent, à poursuivre des objectifs de redistribution, à soutenir l'activité des entreprises et à influencer le comportement des consommateurs. Elle recense et documente les nombreuses différences qui existent en matière de conception et de mise en œuvre des régimes d'impôts sur la consommation entre les pays de l'OCDE, y compris en termes d'assiette et de taux.

Le chapitre 1 présente des données internationalement comparables sur les recettes issues des impôts sur la consommation dans les pays de l'OCDE entre 1965 et 2020, et contient un rappel succinct de l'évolution des recettes tirées de la TVA et des droits d'accise pendant la pandémie de COVID-19. Il comporte également une présentation des principales caractéristiques de conception des taxes sur la valeur ajoutée, des taxes sur les ventes au détail et des droits d'accise. Le chapitre 2 décrit l'évolution des caractéristiques essentielles des régimes de TVA dans les pays de l'OCDE, y compris les taux, exonérations, restrictions au droit à déduction de la TVA acquittée sur les intrants, seuils d'assujettissement et de recouvrement, l'application de régimes de la marge et l'application de la TVA aux échanges numériques. Il fournit des estimations mises à jour du ratio des recettes de TVA (RRT) des pays de l'OCDE, qui donne une indication de l'effet des exemptions, des taux réduits et de la fraude fiscale sur les recettes de TVA. Il s'intéresse également aux évolutions des stratégies nationales en matière de lutte contre la fraude à la TVA et d'amélioration du respect des obligations en matière de TVA, y compris au moyen de déclarations numériques obligatoires, ainsi qu'à la coopération administrative dans le domaine de la TVA. Le chapitre 3 décrit les principales caractéristiques des droits d'accise et leur utilisation croissante en tant qu'outil pour influencer le comportement des consommateurs. Il présente le détail des droits qui frappent la bière, le vin, les boissons alcooliques, le tabac et le fioul domestique pour les ménages dans les pays de l'OCDE. Il procède également au chiffrage de la charge fiscale totale qui grève un paquet de cigarettes dans les pays de l'OCDE. Le chapitre 4 décrit les principales caractéristiques de la fiscalité des véhicules et l'usage qu'il en est fait pour influencer le comportement des consommateurs. Il donne des informations détaillées sur les impôts liés à la vente et à l'immatriculation des véhicules et sur les impôts périodiques, ainsi que sur les taxes appliquées aux principaux carburants routiers (essence sans plomb et gazole). Enfin, il fournit des informationssur la taxation du kérosène dans les pays de l'OCDE.

Cet ouvrage a été préparé sous l'égide du Groupe de travail n° 9 sur les impôts sur la consommation du Comité des affaires fiscales. Il a été rédigé par Stéphane Buydens, du Centre de politique et d'administration fiscales (CTPA) de l'OCDE, sous la supervision de Piet Battiau, Chef de l'Unité des impôts sur la consommation du CTPA.

Remerciements

Nous tenons à remercier les délégués auprès du Groupe de travail n° 9 sur les impôts sur la consommation d'avoir complété et mis à jour les tableaux en vue de cette publication. L'auteur souhaite également remercier le Professeur Walter Hellerstein (Distinguished Research Professor & Francis Shackelford Distinguished Professor in Taxation Law, University of Georgia) pour sa contribution sur les taxes sur les ventes aux États-Unis, ainsi que les experts qui ont participé à l'élaboration des tableaux relatifs aux taxes sur l'alcool et sur le tabac : Julia Altamirano Santibañez (Chili), Veli Auvinen (Finlande), Michael Hughes (Australie), Stephen Kent (Royaume-Uni), Eadaoin O'Donovan (Commission européenne), Anne-Marie Perucic (Organisation mondiale de la santé), Fabien Pezennec (France) et Hernán Sanchez Castillo (Colombie). L'auteur adresse aussi ses remerciements à Alexandre Bizeul et Pedro Carvalho (Agence internationale de l'énergie) pour leur aide sur les taxes sur les carburants.

Enfin, l'auteur tient à remercier Kurt Van Dender (Chef par intérim de la Division de la politique et des statistiques fiscales) ; Piet Battiau (Chef de l'Unité des impôts sur la consommation), Alexander Pick (Chef de l'Unité des analyses statistiques) ; Eduardo Jiménez, Emmanuelle Modica, Nicolás Miranda, Jonas Teusch et Dirk Röttgers pour leurs précieuses contributions. L'aide de Michael Sharratt pour les graphiques, le soutien de Karena Garnier pour la mise en page et l'assistance de Carrie Tyler et de Natalie Lagorce pour le processus de publication et les communications sont grandement appréciés.

Table des matières

Tableaux

Graphiques

Acronymes

B2B	Transactions entre entreprises
B2C	Transactions entre entreprises et consommateurs
BEPS	Érosion de la base d'imposition et transfert de bénéfices
BIAC	Comité consultatif économique et industriel auprès de l'OCDE
CAF	Comité des affaires fiscales
OACI	Organisation de l'aviation civile internationale
OCDE	Organisation de Coopération et de Développement Économiques
OMS	Organisation mondiale de la santé
PVD	Prix de vente au détail (pour les cigarettes)
TPS	Taxe sur les biens et services
TVA	Taxe sur la valeur ajoutée. Dans cette publication, « TVA » désigne tout impôt national qui réunit les caractéristiques fondamentales d'une taxe sur la valeur ajoutée, quels que soient sa dénomination ou son acronyme, « taxe sur les biens et services » (TPS) par exemple.
TVD	Taxe sur les ventes au détail
UE	Union européenne

Résumé

À 9.9 % du PIB dans les pays de l'OCDE en moyenne, les recettes tirées des impôts sur la consommation ont légèrement diminué en 2020, puisqu'elles s'établissaient à 10.0 % en 2019 et à 10.2 % en 2018. La part globale des impôts sur la consommation dans le total des recettes fiscales s'est repliée à 30.0 % en 2020, contre 30.6 % en 2019 et 30.8 % en 2018. Ce déclin est principalement attribuable à la baisse continue de l'importance des impôts sur des biens et services déterminés (essentiellement sur le tabac, les boissons alcoolisées et le carburant, ainsi que certaines taxes liées à l'environnement) en pourcentage du total des recettes fiscales dans les pays de l'OCDE en moyenne. Les taxes sur la valeur ajoutée (TVA) ont généré 20.2 % du total des recettes dans les pays de l'OCDE en moyenne en 2020. La TVA est ainsi, et de loin, la principale catégorie d'impôts sur la consommation, puisqu'elle procure près de trois fois plus de recettes fiscales que les droits d'accise qui forment l'essentiel des impôts sur des biens et des services déterminés, générant 6.9 % du total des recettes fiscales en 2020 en moyenne.

Principales tendances des impôts sur la consommation dans les pays de l'OCDE

- Entre 2018 et 2020, les recettes des impôts sur la consommation rapportées au PIB ont diminué dans 28 des 38 pays de l'OCDE, ont augmenté dans 9 pays et sont restées inchangées dans 1 pays. Les impôts sur la consommation procurent plus de 40 % du total des recettes fiscales dans 5 pays de l'OCDE (Chili, Colombie, Hongrie, Lettonie et Türkiye) et plus de 50 % dans 1 pays (Chili). Ils représentent moins de 20 % du total des recettes fiscales dans 3 pays de l'OCDE (États-Unis, Japon et Suisse).
- Les recettes issues de la TVA sont restées stables dans les pays de l'OCDE entre 2018 et 2020 en moyenne, soit 6.7 % en pourcentage du PIB en 2020 (le même niveau qu'en 2018 et 2019). La TVA procure un cinquième du total des recettes fiscales (20.2 %) en moyenne, et représente 20 % ou plus du total des recettes fiscales dans 21 des 37 pays de l'OCDE qui appliquent une TVA. 20 pays ont enregistré une baisse des recettes de la TVA en pourcentage du PIB entre 2018 et 2020, 13 ont constaté une hausse et 4 n'ont pas observé de changement. Des baisses de 0.5 point de pourcentage ou plus ont été enregistrées en Allemagne (-0.5 point), au Chili et en Islande (-0.6 point), en Grèce et en Slovénie (-0.7 point), ainsi qu'en Irlande (-0.9 point). Les plus fortes hausses se sont produites aux Pays-Bas (+0.6 point), en Norvège (+0.7 point), ainsi qu'au Japon et en Nouvelle-Zélande (+0.9 point).
- En valeur nominale, les recettes de TVA ont baissé en 2020 par rapport à 2019 dans 19 pays de l'OCDE, tandis qu'elles ont légèrement augmenté dans 12 pays et sont restées pratiquement inchangées dans 6 autres. Dans l'ensemble, les recettes de TVA ont reculé de 2.4 % en valeur nominale dans les pays de l'OCDE en 2020. Les chiffres préliminaires pour 2021 analysés dans l'étude spéciale de l'édition 2022 des Statistiques des recettes publiques consacrée à l'impact du COVID-19 sur les recettes fiscales dans la zone OCDE montrent que les recettes de TVA se sont accrues de 17.3 % en valeur nominale entre 2020 et 2021.
- Les recettes générées par les impôts sur les biens et services déterminés, majoritairement composés de droits d'accise, ont continué de baisser en pourcentage du PIB (à 3.0 % en 2020, soit un recul de 0.2 point par rapport à 2018) et en pourcentage de l'ensemble des recettes fiscales (à 9.1 % en 2020, soit une diminution de 0.6 point depuis 2018).

- Les taux normaux de TVA dans les pays de l'OCDE sont restés stables en 2022 à 19.2 % en moyenne. Deux pays (Allemagne et Irlande) ont réduit temporairement leur taux normal de TVA en 2020 (passant respectivement de 19 % à 16 % et de 23 % à 21 %) dans le cadre de leurs programmes de relance économique en réponse à la crise du COVID-19. Ils ont rétabli leur taux normal d'avant la crise depuis lors.
- En réponse à la pandémie de COVID-19, la plupart des pays de l'OCDE ont instauré des taux nuls (ou réduits) pour les fournitures et importations de matériel médical et de produits sanitaires (gants, masques, désinfectant pour les mains...) et pour les services de santé lorsqu'ils n'étaient pas déjà exonérés de TVA ou soumis à des taux réduits selon les règles normales. Certains pays ont abaissé temporairement leur taux de TVA pour stimuler la consommation et/ou soutenir des secteurs économiques spécifiques (tourisme et hébergement par exemple). La plupart des changements temporaires de taux adoptés en 2020 afin de faire face à la pandémie ont été supprimés en 2021, à l'exception de ceux en faveur des produits médicaux utilisés pour combattre le COVID-19. Plus récemment, plusieurs pays de l'OCDE ont instauré des réductions du taux de TVA pour tenter d'amortir l'impact de la hausse des prix de l'énergie. Ces mesures, généralement annoncées comme temporaires, peuvent s'appliquer aux produits énergétiques en général ou à des produits spécifiques tels que l'électricité, le gaz et le chauffage urbain.
- Tous les pays de l'OCDE dotés d'une TVA ont désormais mis en œuvre, ou se sont engagés à mettre en œuvre, les normes de l'OCDE en matière de collecte de la TVA sur les ventes de services et de produits numériques par des vendeurs en ligne situés à l'étranger. De nombreux pays de l'OCDE ont étoffé leur régime de TVA applicable au cybercommerce, notamment en vue d'inclure les ventes en ligne de petits colis qui sont importés de l'étranger par des places de marché électroniques étrangères ou d'autres vendeurs numériques. 26 pays de l'OCDE (Australie, Norvège, Nouvelle-Zélande, Royaume-Uni et les 22 pays qui sont des États membres de l'Union européenne) ont déjà mis en œuvre une réforme de ce type, en s'appuyant sur les orientations de l'OCDE.
- La plupart des pays de l'OCDE ont désormais adopté une obligation de déclaration des transactions électroniques sous une forme ou une autre, imposant la transmission d'informations détaillées au format électronique sur les différentes opérations imposables. Ces obligations sont hétérogènes d'un pays de l'OCDE à l'autre, et peuvent varier sur divers aspects tels que leur périmètre, les données collectées ou la fréquence des déclarations (systématique ou sur demande). 18 des 31 pays qui imposent une déclaration électronique des opérations exigent la transmission systématique de ces informations à l'administration fiscale, et 10 d'entre eux exigent que cette transmission ait lieu en temps (quasi) réel. Bien que la numérisation progressive des factures se poursuive et que la facturation électronique soit désormais autorisée dans tous les pays de l'OCDE, elle est obligatoire (à des degrés divers) dans 11 pays seulement.
- Les pays de l'OCDE utilisent les droits d'accise non seulement pour mobiliser des recettes, mais aussi pour influencer le comportement du consommateur lorsque la consommation de certains produits est considérée comme nuisible à la santé ou à l'environnement. Cette tendance est notamment illustrée par la charge fiscale totale sur les cigarettes, qui dépasse 60 % du prix à la consommation dans pratiquement tous les pays de l'OCDE, conformément à la recommandation de l'Organisation mondiale de la santé, et dépasse 75 % dans 21 pays de l'OCDE. En 2022, la charge fiscale totale qui grève le supercarburant sans plomb est supérieure à 40 % du prix à la consommation dans tous les pays de l'OCDE sauf huit. Le taux des droits d'accise demeure moins élevé pour le diesel que pour l'essence dans tous les pays de l'OCDE sauf quatre. Les carburants d'aviation restent souvent exonérés de taxes, surtout lorsqu'ils sont utilisés pour les vols commerciaux internationaux.
- La fiscalité des véhicules est elle aussi de plus en plus employée pour influencer le comportement des consommateurs et encourager l'utilisation de véhicules peu polluants. En 2022, pratiquement

tous les pays membres de l'OCDE tiennent compte de critères environnementaux ou de consommation de carburant pour déterminer le niveau d'imposition applicable à l'acquisition ou à l'utilisation de véhicules, et 26 d'entre eux pratiquent des allégements ou exonérations d'impôt à l'égard des véhicules électriques ou hybrides.

Le ratio des recettes de TVA dans les pays de l'OCDE

À l'échelle de l'OCDE, le ratio des recettes de TVA (RRT) moyen non pondéré est resté relativement stable à 0.56 en 2020, contre 0.55 en 2019 (soit une hausse de 0.01) et le même niveau qu'en 2018. La stabilité du RRT moyen la première année de la pandémie de COVID-19 contraste avec la forte baisse du RRT moyen survenue pendant la crise financière mondiale, puisqu'il était passé de 0.59 en 2007 à 0.53 en 2009. Le RRT moyen non pondéré de 0.56 en 2020 laisse penser qu'en moyenne, 44 % des recettes théoriques potentielles de TVA ne sont pas collectées. Ce ratio est une mesure comparative du rapport entre les recettes de la TVA effectivement collectées et celles qui auraient théoriquement été obtenues si la TVA avait été appliquée au taux normal à la totalité de l'assiette dans un régime de TVA sans aucune exonération. Il donne un indicateur prenant en compte les pertes de recettes dues aux exonérations et aux taux réduits ainsi qu'à la fraude et aux infractions fiscales.

1 Recettes des impôts sur la consommation : principales données et tendances

1.1. Introduction

Les impôts sur la consommation[1] correspondent à environ un tiers du total des recettes fiscales collectées dans les pays membres de l'OCDE. Ils se présentent sous deux formes communes : les impôts généraux sur la consommation (principalement les taxes sur la valeur ajoutée et les taxes sur les ventes au détail) et les impôts sur des biens et services déterminés (essentiellement les droits d'accise).

1.1.1. Classification des impôts sur la consommation

Selon la classification de l'OCDE, le terme « impôts » désigne uniquement les versements obligatoires effectués sans contrepartie au profit des administrations publiques. Dans la nomenclature de l'OCDE, les impôts se divisent en cinq grandes catégories : impôts sur le revenu, les bénéfices et les gains en capital (1000) ; cotisations de sécurité sociale (2000) ; impôts sur les salaires et la main-d'œuvre (3000) ; impôts sur le patrimoine (4000) ; et impôts sur les biens et services (5000), dont la composition est décrite en détail dans le Guide d'interprétation des Statistiques des recettes publiques de l'OCDE (OCDE, 2021[1]).

Les impôts sur la consommation (catégorie 5100 « Impôts sur la production, la vente, le transfert, la location et la livraison des biens et la prestation de services ») se répartissent essentiellement en deux sous-catégories :

- Les impôts généraux sur les biens et les services (5110), parmi lesquels figurent les taxes sur la valeur ajoutée (5111), les impôts sur les ventes (5112) et d'autres impôts généraux sur les biens et services (5113).
- Les impôts sur des biens et des services déterminés (5120) qui recouvrent essentiellement les accises (5121), les droits de douane et droits à l'importation (5123) et les impôts sur des services spécifiques (5126, parmi lesquels figurent par exemple les taxes sur les primes d'assurance et les services financiers).

Les impôts sur la consommation comme la TVA, les impôts sur les ventes et les accises sont souvent appelés impôts indirects. Ils sont généralement appliqués à des transactions, des produits ou des événements déterminés (OECD Glossary of Tax Terms (OCDE, 2022[2])) et collectés auprès des entreprises dans la chaîne de production et de distribution, avant d'être répercutés aux consommateurs finals dans le prix d'achat d'un bien ou d'un service. Ils ne portent pas directement sur le revenu ou le patrimoine, mais plutôt sur les dépenses que financent le revenu et le patrimoine.

1.1.2. Structure de ce chapitre

Ce chapitre présente tout d'abord des données comparatives internationales relatives aux recettes issues des impôts sur la consommation dans les pays membres de l'OCDE entre 1965 et 2020 (section 1.2), en mettant l'accent sur les deux principales catégories d'impôts sur la consommation dans les pays de l'OCDE, à savoir les taxes sur la valeur ajoutée (section 1.2.3) et les accises (section 1.2.4). Ces informations sont complétées par une présentation succincte de l'évolution des recettes tirées de la TVA et des accises pendant la pandémie de COVID-19, qui analyse les données préliminaires pour 2021 réunies dans l'étude spéciale de l'édition 2022 des Statistiques des recettes publiques portant sur l'impact du COVID-19 sur les recettes fiscales dans les pays de l'OCDE (section 1.2.6). Enfin, ce chapitre décrit les principales caractéristiques conceptuelles des taxes sur la valeur ajoutée (section 1.3), des taxes sur les ventes au détail (section 1.4) et des accises (section 1.5).

1.2. Évolution des recettes issues des impôts sur la consommation

1.2.1. Les impôts sur la consommation représentent 30 % du total des recettes fiscales dans les pays de l'OCDE, en moyenne

En 2020, les impôts sur la consommation ont représenté 30 % du total des recettes fiscales dans les pays de l'OCDE en moyenne, soit l'équivalent de 9.9 % du PIB dans ces pays (voir Tableau d'annexe 1.A.1). Environ deux tiers des recettes provenant de ces impôts étaient imputables aux impôts généraux sur la consommation (principalement la TVA et les taxes sur les ventes) et un tiers aux impôts sur des biens et des services déterminés (essentiellement les droits d'accise – voir Tableau d'annexe 1.A.2 et Tableau d'annexe 1.A.3).

Graphique 1.1. Recettes fiscales moyennes par catégories d'impôt en pourcentage du total des recettes fiscales en 2020

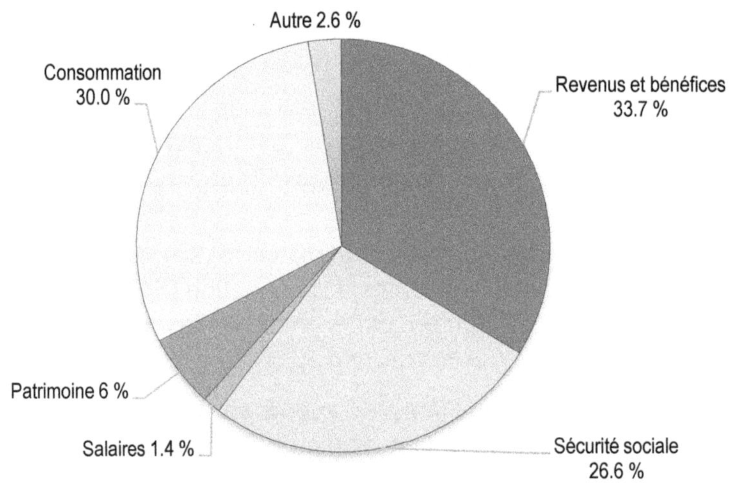

Note: Pourcentage des recettes totales 2020
Source: Statistiques des recettes publiques 2022, Éditions OCDE, Paris (OCDE, 2022[3]).

StatLink https://stat.link/ojy5p6

Entre 2018 et 2020, le ratio moyen des recettes des impôts sur la consommation rapportées au PIB a baissé de 0.3 point de pourcentage, passant de 10.2 % à 9.9 %. Au cours de cette période, ce ratio a diminué dans 28 des 38 pays de l'OCDE, a augmenté dans 9 pays (Australie, Japon, Lituanie, Mexique, Norvège, Nouvelle-Zélande, Pays-Bas, République slovaque et Türkiye) et est resté inchangé dans 1 autre pays (États-Unis). C'est en Slovénie, en Irlande et en Islande que la baisse a été la plus prononcée (respectivement 1.4, 1.2 et 1.0 point de pourcentage), et au Japon, au Mexique et en Norvège que l'augmentation a été la plus forte (0.7 point de pourcentage dans les trois cas).

La part globale des impôts sur la consommation dans le total des recettes fiscales a diminué de 30.8 % en 2018 à 30.0 % en 2020, alors qu'elle se situait à 32.1 % en 2010 en moyenne. Cette baisse résulte dans une large mesure du recul continu de l'importance des impôts sur des biens et des services déterminés en pourcentage du total des recettes fiscales dans les pays de l'OCDE en moyenne (voir les sections 1.2.2 et 1.2.4 ci-dessous). La part des impôts sur la consommation dans le total des recettes fiscales a diminué dans 26 pays entre 2018 et 2020, a augmenté dans 11 pays (Australie, Chili, France, Hongrie, Japon, Mexique, Norvège, Nouvelle-Zélande, Pays-Bas, Suède et Türkiye) et est restée inchangée dans 1 autre pays (Finlande). Les impôts sur la consommation génèrent plus de 40 % du total des recettes fiscales dans cinq pays de l'OCDE (Chili, Colombie, Hongrie, Lettonie et Türkiye) et plus de 50 % de ce total dans un pays (Chili). À l'inverse, ils représentent moins de 20 % du total des recettes fiscales dans trois pays de l'OCDE (États-Unis, Japon et Suisse).

1.2.2. Les impôts généraux sur la consommation génèrent deux fois plus de recettes fiscales que les impôts spécifiques sur la consommation

Les impôts généraux sur la consommation englobent la TVA, les impôts sur les ventes et d'autres impôts généraux sur les biens et services. Les recettes générées par ces impôts sont restées stables entre 2018 et 2020, à la fois en pourcentage du PIB et dans le total des recettes fiscales. Elles ont légèrement décliné en pourcentage du PIB (- 0.1 point de pourcentage), passant de 7.0 % en 2018 à 6.9 % en moyenne en 2020, et représentaient 20.9 % du total des recettes fiscales dans les pays de l'OCDE en moyenne en 2020, contre 21.1 % en 2018.

Leur importance varie considérablement d'un pays de l'OCDE à l'autre, à la fois en pourcentage du PIB et dans le total des recettes fiscales (voir Tableau d'annexe 1.A.2). Aux États Unis, en Australie, en Irlande et en Suisse, les impôts généraux sur la consommation représentent moins de 4 % du PIB, mais plus de 9 % au Danemark, en Finlande, en Hongrie, en Lettonie, en Norvège, en Nouvelle-Zélande et en Suède. Ils génèrent plus de 20 % du total des recettes fiscales dans 21 des 38 pays de l'OCDE. Les recettes provenant de ces impôts sont supérieures à 29 % du total des recettes fiscales au Chili, en Colombie, en Hongrie, en Lettonie et en Nouvelle-Zélande. À l'inverse, ils représentent moins de 15 % du total des recettes fiscales en Australie, au Canada, aux États-Unis, en Italie, au Japon, au Luxembourg et en Suisse.

L'évolution dans la durée montre que les pays de l'OCDE recourent de plus en plus aux impôts généraux sur la consommation. Depuis 1975, la part de ces impôts en pourcentage du PIB dans les pays de l'OCDE a considérablement augmenté, passant de 4.1 % à 6.9 % en 2020. Alors que ces impôts ne représentaient que 13.4 % du total des recettes fiscales dans les pays de l'OCDE en 1975, leur part a atteint 20.9 % en 2020.

1.2.3. La TVA demeure la principale source d'impôts généraux sur la consommation, et de loin

Les recettes issues de la TVA sont restées stables dans les pays de l'OCDE entre 2018 et 2020 en moyenne, soit 6.7 % en pourcentage du PIB en 2020 (le même niveau qu'en 2018 et 2019) et 20.2 % en pourcentage du total des recettes fiscales, contre 20.3 % en 2018 et 2019 (voir Tableau d'annexe 1.A.4).

21 pays ont enregistré une diminution de leurs recettes de TVA en pourcentage du PIB entre 2018 et 2020, tandis que 13 pays ont constaté une progression (Australie, Corée, Costa Rica, Danemark, Hongrie, Japon, Lettonie, Lituanie, Mexique, Norvège, Nouvelle-Zélande, Pays-Bas, République slovaque) et 4 pays n'ont pas observé d'évolution (Canada, Finlande, Suède et Suisse). Des baisses de 0.5 point de pourcentage ou plus ont été enregistrées en Allemagne (-0.5 point), au Chili et en Islande (-0.6 point), en Grèce et en Slovénie (-0.7 point), ainsi qu'en Irlande (-0.9 point). Les plus fortes hausses se sont produites aux Pays-Bas (+0.6 point), en Norvège (+0.7 point), ainsi qu'au Japon et en Nouvelle-Zélande (+0.9 point).

21 pays ont enregistré une diminution de leurs recettes de TVA en pourcentage du total des recettes fiscales entre 2018 et 2020, tandis que 13 pays ont constaté une augmentation (Australie, Chili, Costa Rica, Finlande, Hongrie, Japon, Lettonie, Luxembourg, Norvège, Nouvelle-Zélande, Pays-Bas, République slovaque, Suède) et 3 pays n'ont pas observé d'évolution (France, Israël, Lituanie). Des baisses de 1.0 point de pourcentage ou plus ont été enregistrées en Allemagne (-1.0 point), au Royaume-Uni (-1.1 point), en Grèce (-1.2 point), au Portugal (-1.3 point), en Islande (-1.6 point), en Slovénie et en Espagne (-1.9 point) et en Irlande (-2.2 points). Les plus fortes hausses se sont produites en Nouvelle-Zélande (+1.0 point), en Hongrie (+1.2 point), au Costa Rica (+1.9 point), au Japon (+2.1 points) et en Norvège (+2.4 points).

Les taxes sur la valeur ajoutée sont désormais appliquées dans 37 des 38 pays de l'OCDE, les États-Unis étant le seul pays de l'OCDE à ne pas avoir adopté de TVA. En 1975, treize des pays membres actuels de l'OCDE étaient dotés d'un régime de TVA (voir le tableau 2.A.1 en annexe du chapitre 2). La Colombie, l'Espagne, la Grèce, l'Islande, le Japon, le Mexique, la Nouvelle-Zélande, le Portugal et la Türkiye ont mis en place un système de TVA dans les années 80, et la Suisse a suivi peu après. Les économies d'Europe centrale ont introduit un système de TVA à la fin des années 80 et au début des années 90, souvent inspiré du modèle de l'Union européenne (UE) et dans la perspective de leur future adhésion à l'UE. Le Costa Rica a mis en place une TVA en 2019 et l'Australie a fait de même (« taxe sur les biens et services, TPS ») en 2000.

À plus long terme, les recettes issues de la TVA en pourcentage du PIB ont légèrement augmenté, passant de 6.5 % en 2005 à 6.7 % en 2020 en moyenne, et sont restées stables en pourcentage du total des recettes fiscales (20.2 %) au cours de la même période. Les recettes de TVA en pourcentage du PIB ont progressé dans 24 pays de l'OCDE entre 2005 et 2020, et ont diminué dans 13 pays (voir Tableau d'annexe 1.A.4). Au cours de cette période, les plus fortes hausses ont été constatées au Japon (+2.4 points), en Nouvelle-Zélande (+1.8 point), en Hongrie (+1.6 point), en Norvège et en Lettonie (+1.4 point) et au Canada (+1.3 point), tandis que les baisses les plus marquées se sont produites en Irlande (-3.9 points), en Islande (-2.7 points) et en Slovénie (-1.0 point). Les recettes de TVA en pourcentage du PIB ont diminué en moyenne dans les pays de l'OCDE sous l'effet de la crise financière mondiale entre 2007 et 2009, comme l'illustre le recul du ratio moyen TVA/PIB de 6.5 % en 2005 à 6.1 % en 2009. Les recettes de TVA en pourcentage du PIB ont renoué avec leur niveau d'avant la crise en 2012 en moyenne dans les pays de l'OCDE et sont restées relativement stables depuis lors.

Graphique 1.2. Taxes sur la valeur ajoutée (5111) en pourcentage du PIB GDP 2005-2020

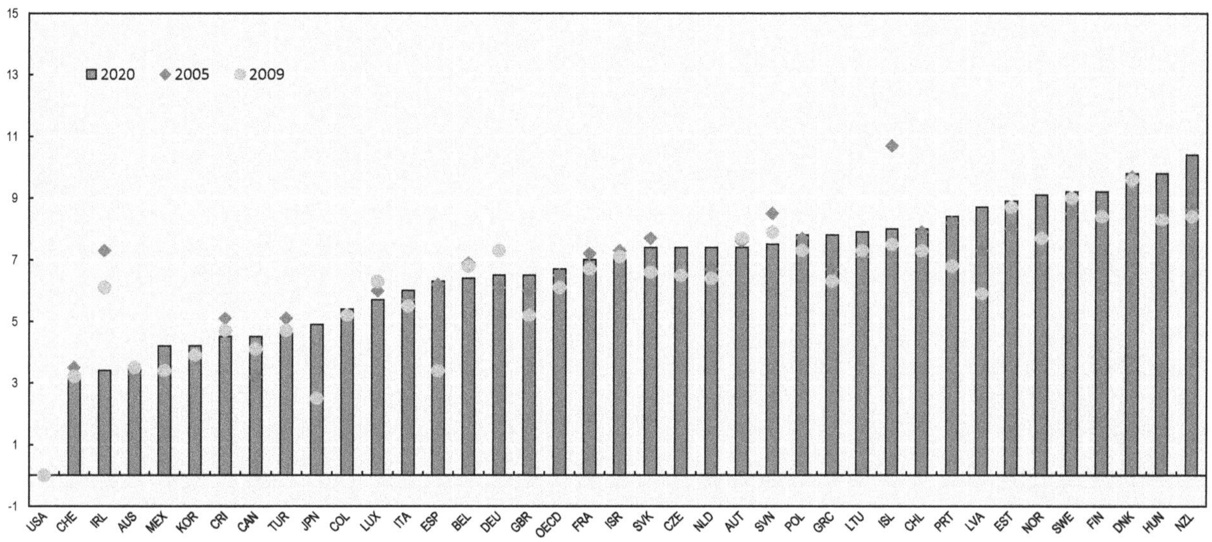

Source: adapté Statistiques des Recettes Fiscales OCDE 2022, Éditions OCDE, Paris (OCDE, 2022[3]).

StatLink https://stat.link/fvbk12

En 2020, la part de la TVA dans le total des recettes fiscales au sein des pays de l'OCDE s'inscrit dans une très large fourchette, allant de moins de 15 % en Australie, en Belgique, au Canada, en Italie, au Japon, au Luxembourg et en Suisse, à plus de 25 % au Chili, en Colombie, en Estonie, en Hongrie, en Lettonie, en Lituanie et en Nouvelle-Zélande. La TVA (TPS) génère 30.6 % du total des recettes fiscales en Nouvelle-Zélande et 41.1 % au Chili (voir le graphique 1.3 et Tableau d'annexe 1.A.4). La TVA génère au moins 15 % du total des recettes fiscales dans 31 des 38 pays de l'OCDE et représente plus de 20 % du total des recettes fiscales dans 21 de ces pays.

De nombreux facteurs influent sur le niveau des recettes de TVA et sur leur importance dans la composition des recettes fiscales d'un pays. À l'évidence, les décisions de politique fiscale concernant l'équilibre entre les différentes sources de recettes publiques jouent un rôle essentiel, mais l'efficience du système fiscal et sa capacité à collecter efficacement la TVA sont également décisives. Le principal facteur déterminant le niveau des recettes de TVA (et leur évolution) est la capacité d'un pays à prélever la TVA sur sa base naturelle, à savoir la consommation finale, minorée par l'application de taux réduits et d'exemptions, et sa capacité à combattre la fraude et la planification fiscales. La capacité à collecter la TVA sur les fournitures numériques en provenance de l'étranger joue également un rôle croissant. Ces facteurs d'efficience, dont l'impact est estimé par le ratio des recettes de TVA (voir le chapitre 2), jouent souvent un rôle plus important dans les recettes de TVA collectées par un pays que le niveau du taux normal de TVA (Keen, 2013[4]).

Graphique 1.3. Taxes sur la valeur ajoutée (5111) en pourcentage des recettes totales 2020

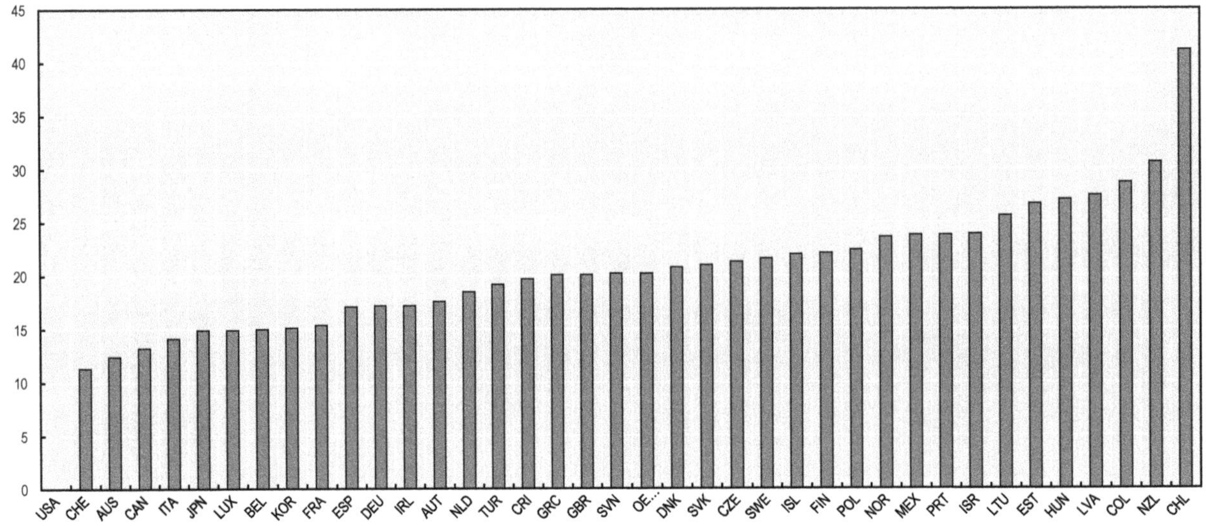

Source: Adapté de Statistiques des recettes fiscales OCDE 2022, Éditions OCDE, Paris (OCDE, 2022[3]).

StatLink https://stat.link/xksb73

1.2.4. Les impôts sur des biens et des services déterminés représentent désormais moins de 10 % du total des recettes fiscales

Le Tableau d'annexe 1.A.3 montre que les recettes provenant des impôts sur des biens et des services déterminés ont régulièrement diminué en pourcentage du PIB de 1975 à 2020 (4.6 % en 1975 et 3.0 % en 2020). La part des impôts sur des biens et des services déterminés dans le total des recettes fiscales a suivi la même évolution et a été pratiquement divisée par deux entre 1975 à 2020 (17.7 % en 1975 à 9.1 % en 2020 en moyenne). La part de ces impôts dans le total des recettes fiscales s'est contractée dans tous les pays de l'OCDE depuis 1975. Ils représentent désormais moins de 13 % du total des recettes fiscales dans tous les pays de l'OCDE, à l'exception du Mexique et de la Türkiye où leur part s'établit respectivement à 13.0 % et 22.4 %.

Les droits d'accise constituent la majeure partie des impôts sur des biens et des services déterminés, puisqu'ils représentaient 2.3 % du PIB en moyenne en 2020, contre 2.4 % en 2018. Ils ont été à l'origine de 6.9 % du total des recettes fiscales en 2020 en moyenne, contre 7.3 % en 2018. Entre 2018 et 2020, les recettes générées par les droits d'accise en pourcentage du PIB ont baissé dans 31 pays de l'OCDE, ont augmenté dans 3 pays seulement (Canada, Mexique et Türkiye) et sont restées inchangées dans 4 pays (États-Unis, Lettonie, Norvège et Suède). Les droits d'accise sont de plus en plus utilisés pour influencer le comportement des consommateurs, plutôt que pour générer d'importantes recettes fiscales. Cette question est examinée plus en détail au chapitre 3 et au chapitre 4.

1.2.5. La composition des impôts sur la consommation s'est radicalement transformée au fil du temps

La montée en puissance de la TVA dans les pays de l'OCDE au fil du temps est venue compenser le recul de la part des impôts sur des biens et des services déterminés, comme les accises et les droits de douane, dans le total des recettes issues des impôts sur la consommation. La part des impôts généraux sur la consommation (5110), et notamment de la TVA (5111), dans le total des recettes fiscales dans les pays de l'OCDE a pratiquement doublé entre 1965 et 2020, passant de 11.9 % à 20.9 % en moyenne (voir le graphique 1.4 et le Tableau annexe 1.A.6). En revanche, la part des impôts spécifiques sur la consommation (5120 ; sur le tabac, les boissons alcoolisées et le carburant, ainsi que certaines taxes environnementales) a été divisée par plus de deux pendant cette période, passant de 24.3 % à 9.1 % du total des recettes dans les pays de l'OCDE en moyenne. La part globale des impôts sur la consommation (5100) dans le total des recettes fiscales a chuté de 36.2 % à 30.0 % entre 1965 et 2020, tandis qu'elle a augmenté en pourcentage du PIB pendant cette période, passant de 8.7 % en 1965 à 9.9 % en 2020 en moyenne.

Graphique 1.4. Part des impôts sur la consommation en pourcentage des recettes totales 1965-2020

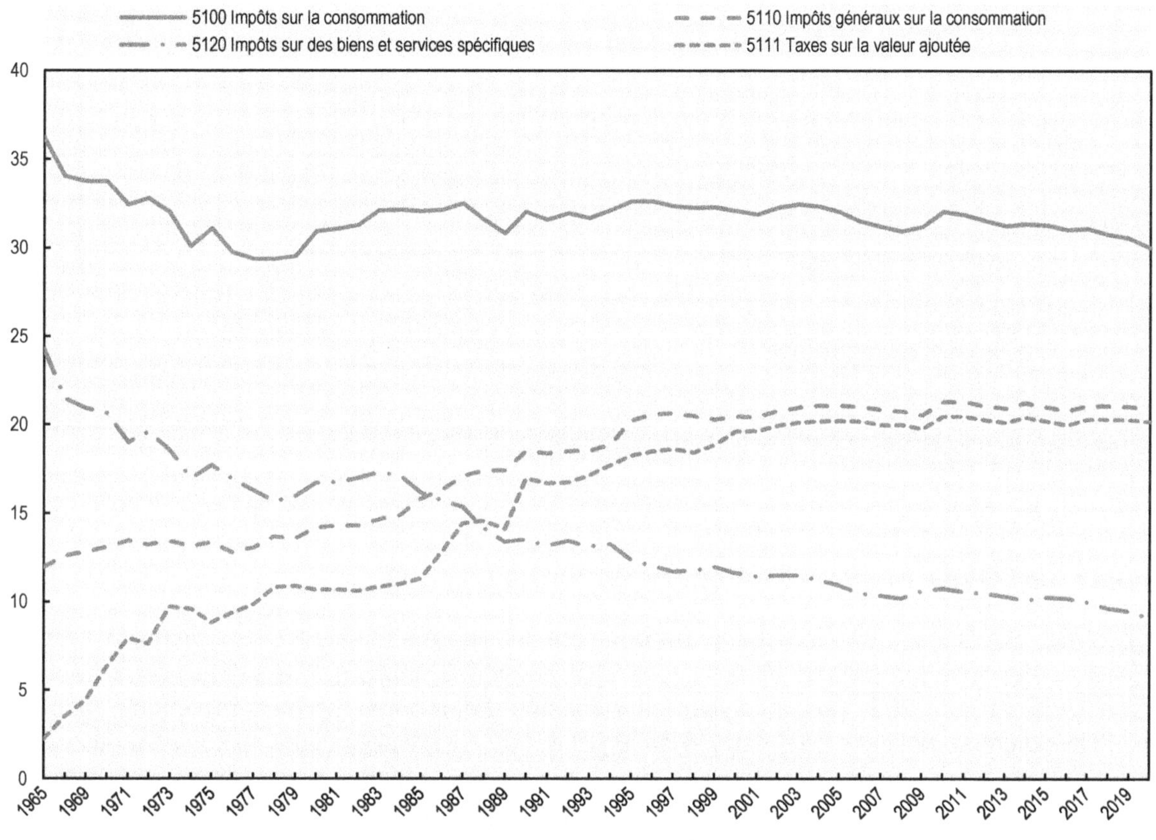

Source: Adapté des Statistiques des recettes fiscales OCDE 2022, Éditions OCDE, Paris (OCDE, 2022[3]).

StatLink https://stat.link/qu6vyg

Le Graphique 1.5 ci-dessous et le Tableau d'annexe 1.A.6 montrent l'évolution de la structure fiscale (part des principaux impôts dans les recettes fiscales totales) dans les pays de l'OCDE de 1965 à 2020. L'impôt sur le revenu des personnes physiques et les cotisations de sécurité sociale représentent plus de 50 % du total des recettes fiscales dans les pays de l'OCDE en 2020, générant respectivement environ 24.1 % et 26.6 % de ce total en moyenne. Avec environ 20 % du total des recettes fiscales, la TVA est la troisième source de recettes fiscales pour les pays de l'OCDE en moyenne. Les impôts sur les bénéfices des sociétés génèrent environ 10 % du total des recettes fiscales en 2020.

Graphique 1.5. Evolution de la structure fiscale en pourcentage des recettes fiscales totales 1965-2020

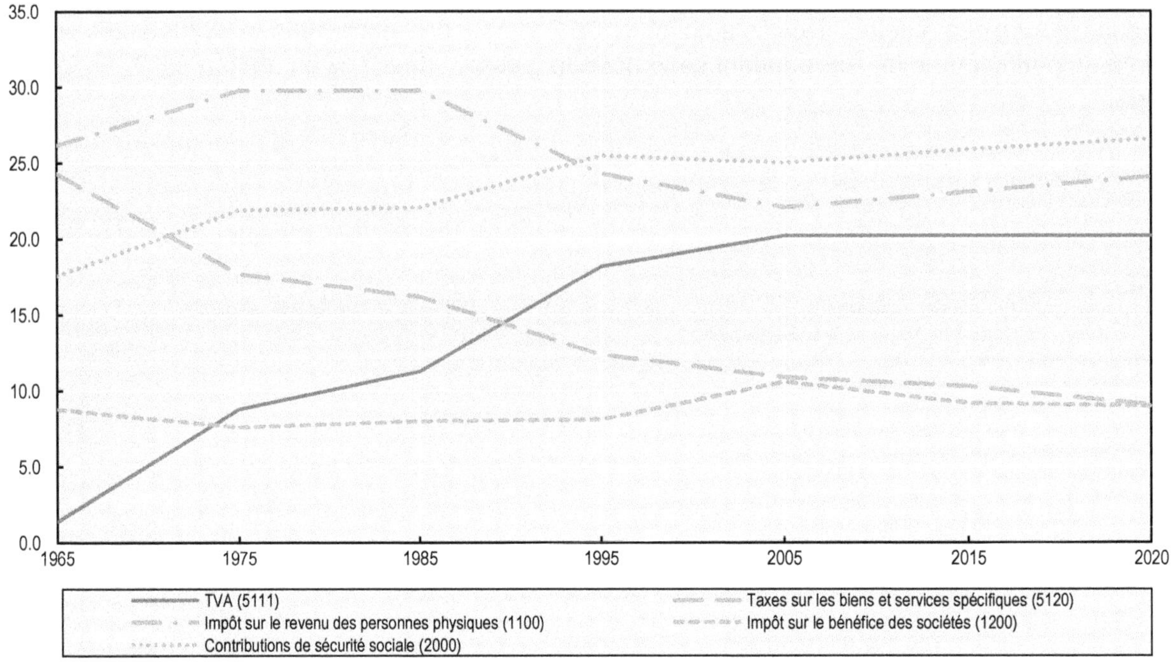

Source: adapté de Statistiques des recettes publiques OCDE 2022, Éditions OCDE, Paris (OCDE, 2022[3])

StatLink https://stat.link/7zpdni

1.2.6. Impact du COVID-19 sur la TVA et sur les droits d'accise

L'édition 2022 des Statistiques des recettes publiques contient une étude spéciale consacrée à *l'impact du COVID-19 sur les recettes fiscales dans la zone OCDE* (OCDE, 2022[3]). Elle utilise notamment les données préliminaires pour 2021 pour analyser les variations des recettes fiscales survenues dans les pays de l'OCDE au cours de la deuxième année de la pandémie. Les lecteurs sont invités à se reporter à cette étude spéciale pour une analyse détaillée de l'évolution des recettes fiscales dans les pays de l'OCDE en 2021, y compris des variations des principaux types d'impôts en valeur nominale et en pourcentage du PIB. La section ci-dessous rappelle succinctement les principales mesures se rapportant à la TVA prises dans le cadre des réponses budgétaires et fiscales des pouvoirs publics à la pandémie de COVID-19, et souligne les évolutions majeures des recettes issues de la TVA et des droits d'accise au cours de la deuxième année de la pandémie.

Les politiques fiscales ont été un outil essentiel dans la réponse apportée par les pouvoirs publics au COVID-19 dans la zone OCDE. Au cours de la pandémie, les objectifs de la politique fiscale se sont adaptés à l'évolution de la pandémie elle-même et aux objectifs d'action plus généraux des pouvoirs publics. Dans l'ensemble, les politiques fiscales menées en 2020 se sont caractérisées par des mesures visant à protéger les travailleurs et les entreprises des perturbations causées par la pandémie, tandis qu'en 2021 l'accent a été davantage mis sur les politiques en faveur de l'investissement et de l'accélération de la reprise après la pandémie. Certaines mesures de politique fiscale ont été adaptées au cours de la pandémie pour être mieux ciblées, tandis que d'autres ont été entièrement supprimées. Bien qu'il s'agisse majoritairement de mesures temporaires, la plupart d'entre elles ont été prorogées au-delà de leur durée initiale. D'autres sont devenues définitives.

Les mesures en matière de politique et d'administration de la TVA ont été un volet important de la réponse budgétaire et fiscale initiale des pouvoirs publics à la pandémie de COVID-19. Ces mesures visaient principalement à soutenir la trésorerie des entreprises, notamment au moyen de reports de paiement de la TVA et d'une accélération des remboursements des excédents de TVA d'amont, et à alléger la charge de conformité grâce à l'allongement des délais de dépôt et de déclaration. La plupart des pays de l'OCDE ont également pris des mesures en matière de TVA destinées à faciliter les réponses médicales face à l'urgence et à soutenir le secteur de la santé. Ces mesures incluaient notamment l'instauration de taux nuls (ou réduits) de TVA pour les fournitures et importations de matériel médical et de produits sanitaires (gants, masques, désinfectant pour les mains...) et pour les services de santé lorsqu'ils n'étaient pas déjà exonérés de TVA ou soumis à des taux réduits selon les règles normales (OCDE, 2020[5]).

Certains pays ont abaissé temporairement leur taux de TVA pour stimuler la consommation et/ou soutenir les secteurs économiques les plus durement frappés par la pandémie (tourisme, hébergement) (voir la section 2.2.3). Un petit nombre de pays de l'OCDE ont mis en place, à titre temporaire, des réductions de taux de portée plus générale. L'Allemagne a abaissé son taux normal de TVA de 19 % à 16 % et son taux réduit de TVA de 7 % à 5 %, avec effet à partir du 1er juillet et jusqu'à fin 2020. L'Irlande a ramené son taux normal de TVA de 23 % à 21 %, avec effet à compter du 1er septembre 2020 et jusqu'au 28 février 2021. La Norvège a décidé un abaissement de son taux réduit de TVA, de 12 % à 6 %, applicable à compter du 1er avril et jusqu'à fin 2020. La plupart des changements temporaires des taux de TVA adoptés en 2020 afin de faire face à la pandémie ont été supprimés en 2021, à l'exception de ceux en faveur des produits médicaux utilisés pour combattre le COVID-19.

Comme indiqué ci-dessus (section 1.2.3), les recettes de TVA sont restées stables dans les pays de l'OCDE en 2020, à 6.7 % en pourcentage du PIB en moyenne, soit 20.2 % du total des recettes fiscales, contre 20.3 % en 2018 et 2019. En valeur nominale, les recettes de TVA ont baissé en 2020 par rapport à 2019 dans 19 pays de l'OCDE, tandis qu'elles ont légèrement augmenté dans 12 pays et sont restées pratiquement inchangées dans 6 autres. Dans l'ensemble, les recettes de TVA ont reculé de 2.4 % en valeur nominale dans les pays de l'OCDE en 2020.

Les chiffres préliminaires pour 2021 analysés dans l'étude spéciale des Statistiques des recettes publiques 2022 montrent que les recettes de TVA se sont accrues de 17.3 % en valeur nominale entre 2020 et 2021. Ces recettes ont progressé dans tous les pays de l'OCDE, la hausse dépassant 20 % dans 9 pays. En pourcentage du PIB, les recettes de TVA ont augmenté dans 30 pays en 2021, sont restées inchangées dans 3 pays et ont baissé dans 3 autres pays. La hausse des recettes de TVA a dépassé 0.5 point de pourcentage, en pourcentage du PIB, dans 13 pays, et l'augmentation la plus marquée a été observée au Chili (+1.5 point). C'est en Norvège que la baisse la plus forte s'est produite, puisque les recettes de TVA en pourcentage du PIB ont décliné de 1.0 point, bien qu'elles aient augmenté de 8.5 % en valeur nominale (OCDE, 2022[3]).

Les recettes tirées des droits d'accise ont assez faiblement progressé, en valeur nominale, en 2021 (5.5 % contre une baisse de 5.4 % en 2020). En valeur nominale, elles se sont accrues dans 29 pays et ont reculé dans 8 pays. La hausse a dépassé 10 % dans 6 pays, tandis que la baisse a dépassé ce seuil dans 2 pays (OCDE, 2022[3]).

1.3. Principales caractéristiques conceptuelles de la TVA

1.3.1. La TVA est le principal impôt sur la consommation dans l'ensemble des pays du monde

Depuis le milieu des années 80, la TVA (également appelée taxe sur les biens et services - TPS) est devenue le principal impôt sur la consommation en termes de recettes et de couverture géographique. Elle est conçue comme un impôt sur la consommation finale qui est globalement neutre à l'égard du processus de production et des échanges internationaux. De manière générale, elle passe pour un impôt relativement favorable à la croissance. Beaucoup de pays en développement se sont dotés, au cours des deux dernières décennies, d'un régime de TVA destiné à compenser la perte de recettes issues des taxes sur les échanges commerciaux du fait de la libéralisation du commerce. Quelque 170 pays disposent aujourd'hui d'un système de TVA (voir annexe A) ; parmi eux figurent 37 des 38 pays membres de l'OCDE, les États-Unis constituant l'unique exception, bien que la plupart des États de l'Union disposent d'une taxe sur les ventes au détail sous une forme ou sous une autre. Ce chiffre a plus que doublé en 25 ans. La TVA génère environ un cinquième du total des recettes fiscales au sein de la zone OCDE et dans le reste du monde.

Bien que la manière dont les systèmes de TVA ont été mis en œuvre varie considérablement, cet impôt peut se définir par son objectif et son mécanisme spécifique de collecte de la taxe. Les *Principes directeurs internationaux pour la TVA/TPS* (OCDE, 2017[6]) donnent une vue d'ensemble des caractéristiques essentielles de la TVA, qui sont résumées ci-après.

La TVA est un impôt sur la consommation finale

L'objectif primordial d'un système de TVA est d'imposer la consommation finale sur une assiette large, le terme consommation devant être entendu comme la consommation finale des ménages. En principe, seules les personnes physiques, à la différence des entreprises, réalisent une consommation qui est visée par la TVA. « Les entreprises achètent et utilisent des biens d'investissement, des fournitures de bureau et autres – mais elles ne les consomment pas au sens propre du terme » (Hellerstein, 2010[7]). Néanmoins, en pratique, nombreux sont les systèmes de TVA qui grèvent non seulement la consommation des personnes physiques, mais aussi celle de diverses entités exerçant des activités non commerciales.

D'un point de vue juridique et pratique, la TVA est essentiellement un impôt sur les transactions : toutes les fournitures sont imposées tout au long de la chaîne de transactions par un processus de paiement fractionné, jusqu'au consommateur final.

On pourrait cependant faire valoir que la charge économique de la TVA pourrait, en pratique, reposer selon des proportions variables sur les entreprises et sur les particuliers. De fait, l'incidence effective de la TVA, comme celle de tout autre impôt, est déterminée non seulement par sa nature formelle mais aussi par les circonstances du marché, y compris l'élasticité de la demande et la nature de la concurrence entre fournisseurs (Ebrill, Keen et Perry, 2001[8]).

La TVA est collectée selon un processus fractionné

Le processus de paiement fractionné signifie qu'en principe, la TVA est perçue sur les ventes aux entreprises (B2B) ainsi que sur les ventes aux consommateurs privés (B2C). Toutefois, sa finalité étant de grever la consommation finale des ménages, la charge de la TVA ne devrait normalement pas reposer sur les entreprises elles-mêmes, sauf lorsque la législation le prévoit expressément (par exemple, dans le cas d'achats effectués pour la consommation privée par les propriétaires des entreprises ou par leurs salariés). Pour ce faire, les entreprises ont le droit de déduire la TVA qu'elles acquittent sur leurs intrants de la TVA qu'elles prélèvent sur leurs ventes, et de ne verser que le solde à l'administration fiscale. Chaque entreprise dans la chaîne de transactions participe au processus de contrôle et de perception de l'impôt et paie la proportion de taxe reposant sur sa marge, c'est-à-dire la différence entre la TVA imposée sur ses intrants taxables et la TVA imposée sur ses ventes taxables. À cet égard, la TVA se distingue d'une taxe sur les ventes au détail, qui impose la consommation en une seule étape, en principe au niveau du point de vente final.

Il existe deux méthodes principales pour mettre en œuvre le mécanisme du paiement fractionné : Selon la méthode soustractive indirecte (qui est une méthode fondée sur les transactions), chaque opérateur facture la TVA au taux prescrit sur chacune de ses prestations ou livraisons et remet à l'acheteur une facture indiquant le montant de la taxe facturée.

- L'acheteur peut à son tour déduire ce montant de taxe d'amont de la taxe facturée à ses clients. Il paiera le solde à l'administration fiscale ou percevra un remboursement le cas échéant. Cette méthode se fonde sur des factures qui peuvent, en principe, faire l'objet d'une vérification croisée pour détecter toute surestimation du montant déductible. En établissant un lien entre la déduction de la taxe sur les intrants de l'acheteur et la taxe payée par l'acheteur, la méthode soustractive indirecte vise à décourager la fraude.
- Selon la méthode soustractive directe (qui est une méthode fondée sur les entités), la taxe est appliquée directement à une mesure comptable de la valeur ajoutée, déterminée pour chaque entreprise en déduisant la TVA calculée sur les achats admissibles de celle calculée sur les prestations imposables.

Presque toutes les juridictions qui ont une TVA suivent la méthode soustractive indirecte. Parmi les pays membres de l'OCDE, seul le Japon utilise la méthode soustractive directe, dans laquelle la TVA sur les ventes imposables (taxe d'aval) est calculée en multipliant le montant total des ventes imposables par le taux de TVA ; pour sa part, le montant de la taxe d'amont déductible est calculé en soustrayant la TVA du montant total des achats TVA comprise tel qu'il ressort de la comptabilité des achats de l'entreprise (y compris les achats auprès de fournisseurs exemptés, tels que les petites entreprises non immatriculées, afin de ne pas créer d'incitations à acheter à des entreprises imposables), mais en excluant les ventes exonérées telles que les services financiers. La TVA due est calculée sur une base annuelle, sauf pour certaines entreprises qui peuvent opter pour une périodicité trimestrielle (les exportateurs qui peuvent prétendre aux remboursements de TVA, par exemple). L'émission de factures mentionnant la TVA n'est pas obligatoire ; les entreprises sont tenues de documenter leur application de la TVA et cette documentation peut contenir des factures.

Le principe fondamental de neutralité de la TVA

Le mécanisme de paiement fractionné, selon lequel la taxe est en principe collectée auprès des entreprises uniquement sur la valeur ajoutée à chaque stade de la production et de distribution, confère à la TVA sa principale caractéristique dans les échanges nationaux : sa neutralité économique. Le droit à déduction intégral de la taxe d'amont tout au long de la chaîne des transactions, à l'exception du consommateur final, garantit la neutralité de la taxe quels que soient la nature du produit, la structure de la chaîne de distribution et les moyens mis en œuvre pour sa fourniture (par exemple, magasins de détail, livraison à domicile, téléchargements sur Internet). En application du mécanisme du paiement fractionné, la TVA « transite par les entreprises » pour grever uniquement les ventes au consommateur final (le chapitre 2 des *Principes directeurs internationaux pour la TVA/TPS* (OCDE, 2017[9]) de l'OCDE présente les principes fondamentaux de neutralité de la TVA et un ensemble de normes internationalement acceptées à l'appui de la neutralité de la TVA dans le contexte des échanges internationaux).

Lorsque, sur une période donnée, la TVA déductible sur les intrants est supérieure à la TVA collectée sur les ventes, le paiement excédentaire de TVA qui est ainsi généré devrait être en principe remboursé. C'est notamment le cas pour les exportateurs, dont les ventes sont en principe exonérées de TVA (exemption avec droit à déduction la taxe d'amont correspondante) en vertu du principe de destination, et pour les entreprises dont les achats dépassent les ventes au cours de la même période (entreprise nouvelle ou en développement ou entreprise saisonnière, par exemple). Compte tenu du rôle important joué par ces catégories d'entreprise dans l'expansion économique, il est essentiel que les systèmes de TVA traitent efficacement ces soldes excédentaires pour éviter que ces entreprises ne subissent des distorsions majeures et coûteuses. Parallèlement, cependant, le paiement de remboursements peut de toute évidence ouvrir d'importantes possibilités de fraude et de corruption. Aussi, tout système de remboursement efficace doit être correctement administré, et étayé par une stratégie de conformité bien conçue et fondée sur les risques, et par une stratégie globale de vérification (Ebrill et al., 2001[10]).

Lorsque le droit à déduction couvre tous les intrants de l'entreprise, ce n'est pas sur les entreprises, mais sur les consommateurs que repose en définitive le paiement de la taxe. Ce n'est pas toujours le cas dans la pratique, car le droit de déduire la taxe d'amont peut faire l'objet de restrictions de plusieurs manières. Certaines sont délibérées et d'autres le résultat d'une administration imparfaite (voir chapitre 2).

L'application du principe de destination en matière de TVA assure la neutralité des échanges internationaux. Selon le principe de destination, les exportations sont exonérées puisque la taxe sur les intrants est déductible (elles se font donc en franchise de TVA) et les importations sont taxées sur la même base et aux mêmes taux que les transactions intérieures. Dès lors, le total de la taxe payée pour une transaction est déterminé par les règles en vigueur dans la juridiction de consommation, et toutes les recettes reviennent à la juridiction où a lieu la fourniture au consommateur final.

Les systèmes de taxes sur les ventes au détail, même s'ils fonctionnent différemment dans la pratique, ont aussi pour but d'imposer la consommation de biens et, dans une certaine mesure, de services, dans la juridiction de consommation. Les produits exportés sont généralement exonérés de la taxe sur les ventes afin d'assurer une certaine neutralité pour les échanges internationaux. Cela étant, dans la plupart des systèmes de taxes sur les ventes, les entreprises supportent dans une certaine mesure une taxe non récupérable sur leurs intrants et, si elles exportent des marchandises par la suite, leur prix intègrera en partie cette taxe.

1.3.2. La TVA est désormais appliquée dans 174 pays du monde entier

L'expansion de la TVA a constitué l'une des principales évolutions en matière fiscale intervenue au cours du dernier demi-siècle. Circonscrite à moins de 10 pays à la fin des années 60, la TVA représente actuellement une source majeure de recettes dans 174 pays (voir Graphique 1.1 et Annexe 1.A).

Le caractère de neutralité de la TVA dans le contexte des échanges nationaux et internationaux a encouragé sa propagation partout dans le monde. De nombreux pays en développement ont mis en place un système de TVA au cours des dernières décennies pour compenser la perte de recettes issues des taxes sur les échanges suite à une libéralisation du commerce. Dans l'Union européenne, la TVA est directement associée au développement de son marché intérieur. L'adoption d'un système commun de TVA au sein de l'Union européenne avait pour but de supprimer les distorsions commerciales associées aux impôts indirects en cascade que ce système remplaçait et de faciliter la création d'un marché commun dans lequel les États membres ne peuvent pas utiliser les impôts sur la production et la consommation pour protéger leur marché national ou pour obtenir un avantage compétitif par rapport aux autres États membres. Une TVA est appliquée dans 37 des 38 pays de l'OCDE, la seule exception étant les États-Unis.

Graphique 1.6. Pays ayant une TVA 1960 - 2022

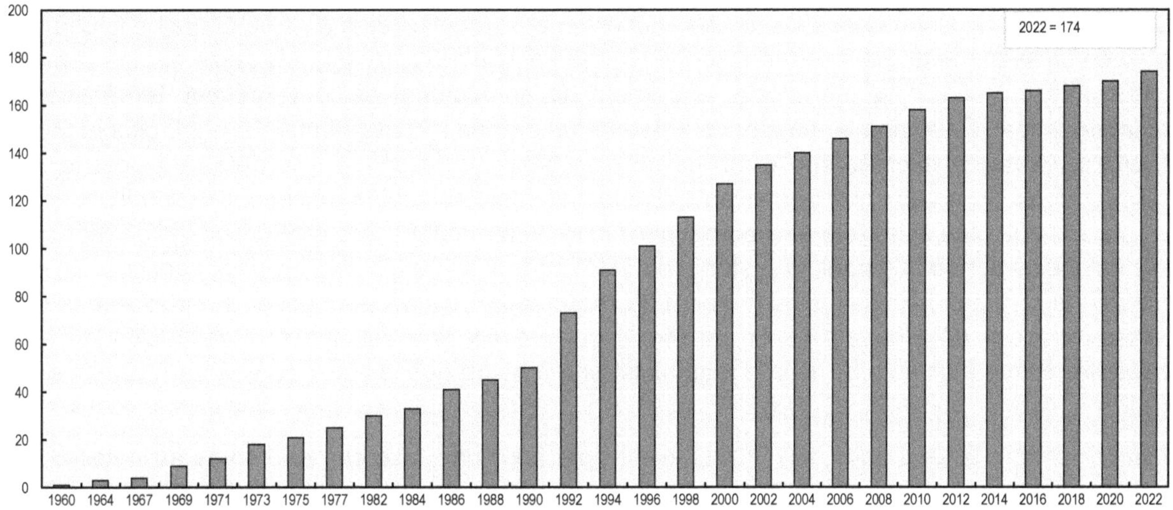

Source : travaux de l'auteur basé sur Fabiola Annacondia 2022
Note: voir Annexe A.

StatLink https://stat.link/z9udb1

1.4. Les taxes sur les ventes au détail et leur application aux États-Unis

Bien que la TVA soit aujourd'hui l'impôt général sur la consommation le plus répandu dans le monde (et dans la zone OCDE où 37 des 38 pays membres l'ont appliquée), il existe une autre forme d'impôt général sur la consommation : la taxe sur les ventes au détail. Une taxe sur les ventes au détail est un impôt général sur la consommation à la charge de l'utilisateur final et appliqué une seule fois sur les produits au point de vente ultime. En principe, seuls les consommateurs doivent la payer ; les revendeurs en sont exonérés s'ils ne sont pas les utilisateurs finals des produits. Pour mettre en œuvre ce principe, les entreprises acheteuses sont généralement tenues de remettre au vendeur un « certificat de revente », qui précise qu'elles achètent un article pour le revendre, ou une attestation équivalente qui prouve que l'entreprise se conformera à ses éventuelles obligations fiscales (un certificat de paiement direct, par exemple, qui est analogue au concept de l'autoliquidation). La taxe est facturée sur chaque article vendu aux acheteurs qui ne produisent pas un tel certificat ou une attestation équivalente. La taxe sur les ventes au détail concerne non seulement les détaillants, mais aussi toutes les entreprises qui traitent avec des acheteurs qui ne fournissent pas de certificat de revente ou un autre document précisant qu'aucune taxe n'est due (par exemple, un organisme public ou une œuvre de bienfaisance, sauf si une exonération spécifique s'applique).

L'assiette d'imposition est le prix de vente. Comme la TVA, et contrairement aux taxes en cascade, ce système permet un calcul précis de la charge fiscale et ne fait en principe aucune discrimination entre différents types de circuits de production ou de distribution. Dans la pratique, cependant, du moins aux États-Unis, bon nombre de services ne peuvent être assujettis à la taxe sur les ventes au détail et l'exonération en cas de revente se limite aux produits qui sont revendus sous une forme identique à celle qu'ils avaient quand ils ont été achetés, ou qui sont matériellement intégrés aux produits qui sont revendus, ce qui entraîne une lourde imposition des intrants des entreprises.

En théorie, la TVA et la taxe sur les ventes au détail devraient aboutir aux mêmes résultats : en définitive, ces deux impôts visent chacun à imposer la consommation finale d'un large éventail de produits sur le lieu de consommation. Elles s'appliquent aussi l'une comme l'autre aux dépenses de consommation, à savoir à la transaction entre le vendeur et l'acheteur plutôt qu'à la consommation à proprement parler. Dans la pratique, cependant, le résultat final peut être différent, dans la mesure où le mode de collecte de l'impôt est lui-même différent. Contrairement à la TVA, qui est une taxe collectée à chaque étape de la chaîne de valeur selon un système de paiement fractionné (voir la section 1.5 ci-avant), les taxes sur les ventes ne sont prélevées qu'au tout dernier stade, autrement dit au moment de la vente par le détaillant au consommateur final. Cette dernière méthode présente de grands inconvénients. En effet, plus le taux est élevé, plus la pression exercée sur le maillon le plus faible de la chaîne - le détaillant - est forte, en particulier pour les nombreux petits détaillants. Toutes les recettes sont menacées si le détaillant ne paie pas la taxe aux autorités et la piste qui pourrait permettre de procéder à des vérifications et de retracer les factures est moins bonne que dans le système de TVA, surtout en ce qui concerne les services. En outre, les recettes ne sont pas sécurisées au moment de l'importation, ce qui peut poser un problème crucial à de nombreux pays en développement. En conséquence, une telle taxe est efficace à des taux relativement bas, mais elle est de plus en plus difficile à administrer à mesure que les taux augmentent (Smith et Tait, 1990[11]).

Les États-Unis sont le seul pays de l'OCDE ayant opté pour une taxe sur les ventes au détail comme principal impôt sur la consommation. Cela étant, cette taxe n'est pas un impôt national. Elle est en fait un impôt infranational prélevé à l'échelon des différents États et des collectivités. Actuellement, 45 des 50 États, ainsi que des milliers de juridictions fiscales locales, lèvent des taxes générales sur les ventes au détail. Dans la plupart des cas, la couverture des taxes locales est pratiquement identique à celles des États, elles sont administrées au niveau des États et correspondent en substance à une simple majoration du taux de la taxe de l'État, les recettes supplémentaires étant transférées aux collectivités locales. Les taxes sur les ventes au détail sont complétées dans chaque État par des taxes d'« utilisation » fonctionnellement identiques, appliquées aux biens achetés auprès de vendeurs situés à l'extérieur de l'État, car les États n'ont pas le pouvoir de taxer des « ventes » qui n'ont pas lieu sur leur sol et appliquent donc une taxe complémentaire au titre de « l'utilisation » sur leur territoire (Hellerstein, Hellerstein et Appleby, 2022[12]).

Aux États-Unis, les taux combinés des taxes sur les ventes des États et des collectivités locales varient considérablement, de 1.76 % (Alaska), 4.44 % (Hawaï) et 5.22 % (Wyoming) à 9.55 % (Louisiane et Tennessee), 9.47 % (Arkansas) et 9.29 % (Washington). Cinq États n'ont pas de taxe sur les ventes à l'échelle de l'État entier (Alaska, Delaware, Montana, New Hampshire et Oregon), et parmi ces États, seul l'Alaska autorise les collectivités locales à appliquer des taxes sur les ventes locales et le Montana autorise le prélèvement de taxes spéciales dans des lieux de villégiature (Fritts, 2022[13]). Ces taux sont (nettement) inférieurs aux taux de TVA applicables dans les pays de l'OCDE. Cela s'explique par deux principaux facteurs : les risques d'indiscipline fiscale associés à la méthode de collecte de l'impôt sur les ventes (voir ci-avant) et la concurrence entre juridictions (voir ci-après).

Les taxes sur les ventes au détail et les taxes d'utilisation en vigueur aux États-Unis sont soumises à de fortes pressions concurrentielles, surtout dans le contexte des échanges entre États et internationaux. Avant la décision de la Cour suprême dans l'affaire *South Dakota v. Wayfair, Inc.* (juin 2018), les décisions de la Cour suprême interprétant les restrictions constitutionnelles à l'imposition des États interdisaient à ceux-ci d'exiger des vendeurs qu'ils collectent la taxe sur les ventes réalisées à l'occasion d'échanges entre États quand ils n'étaient pas physiquement présents dans l'État de l'acheteur. Les États n'étaient donc pas en mesure de recouvrer efficacement les taxes d'utilisation sur les ventes entre États dans les cas de ventes à distance, un problème qui a pris de l'ampleur avec l'avènement de l'Internet et des ventes en ligne. Dans l'affaire *Wayfair*, la Cour a supprimé le critère de présence physique pour l'application des obligations de collecte de la taxe par les vendeurs à distance, le jugeant « peu judicieux et incorrect », et a confirmé une législation du Dakota du Sud qui impose ces obligations aux vendeurs à distance qui réalisent un chiffre d'affaires annuel dans l'État supérieur à 100 000 USD ou qui accomplissent au moins 200 transactions distinctes dans l'État. En remplacement de l'exigence de présence physique des vendeurs à distance dans l'État où sont situés leurs clients, la Cour a adopté une règle du lien avec l'État (« nexus ») qui cherche à déterminer si le vendeur « peut se prévaloir du privilège essentiel de mener des activités » dans l'État sur la base de ses « contacts économiques et virtuels » avec cet État.

Bien que les principes généraux décrits par la Cour dans l'affaire *Wayfair* ne donnent guère d'indications aux administrations fiscales et aux conseillers fiscaux des États quant à la nature et au degré des contacts « économiques et virtuels » qui satisfont à la règle du lien applicable aux vendeurs à distance, la Cour a mis en évidence plusieurs caractéristiques de la législation du Dakota du Sud qui, selon elle, visaient à alléger les contraintes pesant sur les échanges entre États et qui aident ainsi implicitement les États à concevoir leur régime fiscal à l'avenir. Premièrement, la règle de lien prévoit une clause de protection en faveur des vendeurs qui réalisent un faible volume de transactions dans l'État. Deuxièmement, la législation ne s'applique pas de façon rétroactive. Troisièmement, le Dakota du Sud est l'un des États (plus d'une vingtaine au total) à avoir adopté l'Accord de rationalisation de la taxe sur les ventes et de la taxe d'utilisation (SSUTA – qui peut être consulté sur www.streamlinedsalestax.org), qui « harmonise les taxes de manière à réduire les coûts administratifs et de conformité ». Comme la Cour l'explique : « Cet Accord exige l'existence d'une administration fiscale unique au niveau de l'État, une définition uniforme des produits et des services, un barème de taux d'imposition simplifié et d'autres règles harmonisées. Il donne aussi aux vendeurs accès gratuitement au logiciel d'administration de la taxe fourni par l'État. Les vendeurs qui choisissent d'utiliser ce logiciel échappent à l'obligation d'audit ». De fait, en juin 2022, chacun des 45 États dotés de taxes sur les ventes avait adopté une législation ou des dispositions administratives imposant des obligations de collecte de la taxe aux vendeurs à distance et aux plateformes numériques en fonction de seuils analogues à ceux défendus par la Cour dans l'affaire *Wayfair*, et plus de la moitié de ces États sont membres du SSUTA, un chiffre appelé à croître à l'avenir. On notera également que le Congrès des États-Unis a en dernier ressort le pouvoir (indépendamment de règles de lien éventuelles préexistantes établies par la justice) de définir les conditions auxquelles les vendeurs à distance doivent collecter la taxe sur les ventes entre États, et pourrait approuver une proposition de loi qui autoriserait les États à exiger cette collecte s'ils ont adopté le SSUTA ou des mesures semblables pour permettre aux vendeurs de se conformer plus facilement à leurs obligations fiscales.

1.5. Les droits d'accise, instrument utilisé pour influencer le comportement des consommateurs

Dans la nomenclature de l'OCDE, les impôts sur des biens et des services déterminés (5120) englobent différents types de taxes comme les accises, les droits de douane et les taxes à l'importation, les taxes à l'exportation et les taxes sur des services déterminés. Les *Tendances des impôts sur la consommation 2022* s'intéressent uniquement aux accises.

Un certain nombre de caractéristiques générales différencient les droits d'accise des taxes sur la valeur ajoutée :

- Ils sont perçus sur un nombre limité de produits.
- Ils ne sont normalement dus qu'au moment où les marchandises sont mises à la consommation, souvent au dernier stade dans la chaîne des transactions.
- Les accises sont généralement calculées sur la base du poids, du volume, de la teneur ou de la quantité du produit, combinés dans certains cas avec des taxes *ad valorem*.
- À la différence de la TVA, le système des accises est donc caractérisé par un petit nombre d'assujettis au stade de production ou du commerce de gros (même si, dans certains cas, les accises peuvent aussi être perçues au stade de la revente).

Alors que la TVA existe depuis une soixantaine d'années, les droits d'accise remontent, eux, à l'aube de la civilisation. Prélevées sur une gamme de produits bien précis, les accises sont calculées par référence à diverses caractéristiques comme le poids, le volume, le degré ou la quantité, à quoi s'ajoute parfois une imposition en fonction de la valeur du produit. Bien que dans l'intégralité des pays de l'OCDE et ailleurs, les droits d'accises s'appliquent communément aux alcools, tabacs et carburants, leurs assiette, méthode de calcul et taux varient considérablement d'un pays à l'autre, en fonction de la culture locale et des pratiques historiques. Les autorités recourent de plus en plus souvent aux droits d'accise afin d'influencer le comportement des consommateurs et d'atteindre des objectifs de santé publique et environnementaux.

Comme la TVA, les accises se veulent neutres pour les échanges internationaux. La taxe étant normalement collectée quand les biens sont mis à la consommation, la neutralité est souvent assurée en exemptant les biens ciblés des droits d'accise dans des régimes de contrôle (comme les entrepôts sous douane) et au moyen d'une certification de l'exportation finale (là encore dans des conditions contrôlées) délivrée par les services douaniers. De même, pour les marchandises importées soumises à accises, le prélèvement se fait au moment de l'importation, même si les marchandises sont fréquemment couvertes par des régimes contrôlés de franchise d'impôt jusqu'à leur mise à la consommation.

Les accises peuvent couvrir une grande diversité de produits comme le sel, le sucre, les allumettes, les jus de fruits ou les chocolats. Cependant, la gamme des produits soumis à accises a diminué avec l'expansion des impôts généraux sur la consommation. Par contre, les accises sur l'alcool, le tabac et les hydrocarbures sont de plus en plus utilisées par les États pour influencer le comportement des consommateurs, et continuent de générer des recettes publiques considérables (voir les chapitres 3 et 4).

Ces dernières décennies, une tendance a émergé qui a consisté à attribuer à ces taxes d'autres fonctions que la simple collecte de recettes. Certains droits d'accise ont été adaptés pour décourager des comportements jugés dangereux, notamment dans le domaine de la santé et de l'environnement. Cela vaut en particulier pour les droits d'accise sur le tabac et l'alcool, dont les taux ont été progressivement relevés afin de freiner la consommation de ces produits. La structure de certains droits d'accise, par exemple sur les carburants routiers et les véhicules, a aussi progressivement changé pour favoriser un comportement plus responsable en faveur du bien-être collectif, notamment de l'environnement (voir le chapitre 3).

Références

Ebrill, L. et al. (2001), *The Modern VAT*, Fonds monétaire international (FMI), Washington D.C. [10]

Ebrill, L., M. Keen et V. Perry (2001), *The Modern VAT*, Fonds monétaire international, Washington, D.C., https://doi.org/10.5089/9781589060265.071. [8]

Fritts, J. (2022), *State and Local Sales Tax Rates, Midyear 2022*, Tax Foundation. [13]

Hellerstein, J., W. Hellerstein et A. Appleby (2022), *State Taxation*, Thomson Reuters. [12]

Hellerstein, W. (2010), *Interjurisdictional Issues in the Design of a VAT*, https://www.researchgate.net/publication/228153719. [7]

Keen, M. (2013), « The Anatomy of the VAT », *document de travail du FMI* WP13/111. [4]

OCDE (2022), *OECD Glossary of tax terms*, OCDE, https://www.oecd.org/ctp/glossaryoftaxterms.htm. [2]

OCDE (2022), *Statistiques des recettes publiques 2022 : L'impact du COVID-19 sur les recettes fiscales de l'OCDE*, Éditions OCDE, Paris, https://doi.org/10.1787/96463460-fr. [3]

OCDE (2021), *Statistiques des recettes publiques : Guide d'interpretation*, https://www.oecd.org/fr/fiscalite/politiques-fiscales/ocde-classification-impots-guide-interpretation.pdf. [1]

OCDE (2020), *Tendances des impôts sur la consommation 2020 : TVA/TPS et droits d'accises – taux, tendances et questions stratégiques*, Éditions OCDE, Paris, https://doi.org/10.1787/3f06ea4d-fr. [5]

OCDE (2017), *Principes directeurs internationaux pour la TVA/TPS*, Éditions OCDE, Paris, https://doi.org/10.1787/9789264272958-fr. [9]

OCDE (2017), *Principes directeurs internationaux pour la TVA/TPS*, Éditions OCDE, Paris, https://doi.org/10.1787/9789264079632-fr. [6]

Smith, S. et A. Tait (1990), « Value Added Tax: International Practice and Problems. », *The Economic Journal*, vol. 100/399, p. 269, https://doi.org/10.2307/2233622. [11]

Annexe 1.A. Recettes des impôts sur la consommation

Tableau d'annexe 1.A.1. Impôts sur la consommation (5100) en pourcentage du PIB et du total des recettes fiscales

	Recettes fiscales en pourcentage du PIB								Recettes fiscales en pourcentage du total des recettes fiscales							
	1975	2005	2009	2010	2015	2018	2019	2020	1975	2005	2009	2010	2015	2018	2019	2020
Allemagne	8.7	9.7	10.6	10.2	9.9	9.7	9.7	9.1	25.4	28.1	28.9	28.7	26.7	25.3	25.1	24.1
Australie	6.5	7.5	6.7	6.4	6.6	6.3	6.2	6.5	25.8	25.3	26.5	25.5	23.7	21.9	22.5	22.9
Autriche	12.3	11.1	10.9	10.9	10.9	10.7	10.7	10.4	33.9	27.1	26.6	26.5	25.3	25.4	25.1	24.6
Belgique	10.1	10.5	10.3	10.5	10.2	10.4	10.2	9.8	26.0	24.2	24.1	24.6	23.2	23.7	24.0	23.0
Canada	8.1	7.7	7.0	7.0	7.1	7.3	7.2	6.9	26.0	23.7	21.5	22.5	21.5	21.7	21.7	20.2
Chili	..	10.2	9.1	9.5	10.4	10.5	10.3	9.8	..	48.7	52.2	48.2	50.8	49.5	49.2	50.5
Colombie	..	8.1	8.0	8.1	8.0	8.1	8.3	7.6	..	44.4	42.3	44.7	40.4	42.0	42.1	40.5
Corée	8.9	7.2	7.0	7.3	6.2	6.6	6.6	6.3	60.0	33.3	30.7	32.6	26.2	24.7	24.3	22.9
Costa Rica	..	9.2	8.3	8.1	7.9	7.2	7.3	6.9		42.4	37.5	36.5	34.5	31.3	31.1	30.4
Danemark	12.1	15.3	14.1	13.9	13.4	13.5	13.1	13.4	32.7	31.8	31.4	31.1	29.1	30.5	27.9	28.4
Espagne	4.3	9.3	6.1	7.9	9.6	9.5	9.3	9.0	24.0	26.3	20.6	25.3	28.2	27.3	26.7	24.5
Estonie	..	12.1	13.9	13.1	13.7	13.3	13.4	12.5	..	40.7	39.8	39.6	41.2	40.3	40.1	37.6
États-Unis	4.2	3.8	3.6	3.6	3.8	3.9	3.9	3.9	17.1	14.7	15.5	15.5	14.6	15.6	15.3	15.0
Finlande	11.4	13.0	12.6	12.6	13.6	13.7	13.6	13.5	31.6	30.8	30.8	31.0	31.3	32.4	32.2	32.4
France	11.3	10.7	10.2	10.8	11.4	11.9	11.9	11.8	32.4	25.0	24.5	25.5	25.1	25.8	26.5	26.0
Grèce	7.9	10.1	9.8	11.4	12.2	13.7	13.6	12.8	42.2	31.7	31.8	35.2	33.3	34.3	34.4	32.9
Hongrie	..	14.3	15.0	15.5	16.6	16.1	15.8	15.8	..	39.2	38.8	42.2	42.9	43.8	43.5	43.9
Irlande	12.4	10.8	9.2	9.2	6.9	6.3	6.2	5.1	44.4	35.8	32.7	33.0	29.6	28.3	28.6	25.9
Islande	18.3	15.7	10.6	10.9	11.0	11.6	10.7	10.6	62.2	40.0	34.0	33.8	31.3	31.8	30.7	29.5
Israël	..	10.7	10.5	11.0	10.9	10.3	10.0	9.8	..	32.7	35.9	36.4	35.0	33.4	33.2	33.0
Italie	6.9	9.4	9.4	10.0	10.5	10.4	10.4	9.9	28.3	24.1	22.5	23.9	24.5	25.0	24.7	23.3
Japon	3.0	4.4	4.3	4.4	5.9	5.7	5.8	6.4	15.1	17.2	16.9	16.7	19.5	18.1	18.3	19.4
Lettonie	..	11.3	10.4	11.2	12.4	13.3	13.0	13.2	..	40.6	36.9	39.3	41.7	42.8	41.9	41.6
Lituanie	..	10.9	11.2	11.4	11.4	11.3	11.3	11.4	..	37.2	37.0	40.4	39.5	37.4	37.5	37.0
Luxembourg	6.7	10.7	10.0	9.7	8.2	8.9	9.0	8.5	20.6	28.5	27.5	27.2	23.6	22.7	22.7	22.4
Mexique	..	4.2	4.5	4.7	6.0	5.8	6.1	6.5	..	37.1	36.0	36.7	37.9	35.9	37.2	36.8
Norvège	14.2	11.1	10.9	11.0	11.0	11.1	11.2	11.8	36.6	26.1	26.5	26.3	28.6	28.1	27.9	30.5
Nouvelle-Zélande	6.8	10.8	10.3	11.2	11.4	11.4	11.3	12.0	22.8	30.0	34.1	37.1	36.3	35.3	36.1	35.6
Pays-Bas	8.5	10.2	9.8	10.1	10.0	10.5	10.9	11.0	22.5	29.3	28.0	28.2	27.1	27.1	27.7	27.5
Pologne	..	12.2	11.4	12.2	11.4	12.6	12.3	12.1	..	37.1	36.5	38.8	35.3	36.0	35.0	34.1
Portugal	7.6	13.3	11.2	11.9	12.9	13.2	13.1	12.6	40.1	42.9	37.6	39.3	37.4	38.0	38.0	35.7
République slovaque	..	11.6	9.8	9.6	10.7	11.1	11.2	11.3	..	37.1	33.8	34.3	32.9	32.4	32.4	32.0
République tchèque	..	10.1	10.2	10.2	10.7	10.8	10.6	10.3	..	29.5	31.6	31.8	32.3	30.8	30.4	29.7
Royaume-Uni	8.1	9.5	8.8	9.6	10.3	10.2	10.2	9.6	23.7	29.4	28.3	30.2	32.7	31.5	31.6	29.8
Slovénie	..	12.7	12.8	13.3	13.7	13.0	12.6	11.6	..	32.5	34.6	35.2	36.8	34.9	34.0	31.1
Suède	8.7	11.9	12.3	12.3	11.6	11.9	11.7	11.6	22.7	25.1	28.1	28.7	27.3	27.3	27.3	27.5
Suisse	4.5	5.3	5.1	5.1	5.0	4.8	4.7	4.7	20.6	20.4	19.5	19.9	18.7	17.8	17.2	17.2
Türkiye	4.7	11.0	10.2	11.3	10.6	9.4	8.7	9.9	40.9	47.4	43.6	45.8	42.7	39.0	37.5	41.5
Moyenne OCDE	8.7	10.2	9.6	9.9	10.1	10.2	10.0	9.9	31.1	32.0	31.2	32.1	31.3	30.8	30.6	30.0

Notes : Aux fins de cette publication, les « impôts sur la consommation » désignent les impôts qui relèvent de la catégorie 5100 de la classification des impôts de l'OCDE

La moyenne OCDE est la moyenne non pondérée.

Source : (OCDE, 2022[3]).

StatLink https://stat.link/nlvjmp

Tableau d'annexe 1.A.2. Impôts généraux sur les biens et services (5110) en pourcentage du PIB et du total des recettes fiscales

	Recettes fiscales en pourcentage du PIB								Recettes fiscales en pourcentage du total des recettes fiscales							
Année	1975	2005	2009	2010	2015	2018	2019	2020	1975	2005	2009	2010	2015	2018	2019	2020
Allemagne	5.0	6.1	7.3	7.0	7.0	7.0	7.0	6.5	14.6	17.8	19.8	19.8	18.8	18.2	18.2	17.2
Australie	1.7	3.9	3.6	3.4	3.7	3.4	3.3	3.6	6.7	13.2	14.1	13.5	13.2	12.0	12.0	12.7
Autriche	7.2	7.6	7.7	7.7	7.6	7.6	7.7	7.4	19.8	18.6	18.8	18.7	17.7	18.0	18.0	17.6
Belgique	6.3	7.0	6.9	7.0	6.7	6.8	6.7	6.4	16.2	16.2	16.1	16.4	15.1	15.5	15.8	15.1
Canada	3.9	4.8	4.3	4.3	4.6	4.7	4.7	4.7	12.5	14.8	13.2	14.0	13.9	14.1	14.2	13.6
Chili	..	7.9	7.3	7.6	8.4	8.6	8.3	8.0	..	37.8	42.1	38.5	40.8	40.2	39.9	41.1
Colombie	..	5.9	6.0	6.1	6.1	6.5	6.7	6.3	..	32.3	32.0	33.9	30.4	33.8	34.1	33.5
Corée	1.9	3.8	3.9	3.9	3.6	4.1	4.3	4.2	12.7	17.4	17.2	17.5	15.3	15.3	15.7	15.1
Costa Rica	..	5.1	4.7	4.6	4.5	4.2	4.4	4.5		23.3	21.3	21.0	19.8	18.1	18.8	20.0
Danemark	6.5	9.7	9.6	9.4	9.0	9.5	9.4	9.8	17.5	20.2	21.4	20.9	19.6	21.5	20.0	20.8
Espagne	2.7	6.2	3.4	5.2	6.4	6.6	6.5	6.3	15.3	17.7	11.6	16.6	19.1	19.0	18.8	17.2
Estonie	..	8.0	8.7	8.5	9.1	9.0	8.9	8.9	..	26.9	24.8	25.8	27.2	27.3	26.7	26.7
États-Unis	1.7	2.1	1.9	2.0	2.1	2.0	2.1	2.1	7.0	8.0	8.4	8.4	7.8	8.3	8.2	8.3
Finlande	5.7	8.3	8.4	8.3	9.0	9.2	9.2	9.2	15.6	19.9	20.5	20.4	20.6	21.6	21.7	22.1
France	8.2	7.4	7.0	7.5	7.7	7.8	7.9	7.8	23.4	17.3	16.8	17.9	16.9	17.1	17.7	17.3
Grèce	3.4	6.9	6.5	7.4	7.4	8.6	8.4	7.9	18.3	21.6	21.0	22.8	20.3	21.4	21.4	20.2
Hongrie	..	10.2	10.8	10.9	11.7	11.6	11.6	11.7	..	28.1	27.8	29.7	30.3	31.6	31.9	32.3
Irlande	4.1	7.3	6.1	6.0	4.5	4.3	4.3	3.4	14.7	24.2	21.7	21.7	19.4	19.4	19.6	17.2
Islande	8.4	11.6	7.6	7.5	8.1	8.8	8.2	8.2	28.6	29.5	24.4	23.3	23.2	24.1	23.4	22.6
Israël	..	9.0	8.6	9.0	9.1	8.7	8.4	8.4	..	27.5	29.4	29.6	29.4	28.2	28.0	28.3
Italie	3.5	5.7	5.5	6.1	6.1	6.2	6.2	6.0	14.3	14.6	13.1	14.5	14.2	14.8	14.7	14.1
Japon	0.0	2.5	2.5	2.5	4.1	4.0	4.2	4.9	0.0	9.5	9.6	9.6	13.7	12.8	13.2	14.9
Lettonie	..	7.3	6.2	7.2	8.7	9.3	9.1	9.2	..	26.4	22.1	25.2	29.1	29.8	29.3	29.1
Lituanie	..	7.5	7.3	7.8	7.8	7.8	7.9	7.9	..	25.8	24.3	27.5	26.9	25.8	26.2	25.8
Luxembourg	3.9	6.0	6.3	6.2	5.4	5.8	5.8	5.7	12.1	16.0	17.2	17.3	15.6	14.7	14.7	14.9
Mexique	..	3.3	3.4	3.8	3.8	3.9	3.8	4.2	..	29.3	26.9	29.4	23.9	24.3	23.4	23.8
Norvège	8.0	7.7	7.7	7.8	8.2	8.4	8.7	9.2	20.5	18.2	18.7	18.6	21.4	21.3	21.6	23.7
Nouvelle-Zélande	2.7	8.6	8.4	9.3	9.5	9.5	9.5	10.4	9.0	23.8	27.6	30.7	30.2	29.6	30.4	30.6
Pays-Bas	5.4	6.7	6.4	6.7	6.5	6.8	7.2	7.4	14.4	19.2	18.4	18.7	17.6	17.6	18.2	18.5
Pologne	..	7.7	7.3	7.6	7.0	8.1	7.9	8.0	..	23.2	23.1	24.2	21.6	23.1	22.6	22.4
Portugal	2.1	8.2	6.8	7.5	8.6	8.7	8.8	8.4	11.2	26.5	22.9	24.8	24.9	25.1	25.4	23.8
République slovaque	..	7.7	6.6	6.1	6.8	7.1	7.3	7.4	..	24.6	22.8	21.8	20.8	20.7	21.0	21.0
République tchèque	..	6.5	6.5	6.6	7.2	7.6	7.5	7.4	..	19.1	20.4	20.5	21.7	21.6	21.6	21.3
Royaume-Uni	3.0	6.0	5.2	6.1	6.9	6.9	6.9	6.5	8.9	18.6	16.9	19.0	21.7	21.2	21.3	20.2
Slovénie	..	8.5	7.9	8.1	8.3	8.2	8.0	7.5	..	21.6	21.3	21.3	22.2	22.1	21.6	20.2
Suède	4.6	8.5	9.1	9.1	9.0	9.2	9.1	9.2	12.0	18.1	20.8	21.3	21.1	21.1	21.3	21.6
Suisse	1.9	3.5	3.3	3.3	3.3	3.2	3.1	3.2	8.7	13.6	12.6	12.9	12.6	11.9	11.5	11.5
Türkiye	0.0	5.1	4.7	5.4	5.1	4.8	4.2	4.6	0.0	21.8	20.0	21.7	20.6	19.8	18.1	19.2
Moyenne OCDE	4.1	6.7	6.3	6.6	6.8	7.0	6.9	6.9	13.4	21.0	20.6	21.3	21.0	21.1	21.1	20.9

Note : La moyenne OCDE correspond à la moyenne non pondérée.
Source : (OCDE, 2022[3]).

StatLink https://stat.link/s520qd

Tableau d'annexe 1.A.3. Impôts sur des biens et services déterminés (5120) en pourcentage du PIB et du total des recettes fiscales

	Recettes fiscales en pourcentage du PIB								Recettes fiscales en pourcentage du total des recettes fiscales							
Année	1975	2005	2009	2010	2015	2018	2019	2020	1975	2005	2009	2010	2015	2018	2019	2020
Allemagne	3.7	3.5	3.3	3.1	2.9	2.7	2.7	2.6	10.8	10.2	9.0	8.8	7.9	7.1	6.9	6.9
Australie	4.9	3.6	3.1	3.0	2.9	2.8	2.9	2.9	19.1	12.1	12.3	12.0	10.5	9.9	10.6	10.1
Autriche	5.1	3.5	3.2	3.2	3.3	3.1	3.0	2.9	14.0	8.4	7.8	7.8	7.6	7.4	7.1	7.0
Belgique	3.8	3.5	3.4	3.5	3.6	3.6	3.5	3.3	9.8	8.1	8.0	8.2	8.1	8.2	8.2	7.9
Canada	4.2	2.9	2.7	2.6	2.5	2.5	2.5	2.2	13.6	8.9	8.3	8.5	7.7	7.6	7.4	6.6
Chili	..	2.3	1.8	1.9	2.0	2.0	1.9	1.8	..	10.9	10.1	9.8	10.0	9.3	9.3	9.4
Colombie	..	2.2	1.9	2.0	2.0	1.6	1.6	1.3	..	12.1	10.3	10.9	10.0	8.2	8.0	7.0
Corée	7.0	3.4	3.1	3.4	2.6	2.5	2.4	2.2	47.3	15.9	13.6	15.1	10.9	9.4	8.7	7.8
Costa Rica	..	4.2	3.6	3.4	3.4	3.0	2.9	2.3		19.2	16.1	15.5	14.7	13.1	12.4	10.3
Danemark	5.6	5.5	4.5	4.6	4.4	4.0	3.7	3.6	15.2	11.6	10.0	10.2	9.6	9.0	7.9	7.6
Espagne	1.6	3.0	2.7	2.7	3.1	2.9	2.7	2.7	8.7	8.6	9.0	8.7	9.2	8.2	7.9	7.3
Estonie	..	4.1	5.2	4.6	4.6	4.3	4.5	3.6	..	13.8	15.0	13.8	13.9	13.0	13.4	10.9
États-Unis	2.5	1.7	1.6	1.7	1.8	1.8	1.8	1.7	10.0	6.7	7.1	7.2	6.7	7.3	7.1	6.7
Finlande	5.8	4.6	4.2	4.3	4.7	4.6	4.5	4.3	16.0	11.0	10.4	10.6	10.7	10.8	10.5	10.3
France	3.2	3.3	3.2	3.2	3.7	4.0	3.9	4.0	9.0	7.7	7.7	7.6	8.2	8.7	8.8	8.8
Grèce	4.5	3.2	3.3	4.0	4.7	5.1	5.1	4.9	23.9	9.9	10.6	12.3	12.9	12.7	12.9	12.6
Hongrie	..	4.0	4.2	4.6	4.9	4.5	4.2	4.2	..	11.1	10.9	12.5	12.6	12.2	11.5	11.5
Irlande	8.3	3.5	3.1	3.1	2.4	2.0	2.0	1.7	29.7	11.6	11.0	11.3	10.2	8.9	9.0	8.7
Islande	9.9	4.1	3.0	3.4	2.9	2.8	2.5	2.5	33.6	10.6	9.6	10.5	8.2	7.7	7.3	6.9
Israël	..	1.7	1.9	2.0	1.7	1.6	1.6	1.4	..	5.3	6.5	6.7	5.6	5.2	5.2	4.7
Italie	3.4	3.7	4.0	3.9	4.5	4.3	4.2	3.9	14.0	9.5	9.4	9.4	10.4	10.2	10.0	9.2
Japon	3.0	2.0	1.9	1.9	1.8	1.7	1.6	1.5	15.1	7.7	7.3	7.2	5.8	5.3	5.1	4.5
Lettonie	..	4.0	4.2	4.0	3.8	4.0	3.9	4.0	..	14.2	14.8	14.1	12.6	13.0	12.6	12.6
Lituanie	..	3.3	3.8	3.6	3.6	3.5	3.4	3.5	..	11.4	12.7	12.8	12.6	11.6	11.3	11.2
Luxembourg	2.7	4.7	3.7	3.5	2.8	3.1	3.2	2.9	8.4	12.5	10.3	9.8	7.9	8.0	8.0	7.5
Mexique	..	0.9	1.1	0.9	2.2	1.9	2.3	2.3	..	7.8	9.1	7.3	14.0	11.6	13.9	13.0
Norvège	6.3	3.4	3.2	3.2	2.8	2.7	2.5	2.7	16.1	7.9	7.8	7.6	7.2	6.8	6.3	6.9
Nouvelle-Zélande	4.1	2.2	1.9	1.9	1.9	1.9	1.8	1.7	13.8	6.2	6.4	6.4	6.1	5.7	5.8	5.0
Pays-Bas	3.1	3.5	3.4	3.4	3.5	3.7	3.7	3.6	8.1	10.1	9.6	9.5	9.6	9.6	9.5	8.9
Pologne	..	4.6	4.2	4.6	4.5	4.5	4.3	4.2	..	13.9	13.3	14.6	13.7	12.9	12.4	11.8
Portugal	5.5	5.1	4.4	4.4	4.3	4.5	4.3	4.2	28.9	16.4	14.7	14.5	12.5	12.9	12.6	11.9
République slovaque	..	3.9	3.2	3.5	3.9	4.0	3.9	3.9	..	12.5	11.0	12.5	12.1	11.8	11.4	11.0
République tchèque	..	3.5	3.6	3.6	3.5	3.2	3.1	2.9	..	10.3	11.3	11.3	10.6	9.2	8.8	8.4
Royaume-Uni	5.1	3.5	3.5	3.6	3.5	3.4	3.3	3.1	14.8	10.8	11.5	11.2	11.0	10.4	10.3	9.6
Slovénie	..	4.2	4.9	5.3	5.4	4.8	4.6	4.1	..	10.8	13.3	13.9	14.5	12.9	12.4	10.9
Suède	4.1	3.3	3.2	3.1	2.6	2.7	2.6	2.5	10.7	7.1	7.4	7.3	6.2	6.2	6.0	5.9
Suisse	2.6	1.7	1.8	1.8	1.6	1.6	1.6	1.6	11.9	6.7	6.8	6.9	6.1	5.9	5.7	5.7
Türkiye	4.7	5.9	5.5	5.9	5.5	4.6	4.5	5.3	40.9	25.5	23.6	24.1	22.0	19.2	19.3	22.4
Moyenne OCDE	4.6	3.5	3.3	3.3	3.3	3.2	3.1	3.0	17.7	10.9	10.6	10.8	10.3	9.7	9.5	9.1

Note : La moyenne OCDE correspond à la moyenne non pondérée.
Source : (OCDE, 2022[3]).

StatLink https://stat.link/hc15rx

Tableau d'annexe 1.A.4. Taxes sur la valeur ajoutée (5111) en pourcentage du PIB et du total des recettes fiscales

	Recettes fiscales en pourcentage du PIB								Recettes fiscales en pourcentage du total des recettes fiscales							
Année	1975	2005	2009	2010	2015	2018	2019	2020	1975	2005	2009	2010	2015	2018	2019	2020
Allemagne	5.0	6.1	7.3	7.0	7.0	7.0	7.0	6.5	14.6	17.8	19.8	19.8	18.8	18.2	18.2	17.2
Australie	0.0	3.9	3.5	3.3	3.6	3.3	3.2	3.5	0.0	12.9	13.8	13.1	12.8	11.7	11.7	12.4
Autriche	7.2	7.6	7.7	7.7	7.6	7.6	7.7	7.4	19.8	18.6	18.8	18.7	17.7	18.0	18.0	17.6
Belgique	6.3	6.9	6.8	7.0	6.6	6.7	6.6	6.4	16.2	15.9	15.9	16.2	15.0	15.4	15.6	15.0
Canada	0.0	3.2	4.1	4.2	4.4	4.5	4.5	4.5	0.0	9.9	12.7	13.7	13.3	13.6	13.5	13.2
Chile	..	7.9	7.3	7.6	8.4	8.6	8.3	8.0	..	37.8	42.1	38.5	40.8	40.2	39.9	41.1
Colombie	..	5.2	5.2	5.3	5.2	5.7	5.8	5.4	..	28.2	27.5	29.3	26.0	29.4	29.6	28.7
Corée	0.0	3.8	3.9	3.9	3.6	4.1	4.3	4.2	0.0	17.4	17.2	17.5	15.3	15.3	15.7	15.1
Costa Rica	..	5.1	4.7	4.6	4.4	4.1	4.3	4.5		23.3	21.3	21.0	19.3	17.8	18.5	19.7
Danemark	6.5	9.7	9.6	9.4	9.0	9.5	9.4	9.8	17.5	20.2	21.4	20.9	19.6	21.5	20.0	20.8
Espagne	0.0	6.2	3.4	5.2	6.4	6.6	6.5	6.3	0.0	17.7	11.6	16.5	19.0	19.0	18.7	17.1
Estonie	..	8.0	8.7	8.5	9.1	9.0	8.9	8.9	..	26.9	24.8	25.7	27.2	27.3	26.7	26.7
États-Unis	0.0	0.0	0.0	0.0	0.0	0.0	0.0	0.0	0.0	0.0	0.0	0.0	0.0	0.0	0.0	0.0
Finlande	5.7	8.3	8.4	8.3	9.0	9.2	9.2	9.2	15.6	19.9	20.5	20.4	20.6	21.6	21.7	22.1
France	8.1	7.2	6.7	6.8	6.9	7.1	7.1	7.0	23.1	16.7	16.2	16.1	15.2	15.4	15.9	15.4
Grèce	0.0	6.7	6.3	7.1	7.3	8.5	8.4	7.8	0.0	21.1	20.4	22.0	20.0	21.3	21.3	20.1
Hongrie	..	8.2	8.3	8.5	9.5	9.5	9.5	9.8	..	22.6	21.3	23.0	24.5	25.9	26.2	27.1
Irlande	4.1	7.3	6.1	6.0	4.5	4.3	4.3	3.4	14.7	24.2	21.7	21.7	19.4	19.4	19.6	17.2
Islande	0.0	10.7	7.5	7.4	7.9	8.6	8.0	8.0	0.0	27.3	23.9	22.8	22.6	23.6	22.9	22.0
Israël	..	7.3	7.1	7.4	7.7	7.4	7.1	7.1	..	22.3	24.2	24.3	24.8	23.9	23.8	23.9
Italie	3.3	5.7	5.5	6.1	6.1	6.2	6.2	6.0	13.7	14.6	13.1	14.5	14.2	14.8	14.7	14.1
Japon	..	2.5	2.5	2.5	4.1	4.0	4.2	4.9	..	9.5	9.6	9.6	13.7	12.8	13.2	14.9
Lettonie	..	7.3	5.9	6.6	7.6	8.4	8.6	8.7	..	26.4	20.9	23.3	25.6	27.1	27.8	27.5
Lituanie	..	7.1	7.3	7.8	7.7	7.7	7.9	7.9	..	24.3	24.1	27.5	26.7	25.6	26.0	25.6
Luxembourg	3.9	6.0	6.3	6.2	5.4	5.8	5.8	5.7	12.1	16.0	17.2	17.3	15.6	14.7	14.7	14.9
Mexique	..	3.3	3.4	3.8	3.8	3.9	3.8	4.2	..	29.3	26.9	29.4	23.9	24.3	23.4	23.8
Norvège	8.0	7.7	7.7	7.8	8.2	8.4	8.6	9.1	20.5	18.1	18.7	18.6	21.3	21.2	21.5	23.6
Nouvelle-Zélande	0.0	8.6	8.4	9.3	9.5	9.5	9.5	10.4	0.0	23.8	27.6	30.7	30.2	29.6	30.4	30.6
Pays-Bas	5.4	6.7	6.4	6.7	6.5	6.8	7.1	7.4	14.4	19.2	18.4	18.7	17.6	17.6	18.2	18.5
Pologne	..	7.7	7.3	7.6	7.0	8.1	7.9	8.0	..	23.2	23.1	24.2	21.6	23.1	22.6	22.4
Portugal	0.0	8.2	6.8	7.5	8.6	8.7	8.8	8.4	0.0	26.5	22.9	24.8	24.9	25.1	25.4	23.8
République slovaque	..	7.7	6.6	6.1	6.8	7.1	7.3	7.4	..	24.6	22.8	21.8	20.8	20.7	21.0	21.0
République tchèque	..	6.5	6.5	6.6	7.2	7.6	7.5	7.4	..	19.1	20.4	20.5	21.7	21.6	21.6	21.3
Royaume-Uni	3.0	6.0	5.2	6.1	6.9	6.9	6.9	6.5	8.9	18.6	16.9	19.0	21.7	21.2	21.3	20.1
Slovénie	..	8.5	7.9	8.1	8.3	8.2	8.0	7.5	..	21.6	21.3	21.3	22.2	22.1	21.6	20.2
Suède	4.6	8.5	9.0	9.0	8.9	9.2	9.1	9.2	12.0	17.9	20.5	21.1	20.9	21.1	21.3	21.6
Suisse	0.0	3.5	3.2	3.3	3.3	3.1	3.1	3.1	0.0	13.4	12.4	12.7	12.3	11.7	11.3	11.3
Türkiye	..	5.1	4.7	5.4	5.1	4.8	4.2	4.6	..	21.8	20.0	21.7	20.6	19.8	18.1	19.2
Moyenne OCDE non pondérée	3.1	6.5	6.1	6.4	6.6	6.7	6.7	6.7	8.8	20.2	19.8	20.5	20.2	20.3	20.3	20.2

Note : La moyenne OCDE correspond à la moyenne non pondérée.

Source : (OCDE, 2022[3]).

StatLink https://stat.link/kx8ivj

Tableau d'annexe 1.A.5. Droits d'accise (5121) en pourcentage du PIB et du total des recettes fiscales

	Recettes fiscales en pourcentage du PIB								Recettes fiscales en pourcentage du total des recettes fiscales							
Année	1975	2005	2009	2010	2015	2018	2019	2020	1975	2005	2009	2010	2015	2018	2019	2020
Allemagne	3.0	2.8	2.6	2.5	2.2	2.0	1.9	1.9	8.8	8.3	7.1	7.0	5.8	5.1	4.9	4.9
Australie	3.0	2.3	1.9	1.9	1.4	1.3	1.2	1.2	11.8	7.6	7.7	7.5	4.9	4.4	4.4	4.4
Autriche	2.9	2.6	2.3	2.3	2.3	2.1	2.1	1.9	7.9	6.3	5.7	5.7	5.2	5.0	4.9	4.5
Belgique	2.6	2.3	2.1	2.1	2.1	2.2	2.1	2.0	6.6	5.3	4.9	5.0	4.7	5.0	4.9	4.7
Canada	2.0	1.6	1.4	1.4	1.3	1.2	1.2	1.3	6.3	4.9	4.3	4.5	3.9	3.7	3.8	3.7
Chili	..	1.6	1.3	1.4	1.5	1.5	1.5	1.4	..	7.8	7.4	7.1	7.4	6.9	7.0	7.5
Colombie	..	1.4	1.1	1.1	1.4	1.2	1.2	1.0	..	7.5	6.1	6.1	7.1	6.3	6.2	5.4
Corée	3.3	2.6	2.1	2.4	1.9	1.9	1.8	1.7	22.0	12.0	9.3	10.6	8.1	7.1	6.6	6.1
Costa Rica		3.1	2.7	2.6	2.6	2.4	2.3	1.9	..	14.2	12.3	11.9	11.5	10.3	9.8	8.4
Danemark	5.1	5.0	4.0	4.1	4.0	3.6	3.3	3.2	13.8	10.4	8.9	9.1	8.7	8.1	7.1	6.9
Espagne	0.4	2.5	2.2	2.3	2.4	2.2	2.1	2.1	2.2	7.1	7.5	7.3	7.1	6.4	6.1	5.6
Estonie	..	3.6	4.9	4.2	4.2	3.9	4.1	3.3	..	12.2	14.1	12.6	12.6	11.9	12.1	9.8
États-Unis	1.9	1.0	1.0	1.0	0.9	0.8	0.8	0.8	7.6	3.9	4.3	4.2	3.3	3.2	3.1	3.0
Finlande	4.2	3.6	3.2	3.3	3.6	3.6	3.4	3.4	11.5	8.6	7.9	8.2	8.3	8.4	8.0	8.0
France	2.3	2.4	2.3	2.3	2.6	2.7	2.7	2.6	6.5	5.7	5.5	5.4	5.7	6.0	5.9	5.8
Grèce	2.5	2.6	2.7	3.4	3.9	4.0	3.9	3.8	13.6	8.1	8.6	10.4	10.7	9.9	10.0	9.9
Hongrie	..	3.5	3.7	3.4	3.2	2.9	2.7	2.7	..	9.7	9.5	9.2	8.3	8.0	7.5	7.6
Irlande	7.3	3.2	2.9	2.9	2.1	1.7	1.7	1.5	26.0	10.5	10.2	10.5	9.0	7.5	7.7	7.4
Islande	0.9	3.6	2.5	2.8	2.5	2.4	2.2	2.2	3.0	9.2	7.9	8.6	7.0	6.7	6.3	6.1
Israël	..	1.5	1.6	1.7	1.5	1.4	1.4	1.2	..	4.4	5.5	5.7	4.8	4.5	4.5	4.0
Italie	2.5	2.2	2.3	2.3	2.8	2.7	2.6	2.4	10.2	5.6	5.4	5.4	6.5	6.4	6.2	5.7
Japon	2.2	1.8	1.7	1.7	1.5	1.5	1.4	1.3	11.3	6.9	6.7	6.5	5.1	4.6	4.5	4.0
Lettonie	..	3.5	3.6	3.6	3.3	3.6	3.5	3.6	..	12.6	13.0	12.5	11.0	11.5	11.3	11.4
Lituanie	..	2.9	3.4	3.2	3.1	3.2	3.1	3.1	..	10.0	11.4	11.4	10.8	10.5	10.2	10.1
Luxembourg	2.4	4.4	3.5	3.3	2.5	2.6	2.7	2.3	7.3	11.8	9.7	9.3	7.3	6.6	6.8	6.1
Mexique	..	0.6	0.7	0.6	1.9	1.5	1.9	2.0	..	5.1	5.7	5.0	12.2	9.4	11.8	11.3
Norvège	4.0	3.2	3.0	2.9	2.5	2.4	2.2	2.4	10.3	7.4	7.2	7.0	6.6	6.0	5.6	6.2
Nouvelle-Zélande	2.8	1.4	0.9	0.9	0.9	0.8	0.8	0.6	9.4	3.9	2.8	2.9	2.8	2.6	2.5	1.8
Pays-Bas	2.4	3.1	2.9	2.9	2.6	2.7	2.7	2.6	6.3	8.7	8.2	8.1	7.1	7.0	6.9	6.4
Pologne	..	4.3	3.9	4.3	3.9	3.9	3.7	3.5	..	13.0	12.3	13.7	12.1	11.0	10.4	9.8
Portugal	2.5	3.7	3.0	3.1	2.9	3.0	2.9	2.7	13.0	11.9	10.2	10.4	8.4	8.8	8.4	7.8
République slovaque	..	3.6	2.7	3.0	3.2	3.1	3.0	3.0	..	11.4	9.5	10.9	9.9	9.2	8.7	8.5
République tchèque	..	3.4	3.5	3.5	3.3	3.1	2.9	2.8	..	9.8	10.8	10.8	10.0	8.7	8.4	7.9
Royaume-Uni	4.3	2.8	2.8	2.8	2.4	2.3	2.2	2.1	12.7	8.6	9.1	8.8	7.7	7.0	6.8	6.5
Slovénie	..	3.4	4.1	4.3	4.2	3.7	3.4	3.0	..	8.8	11.2	11.3	11.2	9.8	9.3	8.2
Suède	3.4	2.8	2.7	2.6	2.1	2.1	2.1	2.1	8.8	6.0	6.1	6.0	5.0	4.8	4.8	4.9
Suisse	1.7	1.4	1.3	1.3	1.2	1.2	1.1	1.1	7.7	5.4	5.0	5.1	4.5	4.4	4.2	4.1
Türkiye	2.0	4.9	4.3	4.9	4.5	3.6	3.4	4.1	17.6	21.2	18.6	19.9	18.1	14.9	14.7	17.2
Moyenne OCDE non pondérée	2.9	2.8	2.6	2.6	2.5	2.4	2.3	2.3	10.5	8.7	8.4	8.5	7.9	7.3	7.2	6.9

Note : La moyenne OCDE correspond à la moyenne non pondérée.
Source : (OCDE, 2022[3]).

StatLink https://stat.link/2n4g0v

Tableau d'annexe 1.A.6. Recettes provenant des principales catégories d'impôts en pourcentage du total des recettes fiscales

	1965	1975	1985	1995	2005	2015	2020
Impôts sur le revenu, les bénéfices et les gains en capital (1000)	34.7	37.1	36.9	33.0	33.8	33.2	33.7
Impôt sur le revenu des personnes physiques (1100)	26.2	29.8	29.8	24.3	22.1	23.1	24.1
Impôt sur les bénéfices des sociétés (1200)	8.8	7.6	8.0	8.1	10.6	9.2	9.0
Cotisations de sécurité sociale (2000)	17.6	21.9	22.1	25.5	25.0	25.9	26.6
Impôts sur les salaires (3000)	1.0	1.3	1.2	1.1	1.1	1.2	1.4
Impôts sur le patrimoine (4000)	7.9	6.4	5.4	5.1	5.4	5.7	5.7
Impôts sur les biens et services (5000)	38.4	32.8	33.7	34.4	33.9	33.3	32.1
Impôts sur la consommation (5100)	36.2	31.1	32.1	32.6	32.0	31.3	30.0
Impôts généraux sur les biens et services (5110)	11.9	13.4	15.8	20.3	21.1	21.0	20.9
Taxes sur la valeur ajoutée (TVA) (5111)	2.2	8.8	11.3	18.3	20.2	20.2	20.2
Impôts spécifiques sur la consommation (5120)	24.3	17.7	16.2	12.4	10.9	10.3	9.1
Autre (6000)	0.4	0.5	0.7	0.9	0.8	0.7	0.5

Note : Moyennes non pondérées de l'OCDE.
Source : (OCDE, 2022[3]).

StatLink https://stat.link/pszr4q

Note

[1] Aux fins de cette publication, les « impôts sur la consommation » désignent tous les postes qui relèvent de la catégorie 5100 de la classification des impôts de l'OCDE.

2 Taxes sur la valeur ajoutée – principales caractéristiques et tendances

2.1. Introduction

Bien que la plupart des systèmes de TVA reposent sur un ensemble de principes fondamentaux communs, tels que les principes de neutralité et de destination (voir chapitre 1), on observe de fait une très grande diversité entre les pays de l'OCDE dans la conception et le fonctionnement de ces systèmes. Cette diversité s'exprime dans la grande variété des taux réduits, des exonérations et autres traitements préférentiels et régimes spéciaux, très répandus dans les pays de l'OCDE, que ce soit pour des raisons pratiques, historiques, pour soutenir certains secteurs économiques ou pour atteindre des objectifs sociaux ou d'équité.

Ce chapitre s'ouvre sur une présentation générale de la structure des taux de TVA dans les pays de l'OCDE et de leur évolution entre 1975 et 2022, notamment la portée des taux réduits et les mesures temporaires adoptées par les pouvoirs publics afin d'aider les ménages et les entreprises à faire face aux conséquences de la pandémie de COVID-19 (section 2.2), avant d'examiner plus en détail les exonérations de la TVA accordées par ces pays (section 2.3). Il comporte ensuite une description et une analyse de la grande variété des régimes spéciaux en vigueur dans les pays de l'OCDE axées sur les aspects suivants : restrictions spécifiques au droit à déduction de la TVA sur certains intrants (section 2.4), seuils d'identification et de collecte (section 2.5) et application de régimes de la marge (section 2.6). Ce chapitre aborde également les défis liés à l'application de la TVA aux échanges internationaux, les solutions élaborées par l'OCDE et la manière dont les pays membres les mettent en œuvre (section 2.7). Il fournit pour terminer des données concernant le ratio des recettes de TVA qui rend compte de l'effet sur les recettes des exonérations de TVA, des taux réduits et de la fraude fiscale (section 2.8), et décrit les mesures prises par les pouvoirs publics afin de renforcer l'application de la TVA et de lutter contre la fraude et l'évasion fiscales (section 2.9).

2.2. Évolution des taux de TVA

2.2.1. Les taux normaux de TVA sont demeurés stables ces dernières années

L'évolution des taux de TVA dans la zone OCDE peut être divisée en quatre périodes. Durant la première période, comprise entre 1975 et 2000, on a pu observer un relèvement progressif des taux, le taux normal moyen de TVA étant passé de 15.6 % en 1975 à 18.1 % en 2000.

Durant la deuxième période, entre 2000 et 2008, le taux normal de la TVA est demeuré stable dans la plupart des pays : 26 des 37 pays ont ainsi conservé un taux compris entre 15 % et 22 %. Au

1er janvier 2008, seuls quatre pays affichaient un taux normal supérieur à 22 % (Danemark, Islande, Norvège et Suède – voir Tableau d'annexe 2.A.1).

La troisième période, de 2009 à 2016, a été marquée par une hausse considérable du taux normal de TVA dans de nombreux pays, souvent en réponse aux obligations d'assainissement budgétaire imposées par la crise économique et financière. Le relèvement du taux normal de TVA a joué un rôle déterminant dans les stratégies d'assainissement de nombreux pays, car l'augmentation de la TVA est souvent considérée comme plus efficace pour générer de nouvelles recettes (son effet est immédiat) et moins préjudiciable à la croissance économique et à la compétitivité que la hausse d'autres impôts sur le revenu (Jens Matthias Arnold, 2011[1]). Entre janvier 2009 et décembre 2016, 25 pays de l'OCDE ont relevé leur taux normal de TVA au moins une fois. Il s'agissait en majorité de pays de l'Union européenne (Espagne, Estonie, Finlande, France, Grèce, Hongrie, Irlande, Italie, Lettonie, Lituanie, Luxembourg, Pays-Bas, Pologne, Portugal, République slovaque, République tchèque et Slovénie), mais aussi d'un certain nombre de pays n'appartenant pas à l'UE (Colombie, Islande, Israël, Japon, Mexique, Nouvelle-Zélande, Royaume-Uni et Suisse). Deux pays de l'OCDE ont temporairement abaissé leur taux normal de TVA avant de le relever à nouveau au cours de cette période (Irlande et Royaume-Uni). Cette évolution a entraîné une hausse du taux normal de TVA moyen non pondéré dans les pays de l'OCDE : il est passé de 17.8 % en janvier 2008 à un niveau record de 19.3 % au 1er janvier 2017. Dix pays de l'OCDE appliquaient un taux normal de TVA supérieur à 22 % au 1er janvier 2017, contre seulement quatre en 2008. Tous ces pays appartiennent à l'Union européenne, à l'exception de l'Islande et de la Norvège.

La hausse des taux normaux de TVA ne s'est pas poursuivie. Les pays de l'OCDE sont entrés dans une nouvelle période de stabilité des taux normaux de TVA et seul le Japon a relevé son taux normal de TVA depuis janvier 2017 (de 8 % à 10 % en octobre 2019).

Seuls quatre pays de l'OCDE ont réduit leur taux normal de TVA depuis janvier 2008, à savoir l'Islande (qui l'avait relevé de 24.5 % à 25.5 % en 2010, avant de le ramener à 24 % en 2015), Israël (qui l'a progressivement relevé de 15.5 % en 2008 à 18 % en 2013, avant de le ramener à 17 % en 2015), la Lettonie (où le taux est passé de 18 % à 21 % en 2009 et à 22 % en janvier 2012, avant de redescendre à 21 % en juillet 2012) et la Suisse (qui l'a relevé de 7.6 % à 8 % en 2011, puis l'a baissé à 7.7 % en 2018). L'Allemagne et l'Irlande ont temporairement abaissé leur taux normal de TVA, respectivement de 19 % à 16 % (de juin à décembre 2020) et de 23 % à 21 % (de septembre 2020 à mars 2021) dans le contexte de la pandémie de COVID-19, mais les taux ont désormais retrouvé leur niveau initial.

Il en résulte que le taux normal de TVA moyen non pondéré dans les pays de l'OCDE est demeuré relativement stable à 19.2 % en 2022, contre 19.3 % en 2017 (voir Graphique 2.1).

Graphique 2.1. Évolution des taux normaux de TVA – Moyenne OCDE, 1976-2022

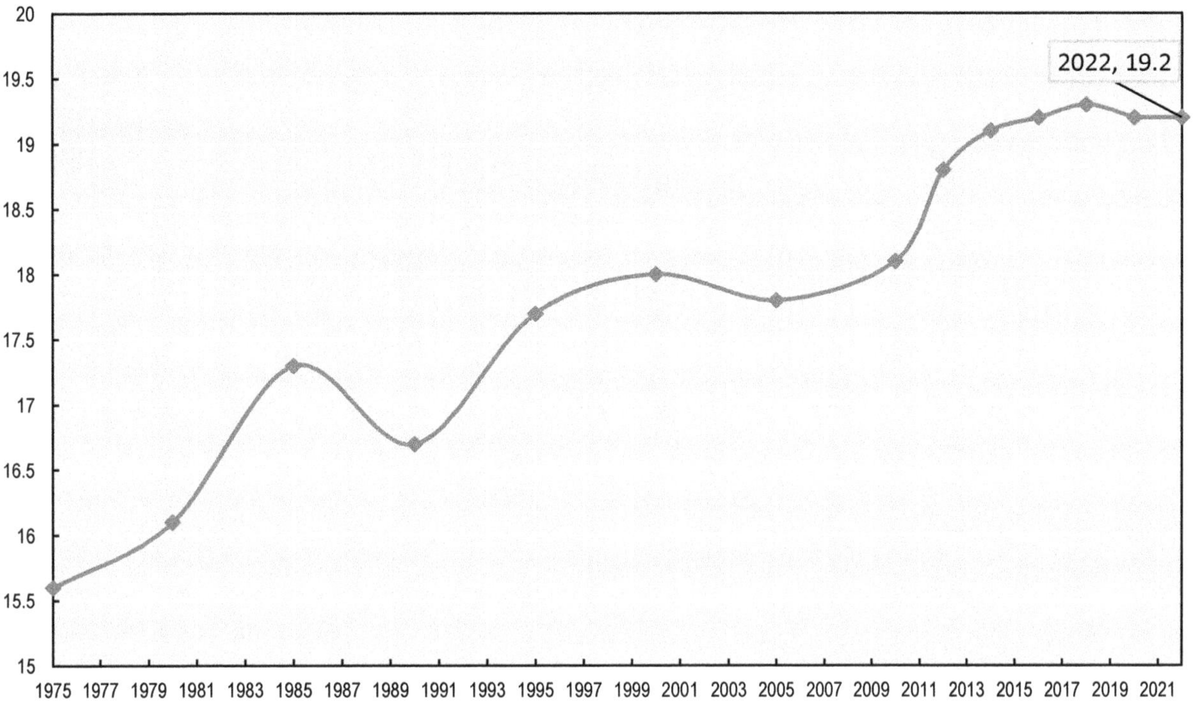

Note: moyenne non pondérée
Source: calculs de l'auteur

StatLink https://stat.link/blx29u

On peut encore observer d'importantes différences entre les pays de l'OCDE en matière de taux normal de TVA. Les taux les plus faibles s'établissent à 5 % au Canada (il y a toutefois lieu de noter que la plupart des provinces canadiennes prélèvent des taxes de vente spécifiques ou des taxes de vente harmonisées en plus de la TPS au taux de 5 % prélevée par l'État fédéral), 7.7 % en Suisse et 10 % en Australie, en Corée et au Japon, tandis que les plus élevés atteignent 25 % au Danemark, en Norvège et en Suède et 27 % en Hongrie (voir Graphique 2.2). Au 1er janvier 2022, 23 pays de l'OCDE appliquaient un taux normal de TVA égal ou supérieur à 20 %, et dix d'entre eux un taux égal ou supérieur à 23 %. Tous ces pays appartiennent à l'Union européenne, à l'exception de l'Islande et de la Norvège (qui appliquent respectivement un taux normal de TVA de 24 % et 25 %).

Le taux normal moyen pour les 22 pays de l'OCDE membres de l'UE, qui s'établit à 21.8 %, est nettement supérieur au taux moyen de la zone OCDE (19.2 %). Les États membres de l'UE sont liés par des règles communes concernant l'établissement de leurs taux de TVA nationaux (Directive 2006/112/CE relative au système commun de taxe sur la valeur ajoutée) qui fixent notamment le niveau minimum du taux normal de TVA à 15 %.

Graphique 2.2. Taux normaux de TVA dans les pays de l'OCDE, 2022

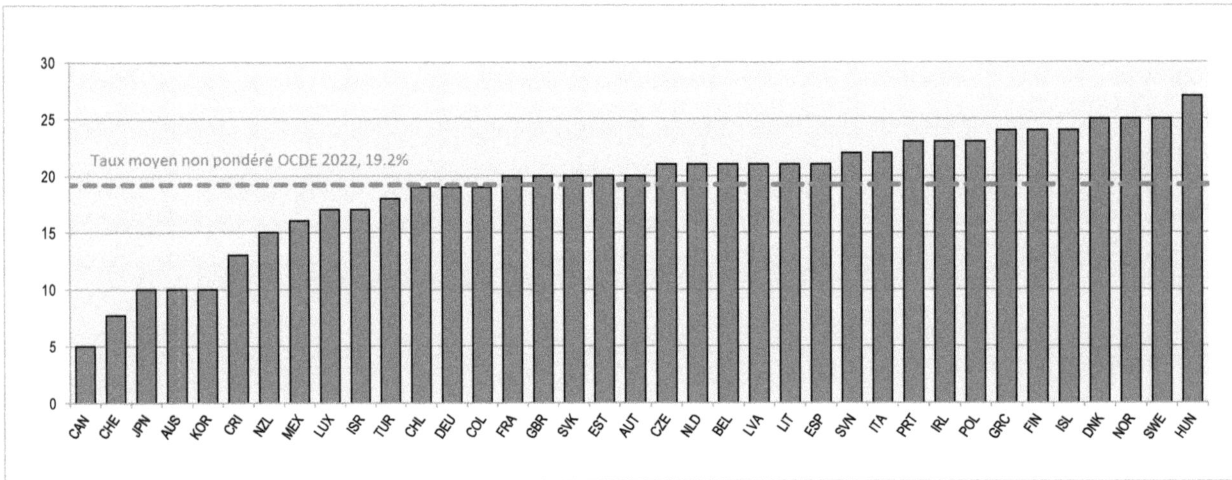

Note : Données au 1er janvier 2022.
Source : Travaux de l'auteur à partir d'informations nationales.

StatLink https://stat.link/fdabx7

2.2.2. Les pays de l'OCDE continuent d'appliquer une large palette de taux réduits de TVA, principalement pour promouvoir l'équité et/ou stimuler certains secteurs

La plupart des pays de l'OCDE appliquent des taux réduits de TVA à un large éventail de biens et de services (voir Tableau d'annexe 2.A.2). À l'exception du Chili, tous les pays de l'OCDE qui disposent d'un système de TVA appliquent un ou plusieurs taux réduits pour répondre à divers objectifs stratégiques. L'une des principales raisons de l'application de taux réduits est la promotion de l'équité. Les pays de l'OCDE jugent généralement souhaitable d'alléger la pression fiscale sur les biens et services de première nécessité (comme l'alimentation et l'eau), qui entrent en principe pour une part plus importante dans les dépenses des ménages à faible revenu, en leur appliquant un taux de TVA préférentiel. La plupart des pays appliquent également des taux réduits ou des exonérations de TVA aux matériels médicaux et produits sanitaires, à l'éducation et au logement. Les taux réduits de TVA visent en outre à encourager la consommation de « biens d'intérêt social » (comme la culture), à promouvoir des activités locales à fort coefficient de main-d'œuvre (comme le tourisme) ou à corriger des externalités environnementales.

Les données empiriques dont on dispose donnent cependant à penser que les exonérations et les taux réduits de TVA ne sont pas le moyen le plus efficace d'atteindre ces objectifs stratégiques (OCDE/KIPF, 2014[2]) et ils peuvent même être régressifs dans certains cas. D'autres mesures, notamment des mesures de soutien ciblé passant par l'impôt sur le revenu et/ou le système de prestations et de transferts sociaux, semblent plus efficaces pour remédier aux problèmes d'équité et pour atteindre d'autres objectifs que l'accroissement des recettes fiscales (Thomas, 2020[3]). Les taux de TVA réduits spécialement destinés à apporter un soutien aux ménages à faible revenu (dans un objectif de redistribution) ont généralement l'effet redistributif souhaité. Il convient de noter que les taux réduits appliqués aux produits alimentaires de base aident en général davantage les ménages modestes que les ménages aisés, en proportion des dépenses. Néanmoins, malgré cet effet progressif, il ressort des travaux de recherche réalisés notamment par l'OCDE que ces taux réduits de TVA restent un outil redistributif peu efficient. En effet, en termes absolus, les taux réduits de TVA tendent à profiter davantage aux ménages aisés qu'aux ménages à faible revenu. Les ménages aisés consomment davantage de biens et de services bénéficiant d'un régime fiscal plus favorable que les ménages modestes puisqu'ils achètent généralement plus de produits, et des produits plus chers. En ce qui concerne les taux préférentiels de TVA instaurés pour stimuler l'emploi (notamment dans les secteurs du tourisme et de l'hébergement) ou encourager des activités culturelles (le théâtre, par exemple), ou encore pour atteindre des objectifs non redistributifs, les études ont également montré que les ménages aisés en profitent plus, et souvent nettement plus, que les catégories plus modestes.

Les régimes préférentiels relatifs à la TVA comme les taux réduits et les exonérations (voir section 2.3) ont également tendance à rendre le système de TVA nettement plus complexe, à accroître les coûts de conformité à la charge des entreprises et à avoir des effets négatifs sur le respect des obligations fiscales (Evans, C. et al., 2020[4]). Pour atteindre des objectifs redistributifs, il est en principe plus efficace de limiter la portée des taux réduits de TVA, lorsque c'est possible, et d'adopter des mesures ciblées visant à accroître le revenu réel des ménages modestes et l'offre de services publics qui leur sont destinés. Toutefois, bien que cette analyse soit largement partagée, il est souvent difficile, voire impossible, de lui donner un prolongement dans la pratique. Les obstacles à l'élargissement de la base d'imposition à la TVA tenant à l'économie politique (en particulier leurs conséquences redistributives supposées) peuvent en effet être très importants, et souvent insurmontables, en particulier lorsque le système de prestations et de transferts sociaux n'est pas suffisamment efficace pour assurer aux ménages modestes une compensation suffisante au regard de l'impact de la hausse de la TVA sur le prix du panier de consommation.

Les États membres de l'Union européenne sont liés par des règles communes relatives à l'application des taux réduits de TVA (Directive 2006/112/CE relative au système commun de taxe sur la valeur ajoutée). Ce cadre commun les autorise à appliquer un ou deux taux réduits qui ne peuvent être inférieurs à 5 % et un troisième taux inférieur à 5 % (y compris un taux nul) à une liste restreinte de biens et de services définis dans la Directive sur la TVA. En outre, la Directive prévoit que la Commission européenne peut autoriser les États membres à appliquer un taux nul (« exonération avec déduction de la TVA appliquée au stade précédent ») aux importations et aux livraisons de biens au profit des victimes de catastrophes. La Commission européenne a également autorisé les États membres à appliquer temporairement un taux nul à l'importation et à la vente de certains produits nécessaires à la lutte contre la pandémie de COVID-19 (voir section 2.2.3 ci-après).

Depuis 2020, un certain nombre de pays ont modifié le niveau et/ou la portée de leurs taux réduits de TVA. Certaines de ces modifications sont permanentes (voir ci-après), tandis que d'autres sont temporaires et s'inscrivent dans le contexte de la pandémie de COVID-19 (voir section 2.2.3 ci-après).

Parmi les modifications permanentes figure l'application d'un (nouveau) taux réduit de TVA aux produits d'hygiène féminine en Autriche, en Irlande, en Italie, au Mexique, au Royaume-Uni et en Slovénie. Cette décision fait suite à des mesures similaires prises par plusieurs autres pays de l'OCDE ces dernières années, à savoir l'Allemagne, l'Australie, la Belgique, le Canada, la Colombie et l'Islande. L'Autriche, l'Espagne, l'Estonie, la Grèce, la Lituanie, les Pays-Bas, la République tchèque et le Royaume-Uni ont abaissé leurs taux de TVA sur les publications électroniques, à la suite de l'adoption en 2018 d'une modification de la Directive de l'UE sur la TVA permettant l'application de taux réduits de TVA à ce type de publications, qui avait déjà déclenché des baisses de taux en Allemagne, en Belgique, en Finlande, en France, en Irlande, au Luxembourg, en Norvège, en Pologne, au Portugal et en Suède. En Lettonie, le taux de TVA sur les livres, journaux et périodiques (y compris sous forme électronique) a été encore réduit, passant de 12 % à 5 %. Des taux réduits sont désormais appliqués aux livres et publications électroniques dans 20 des 37 pays de l'OCDE ayant mis en place une TVA, ceux-ci étant tous des États membres de l'UE à l'exception de l'Islande, de la Norvège et du Royaume-Uni. Le Portugal a abaissé de manière permanente à 13 % son taux de TVA sur l'électricité, à concurrence d'un certain niveau de consommation. L'Autriche (en 2021) et la Suède (en 2022) ont inclus les services de réparation dans les catégories taxées au taux réduit de respectivement 10 % et 6 %.

Dans l'Union européenne, à compter du 1er juillet 2022, un taux zéro s'appliquera aux livraisons effectuées au bénéfice des forces armées des États membres de l'UE lorsqu'elles sont affectées aux « efforts de défense déployés par les forces armées pour la mise en œuvre d'une activité de l'Union dans le cadre de la politique de sécurité et de défense commune » à l'instar de ce qui existe déjà pour les forces armées de l'OTAN.

2.2.3. Des réductions temporaires des taux de TVA ont été instaurées en réponse à la crise provoquée par la pandémie de COVID-19 et à la hausse des prix de l'énergie

La plupart des pays de l'OCDE ont temporairement abaissé leurs taux de TVA en réponse à la crise liée au COVID-19.

En 2020 et 2021, de nombreux pays de l'OCDE ont mis en place des taux de TVA réduits à titre temporaire, y compris des taux zéro, dans le cadre de leurs trains de mesures fiscales en réponse à la pandémie de COVID-19 (voir (OCDE, 2021[5]) et les notes par pays du Tableau d'annexe 2.A.2). La plupart de ces mesures visaient à soutenir le secteur de la santé, notamment en appliquant des taux nuls ou réduits aux fournitures et importations de certains matériels médicaux et produits sanitaires, ainsi qu'aux services de santé (Allemagne, Autriche, Belgique, Canada, Danemark, Espagne, Estonie, Finlande, France, Grèce, Hongrie, Irlande, Italie, Lettonie, Lituanie, Luxembourg, Pays-Bas, Pologne, Portugal, République slovaque, République tchèque et Royaume-Uni) lorsque ceux-ci n'étaient pas encore exonérés de TVA ou soumis à des taux réduits en vertu des règles normales.

Plusieurs pays ont aussi abaissé temporairement leur taux pour stimuler la consommation et/ou soutenir les secteurs économiques les plus durement frappés par la crise liée au COVID-19. Il s'agit notamment de la restauration (Allemagne, Autriche, Belgique, Colombie, Grèce, Lituanie) ; de l'hébergement ou d'autres activités touristiques (Autriche, Colombie, Costa Rica, République tchèque et Royaume-Uni) ; du cinéma, de la culture ou des sports (Autriche, Grèce, Lituanie, Pays-Bas et Royaume-Uni) ; du transport de voyageurs (Colombie, Grèce et Türkiye) ; ou de la location de biens commerciaux (Colombie). La Colombie applique un taux de TVA de 0 % à certains biens destinés aux consommateurs finals durant certains jours de l'année (« exonérations de TVA »). Dans la plupart des cas, ces mesures ont été initialement limitées à une période de trois à six mois, mais bon nombre d'entre elles ont ensuite été prolongées pour faire face à la durée (souvent) plus longue que prévu de la pandémie.

Si ces mesures ont été, pour nombre d'entre elles, progressivement supprimées, plusieurs de ces réductions temporaires des taux de TVA ont été prolongées et sont restées en vigueur après le 1er janvier 2022, comme l'application de taux réduits ou nuls aux importations et achats de certains biens pour lutter contre la pandémie de COVID-19 (Allemagne, Autriche, Belgique, Canada, Danemark, Espagne, Estonie, Finlande, France, Hongrie, Irlande, Italie, Lettonie, Lituanie, Luxembourg, Pays-Bas, Portugal, République slovaque, Slovénie et Suède) ; au transport de voyageurs (Colombie, Grèce) ; aux services liés au tourisme (Colombie, Costa Rica, Irlande et Royaume-Uni) ; au cinéma (Grèce) ; et à la restauration (Grèce).

Quelques pays de l'OCDE ont mis en place des taux de TVA réduits à titre temporaire de portée plus générale en réponse à la pandémie. L'Allemagne a abaissé son taux normal de TVA de 19 % à 16 % et son taux réduit de TVA 7 % à 5 %, avec effet à partir du 1er juillet et jusqu'au 31 décembre 2020. L'Irlande a ramené son taux normal de TVA de 23 % à 21 %, à compter du 1er septembre 2020 et jusqu'au 28 février 2021. La Norvège a décidé un abaissement de son taux réduit de TVA, de 12 % à 6 %, applicable à compter du 1er avril et jusqu'au 1er octobre 2021.

Certains pays ont récemment mis en place ou annoncé des taux réduits de TVA à titre temporaire afin d'amortir l'impact de la forte hausse des prix de l'énergie

Les prix de l'énergie s'envolent depuis le début de l'année 2021 sous l'effet conjugué de facteurs liés à l'offre et à la demande. Parmi ceux-ci, on peut notamment citer des tendances à long terme comme le sous-investissement dans le gaz naturel et les énergies propres, et des évolutions à court terme comme la baisse des livraisons immédiates de gaz naturel par la Russie et une forte reprise de la demande au lendemain de la crise liée à la pandémie de COVID-19 (AIE, 2021[6]). Il est très difficile pour les consommateurs et les entreprises de réduire drastiquement leur consommation d'énergie à court terme, ce qui fait naître des préoccupations quant à l'accessibilité financière de l'énergie et au coût de la vie. Les chocs sur les prix ont eu des effets négatifs non négligeables sur les ménages et les entreprises, incitant les pouvoirs publics à réagir avec des mesures à court terme destinées à soutenir les revenus et limiter les hausses de prix (Boone et Elgouacem, 2021[7]). Les pouvoirs publics ont mis en œuvre un large éventail de mesures afin d'atténuer l'impact de la hausse des prix de l'énergie, notamment des subventions, des transferts, des mesures de soutien des prix et des réductions de l'impôt sur le revenu des personnes physiques, de l'impôt sur les bénéfices des sociétés et des impôts sur la consommation (OCDE, 2022[8]).

Les mesures de soutien des prix, en particulier, peuvent prendre la forme de contrôles des prix, de remises à la pompe, de réductions des droits d'accise (voir chapitre 3), de taxes liées à l'environnement et des taux de TVA (voir ci-après).

Dans ce contexte, plusieurs pays de l'OCDE ont indiqué avoir instauré des taux de TVA réduits, le plus souvent à titre temporaire (voir les notes par pays figurant dans le Tableau d'annexe 2.A.2). Par exemple, en 2021, l'Espagne a ramené de 21 % à 10 % son taux de TVA sur l'énergie, et l'Italie a abaissé de 21 % à 5 % son taux de TVA sur le gaz naturel à usage « domestique et industriel » et les transports. Plusieurs autres pays européens ont fait de même en 2022, notamment la Belgique, qui a ramené son taux de TVA de 21 % à 6 % sur les livraisons d'électricité, de gaz et de chaleur dans le cadre de contrats résidentiels ; l'Irlande, où le taux de TVA sur les produits énergétiques a été abaissé de 13.5 % à 9 % ; les Pays-Bas, avec un taux de TVA sur le gaz naturel, l'électricité et le chauffage urbain ramené de 21 % à 9 % ; et la Pologne, qui a réduit le taux de TVA sur l'électricité et le chauffage urbain de 23 % à 5 %. En septembre 2022, le gouvernement luxembourgeois a annoncé une réduction temporaire de son taux normal de TVA de 17 % à 16 % et de ses taux réduits de 14 % à 13 % et de 8 % à 7 %.

Bien que les mesures de soutien des prix aient été la forme la plus courante de mesures adoptées par les pays parce qu'elles sont les plus visibles, les plus rapides et les plus faciles à mettre en œuvre, elles présentent un certain nombre d'inconvénients à moyen et long terme. Elles ont en effet un fort impact négatif sur les recettes, ne sont généralement pas ciblées et peuvent profiter de manière disproportionnée aux gros consommateurs d'énergie qui ont le plus souvent des revenus plus élevés.Elles limitent également les incitations à faire des économies d'énergie ou à renoncer aux combustibles fossiles et découragent les nouveaux investissements dans les infrastructures.

2.3. Exonérations

2.3.1. Les pays de l'OCDE recourent massivement aux exonérations de TVA

Hormis les taux réduits, les régimes de TVA des pays de l'OCDE font un large usage des exonérations (voir Tableau d'annexe 2.A.3). Dans ce contexte, une exonération signifie que le fournisseur ne facture pas la TVA sur ses ventes et n'est donc pas en droit de récupérer la TVA acquittée sur ses intrants. Dans certaines juridictions, l'exonération est appelée « imposition en amont », afin d'indiquer que la livraison n'est pas exonérée de TVA, mais que son prix contient une « TVA rémanente », autrement dit que la TVA acquittée sur les intrants est incorporée dans le prix des ventes exonérées. L'exonération n'est donc pas identique à l'absence de taxation.

Bien qu'elles constituent une entorse notable au principe général de la TVA, tous les pays de l'OCDE disposant d'un système de TVA appliquent un certain nombre d'exonérations. Les raisons qui justifient l'application d'exonérations de TVA sont très diverses. Elles tiennent notamment à la difficulté qu'il y a à déterminer la base d'imposition (services financiers et d'assurance, par exemple) ou à la volonté d'exclure de l'assiette de la TVA les activités qui sont considérées comme des services publics ou comme remplissant une mission d'intérêt général et/ou social (éducation, santé, services postaux, organismes de bienfaisance). Un certain nombre d'exonérations trouvent leur origine dans la tradition, comme la location d'immeubles et la vente de terrains et de bâtiments. Certains secteurs exonérés de TVA peuvent aussi être assujettis à d'autres taxes spécifiques (biens immobiliers, services d'assurance et financiers par exemple).

En dehors de ces catégories traditionnelles, les exonérations sont nombreuses et couvrent un large éventail de secteurs comme la culture, l'assistance judiciaire, le transport de voyageurs, les services publics d'inhumation, les déchets et matériaux recyclables, la distribution d'eau, les métaux précieux et l'agriculture (voir Tableau d'annexe 2.A.3). À cet égard, les États membres de l'UE sont soumis à des règles communes prévoyant l'exonération des livraisons ou prestations considérées d'intérêt public comme les services postaux, les services médicaux, les services liés à l'éducation, les activités de radiodiffusion publique et les services fournis par des organismes sans but lucratif, mais aussi d'un certain nombre de prestations spécifiques comme les services financiers et d'assurance, les opérations portant sur des biens immeubles et les jeux de hasard ou d'argent. Cependant, les États membres peuvent choisir d'autoriser les entreprises à opter pour la taxation de certaines transactions et de soumettre à des conditions spécifiques certaines exonérations.

Un certain nombre de services qui sont généralement exonérés dans les pays de l'OCDE sont imposés dans certains de ces pays. Les services postaux par exemple sont taxés en Australie, au Canada, au Japon, au Mexique, en Nouvelle-Zélande et en Norvège ; les jeux de hasard et d'argent le sont en Australie, au Canada, en Corée, en Nouvelle-Zélande, au Royaume-Uni et en Türkiye ; et les services d'assurance sont imposés au Mexique, en Nouvelle-Zélande et en Türkiye, et dans certains cas en Australie. Par ailleurs, le transport de passagers, taxé dans la plupart des pays, est exonéré (dans une certaine mesure) au Chili, en Corée, au Danemark, en Irlande et au Mexique. Au Chili, les services qui ne sont pas expressément cités comme étant assujettis à la TVA en vertu de la loi sont considérés comme « non couverts », c'est-à-dire qu'ils sont exonérés de TVA. Il s'agit notamment des services juridiques et comptables, des services d'ingénierie et d'architecte et autres services professionnels.

2.3.2. Les exonérations ont plusieurs effets indésirables

Il est généralement recommandé que le système de TVA ne prévoie qu'une liste restreinte d'exonérations, limitée aux services de santé de base, à l'éducation et éventuellement aux services financiers. Parce qu'elles n'ouvrent pas droit à la déduction de la taxe sur les intrants, les exonérations de TVA créent en effet une exception importante à la neutralité de cette taxe (voir chapitre 1). Les paragraphes suivants donnent un aperçu des principales conséquences des exonérations, qui sont souvent négatives.

Les exonérations de TVA créent des effets de taxe en cascade lorsqu'elles s'appliquent aux transactions entre entreprises. On peut s'attendre à ce qu'une entreprise qui vend un bien ou un service exonéré répercute sur ses prix la taxe d'amont non déductible qu'elle a acquittée. L'entreprise qui achète ces biens ou services ne pourra pas non plus déduire ou récupérer cette « taxe rémanente » dissimulée dans le prix d'achat par l'intermédiaire de son système de TVA. Si la production de l'entreprise destinataire n'est pas exonérée de TVA, cette taxe cachée sera sans doute intégrée dans le prix des biens sur lesquels elle va facturer la TVA sur ses ventes. Cette situation aboutit à une taxe cachée d'un poids variable selon le nombre de stades de production soumis à l'impôt, ce qui fausse les décisions en matière de production et les choix d'organisation de l'entreprise. L'ampleur des effets de cascade dépend du moment où l'exonération intervient dans la chaîne. Si l'exonération s'applique seulement au stade de la vente au consommateur final, il n'y a pas d'effet de cascade et elle entraîne simplement une perte de recettes fiscales puisque la valeur ajoutée au stade final n'est pas imposée. Si l'exonération s'applique à un stade intermédiaire, l'effet de cascade consécutif peut conduire à une augmentation des recettes nettes qui n'est pas transparente.

Les exonérations incitent les entreprises à réduire le montant de leur impôt par le biais d'une intégration verticale (« livraison à soi-même ») et à ne pas externaliser, car elles ont intérêt à produire leurs biens en interne plutôt qu'à les acheter, et à supporter une TVA en amont irrécupérable. Cet effet de cascade peut entraîner des inefficiences économiques et peut également créer une dynamique de l'exonération auto-entretenue : lorsqu'un secteur bénéficie d'une exonération, il est incité à faire pression pour que des exonérations soient accordées aux autres secteurs auprès desquels il s'approvisionne afin d'éviter de payer une TVA cachée sur ses intrants.

Les exonérations aboutissent généralement à une sous-imposition des ventes aux consommateurs, dans la mesure où la charge fiscale est égale, en principe, à la taxe sur les intrants consommés par les entreprises exonérées dans la chaîne d'approvisionnement et non sur la valeur ajoutée, et à une surimposition des entreprises qui ne peuvent pas déduire la « taxe cachée » incorporée dans le prix de leurs achats.

Dans le contexte international, les exonérations portent atteinte au principe de destination sur lequel repose l'imposition des biens et services faisant l'objet d'échanges internationaux (voir chapitre 1) et elles peuvent aboutir à des distorsions de concurrence. Lorsqu'un exportateur utilise des intrants exonérés, il lui est généralement impossible de récupérer la TVA résultant de l'exonération appliquée à un stade antérieur dans la chaîne de production. L'exportation devient donc effectivement « taxée sur les intrants ». Par ailleurs, les entreprises qui utilisent des intrants exonérés de TVA en application des dispositions du droit interne sont incitées à importer ces intrants de pays où ceux-ci sont soumis au taux zéro au lieu de les acheter à des fournisseurs non assujettis sur le marché intérieur.

En outre, l'idée que la gestion des exonérations accroîtrait les coûts administratifs et les coûts de conformité a été avancée. Comme dans le cas de structures de taux différenciés, il peut souvent s'avérer difficile pour les entreprises et les administrations fiscales de faire la distinction entre biens assujettis et biens exonérés, en particulier dans des domaines complexes comme les services financiers. Les entreprises qui réalisent à la fois des ventes exonérées et assujetties sont souvent confrontées à des règles d'affectation complexes lorsqu'elles cherchent à déterminer la fraction des ventes de produits taxés qui ouvre droit à déduction de la taxe acquittée en amont. Cependant, on dispose de peu de données quantitatives en ce qui concerne l'impact des exonérations sur les coûts administratifs et de conformité (Bird et Gendron, 2007[9]).

L'exonération de TVA sur les services financiers, en particulier, fait l'objet de fréquents débats entre juridictions, comme c'est le cas depuis peu au sein de l'UE. Dans un document récent (GFV N°087 de mars 2019), la Commission européenne rappelle que les règles d'exonération de la TVA des services financiers et d'assurance en vigueur au sein de l'Union européenne n'ont pas évolué au même rythme que ces secteurs si bien qu'elles deviennent de plus en plus complexes et difficiles à appliquer dans la pratique. Cette situation a entraîné une hausse du nombre de litiges, une incertitude sur le plan juridique et des frais d'ordre administratif et réglementaire élevés. Ces règles sont en outre interprétées et appliquées de façon hétérogène dans les différents États membres, ce qui crée des distorsions de concurrence au sein de l'UE. La Commission européenne a donc lancé une consultation publique en février 2021, dont les résultats ont été publiés en septembre 2021 (Commission européenne, 2021[10]). Les conclusions de cette consultation montrent que bien qu'une grande majorité des répondants considèrent que l'exonération de TVA est toujours nécessaire, il convient de clarifier et d'harmoniser davantage les règles au sein de l'UE.

L'émergence de la « fintech » et de nouveaux produits et services tels que les monnaies virtuelles et autres cryptoactifs soulève de nouvelles questions concernant les régimes de TVA, notamment à la lumière des règles en vigueur applicables aux services financiers (G20/OCDE, 2020[11]).

2.4. Restrictions du droit à déduction de la TVA sur certains intrants

Même si la charge de la TVA ne devrait pas être supportée par les entreprises, le droit de déduire la TVA sur les intrants de l'entreprise est limité aux cas où l'entreprise utilise en principe ces intrants pour produire des ventes imposables. Le droit à déduction de la TVA sur les intrants est théoriquement refusé lorsque ces intrants sont utilisés pour réaliser des ventes non imposables, c'est-à-dire exonérées et n'ouvrant pas droit à déduction (santé ou services financiers, par exemple – voir section 2.3) ou situées hors du champ d'application de la TVA (fournitures sans contrepartie, par exemple). Ce droit ne s'applique pas non plus normalement lorsque les achats ne sont pas (intégralement) employés pour exercer une activité économique imposable, par exemple lorsqu'ils sont utilisés à des fins privées par le propriétaire de l'entreprise ou ses salariés (c'est-à-dire pour la consommation finale).

Outre les règles indiquées plus haut, la législation en vigueur dans la plupart des pays de l'OCDE restreint également la déduction de la TVA acquittée en amont sur un certain nombre de produits et services en raison de la nature de ces biens et services, et non de leur utilisation par les entreprises (voir Tableau d'annexe 2.A.4).

Trois raisons principales justifient ces restrictions. Premièrement, elles permettent d'éviter la charge administrative qu'engendre le contrôle de l'utilisation effective de ces biens et services, qui, par nature, peut être double, à la fois privée et professionnelle. Deuxièmement, elles constituent un moyen de réduire les risques de fraude. Troisièmement, les biens et services visés relèvent en partie de la « consommation » (repas pris au restaurant, par exemple).

Tous les pays de l'OCDE qui disposent d'un système TVA, à l'exception de la Colombie, d'Israël, du Japon, du Mexique et de la Suisse, déclarent appliquer des restrictions au droit à déduction de la TVA sur certains intrants, principalement les divertissements et les véhicules. La Colombie refuse la déduction de la TVA prélevée sur l'acquisition d'actifs fixes qui ne sont pas considérés comme des « actifs fixes de production ». Au Mexique, bien qu'il n'existe pas de restrictions spécifiques, la législation prévoit une déduction de la TVA acquittée en amont uniquement sur les intrants « strictement indispensables » à l'activité principale de l'entreprise. Les dépenses au titre desquelles cette TVA sur les intrants est payée doivent aussi être déductibles en vertu de la Loi sur l'impôt sur le revenu, laquelle prévoit une liste de « déductions autorisées » pour chaque catégorie de régime.

Les restrictions les plus répandues au droit à déduction de la TVA acquittée en amont sont celles qui portent sur les frais de divertissement bien que le contenu de cette catégorie soit très variable. Les restrictions peuvent porter sur la TVA acquittée sur les repas au restaurant, les boissons (alcoolisées), les frais de réception, l'hébergement en hôtel, les droits d'accès à des manifestations sportives ou culturelles, les cadeaux et les services de transport. Sept pays de l'OCDE (Chili, Colombie, France, Israël, Japon, Suisse et Türkiye) n'ont pas fait état d'une telle limitation spécifique du droit à déduction de la TVA sur les intrants.

La déduction de la TVA acquittée en amont sur les achats et/ou l'usage de véhicules est également soumise à des limitations dans 24 des 37 pays de l'OCDE appliquant une TVA. L'Allemagne, la Colombie, la Corée, l'Espagne, Israël, le Japon, le Luxembourg, le Mexique, la Nouvelle-Zélande, les Pays-Bas, la République slovaque, la République tchèque et la Suisse ne font état d'aucune restriction spécifique de ce type.

La déduction de la TVA acquittée en amont peut être limitée à une fraction de celle-ci. Par exemple, la déduction de la TVA sur l'utilisation de véhicules par les salariés d'une entreprise peut être limitée à un pourcentage fixe. Dans certains pays, seule la moitié de la TVA acquittée en amont sur les véhicules est déductible, même si le véhicule est strictement utilisé à des fins professionnelles.

2.5. Seuils d'identification et de collecte de la TVA

Les obligations relatives à la TVA sont souvent considérées comme particulièrement lourdes pour les petites et moyennes entreprises (PME) (Commission européenne, 2013[12]) (Evans et al., 2018[13]). De nombreux pays ont donc mis en place des régimes simplifiés destinés aux PME afin d'alléger les contraintes liées au respect des règles de TVA. Ces régimes peuvent être regroupés en trois grandes catégories : non-assujettissement au régime de TVA (seuils d'exonération), calcul simplifié du montant de la TVA due et simplification des obligations en matière de comptabilité, de déclaration ou de paiement (OCDE, 2015[14]).

Dans la plupart des pays de l'OCDE (à l'exception du Chili, de la Colombie, du Costa Rica, de l'Espagne et du Mexique), les entreprises dont le chiffre d'affaires annuel est inférieur à un certain seuil ne sont pas tenues de facturer et de collecter la TVA sur leurs ventes et ne déduisent pas la TVA sur leurs intrants. En Colombie et en Türkiye, seules sont concernées les personnes physiques, et non les sociétés ou les entreprises constituées en société.

Cette dispense d'assujettissement revient à traiter les petites entreprises comme des entreprises non assujetties à la TVA. Il existe deux types de seuils de dispense d'assujettissement : les seuils d'identification qui dispensent les fournisseurs à la fois de s'identifier et de collecter la TVA, et les seuils de collecte en dessous desquels les assujettis sont certes tenus de s'identifier à la TVA, mais n'ont pas à collecter la taxe. Des types d'activités (prestations de services par opposition aux livraisons de biens, par exemple) ou des secteurs différents (secteur à but non lucratif notamment) peuvent être soumis à des seuils différents, voire peuvent échapper à leur application (secteur de la construction, par exemple). Dans la plupart des cas, les seuils d'identification ne s'appliquent pas aux entreprises étrangères et dans certains cas, les seuils de collecte ne s'appliquent qu'aux personnes physiques ou aux entreprises qui ne sont pas soumises à l'obligation de tenir une comptabilité commerciale.

Les seuils sont généralement calculés à partir du chiffre d'affaires annuel. Au Japon, les entreprises (individuelles ou non) ne sont pas tenues de s'enregistrer à la TVA et de collecter la TVA pendant les deux années qui suivent leur création dès lors qu'elles restent en dessous d'un seuil défini en fonction de leur capital, cependant qu'un seuil reposant sur le chiffre d'affaires imposable annuel s'applique après cette période (à quelques exceptions près, selon les niveaux de chiffre d'affaires). Bien que les seuils soient généralement fonction du chiffre d'affaires annuel, leur application peut dépendre d'autres règles et critères.

Le niveau des seuils de TVA résulte généralement d'un arbitrage entre, d'une part, la limitation des coûts de conformité et administratifs pour les petites entreprises et les administrations fiscales et, d'autre part, la nécessité de protéger les recettes et d'éviter les distorsions de concurrence. Le niveau de ces seuils est très variable selon les pays (voir Graphique 2.3). On peut dans l'ensemble distinguer quatre groupes.

Dix pays appliquent un seuil relativement élevé, supérieur à 80 000 USD de chiffre d'affaires par an : France, Irlande, Italie, Japon, Lituanie, Pologne, République slovaque, Royaume-Uni, Slovénie et Suisse.

Neuf pays appliquent un seuil compris entre 40 000 et 80 000 USD : Australie, Autriche, Corée, Estonie, Hongrie, Lettonie, Luxembourg, Nouvelle-Zélande et République tchèque.

Douze pays appliquent un seuil relativement bas inférieur à 30 000 USD : Allemagne, Belgique, Canada, Danemark, Finlande, Grèce, Islande, Israël, Norvège, Pays-Bas, Portugal et Suède. Parmi ces pays, trois appliquent un seuil particulièrement bas inférieur à 10 000 USD (Danemark, Norvège et Suède).

Six pays de l'OCDE n'appliquent aucun seuil général d'exonération de la TVA : Chili, Colombie, Costa Rica, Espagne, Mexique et Türkiye.

Depuis 2020, seuls la Corée, la Finlande, Israël et le Luxembourg ont relevé leur seuil, mais aucun pays ne l'a abaissé. Par rapport à 2012, 17 pays de l'OCDE ont relevé leur seuil (Allemagne, Autriche, Belgique,

Corée, Estonie, Finlande, France, Hongrie, Islande, Israël, Italie, Luxembourg, Pays-Bas, Pologne, Portugal, Royaume-Uni et Slovénie). Un seul pays, la Lettonie, a abaissé son seuil au cours de cette période, de 50 000 EUR à 40 000 EUR.

Aucun argument définitif ne justifie la nécessité ou le niveau des seuils de TVA. La principale raison qui justifie l'exclusion des petites entreprises (notion très différente selon les pays) est le caractère disproportionné tant des coûts administratifs, par rapport aux recettes de TVA générées, que des coûts de conformité aux obligations en matière de TVA pour nombre d'entre elles, comparés à leur chiffre d'affaires.

Il est difficile de déterminer le niveau d'un seuil de TVA. Un seuil d'enregistrement relativement élevé peut avantager les petites entreprises, en faussant la concurrence avec les grandes entreprises. Un seuil relativement bas peut être perçu par une entreprise comme un frein à son développement ou comme une incitation à échapper à la TVA en segmentant artificiellement ses activités. Ces seuils peuvent également entraver les efforts des pouvoirs publics pour lutter contre l'économie informelle. Ce dernier inconvénient peut être atténué en soumettant les entreprises qui n'atteignent pas le seuil à un régime simplifié qui permettrait de les inclure dans l'économie formelle. Le niveau du seuil est souvent le résultat d'un compromis entre d'une part, l'objectif de limiter les coûts administratifs et les coûts de conformité et d'autre part, la nécessité de préserver les recettes et d'éviter toute distorsion de la concurrence.

Graphique 2.3. Seuils d'identification et de collecte en fonction du chiffre d'affaires annuel, 2022

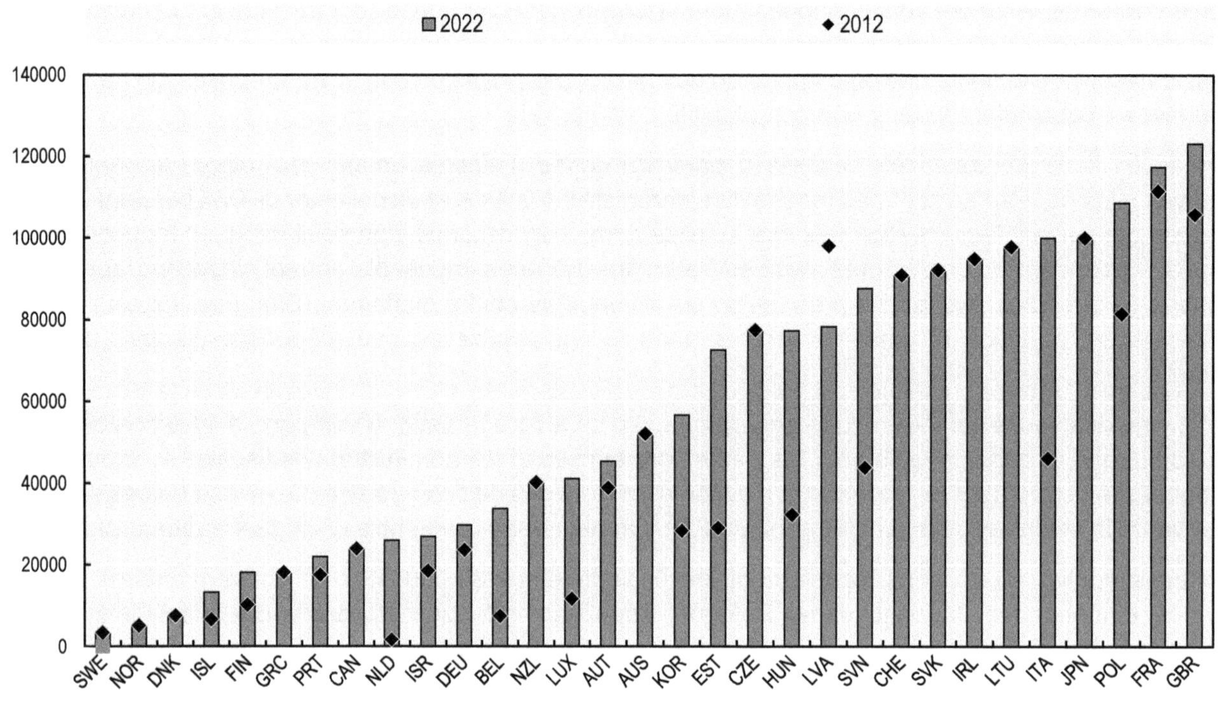

Note : Seuils de chiffre d'affaires annuel exprimés en USD à parité de pouvoir d'achat.
Source : Travaux de l'auteur.

StatLink https://stat.link/fa0jei

Tous les pays de l'OCDE qui appliquent un seuil d'identification ou de collecte donnent la possibilité aux entreprises qui n'atteignent pas ce seuil de s'identifier et d'appliquer volontairement la TVA, sauf la Corée et Israël. L'identification volontaire vise souvent à pallier les inconvénients de l'absence d'identification pour les petites entreprises. Elle augmente cependant le risque de fraude à la TVA par des entreprises «

éphémères » qui pourraient s'identifier et demander des remboursements de TVA avant de disparaître à nouveau. Une majorité de pays de l'OCDE imposent donc souvent une durée minimale d'identification aux assujettis qui ont opté pour une identfication volontaire. Cette période varie d'un an (Australie, Canada, Grèce, Hongrie, République slovaque, République tchèque, Suisse) à deux ans (Danemark, France, Japon et Norvège), parfois trois ans (Pays-Bas et Suède) ou même cinq ans (Allemagne, Autriche, Portugal et Slovénie). Quatorze pays n'imposent aucune durée minimale d'identiifcation (Belgique, Corée, Estonie, Finlande, Irlande, Islande, Israël, Italie, Lettonie, Lituanie, Luxembourg, Nouvelle-Zélande, Pologne et Royaume-Uni).

L'une des difficultés soulevées par la mise en place d'un seuil de TVA réside dans la nécessité de limiter le plus possible les dispositifs incitant les petites entreprises à sous-évaluer le chiffre d'affaires déclaré dans le but de rester en dessous du seuil de dispense d'assujettissement et/ou d'inciter les petites entreprises à développer leur activité. Des études (Li Liu, 2019[15]) montrent que les petites entreprises s'efforcent généralement de rester en dessous du seuil d'identification en limitant leur chiffre d'affaires déclaré pour éviter d'avoir à effectuer les formalités d'identification à la TVA lorsque leurs ventes aux consommateurs privés représentent une forte proportion de leur chiffre d'affaires, mais qu'elles ont tendance à s'identifier volontairement à la TVA, même lorsque leur chiffre d'affaires est inférieur au seuil, dès lors que la part des ventes à des consommateurs finals dans leur chiffre d'affaires est faible, que la part des coûts externes est relativement élevée et que la concurrence s'intensifie dans leur secteur d'activité.

Une solution pour éviter un tel phénomène consiste à adopter un seuil flexible. Dans un régime de ce type, les petites entreprises qui dépassent le seuil ordinaire ne sont pas tenues de s'enregistrer immédiatement et peuvent continuer à bénéficier temporairement de la dispense tant que le dépassement n'excède pas un certain pourcentage du seuil. Par exemple, en France, lorsqu'une entreprise réalise un chiffre d'affaires supérieur au seuil ordinaire de 85 800 EUR (pour les biens) ou de 34 400 EUR (pour la plupart des services), elle peut continuer à bénéficier du régime de la dispense d'assujettissement si son chiffre d'affaires sur l'année n'excède pas respectivement 94 300 EUR et 36 500 EUR.

Diverses autres mesures ont été adoptées afin de réduire les coûts de conformité pour les PME tout en évitant les inconvénients d'une dispense d'assujettissement. De nombreux pays de l'OCDE ont ainsi mis en place des régimes forfaitaires simplifiés pour faciliter le calcul de la TVA due. Par exemple, certaines petites entreprises peuvent être autorisées à appliquer un taux forfaitaire unique à leur chiffre d'affaires afin de déterminer le montant de la TVA due au lieu de procéder à un calcul détaillé de la TVA sur leurs achats et sur leurs ventes. D'autres régimes de simplification permettent un calcul simplifié du crédit de TVA sur les intrants. Ces régimes sont présentés plus en détail dans une étude de l'OCDE sur la fiscalité des PME (OCDE, 2015[14]).

L'application de ces seuils d'exonération reste généralement limitée aux entreprises nationales. Ces seuils ne s'appliquent pas en particulier dans le cadre de la plupart des « régimes de collecte de la TVA auprès des vendeurs » mis en place par les pays de l'OCDE pour la collecte de la TVA sur la vente à distance de services et d'actifs incorporels par des fournisseurs non résidents (voir section 2.8 ci-après). Seuls sept de ces pays appliquent un seuil de chiffre d'affaires en deçà duquel les fournisseurs non résidents sont dispensés des obligations découlant de ce régime, à savoir l'Australie, le Canada, l'Islande, le Japon, la Norvège, la Nouvelle-Zélande et la Suisse. Ces pays appliquent le même seuil d'identification à ces fournisseurs non résidents qu'aux fournisseurs nationaux. Les États membres de l'Union européenne sont liés par un cadre juridique commun (la Directive de l'UE sur la TVA) qui n'autorise pas un tel seuil d'identification pour les fournisseurs de pays tiers.

2.6. Usage du régime de la marge

La plupart des pays autorisent ou utilisent des méthodes spécifiques pour calculer le montant de la TVA due afin de simplifier l'administration de la TVA et le respect des obligations fiscales dans des cas particuliers. Les régimes de la marge représentent une méthode classique pour simplifier le calcul de la TVA. Ils sont souvent utilisés lorsque le calcul de la taxe déductible sur les intrants est jugé trop difficile ou impossible avec les règles habituelles, par exemple pour la revente de biens d'occasion achetés auprès de particuliers et pour les activités des agences de voyages. La TVA due, en vertu d'un tel régime, est calculée sur la différence entre le prix d'acquisition par l'assujetti et le prix de revente, et non sur la base du prix de revente intégral. L'application du régime de la marge interdit au revendeur toute déduction de la TVA incluse dans les produits achetés qui sont revendus sous le régime de la marge.

Le Tableau d'annexe 2.A.6 montre que tous les pays de l'OCDE ont mis en œuvre des régimes de la marge plus ou moins larges, sauf le Canada, l'Islande, le Japon, la Corée et la Nouvelle-Zélande. Les régimes de la marge sont surtout utilisés dans le commerce de biens d'occasion (dans tous les États membres de l'UE, en Australie, au Costa Rica, en Norvège et au Royaume-Uni ; en Israël pour les meubles et les voitures d'occasion ; et en Colombie, au Mexique et en Türkiye pour les voitures d'occasion) ; pour les activités des agences de voyages (tous les États membres de l'UE et la Türkiye) ; et pour la vente d'œuvres d'art, d'objets de collection et d'antiquités (dans tous les États membres de l'UE, en Norvège, en Suisse et en Türkiye). Les régimes de la marge peuvent également s'appliquer aux ventes de biens immobiliers et de terrains constructibles (Australie, Chili, France, Türkiye) ; aux ventes aux enchères (Grèce et Irlande) ; et à la vente au détail de carburants (Colombie et Portugal). Des régimes de la marge spécifiques s'appliquent également aux jeux de hasard en Australie et à la vente de pièces, timbres et devises en Israël.

Dans les États membres de l'Union européenne, les régimes de la marge visant les agences de voyages, les biens d'occasion, les objets d'art, de collection ou d'antiquité se fondent sur la directive de l'UE en matière de TVA.

2.7. La pandémie de COVID-19 a eu un impact sur l'administration de la TVA

Outre les réductions temporaires des taux de TVA décrites à la section 2.2.3 ci-dessus, de nombreux pays de l'OCDE ont pris des mesures administratives et politiques pour alléger la charge de TVA qui pèse sur les entreprises dans le cadre de leurs programmes de soutien aux entreprises durant la crise du COVID-19 (OCDE, 2021[5]). Ces mesures comprenaient principalement le report de l'obligation de déposer des déclarations et de payer la TVA due afin de préserver la trésorerie des entreprises et d'alléger les coûts de conformité. La plupart des pays ont assorti les reports de paiement de la TVA d'une suspension ou d'une réduction des pénalités et/ou des charges d'intérêts normalement appliquées en cas de dépôt tardif ou de retard de paiement. D'autres mesures ont été prises, comme l'accélération et/ou l'amélioration du traitement des demandes de remboursement de la TVA acquittée en amont, l'assouplissement temporaire des conditions d'exonération de TVA sur les créances irrécouvrables et le recours accru aux circuits de communication numérique pour simplifier le respect des obligations fiscales et faciliter les relations avec les contribuables (CIAT/IOTA/OCDE, 2021[16]). Plusieurs pays ont temporairement suspendu les contrôles et autres actions d'exécution et/ou de mise en recouvrement afin d'éviter d'aggraver les difficultés des entreprises et d'alourdir leurs coûts en termes de ressources et de temps pendant la crise du COVID-19[1]. Les cas de fraude potentielle ou d'entreprises ayant un profil à haut risque échappent généralement à ces mesures.

L'expérience des pays et le retour d'information des milieux d'affaires *via* Business@OECD laissent penser que les mesures relatives à la TVA visant à soutenir la trésorerie et à alléger les contraintes liées au respect des règles de TVA ont joué un rôle particulièrement important pour atténuer l'impact de la crise sur les entreprises. Les reports de paiement de TVA, le remboursement rapide et simplifié des crédits de TVA et l'exonération de TVA sur les créances irrécouvrables figurent au nombre des mesures particulièrement importantes pour soutenir la trésorerie des entreprises. Les mesures destinées à simplifier temporairement les procédures et formalités relatives à la TVA en passant de processus manuels à des procédures électroniques et en ligne sont jugées essentielles pour alléger la charge que représente la discipline fiscale et pour permettre aux entreprises de faire face aux restrictions liées aux stratégies d'atténuation et de confinement mises en place dans de nombreux pays. D'un autre côté, les autorités fiscales ont souligné que des mesures telles que les reports de paiement de la TVA et la suspension des vérifications nécessitaient d'être soigneusement encadrées afin de minimiser les risques de fraude.

La pandémie de COVID-19 a bouleversé les modèles de fonctionnement des administrations fiscales, et elle a accéléré leur transformation numérique, notamment en ce qui concerne leurs modalités d'interaction avec les contribuables, avec par exemple une chute de 55 % des rencontres en personne et une hausse de 30 % des contacts numériques (OCDE, 2022[17]), ainsi que de collecte et de gestion des données des contribuables et d'autres sources (voir section 2.9 ci-après).

2.8. L'application de la TVA aux échanges numériques

Les défis fiscaux que soulève la transformation numérique de l'économie dominent les discussions qui ont lieu actuellement à l'échelle mondiale autour de la politique fiscale et de sa mise en œuvre. La croissance de l'économie numérique, qui influe de plus en plus sur l'économie au sens large, pose des défis fondamentaux, notamment en matière de conception et d'administration de la TVA. La capacité des entreprises à exercer une activité économique dans une juridiction sans y exercer d'activités physiques ni y avoir de présence physique est au cœur de nombre de ces défis (voir chapitre 1). Cela concerne les services et actifs incorporels fournis par voie numérique, ainsi les biens de faible valeur achetés en ligne par des consommateurs privés auprès de fournisseurs non résidents, dont le volume ne cesse de croître.

Les pays du monde entier ont pris conscience que l'absence de réponse efficace à ces défis risquait d'entraîner des pertes de recettes de TVA de plus en plus importantes et exposer les distributeurs physiques à une concurrence déloyale à laquelle ils ont de plus en plus de mal à résister sous l'effet de la hausse continue des volumes de marchandises achetées en ligne en franchise de TVA. Cette question est devenue encore plus prégnante à mesure que la pandémie de COVID-19 accélérait la conversion des entreprises traditionnelles au commerce électronique.

Le dialogue mondial sur les politiques publiques organisé par l'OCDE en réponse à ces défis a abouti à la rédaction d'un ensemble de normes, de règles et de mécanismes convenus au niveau international pour relever les défis soulevés par les échanges numériques en matière de TVA. Les États peuvent ainsi s'assurer d'engranger d'importantes recettes de TVA générées par les échanges électroniques, tout en mettant les entreprises de commerce électronique et les entreprises traditionnelles sur un pied d'égalité, et ce sans nuire à l'innovation et à la croissance économique. Ces solutions ont été élaborées dans une optique inclusive, notamment dans le cadre du Forum mondial sur la TVA, et font consensus entre plus de 100 juridictions à travers le monde. Elles ont été présentées dans le cadre du Projet OCDE/G20 sur l'érosion de la base d'imposition et le transfert de bénéfices (BEPS) en 2015 et ont été assorties depuis cette date d'orientations visant à assurer leur mise en œuvre efficace et cohérente. Les sous-sections qui suivent examinent brièvement les principaux défis posés par les échanges numériques et offrent un aperçu des normes et orientations convenues à l'échelle internationale visant à y répondre. Il s'agit notamment de principes permettant de déterminer la juridiction qui a le droit de prélever la TVA sur les ventes de services et d'actifs incorporels dans un contexte international conformément au principe de « destination », et de mécanismes de perception effective de la TVA due sur ces ventes, en particulier auprès de fournisseurs non résidents (en ligne) de biens, de services et d'actifs incorporels.

Encadré 2.1. Le Cadre d'action de l'OCDE en matière de TVA

Le cadre d'action de l'OCDE destiné à relever les défis soulevés par les échanges numériques en matière de TVA repose sur quatre grands piliers :

1. Créer le cadre juridique permettant aux juridictions de faire valoir leur droit d'imposer la TVA sur les échanges numériques internationaux. Il s'agit notamment des normes approuvées au niveau international pour déterminer le « lieu d'imposition » des ventes en ligne de services et de produits numériques en se référant à la localisation du client.
2. Assurer la collecte efficace de la TVA sur les ventes en ligne de biens, de services et de produits numériques auprès de fournisseurs étrangers en simplifiant les régimes d'identification et de collecte de la TVA.
3. Accroître l'efficacité de la collecte de la TVA en exigeant des opérateurs de plateforme numérique, qui dominent les échanges numériques mondiaux, qu'ils collectent et reversent la TVA sur les ventes réalisées par l'intermédiaire de leur(s) plateforme(s).
4. Améliorer le respect des obligations en matière de TVA par les vendeurs en ligne étrangers grâce à une stratégie de gestion de la conformité moderne et fondée sur les risques et à une coopération administrative solide.

2.8.1. Les normes de l'OCDE présentent des principes internationalement reconnus pour la mise en œuvre cohérente du principe de destination aux échanges internationaux de services et de biens incorporels.

Introduction

Dans nombre de pays, la législation relative à la TVA tend à définir la notion de « service » par la négative, comme « tout ce qui n'a pas été défini par ailleurs » ou à définir une « prestation de services » comme tout ce qui diffère d'une « livraison de biens ». Si cette approche recouvre le plus souvent les biens incorporels, certains pays placent ces derniers dans une catégorie distincte. Aux fins de cette section, et sauf mention contraire, le terme « services » inclut les « biens incorporels ».

Si la détermination de la juridiction qui dispose des droits d'imposition sur les fournitures de biens est relativement simple, puisque celles-ci sont en principe soumises à la TVA dans la juridiction où ces biens se situent physiquement au moment de la livraison ou dans la juridiction d'importation, elle l'est beaucoup moins pour les services. Compte tenu de leur nature incorporelle, il est plus difficile pour les systèmes de TVA de déterminer leur lieu de consommation et donc la juridiction qui a le droit d'appliquer la TVA à la fourniture de services dans un contexte d'échanges internationaux. Les systèmes nationaux de TVA prévoient divers modèles pour déterminer le lieu d'imposition de services faisant l'objet d'échanges internationaux. De nombreux systèmes de détermination du lieu d'imposition des services fonctionnent sur la base d'une approche par catégories, dans laquelle les opérations sont divisées en catégories avec un lieu d'imposition spécifique pour chacune d'elles. D'autres modèles recourent à une approche itérative, dans laquelle le principe qui sous-tend la règle pour le lieu d'imposition est décrit en termes plus généraux et où une série de règles sont appliquées de manière consécutive afin de déterminer le lieu d'imposition approprié. Une combinaison de ces deux approches est également possible. Le principal trait commun entre ces différents modèles de TVA utilisés pour déterminer le lieu d'imposition de services faisant l'objet d'échanges internationaux est qu'ils cherchent généralement à mettre en œuvre le principe de destination, en application duquel les règles relatives au lieu d'imposition visent à imposer la TVA au lieu de consommation.

La transposition de ces principes dans la législation s'appuie traditionnellement sur des critères concrets comme, explicitement ou implicitement, le lieu d'exécution des services ou l'emplacement du fournisseur afin de déterminer le lieu d'imposition. Avant l'essor de l'économie numérique mondialisée, ces critères étaient souvent suffisants pour faire coïncider le lieu d'imposition et le lieu de consommation dans la mesure où les services B2C étaient généralement consommés à l'endroit même où ils étaient exécutés. Aujourd'hui, alors que les prestataires peuvent, à partir d'un seul emplacement, fournir à distance la plupart de leurs services à des consommateurs situés dans le monde entier, ces critères sont inefficaces pour déterminer le lieu de consommation et donc la répartition effective des droits des juridictions à prélever la TVA sur de tels services.

L'application de ces règles traditionnelles pour déterminer le lieu d'imposition de tels services pouvant être fournis à distance a été source d'incertitudes croissantes, de distorsions de la concurrence, de cas de double imposition ou encore de non-imposition involontaire et de pertes de recettes.

Les Principes directeurs internationaux de l'OCDE pour la TVA/TPS présentent des normes internationalement reconnues pour déterminer le lieu d'imposition des fournitures internationales de services et de biens incorporels.

Les administrations fiscales du monde entier reconnaissent la nécessité de mettre en place un cadre internationalement reconnu pour l'application de la TVA aux échanges internationaux afin d'atténuer les risques de plus en plus élevés de sous-imposition et de manque à gagner pour les États, mais aussi de distorsions des échanges dus à une double imposition. La nécessité de mettre en œuvre un cadre cohérent au niveau mondial est devenue d'autant plus manifeste dans le contexte de la forte progression des échanges internationaux de services en ligne et de produits numériques sous l'effet du développement de l'économie numérique (voir chapitre 1). En réponse à l'appel international lancé en faveur d'une norme mondiale régissant la conception et le fonctionnement de la TVA, le Comité des affaires fiscales de l'OCDE (CAF) a élaboré les Principes directeurs internationaux pour la TVA/TPS (ci-après les « Principes directeurs de l'OCDE »), qui ont été adoptés en tant que Recommandation par le Conseil de l'OCDE en septembre 2016.

Cette Recommandation est le premier instrument juridique dont se dote l'OCDE dans le domaine de la TVA (OCDE, 2016[18]). Elle contient les Principes directeurs internationaux pour la TVA/TPS (OCDE, 2017[19]), qui présentent un ensemble internationalement reconnu de normes pour l'application de la TVA dans le contexte du commerce international, en portant une attention particulière aux échanges de services et de biens incorporels.

Les Principes directeurs de l'OCDE contiennent des chapitres consacrés au principe de neutralité de la TVA et à sa mise en œuvre pratique, ainsi qu'à l'application du principe de destination pour l'attribution des droits d'imposition des fournitures internationales de services et de biens incorporels. S'agissant des prestations B2B, les Principes directeurs prévoient que le droit de prélever la TVA sur des fournitures internationales de services et de biens incorporels doit être attribué à la juridiction dans laquelle l'entreprise cliente a établi sa présence commerciale permanente. Pour les fournitures B2C, les Principes directeurs recommandent que les droits d'imposition de fournitures de services ou de biens incorporels « utilisés sur le lieu même » soient attribués à la juridiction dans laquelle la prestation est matériellement exécutée ; et que les droits d'imposition sur toutes les autres fournitures et tous les autres services soient attribués en principe à la juridiction dans laquelle le client a sa résidence habituelle. Cela englobe les fournitures à distance de services et de produits numériques via Internet (applications, diffusion de musique et de films, jeux en ligne, par exemple) par des fournisseurs étrangers. Il est admis dans les Principes directeurs qu'une règle qui déterminerait le lieu d'imposition en se fondant sur l'emplacement du client ou le lieu d'exécution matérielle ne donnerait pas nécessairement une bonne indication du lieu d'imposition approprié dans certaines circonstances, dans lesquelles des règles plus ciblées seraient probablement plus adaptées. Les Principes directeurs établissent par conséquent un cadre visant à évaluer l'opportunité d'appliquer une règle spécifique pour déterminer le lieu d'imposition dans ces circonstances. Ils recommandent en particulier que le lieu d'imposition des services et de biens incorporels liés à un bien immobilier soit déterminé par référence à la juridiction dans laquelle se situe ce bien.

Les Principes directeurs de l'OCDE ne visent pas à imposer des prescriptions détaillées pour les législations nationales. Les juridictions sont souveraines en ce qui concerne la conception et l'application de leur législation. Les Principes directeurs cherchent plutôt à servir de référence pour aider les responsables de l'action publique à mettre au point une législation nationale dans le but de faciliter une application cohérente des systèmes nationaux de TVA aux échanges internationaux, en prenant en compte leurs spécificités économiques, juridiques, institutionnelles, culturelles et sociales et leurs pratiques en la matière.

Ces Principes directeurs sont complétés par des orientations et des normes techniques destinées à faciliter leur mise en œuvre cohérente. On peut notamment citer le rapport « Mécanismes pour la collecte effective de la TVA/TPS lorsque le fournisseur n'est pas situé dans la juridiction d'imposition » (OCDE, 2017[20]), le rapport sur « le rôle des plateformes numériques dans la collecte de la TVA/TPS sur les ventes en ligne » (OCDE, 2017[20]), ainsi que l'ensemble de manuels pratiques destinés à faciliter la mise en œuvre effective de ces rapports dans différentes régions du monde; comme les Digital VAT Toolkits for Asia-Pacific (OCDE/WBG/BAD, 2022[21])et les Digital VAT Toolkits for Latin America and the Caribbean (OCDE/WBG/CIAT/BID, 2021[22]), qui fournissent des orientations complètes et détaillées pour la conception, la mise en œuvre, le fonctionnement et l'application effective d'une stratégie globale en matière de TVA centrée sur les échanges numériques. Un manuel pratique à destination des pays d'Afrique (Digital VAT Toolkit for Africa) sera publié début 2023.

Les plateformes numériques peuvent jouer un rôle essentiel dans l'amélioration de l'efficience et de l'efficacité de la collecte de la TVA sur les prestations en ligne à destination des consommateurs finals

L'essor de l'économie numérique a radicalement changé la nature même des activités de vente et de distribution dans les échanges B2C. Les consommateurs sont de plus en plus nombreux à effectuer des achats en ligne à partir de plateformes numériques qui facilitent les ventes en ligne d'un grand nombre de fournisseurs. Les plateformes numériques permettent aux entreprises de toutes tailles de toucher aisément des millions de clients sur un marché en ligne qui est aujourd'hui à l'échelle de la planète. Ces plateformes facilitent désormais une part importante des transactions commerciales numériques conclues dans le monde. Le rôle de plus en plus prépondérant des plateformes numériques dans le commerce numérique offre d'importantes possibilités d'amélioration de l'efficience et de l'efficacité de la collecte de la TVA sur les fournitures en ligne réalisées par le grand nombre de fournisseurs que ces plateformes numériques facilitent. Ces plateformes sont généralement mieux placées que d'autres prestataires de services tiers pour faciliter le processus de collecte de la TVA sur les fournitures qu'elles sous-tendent en raison de leurs connexions étroites avec les prestataires et les prestations ainsi que de leur accès aux informations pertinentes aux fins de la TVA. De plus, le fait d'imposer des obligations en matière de TVA à la plateforme évite en principe à leurs fournisseurs non-résidents d'avoir à supporter les charges économique et administrative qui découlent du respect des obligations associées à la TVA dans la juridiction d'imposition. Enfin, les plateformes numériques sont généralement en mesure d'exercer une certaine forme de contrôle économique sur les fournisseurs non résidents, lequel peut être utilisé pour faire valoir leur respect des obligations en matière de TVA, tandis que les administrations fiscales peuvent n'avoir qu'un pouvoir ou des capacités limitées pour faire respecter les obligations en matière de TVA au grand nombre d'entreprises non résidentes qui réalisent des ventes en ligne à des clients au sein de leur juridiction via les plateformes numériques. Les plateformes numériques peuvent aider par différents moyens les juridictions à collecter de manière efficace et efficiente la TVA sur les fournitures en ligne. Elles peuvent notamment être soumises à des obligations de déclaration ou de partage d'informations, être amenées à éduquer leurs fournisseurs, être autorisées à jouer le rôle d'intermédiaire volontaire aux fins de la collecte de la TVA pour le compte de leurs fournisseurs, ou encore être tenues de déclarer la TVA sur les ventes qu'elles facilitent dans le cadre d'un régime de responsabilité intégrale, en vertu duquel elles sont désignées par la loi comme le fournisseur aux fins de l'assujettissement à la TVA. En vertu d'un tel régime, la plateforme numérique est seule et entièrement responsable de l'évaluation, de la collecte et du versement de la TVA due sur les ventes en ligne dans la juridiction d'imposition. La quasi-totalité des pays de l'OCDE (voir plus loin) considère qu'un tel régime de responsabilité intégrale des plateformes numériques constitue le moyen le plus efficace et le plus complet de garantir le respect des obligations en matière de TVA sur les ventes en ligne que les fournisseurs non-résidents réalisent par leur intermédiaire.

Les Principes directeurs et normes de l'OCDE ont eu un impact considérable sur les réformes des politiques en matière de TVA dans la zone OCDE et au-delà.

Les Principes directeurs de l'OCDE et les orientations connexes ont eu un impact considérable sur les réformes des politiques en matière de TVA dans la zone OCDE et au-delà, ayant pour objet de permettre la collecte effective de la TVA sur les échanges internationaux de services et de biens incorporels. Au moins 76 juridictions dans le monde ont déjà adopté des réformes visant à taxer plus efficacement les échanges numériques internationaux et 34 autres déploient d'ores et déjà de telles réformes ou envisagent activement d'en engager. Des résultats extrêmement positifs ont été signalés à la fois en matière de discipline fiscale et de recettes générées grâce à ces mesures.

Au sein de la zone OCDE, tous les pays membres qui disposent d'un système de TVA ont mis en place des règles qui reflètent les principes de neutralité et de destination prévus par les Principes directeurs aux fins de la détermination du lieu d'imposition des échanges internationaux de services et de biens incorporels. Tous ces pays, à l'exception d'Israël, ont également mis en œuvre des mécanismes pour l'identification en ligne des fournisseurs étrangers (ou des plateformes numériques qui facilitent les transactions), qui sont tenus de déclarer la TVA sur ces prestations.

Chaque juridiction a mis en œuvre ces règles dans le respect de son propre cadre législatif. Les paragraphes suivants donnent un aperçu de quelques-uns des modèles utilisés pour déterminer le lieu d'imposition et collecter la TVA sur les échanges internationaux de services au sein de la zone OCDE.

Dans l'Union européenne, la détermination du « lieu de prestation » des services (autrement dit le lieu d'imposition) dépend du statut du client recevant le service et de la nature du service fourni. Les prestations B2B sont en principe taxées au lieu où le client a établi son activité (ou là où se trouve l'établissement stable du client auquel la prestation est fournie), en appliquant le principe de destination à la fois aux prestations intracommunautaires et à celles destinées à des clients de pays tiers ou faisant intervenir des fournisseurs de pays tiers. En revanche, les prestations de services aux consommateurs finals (prestations B2C) restent en règle générale taxées à l'endroit où le fournisseur est établi. Cette règle ne reflète pas une volonté d'appliquer le « principe d'origine » aux prestations B2C, mais plutôt une réalité historique : la plupart des services étaient consommés là où ils étaient fournis et il était techniquement difficile de fournir des services à distance aux consommateurs finals soulevait des difficultés techniques. Il existe cependant de nombreuses exceptions, qui visent à aligner le lieu d'imposition sur le lieu de consommation probable. Parmi ces exceptions figurent notamment les services en rapport avec des biens immobiliers, qui sont taxés là où ces derniers sont situés ; les services liés à des activités culturelles, artistiques, sportives, scientifiques, éducatives, de divertissement, etc., qui sont taxés à l'endroit où ces prestations sont matériellement exécutées, et les prestations de services électroniques, de télécommunication, de radiodiffusion et de télévision, qui sont taxées au lieu de résidence du client (cela concerne, depuis 2003, les services rendus par des prestataires de pays tiers et, depuis 2015, également les prestataires intracommunautaires). Pour aider les fournisseurs de pays tiers à respecter leurs obligations fiscales, un portail numérique en ligne (« guichet unique » ou OSS) a été créé pour leur permettre de s'identifier à distance dans un seul État membre et de déclarer dans cet État membre la TVA due dans tous les États membres de l'UE où le fournisseur n'est pas établi. Ce régime est exploité par les 22 pays membres de l'OCDE qui appartiennent à l'UE (Allemagne, Autriche, Belgique, Danemark, Espagne, Estonie, Finlande, France, Grèce, Hongrie, Irlande, Italie, Lettonie, Lituanie, Luxembourg, Pays-Bas, Pologne, Portugal, République slovaque, République tchèque, Slovénie et Suède).

Bien que ce modèle pour déterminer le lieu de livraison s'applique aux États membres de l'Union européenne et à un certain nombre d'autres pays de l'OCDE comme la Norvège et la Suisse, il ne constitue pas la norme internationale. Plusieurs pays (comme l'Afrique du Sud, l'Australie, le Canada, la Nouvelle-Zélande et Singapour) ont adopté des modèles différents. Le modèle de l'UE se fonde sur une approche par catégorie, dans le cadre de laquelle « un lieu de prestation » (qui est aussi le lieu d'imposition) est déterminé pour chaque catégorie de prestations, selon leur nature et le statut (entreprise ou consommateur) du client, mais d'autres modèles appliquent systématiquement à toutes sortes de services une série de critères présomptifs pour déterminer le lieu de consommation ou d'utilisation. Ces systèmes procèdent par étapes: premièrement, un lien est fait avec le pays (par exemple, le fournisseur ou le client y sont établis ; le service y est rendu ou peut y être acheté). Ensuite, un certain nombre de critères sont appliqués pour déterminer le lieu effectif d'imposition, par exemple un lien avec un bien corporel ; l'emplacement et/ou le lieu de résidence du client ; l'emplacement de la personne à qui les services sont fournis ou qui utilise le service.

Par exemple, en Nouvelle-Zélande (où la TPS a été adoptée en 1986), le lieu d'imposition des prestations effectuées par des non-résidents est généralement supposé se situer à l'extérieur de Nouvelle-Zélande, sauf quand le service est rendu en Nouvelle-Zélande ou fourni à un client qui est résident en Nouvelle-Zélande et que le destinataire est soit un consommateur final, soit une entreprise enregistrée qui a accepté que la transaction soit traitée comme si elle avait lieu en Nouvelle-Zélande. D'un autre côté, le lieu d'imposition des prestations effectuées par des résidents est supposé être la Nouvelle-Zélande, sauf dans le cas d'une exportation de services soumise à un taux zéro. Ces services englobent les services de transport international et connexes ; les services rendus physiquement à l'extérieur de la Nouvelle-Zélande ; les services fournis à un non-résident qui se trouve à l'extérieur de la Nouvelle-Zélande au moment où ces services sont rendus ; les services en rapport direct avec des terres ou des biens situés à l'extérieur de la Nouvelle-Zélande et les prestations liées aux droits de propriété intellectuelle destinées à un usage à l'extérieur de la Nouvelle-Zélande. Depuis le 1er octobre 2016, la Nouvelle-Zélande applique la TPS aux fournitures de services et de biens incorporels réalisées par des fournisseurs non résidents à des consommateurs finals ayant leur résidence habituelle en Nouvelle-Zélande. Un régime administratif et d'identification simplifié est accessible aux fournisseurs étrangers tenus de collecter et de verser la TPS sur ces prestations.

En Australie (où la TPS a été adoptée en 2000), les prestations sont imposables (sauf si elles sont exonérées) en Australie et la TPS est prélevée par le fournisseur lorsqu'elles ont « un rapport avec l'Australie ». Les prestations de services effectuées via une entreprise basée en Australie ou qui sont effectuées en Australie pour un consommateur final sont considérées comme ayant un rapport avec l'Australie. Pour éviter que la TPS ne s'applique aux services non consommés ou non utilisés en Australie, la législation australienne sur la TPS prévoit des taux zéro étendus, fondés sur certains critères (« exonérations de la TPS ») semblables à ceux utilisés en Nouvelle-Zélande. Les règles concernant la TPS australienne ont été révisées à compter du 1 er juillet 2017 pour que les fournitures de services et de biens incorporels effectuées par des non-résidents à des consommateurs finals ayant leur résidence habituelle en Australie soient imposables en Australie, sauf si les conditions d'exonération de la TPS s'appliquent. Un régime administratif et d'identification simplifié est accessible aux fournisseurs étrangers tenus de collecter et de verser la TPS sur ces prestations.

En juillet 2021, le Canada a mis en œuvre une réforme de la TVA qui reprend des éléments clés des Principes directeurs de l'OCDE. Depuis cette date, les fournisseurs non résidents (ou les fournisseurs des opérateurs de plateformes de distribution non résidents) qui vendent des services ou des produits numériques, comme des services de streaming musical en ligne, ou services traditionnels, à des consommateurs canadiens et à des entités canadiennes qui ne sont pas identifiés à la TPS/TVH selon le régime normal doivent s'identifier et déclarer la TPS/TVH au Canada. Les fournisseurs d'hébergements de courte durée au Canada ou les opérateurs de plateformes d'hébergement qui facilitent de telles prestations doivent également facturer et collecter la TPS/TVH sur ces services. Un système simplifié d'identification, de déclaration et de versement de la TPS/TVH est accessible aux fournisseurs non résidents (y compris aux fournisseurs des opérateurs de plateformes de distribution) à des fins de déclaration de la taxe due sur ces prestations.

Le Tableau d'annexe 2.A.8 à l'annexe donne un large aperçu des approches adoptées par les pays de l'OCDE pour collecter auprès des fournisseurs étrangers la TVA sur les fournitures internationales de services et de biens incorporels (autrement dit, sur les « fournitures entrantes » à distance).

Il ressort de cette vue d'ensemble que, conformément à leur socle législatif commun, les 22 pays de l'OCDE également membres de l'Union européenne déterminent le lieu d'imposition des fournitures internationales de services et de biens incorporels en se référant en principe à l'emplacement du client (autrement dit à l'endroit où le client a établi son activité) pour les prestations B2B et au lieu de résidence habituelle du client pour les prestations B2C, conformément aux Principes directeurs de l'OCDE. Dans ces pays, la TVA sur les fournitures importées est collectée au moyen d'un mécanisme d'autoliquidation pour les prestations B2B, et d'un régime administratif et d'identification simplifié pour les vendeurs (« mini-guichet unique ») pour les prestations B2C.

Douze autres pays de l'OCDE utilisent une variante de l'emplacement du client (résidence habituelle, lieu d'identification aux fins de la TVA, siège, etc.) comme principal critère présomptif pour déterminer le lieu d'imposition des fournitures internationales de services et de biens incorporels dans un contexte B2B et B2C (Australie, Canada, Colombie Corée, Islande, Israël, Japon, Norvège, Nouvelle-Zélande, Royaume-Uni, Suisse et Türkiye).

La quasi-totalité des pays de l'OCDE opère une distinction entre les prestations B2B et B2C pour déterminer le lieu d'imposition ainsi que le mécanisme de collecte de la TVA sur les fournitures de prestataires non résidents. Dans ce contexte, le statut fiscal des clients est généralement déterminé en fonction de l'existence d'un numéro d'identification à la TVA ou du numéro d'identification fiscale de leur entreprise. Deux pays (Japon et Corée) font la distinction entre les prestations B2B et B2C sur la base de la nature des services ou des biens incorporels fournis. Dans ces pays, les fournitures de services ou de biens incorporels considérés comme étant généralement utilisés par les consommateurs finals, comme les livres électroniques, les journaux numériques, la musique, les vidéos, les jeux, etc. sont assimilés à des services B2C, alors que les autres sont considérés comme des prestations B2B. Seul le Mexique n'établit pas de distinction systématique entre prestations B2B et B2C dans la mesure où le fournisseur doit en principe s'identifier et déclarer la TVA au Mexique à la fois pour les fournitures B2B et pour les fournitures B2C. Néanmoins, l'entreprise cliente est tenue de déclarer la TVA sur les fournitures numériques entrantes quand le fournisseur étranger n'est pas identifié aux fins de la TVA dans le pays.

La plupart des pays de l'OCDE appliquent un mécanisme d'autoliquidation pour collecter la TVA sur les fournitures de services et de biens incorporels B2B entrantes. En Australie, en Islande et en Nouvelle-Zélande, ce mécanisme ne s'applique que lorsque le client dispose d'un droit à déduction limité de la taxe sur les intrants, et aucune taxe n'est due quand le client dispose d'un droit à déduction intégral. En Corée, les fournitures B2B importées sont considérées comme étant hors du champ d'application et ne sont pas assujetties à la TVA. En Suisse, l'application du mécanisme d'autoliquidation se cantonne aux situations où le lieu d'imposition est déterminé en fonction du critère présomptif de la résidence du client. Quand la prestation est taxée en Suisse en fonction d'autres critères présomptifs (par exemple l'emplacement des biens immobiliers auxquelles la prestation est liée), le mécanisme d'autoliquidation ne s'applique pas et le fournisseur doit s'identifier en Suisse selon la procédure standard et déclarer la TVA. En outre, les fournisseurs étrangers qui sont identifiés en Suisse pour déclarer la TVA sur leurs importations B2C doivent aussi déclarer la taxe sur leurs fournitures B2B dans le cadre de leur identification locale, et l'autoliquidation ne s'applique pas.

Pour les fournitures internationales de services et de biens incorporels B2C par des entreprises non résidentes, tous les pays de l'OCDE ont mis en place des règles d'imposition afin de prélever la TVA sur ces prestations comme indiqué plus haut, et imposent au fournisseur non résident de s'identifier et de déclarer la TVA, à l'exception d'Israël, où le client est tenu de déclarer la TVA sur les fournitures entrantes de services et de biens incorporels Un régime d'identification et de collecte simplifié (sans droit de déduire la taxe sur les intrants dans la juridiction d'imposition – une « identification pour paiement uniquement ») s'applique dans ces pays (généralement avec l'option d'une identification standard), sauf au Japon et en Suisse où seule l'identification standard s'applique (avec le droit de déduire la taxe d'amont supportée dans le pays) et où le fournisseur étranger doit désigner un représentant fiscal local. Parmi les 36 pays de l'OCDE qui demandent aux fournisseurs étrangers de s'identifier afin de déclarer la TVA sur leurs prestations B2C à distance dans le pays, six n'imposent pas cette exigence lorsque ces fournisseurs réalisent dans le pays un chiffre d'affaires annuel inférieur à un certain seuil, fixé au même niveau que celui applicable aux assujettis nationaux. Ces pays sont l'Australie, le Canada, l'Islande, le Japon, la Nouvelle-Zélande et la Norvège.

Le Chili, la Colombie et le Costa Rica ont mis en place, en guise de filet de sécurité et pour dissuader les assujettis de ne pas se conformer à leurs obligations, un régime de retenue à la source en vertu duquel les intermédiaires financiers sont tenus de collecter la TVA sur les paiements effectués pour les fournitures B2C de services et de biens incorporels imposables réalisées par les entreprises non résidentes qui ne se conforment pas à leurs obligations en vertu du régime de collecte de la taxe par les vendeurs dans ces pays.

Tous les pays qui ont mis en place un régime administratif et d'identification simplifié pour la collecte de la TVA sur les prestations entrantes de services et de biens incorporels B2B fournies par des entreprises non résidentes ont également mis en place un régime de responsabilité intégrale pour les plateformes numériques qui facilitent de telles prestations, à l'exception du Chili, où ces plateformes sont uniquement tenues à une obligation d'information, et du Japon et de la Suisse, qui imposent aux fournisseurs non résidents de déclarer les fournitures B2C de services et de biens incorporels dans le cadre de la procédure normale.

En vertu des principes de neutralité énoncés dans les Principes directeurs de l'OCDE, les entreprises étrangères ne doivent en principe pas supporter la TVA non récupérable dans une juridiction où elles ne sont pas établies ou identifiées aux fins de la TVA. Il est toutefois admis que les juridictions d'imposition peuvent limiter le champ du régime administratif simplifié à la perception de la TVA sur les prestations B2C effectuées par des fournisseurs non-résidents sans qu'il ne soit possible, sous ce régime, de récupérer la TVA sur les intrants. Le cas échéant, les fournisseurs non résidents peuvent opter pour la procédure administrative standard d'identification et de collecte de la TVA pour récupérer la TVA sur leurs intrants. Cette approche permet de garantir un juste équilibre entre la simplification administrative et la nécessité pour les administrations fiscales de préserver les recettes fiscales et de réduire les risques de fraude au remboursement. La plupart des fournisseurs non résidents qui s'identifient selon un régime administratif simplifié fournissent des prestations en ligne à des clients dans la juridiction dans laquelle ils sont identifiés sans y avoir aucune présence physique. Il est par conséquent peu probable qu'ils supportent d'importants montants de TVA d'amont dans cette juridiction. Il est néanmoins également admis qu'un remboursement de la TVA dans le cadre du régime simplifié « pour paiement uniquement » pourrait être éventuellement requis dans certaines circonstances, par exemple, en cas de versement de montants excédentaires de TVA par les fournisseurs ou de remboursements effectués par les fournisseurs au bénéfice de leurs clients suite à un rappel de produit (OCDE/WBG/BAD, 2022[21]).

L'un des principaux moyens à la disposition des juridictions pour permettre aux contribuables non résidents et non identifiés (selon le régime normal) de récupérer la TVA acquittée dans la juridiction consiste à autoriser les contribuables non résidents à demander un remboursement de TVA. Le Tableau d'annexe 2.A.10 montre que la plupart des pays de l'OCDE dotés d'un système de TVA autorisent les entreprises non résidentes à récupérer la TVA d'amont grâce à un mécanisme de remboursement direct. En Australie et en Nouvelle-Zélande, ce remboursement ne peut être obtenu que par le biais d'une identification aux fins de la TPS. Au Canada, le prestataire qui fournit ses prestations à une entreprise non résidente est exonéré du paiement de la TPS/TVH sous réserve de certaines conditions. La Türkiye est le seul pays de l'OCDE qui autorise les remboursements de TVA aux entreprises non résidentes identifiées selon le régime administratif et d'identification simplifié. À l'inverse, le Chili, la Colombie, le Costa Rica et le Mexique ne prévoient actuellement aucune forme de remboursement ou d'exonération de la TVA pour les entreprises non résidentes. Dans les 22 pays de l'OCDE également membres de l'Union européenne, le socle législatif commun prévoit que les contribuables qui ne sont pas établis sur leur territoire doivent être remboursés de la TVA d'amont acquittée dans un État membre de l'UE, selon une procédure déterminée par cet État membre et sous réserve des restrictions éventuelles que celui-ci pourrait souhaiter appliquer (obligation de réciprocité ou exclusion du remboursement de la TVA d'amont acquittée sur certains types de fournitures). Le recours au régime administratif et d'identification simplifié de l'Union européenne aux fins de la TVA (souvent désigné sous le terme de « guichet unique ») n'entrave pas ce droit.

Quatorze pays de l'OCDE (Allemagne, Corée, Espagne, Grèce, Hongrie, Italie, Lettonie, Lituanie, Pologne, Portugal, République slovaque, Slovénie, Suisse et Türkiye) exigent que le droit au remboursement accordé aux entreprises non résidentes soit subordonné à l'octroi d'une exonération similaire dans la juridiction de l'entreprise étrangère demandeuse. Ces conditions de réciprocité prennent généralement deux formes : soit un accord bilatéral formel entre juridictions, soit une décision unilatérale ayant pour effet de reconnaître les juridictions considérées comme possédant (ou non) les dispositions adéquates dans leur législation.

2.8.2. Relever le défi de la collecte de la TVA sur les importations de biens de faible valeur

Aux fins de la TVA, le terme de « biens » désigne le plus souvent des « biens corporels ». L'application de la TVA aux fournitures de biens dépend normalement du lieu où se trouvent les biens au moment de la transaction et/ou de celui où ils se trouvent à l'issue de celle-ci. Lorsqu'une transaction implique le déplacement de biens d'une juridiction vers une autre, les biens exportés sont généralement exonérés de la TVA dans la juridiction du vendeur (ils sont expurgés de toute TVA supportée en amont grâce aux déductions successives de la taxe d'amont effectuées par les entreprises), tandis que les importations sont assujetties à la même TVA que les biens intérieurs équivalents dans la juridiction de l'acheteur. La TVA sur les importations est généralement collectée auprès de l'importateur en même temps que les droits de douane, bien que certaines juridictions reportent son recouvrement jusqu'à la déclaration de TVA de l'importateur. En ce qui concerne les fournitures B2B, l'entreprise qui importe les biens sera généralement tenue de déclarer la TVA due sur les importations. La déduction de la TVA acquittée sur les importations par l'importateur, au même titre que la déduction de la taxe d'amont dans le cas d'une transaction intérieure, garantit la neutralité et limite les distorsions des échanges internationaux. S'agissant des fournitures B2C, en l'absence d'entreprise tenue de collecter la TVA sur les importations (par exemple, le vendeur ou le transporteur), la personne tenue de payer la TVA est traditionnellement le destinataire des biens dont le nom est mentionné sur la déclaration en douane.

Jusqu'à une date récente, la plupart des systèmes de TVA prévoyaient une exonération « *de minimis* » des importations de biens de valeur relativement faible. Ces exonérations découlaient le plus souvent du constat que les coûts administratifs supportés par les services des douanes pour assujettir ces biens de faible valeur aux droits et taxes dépasseraient probablement les recettes obtenues. Jusqu'en 2018, l'immense majorité des pays de l'OCDE appliquaient ce type de mécanisme d'exonération de la TVA, dont les valeurs des seuils en deçà desquels la TVA n'était pas collectée variaient considérablement d'un pays à l'autre, de 11 USD au Danemark à 200 USD en Colombie. Pour les pays de l'Union européenne, la législation en vigueur jusqu'au 1er juillet 2021 prévoyait que les États membres devaient exonérer de TVA l'importation de biens dont la valeur ne dépassait pas 10 EUR, et étaient autorisés à accorder une exonération pour les biens importés d'une valeur supérieure à 10 EUR, mais inférieure à 22 EUR. Tous les États membres de l'UE qui sont membres de l'OCDE ont opté pour le seuil supérieur de 22 EUR, sauf le Danemark qui applique le seuil inférieur de 10 EUR, ainsi que la France et la Pologne qui n'appliquent pas de seuil pour les biens importés dans le cadre d'une vente par correspondance. Cette exonération au sein de l'UE ne s'appliquait pas au tabac ou aux produits du tabac et aux produits alcoolisés (OCDE, 2019[23]).

Ces exonérations de TVA accordées aux importations de biens de faible valeur sont de plus en plus difficiles à justifier dans le contexte de l'essor de l'économie numérique (OCDE, 2017[24]). Lorsque la plupart des exonérations relatives aux biens de faible valeur ont été mises en place, le commerce électronique n'existait pas, et le volume d'importations bénéficiant de cette exonération était relativement faible. Ces dernières années, cependant, la plupart des pays ont observé une croissance considérable et rapide du volume des importations de faible valeur de biens vendus en ligne non soumises à la TVA. Cela s'est traduit par des pressions concurrentielles inéquitables sur les détaillants nationaux, qui sont, eux, tenus de facturer la TVA sur leurs ventes auprès des consommateurs locaux, et par une baisse des recettes de TVA pour les États. Cela a également incité les entreprises nationales à se délocaliser à l'étranger afin de bénéficier de l'exonération de la vente de biens de faible valeur. Le rapport de 2015 sur l'Action 1 du Projet BEPS (OCDE, 2017[24])reconnaît que la difficulté consiste à trouver un point d'équilibre entre deux exigences : d'une part, la nécessité de protéger les recettes fiscales en évitant les distorsions de la concurrence, et, d'autre part, celle de maintenir les coûts de recouvrement proportionnés aux montants de TVA collectée.

Le rapport souligne que les autorités fiscales pourraient être en position d'éliminer ou de réduire leurs seuils d'exonération de TVA pour les importations de biens de faible valeur, si elles parviennent à améliorer l'efficacité du traitement de ces importations et de la collecte de la TVA correspondante. Il explore et évalue les approches possibles pour relever ce défi, faisant observer que le modèle de recouvrement auprès du vendeur représente la solution la plus prometteuse. Avec ce modèle, le vendeur (en ligne) de biens de faible valeur ou la plateforme numérique par l'intermédiaire de laquelle ces biens sont vendus doit s'identifier dans la juridiction d'importation et payer la TVA sur ces ventes dans cette juridiction en utilisant le même mécanisme d'identification et de collecte simplifié que celui recommandé pour l'imposition des fournitures à distance de services et de biens incorporels au consommateur final (voir ci-après). Un tel modèle limite ou supprime la nécessité d'une intervention des autorités douanières dans le recouvrement de la TVA pour les importations de ces biens de faible valeur, puisque la TVA est perçue directement auprès du vendeur ou de la plateforme numérique au moment de la vente. Cette méthode de recouvrement peut s'appliquer aux biens qui sont uniquement soumis à la TVA à l'importation, qui sont en pratique des biens dont la valeur est inférieure au seuil d'exonération pour les droits de douane (généralement bien supérieur au seuil d'exonération de la TVA). Les biens soumis à des droits spécifiques tels que les accises ne seraient en principe pas concernés par le modèle de recouvrement auprès du vendeur.

L'OCDE a complété les conclusions et recommandations formulées dans le rapport de 2015 sur l'Action 1 du Projet BEPS en vue de résoudre les difficultés que pose l'application de la TVA à l'économie numérique par des orientations détaillées à l'appui d'une mise en œuvre cohérente et efficace. Un premier rapport intitulé « Mécanismes pour la collecte effective de la TVA/TPS » (OCDE, 2017[20]) contient des instructions détaillées sur la conception et la mise en œuvre du modèle de recouvrement auprès du vendeur et sur le mécanisme d'identification et de conformité simplifié. Un second rapport sur « le rôle des plateformes numériques dans la collecte de la TVA/TPS sur les ventes en ligne » (OCDE, 2019[25]) propose des orientations pratiques sur les options possibles pour impliquer les places de marché en ligne et autres plateformes numériques dans la collecte de la TVA sur le commerce numérique, en mettant l'accent sur la mise en œuvre du mécanisme de recouvrement auprès du vendeur pour la collecte efficace de la TVA sur les importations de biens de faible valeur. Ces rapports ont été complétés par des orientations plus détaillées visant à aider les pays dans la mise en œuvre réussie d'une stratégie globale en matière de TVA centrée sur le commerce électronique, à savoir le VAT Digital Toolkit for Latin America and the Caribbean (OCDE/WBG/CIAT/BID, 2021[22]) et le VAT Digital Toolkitfor Asia Pacific (OCDE/WBG/BAD, 2022[21]).

L'Australie est le premier pays qui, le 1er juillet 2018, a mis en œuvre un modèle de recouvrement auprès du vendeur pour la collecte de la TPS sur les importations de biens de faible valeur, conformément aux orientations de l'OCDE. L'exonération de TPS sur les importations de biens d'une valeur inférieure ou égale à 1 000 AUD reste en vigueur et aucune TPS n'est perçue sur ces importations au cours du processus douanier. Les vendeurs étrangers et les plateformes numériques qui fournissent pour plus de 75 000 AUD de biens imposables aux consommateurs en Australie chaque année sont désormais tenus de s'identifier à la TPS en Australie et de facturer la taxe sur leurs ventes aux clients finals en Australie. La TPS sur l'importation de ces biens est prélevée auprès de ces vendeurs étrangers via un régime d'identification simplifié « pour paiement uniquement », conformément aux orientations de l'OCDE. Le seuil de 75 000 AUD est identique au seuil local d'assujettissement, au-dessous duquel les entreprises australiennes sont exonérées de la collecte de la TPS. Il vise à soulager les petits vendeurs étrangers de l'obligation de s'identifier et de verser la TPS sur leurs ventes de biens aux consommateurs en Australie, qui représente pour eux une importante charge administrative.

Le 1er décembre 2019, la Nouvelle-Zélande a mis en place un régime simplifié de collecte de la TVA dans lequel les importations de biens de faible valeur de fournisseurs étrangers destinés aux consommateurs finals en Nouvelle-Zélande sont taxées si le fournisseur étranger vend des biens pour plus de 60 000 NZD par an dans le pays, soit un seuil d'assujettissement identique à celui appliqué aux entreprises nationales. L'exonération de TPS sur les importations de biens d'une valeur inférieure ou égale à 1000 NZD vendus par des fournisseurs étrangers à des consommateurs finals en Nouvelle-Zélande a également été supprimée à cette date. Comme pour les services fournis à distance, un mécanisme d'identification simplifié « pour paiement uniquement » est proposé aux fournisseurs étrangers, qui peuvent opter pour une identification complète donnant droit à la déduction de la taxe sur les intrants pour les achats commerciaux provenant de Nouvelle-Zélande. Une différence importante avec le régime en vigueur en Australie tient au fait que la Nouvelle-Zélande a adopté une mesure de simplification qui autorise les fournisseurs dont les ventes aux consommateurs en Nouvelle-Zélande comprennent au moins 75 % de biens ayant une valeur inférieure au seuil de 1000 NZD à opter pour l'application du régime simplifié « pour paiement uniquement » à l'ensemble de leurs ventes, y compris aux biens dont la valeur dépasse 1000 NZD.

Dans les régimes australien et néo-zélandais, les biens achetés à l'étranger via une place de marché en ligne sont considérés comme vendus par cette place de marché en ligne, qui est tenue de collecter et de verser la TPS sur les ventes effectuées par son intermédiaire. Cette obligation vaut aussi pour les « fournisseurs secondaires ». Elle s'applique lorsqu'un vendeur étranger ou une plateforme numérique est tenue de livrer les biens hors d'Australie ou de Nouvelle-Zélande sans savoir que ces biens sont destinés à l'un de ces pays, et que le consommateur conclut un contrat prévoyant que ces biens seront de nouveau livrés en Australie ou en Nouvelle-Zélande. Le fournisseur secondaire est alors responsable de la collecte de la TVA sur la vente de ces biens aux consommateurs finals.

La Norvège a été le troisième pays à s'être doté d'un régime de recouvrement auprès du vendeur pour la collecte de la TVA sur l'importation de biens de faible valeur, conformément aux orientations de l'OCDE, le 1er avril 2020. Dans ce régime, les vendeurs étrangers et les places de marché numériques qui vendent des biens d'une valeur inférieure à 3 000 NOK à des clients finals en Norvège doivent s'identifier et déclarer la TVA selon un mécanisme d'identification, simplifié « pour paiement uniquement » (VOEC) s'ils vendent pour plus de 50 000 NOK par an dans le pays, soit un seuil d'assujettissement identique à celui appliqué aux entreprises nationales. Le VOEC n'est pas disponible pour les biens dont la valeur est supérieure ou égale à 3 000 NOK, les produits alimentaires, les biens restreints et les biens soumis à des droits d'accise, pour lesquels la TVA, les droits d'accise et les droits de douane sont recouvrés à la frontière.

La Suisse a mis en place depuis le 1er janvier 2019 un régime qui impose aux vendeurs étrangers de s'identifier aux fins de la TVA et de verser à l'administration fiscale la taxe sur les importations de biens dès lors qu'ils livrent en Suisse des biens de faible valeur pour un montant total d'au moins 100 000 CHF par an (soit un seuil identique au seuil d'assujettissement à la TVA appliqué au niveau national). En Suisse, les biens de faible valeur sont définis en fonction du montant de TVA dû, dès lors que ce montant dépasse 5 CHF, de sorte que la valeur des biens soumis à ce régime est de 200 CHF pour les biens bénéficiant du taux réduit de 2.5 % et de 65 CHF pour ceux soumis au taux normal de 7.7 %. À la différence des règles australiennes et néo-zélandaises, il n'existe pas d'option d'identification « pour paiement uniquement », et le vendeur doit suivre la procédure d'identification normale.

Les États membres de l'Union européenne ont adopté un régime de collecte de la TVA applicable aux vendeurs dans le cadre du « paquet TVA sur le commerce électronique » (Commission européenne, 2017[26]). L'une des principales mesures prévues par ce paquet, qui est entré en vigueur en juillet 2021, est la suppression de l'exonération actuelle de la TVA sur les importations de biens de faible valeur (valeur maximale de 22 EUR) et son remplacement par un nouveau régime dans lequel les vendeurs ont la possibilité de facturer et de collecter la TVA sur les ventes à distance de biens de faible valeur importés aux consommateurs de l'UE au moment de la vente, et de déclarer et de payer cette TVA via le portail numérique en ligne de l'UE (Guichet unique, OSS). Ces biens seront alors exonérés de TVA à l'importation, accélérant les procédures de dédouanement. Dans le cas où ces vendeurs n'optent pas pour ce régime d'identification et de collecte simplifié, la TVA sur l'importation sera collectée auprès des consommateurs par le déclarant en douane (par exemple, opérateur postal, société de courrier, commissionnaires en douane), qui la versera aux autorités douanières au moyen d'un paiement mensuel. Ces nouvelles règles s'appliqueront aux fournitures de biens de faible valeur importés à concurrence d'un montant de 150 EUR. Les importations de biens d'une valeur supérieure à 150 EUR (valeur douanière) devront toujours faire l'objet d'une déclaration en douane en bonne et due forme. Lorsque ces ventes à distance sont facilitées par des places de marché électroniques, elles seront considérées comme étant les fournisseurs des biens aux fins de la TVA et seront tenues de collecter et de déclarer la TVA sur ces ventes. À la suite du « Brexit », le Royaume-Uni a adopté son propre régime, applicable depuis le 1er janvier 2021, selon lequel le point de collecte de la TVA pour les biens dont la valeur est inférieure à 135 GBP n'est plus le point d'importation, mais le point de vente. Les vendeurs étrangers ou les plateformes numériques qui interviennent pour faciliter les ventes seront tenus de s'identifier, de collecter et de déclarer la TVA par le biais d'un mécanisme en ligne.

Tous ces régimes ont en commun que les importations de biens de faible valeur destinés aux consommateurs finals ne sont plus exonérées de TVA, de sorte que les vendeurs étrangers et nationaux de ces biens sont désormais, en principe, sur un pied d'égalité. La TVA n'est désormais plus collectée au moment de l'importation par les autorités douanières, mais par l'administration fiscale au point de vente, c'est-à-dire lorsque le bien est vendu par le fournisseur étranger ou la plateforme numérique au consommateur final. Les importations de biens qui ne sont pas considérés comme des biens « de faible valeur », à savoir des biens dont la valeur est supérieure au seuil fixé par la loi ou qui sont éventuellement soumis à d'autres taxes telles que des droits d'accise, sont taxés à l'importation conformément aux procédures douanières habituelles.

Neuf pays de l'OCDE continuent d'exonérer de TVA les importations de biens de faible valeur, avec des seuils qui varient fortement de l'un à l'autre : Canada (16 USD), Chili (30 USD), Colombie (200 USD), Corée (150, USD),Costa Rica (500 USD), Islande (13 USD), Israël (75 USD), Japon (100 USD) et Mexique (50 USD) (voir Tableau d'annexe 2.A.9).

2.9. Mesurer la performance de la TVA : ratio de recette TVA

La performance de la TVA peut se mesurer à l'aide de différentes méthodes, selon la dimension de la performance à mesurer. Elle est traditionnellement estimée par le « ratio d'efficience », c'est-à-dire le ratio (exprimé en pourcentage) des recettes de la TVA au PIB, divisé par le taux normal. Quoique le ratio d'efficience soit un outil diagnostique largement employé pour évaluer la TVA, il ne permet pas de distinguer une TVA qui grèverait la production d'une TVA sur la consommation. Pour remédier à cette limitation, on retient comme base d'imposition potentielle la consommation finale et non la production (Ebrill, Keen et Perry, 2001[27]) Si on calcule le rapport entre la recette nette de la TVA et les recettes qui seraient obtenues en appliquant la TVA au taux normal à la consommation finale totale, on obtient un ratio d'efficience de la TVA sur la consommation ou « C-efficiency ratio ». Ce ratio atteindrait 100 % si toute la consommation finale était imposée et si l'administration fiscale recouvrait la totalité des impôts dus.

Les estimations du ratio de recette TVA (RRT) pour les pays de l'OCDE présentées dans cette section reposent sur le principe du « ratio d'efficience par rapport à la consommation ». Il donne un indicateur prenant en compte les pertes de recettes dues aux exonérations et aux taux réduits ainsi qu'à la fraude, l'évasion et la planification fiscales. Même si le RRT doit être interprété avec toutes les réserves qui s'imposent et si l'érosion de la base d'imposition peut être imputable à divers facteurs, cet outil peut aider les décideurs à appréhender l'efficacité du recouvrement de la TVA et à identifier des moyens d'accroître les recettes de l'État en rendant leur système de TVA plus performant.

2.9.1. Que mesure le RRT ?

Le RRT a vocation à donner une indication de la mesure dans laquelle un régime de TVA perçoit la TVA sur sa base d'imposition naturelle, autrement dit les dépenses de consommation finale. À cette fin, il estime l'écart éventuel entre les recettes de TVA effectivement collectées dans le cadre d'un régime de TVA et celles qui auraient théoriquement pu être obtenues dans l'hypothèse où l'on aurait appliqué uniformément le taux normal à la totalité de la base d'imposition potentielle et où la totalité de ces recettes aurait été perçue.

$$\mathrm{RRT} = \frac{\mathrm{RT}}{\mathrm{B\,.\,r}}$$

où : RT = recettes de TVA effectives ; B = base d'imposition potentielle et t = taux de TVA normal

Le taux « normal » désigne le taux de TVA applicable par défaut à la base d'imposition en l'absence de dispositions contraires dans la législation. La législation (et la pratique de nombreux pays) prévoit l'application de taux différents, soit plus bas, soit plus élevés, à une liste déterminée de produits. Les taux de TVA réduits sont encore très répandus dans la zone OCDE, essentiellement par souci d'équité ou en raison de considérations sociales (dépenses de première nécessité, santé, éducation, etc.). Aucun pays membre de l'OCDE n'applique de taux de TVA majorés (voir Tableau annexe 2.A.1).

Dans la formule de calcul du RRT présentée ci-dessus, la base d'imposition potentielle (B) est mesurée par les dépenses de consommation finale consignées dans le poste P3 des comptes nationaux (Système de comptabilité nationale, SNA). Néanmoins, dans la mesure où le poste P3 des comptes nationaux exprime les dépenses de consommation aux prix du marché TVA incluse, les recettes de TVA doivent être déduites de ce montant aux fins du calcul du RRT. La base d'imposition théorique ne doit pas inclure le montant de la taxe. C'est pourquoi les estimations des RRT présentées dans le Tableau annexe 2.A.1 ont été calculées comme suit :

$$\mathrm{RRT} = \frac{\mathrm{RT}}{(\mathrm{DCF} - \mathrm{RT}).\,\mathrm{r}}$$

où : RT = recettes de TVA réelles ; DCF = dépenses de consommation finale (poste P3 des Comptes nationaux) ; et t = taux de TVA standard.

2.9.2. Difficulté à évaluer la base d'imposition

Le premier obstacle méthodologique sur lequel bute le calcul du RRT réside dans l'évaluation de la base d'imposition potentielle de façon à pouvoir établir des comparaisons entre les pays de l'OCDE, puisqu'il n'existe aucune évaluation uniforme de ladite base d'imposition pour tous ces pays. La base d'imposition potentielle est en principe constituée de tous les biens, services et biens incorporels vendus (ou réputés être vendus) à titre onéreux aux consommateurs finals par les entreprises ou par toute autre entité agissant comme une entreprise (comme, par exemple, les personnes physiques, les organismes publics dispensant des services contre un paiement direct, etc.). La base d'imposition est en principe égale au montant des dépenses finales réalisées par les ménages pour se procurer des biens, des services et des biens incorporels. Cependant, en pratique, de nombreux systèmes de TVA font peser la charge de la TVA non seulement sur la consommation finale des ménages, mais aussi sur diverses entités se livrant à des activités non commerciales ou à des activités exonérées de TVA (voir le chapitre 1 et le présent chapitre). Dans de telles configurations, on peut appliquer la TVA en traitant ces entités comme des consommateurs finaux ou en les taxant sur leurs intrants, car on part du principe que, dans leurs activités non commerciales, elles répercuteront la TVA payée sur les prix de leur production. Au bout du compte, le montant de la TVA qui sera recouvrée par l'État dans ces cas de figure est celui de la taxe sur ces intrants.

Faute d'évaluation uniforme de la base d'imposition potentielle pour tous les pays membres de l'OCDE, ce sont les dépenses de consommation finale mesurées par les comptes nationaux qui s'en rapprochent le plus. Les dépenses de consommation finale des comptes nationaux des pays de l'OCDE sont calculées selon le Système de comptabilité nationale de 2008 (SNA 2008) (sauf en Türkiye, au Chili et au Japon, qui continuent d'utiliser le poste P3 (Dépenses de consommation finale) du SNA 1993 (voir également le point 2.9.2 ci-dessus).

2.9.3. Le RRT moyen dans les pays de l'OCDE est demeuré stable

À l'échelle de l'OCDE, le ratio des recettes de TVA (RRT) moyen non pondéré est resté relativement stable à 0.56 en 2020, contre 0.55 en 2019 (soit une hausse de 0.01) et le même niveau qu'en 2018, comme indiqué dans le Tableau d'annexe 2.A.7. Cette stabilité du RRT moyen non pondéré la première année de la pandémie de COVID-19 contraste avec la forte baisse du RRT moyen survenue pendant la crise financière mondiale, puisqu'il était passé de 0.59 en 2007 à 0.53 en 2009. Cette valeur moyenne est restée stable, aux alentours de 0.55 depuis 2010. Le RRT moyen non pondéré de 0.56 en 2020 laisse penser qu'en moyenne, 44 % des recettes théoriques potentielles de TVA ne sont pas collectées.

Les estimations des RRT varient considérablement entre les pays de l'OCDE. En 2020, les estimations s'échelonnaient de 0.35 en Colombie, 0.37 au Mexique et 0.38 en Italie à 0.77 au Luxembourg et 1.01 en Nouvelle-Zélande. Quatre autres pays de l'OCDE ont un RRT estimé à plus de 0.65, à savoir l'Estonie (0.72), le Japon (0.71), la Corée (0.70) et la Suisse (0.68). Tous les autres pays (31 sur 37) affichent un RRT inférieur à 0.65, qui reste en deçà de 0.50 dans 13 d'entre eux (Belgique, Colombie, Costa Rica, Canada, Espagne, France, Grèce, Islande, Irlande, Italie, Mexique, Portugal, Royaume-Uni et Türkiye). Cette constatation porte à croire qu'une grande partie des recettes potentielles théoriques de TVA n'est pas collectée dans un grand nombre de pays.

Comparé à 2018, le RRT s'est inscrit en baisse dans 18 pays en 2020. C'est en Islande que ce recul a été le plus marqué, avec une diminution de 0.8 point du RRT estimé, qui est passé de 0.54 à 0.46. Des baisses importantes ont également été observées en Grèce et en Slovénie, qui ont toutes les deux vu leur RRT estimé diminuer de 0.6 point, passant de 0.44 à 0.38 et de 0.60 à 0.54 respectivement.

L'impact de ces baisses du RRT estimé dans ces 18 pays sur la moyenne de l'OCDE a été compensé par les hausses observées entre 2018 et 2020 dans 13 pays, en particulier en Nouvelle-Zélande (de 0.95 à 1.02), aux Pays-Bas (de 0.53 à 0.58) et en Australie (de 0.47 à 0.51). En 2020, les estimations de RRT sont restées inchangées par rapport à 2018 dans 4 pays ; l'Allemagne (0.57), la Hongrie (0.59), la Pologne (0.51) et la Suisse (0.68).

Le niveau des RRT en particulier rend compte du fait que les pays de l'OCDE continuent de recourir à grande échelle aux régimes préférentiels sous la forme de taux réduits et d'exonérations (voir Tableau d'annexe 2.A.2 et Tableau d'annexe 2.A.3). Aucune corrélation directe n'est observée entre le RRT et le niveau du taux normal de TVA. Des pays aux taux de TVA très différents peuvent avoir un RRT comparable. Ainsi, l'Australie et la Pologne ont des taux de TVA normaux très différents (10 % et 23 % respectivement) et le même RRT (estimé à 0.51). Si les deux tiers des pays membres (24 sur 37) ont un RRT compris entre 0.45 et 0.65, leurs taux de TVA normaux sont très disparates, puisqu'ils varient de 5 % (Canada) à 25 % (Danemark, Norvège et Suède), et même 27 % (Hongrie). Ces quatre derniers pays allient des taux de TVA normaux relativement élevés (25 % et 27 %) à un RRT supérieur à la moyenne de l'OCDE (respectivement 0.64, 0.60, 0.60 et 0.59), tandis que le Mexique et la Türkiye ont à la fois un taux normal de TVA (respectivement 16 % et 18 %) et un RRT estimé (respectivement 0.37 et 0.34) nettement inférieurs à la moyenne de l'OCDE.

Graphique 2.4. Ratio de recettes de TVA 2020

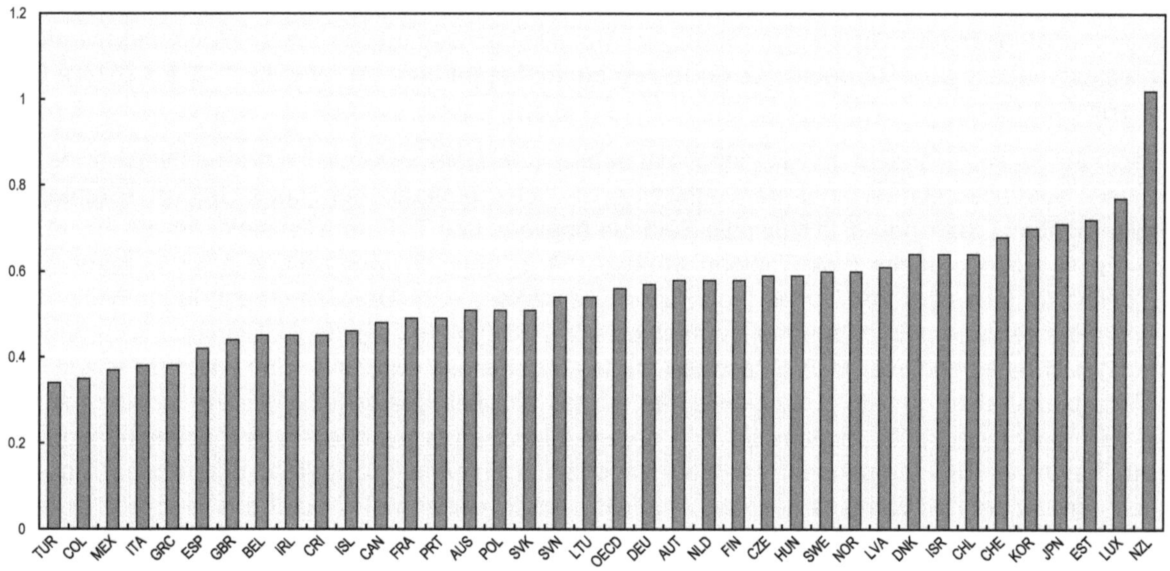

Note: *Türkiye: RRT for 2019
Source: travail de l'auteur

StatLink https://stat.link/bgv29h

Le poids des divers facteurs influant sur le RRT peut varier considérablement d'un pays à l'autre selon les circonstances. Les deux pays dont le RRT est le plus élevé, à savoir la Nouvelle-Zélande et le Luxembourg, ont des RRT estimés à 1.02 et 0.77 respectivement, ce qui est très au-dessus de la moyenne non pondérée de l'OCDE, soit 0.56, et nettement au-dessus de tout autre pays de l'OCDE. C'est pour des raisons très différentes que leurs ratios sont élevés.

Le RRT du Luxembourg a continué d'augmenter sans cesse entre 2000 (0.66) et 2014 (1.15). Cette hausse est corrélée à une transformation profonde du marché de l'UE, qui se caractérise en particulier par la libéralisation des services financiers et l'essor du commerce électronique. On peut raisonnablement supposer que ces paramètres de marché et leur traitement spécifique au regard de la TVA ont fortement concouru à la hausse du RRT au Luxembourg. Il est vraisemblable que le statut de ce pays en tant que grand centre financier international lui ait valu des recettes de TVA supplémentaires. Les ventes de services financiers sont généralement exonérées de TVA au Luxembourg sans que la déduction de la taxe payée en amont soit possible, conformément aux règles de l'UE sur la TVA, y compris quand l'acheteur est situé dans d'autres États membres de l'UE. Il s'ensuit qu'en raison de l'expansion des ventes transfrontières de services financiers, la TVA non déductible supportée par les sociétés de services financiers au Luxembourg augmente les recettes de TVA dans ce pays alors qu'une grande partie de la consommation finale a lieu dans d'autres États membres de l'UE. Le Luxembourg est en outre devenu un centre majeur du commerce électronique international, en raison notamment du traitement de ce type d'activité prévu par la législation de l'UE sur la TVA avant le 1er janvier 2015. En effet, celle-ci disposait que les livraisons réalisées dans le contexte du commerce électronique à des consommateurs finaux d'autres États membres étaient taxées dans le pays où le fournisseur était établi. Le faible taux normal de TVA en vigueur au Luxembourg, le plus bas de l'UE (15 % jusqu'en 2014), a incité les entreprises se livrant au commerce électronique à s'établir dans ce pays et le Luxembourg y a gagné des recettes de TVA supplémentaires, qui n'ont cessé d'augmenter grâce à la poursuite de l'essor des échanges numériques. La situation a changé le 1er janvier 2015. Depuis cette date, les ventes intracommunautaires à des consommateurs finaux dans le contexte du commerce électronique ne sont plus assujetties à la TVA dans l'État membre dans lequel le fournisseur est établi (qui était souvent le Luxembourg). Elles sont désormais assujetties à la TVA dans l'État membre du lieu de résidence du client et au taux qui y est appliqué. La perte de recettes de TVA pour le Luxembourg qui a résulté de cette modification des règles intracommunautaires relatives au lieu d'imposition dans le contexte du commerce électronique transparaît dans les estimations du RRT pour le Luxembourg qui font apparaître un recul de 1.15 en 2014 à 0.74 en 2015, soit 0.41 point.

Les facteurs qui sous-tendent un RRT systématiquement très élevé depuis l'entrée en vigueur de la TVA (TPS) en Nouvelle-Zélande sont très différents de ceux prévalant au Luxembourg. Premièrement, contrairement au Luxembourg, la Nouvelle-Zélande applique une TPS dont l'assiette fiscale est très large, le champ des exonérations (voir Tableau annexe 2.A.3) pour un taux unique à 17 % étant limité, et l'application du taux zéro très limitée (voir Tableau annexe 2.A.2). Deuxièmement, la Nouvelle-Zélande considère les services publics comme imposables à la TPS (voir le chapitre 1). Bien qu'il n'en résulte pas de recettes supplémentaires (la TPS facturée par les organismes publics à l'État est compensée par des transferts budgétaires et celle qui est collectée sur les activités des collectivités territoriales est incluse dans les impôts locaux), les recettes de TPS enregistrées s'en trouvent accrues mécaniquement, ce qui fait augmenter le RRT. Cependant, la base d'imposition potentielle à la TPS déterminée à partir des données provenant des comptes nationaux (voir la section ci-dessus) n'inclut pas la valeur ajoutée par l'État. L'ensemble de ces considérations pourrait expliquer pourquoi le RRT de la Nouvelle-Zélande est si élevé, et parfois même supérieur à 1.

À l'autre extrémité du spectre, le Mexique et la Colombie sont les pays de l'OCDE dont les RRT sont les plus bas en 2020 (0.37 et 0.35 respectivement). Cette situation s'explique vraisemblablement par plusieurs facteurs, notamment l'étendue des exonérations de TVA, l'application d'un taux zéro et l'observation relativement faible de leurs obligations fiscales par les contribuables.

2.9.4. Un certain nombre de facteurs influent sur le RRT

En théorie, plus le régime de TVA d'un pays est « pur », avec un impôt à large assise pesant sur l'ensemble de la consommation finale des ménages, plus son RRT est proche de 1. Un RRT proche de 1 peut être interprété comme une preuve que la TVA pèse uniformément sur une large assiette et qu'elle est efficacement recouvrée. Les taux réduits, les exonérations et l'incapacité de collecter la totalité des impôts dus le font baisser par rapport à cette valeur de référence. Un RRT supérieur à 1 est possible théoriquement, par exemple avec un régime de TVA à large assise prévoyant un taux normal unique et l'exonération de certaines activités (telles que les services financiers) sans possibilité de déduire la TVA payée en amont, lorsque l'impact de la non-déductibilité de la taxe sur les intrants génère des recettes de

TVA excédant celles qui sont perdues du fait de l'exonération de ces activités (en raison d'un effet de cascade ou de l'imposition des intrants entrant dans la composition des exportations). En pratique, le RRT est rarement égal à 1 et il peut varier, dans un sens ou dans l'autre, sous l'action de plusieurs facteurs complexes, jouant indépendamment les uns des autres ou produisant des effets conjugués, à savoir : notamment :

- L'application de taux de TVA réduits à un certain nombre de biens et services et le niveau de ces taux, qui se traduisent par une perte de recettes et ont une incidence négative sur le RRT.
- Le niveau du seuil d'identification et/ou de recouvrement au-dessous duquel les petites entreprises ne sont pas tenues de déclarer la TVA. Ces seuils amoindrissent le montant de la TVA collectée même si l'on pourrait considérer que les conséquences négatives de l'application de ces seuils sur les recettes publiques restent sans doute limitées du fait que les entreprises se situant en deçà des seuils ne sont généralement pas en mesure de déduire une quelconque TVA acquittée en amont et que leur valeur ajoutée globale est relativement modeste.
- L'existence et le champ des exonérations. Les exonérations peuvent, en fonction de leurs propres caractéristiques et de celles du marché, agir à la hausse ou à la baisse sur le RRT. Les exonérations peuvent éroder les recettes quand elles s'appliquent à des biens et services fournis directement au consommateur final sans nécessiter beaucoup d'investissements ou de dépenses en dehors du propre travail du fournisseur. Elles peuvent les gonfler quand elles interviennent à un stade précoce de la chaîne d'approvisionnement et que les recettes résultant de la non-récupération de la TVA acquittée en amont et de l'effet de cascade tout au long de la chaîne d'approvisionnement dépassent la taxe qui aurait pu être obtenue moyennant une imposition au taux normal ouvrant droit à déduction de la TVA acquittée en amont. L'exonération des services financiers en particulier peut avoir un impact considérable sur le RRT compte tenu de l'importance économique de ce secteur dans de nombreux pays.
- Le traitement des activités de service public au regard de la TVA. La consommation finale des administrations publiques est le deuxième poste de la consommation finale dans les comptes nationaux après celle des ménages. Les activités de l'État sont exonérées ou exclues du champ de la TVA dans la plupart des pays, la Nouvelle-Zélande étant l'unique exception puisqu'elle y soumet toutes les activités des administrations publiques. En conséquence, les organismes publics ne peuvent généralement pas déduire la TVA payée en amont sur leurs dépenses assujetties, sauf en Nouvelle-Zélande où ils ont le droit de déduire intégralement la taxe acquittée en amont. Plusieurs pays se sont dotés de mécanismes destinés à compenser les effets néfastes de l'exonération des activités de service public, prenant par exemple la forme de remboursements de TVA ciblés, d'un droit à déduction totale ou partielle de la TVA acquittée en amont, de compensations budgétaires ou d'une imposition de vastes pans des activités des administrations publiques. Les différentes options choisies par les gouvernements ont des effets inégaux sur le RRT. La compensation par des mécanismes autres que la TVA (par exemple une simple compensation budgétaire) n'a pas d'incidence directe sur le RRT. Les activités de l'État demeurent soumises à la TVA sur leurs intrants, ce qui génère les recettes de TVA correspondantes, avant et après les mesures de compensation. Une mesure autorisant les organismes publics à déduire la TVA sur les intrants a normalement pour effet de réduire les recettes fiscales si les ventes demeurent exonérées et elle agira donc à la baisse sur le RRT. À l'inverse, l'application de la TVA aux activités de l'État, comme c'est le cas en Nouvelle-Zélande, aura pour effet d'accroître le montant de la TVA collectée et d'agir à la hausse sur le RRT, car elle tend à grever la totalité des ventes des administrations publiques plutôt que les intrants uniquement.
- L'application d'un régime efficace de recouvrement de la TVA sur les ventes en ligne de biens, de services et de produits numériques par des fournisseurs étrangers et sur des places de marché électroniques. De nombreux régimes de TVA sont sources de difficultés lorsqu'il s'agit de recouvrer comme il se doit la TVA sur les ventes en ligne, en particulier lorsque la collecte doit s'opérer

auprès de fournisseurs étrangers ; ces difficultés sont à l'origine de pertes de recettes qui sont de plus en plus importantes au fur et à mesure que le volume et la valeur des échanges numériques vont croissant (voir le chapitre 1).

- La capacité d'une administration fiscale de gérer efficacement la TVA et le niveau de discipline fiscale des contribuables influent aussi sur le RRT étant donné que les pertes de recettes de TVA résultant du non-respect des obligations fiscales et de la fraude ont évidemment une incidence négative sur le RRT du pays. Le nombre de cas d'insolvabilité et de faillites de contribuables peut aussi influer sur le RRT.
- Le fait que l'administration fiscale n'applique pas un système approprié de remboursement de la TVA (à savoir le remboursement, en temps voulu, des crédits de TVA résultant d'un excédent de TVA déductible sur les intrants aux entreprises nationales et/ou aux entreprises non résidentes) peut entraîner une hausse du RRT pour de « mauvaises » raisons car cette pratique est contraire au principe fondamental de neutralité de la TVA.
- De même, l'incapacité d'un régime de TVA à assurer que les exportations de biens et/ou de services soient considérées comme « exonérées de TVA » (taxées au taux zéro), notamment lorsque la TVA est prélevée sur les exportations ou lorsque l'exonération des exportations n'est pas assortie du droit, pour l'exportateur, de récupérer la TVA acquittée en amont, peut également entraîner une hausse du RRT pour de « mauvaises » raisons.
- Enfin, les écarts observés entre les dépenses de consommation finale mesurées dans les comptes nationaux des différents pays, et partant, entre les bases d'imposition potentielles à la TVA, doivent aussi être pris en considération dans l'interprétation du RRT.

Pour un examen technique approfondi des facteurs qui influent sur le calcul du RRT, voir (OCDE, 2017[28]).

2.9.5. Des facteurs relevant de la politique et de la discipline fiscales influent sur le RRT

Le niveau du RRT dépend rarement d'une cause unique, mais plutôt des liens réciproques entre plusieurs facteurs. À titre d'illustration, un taux normal élevé peut inciter à la fraude alors que l'existence de plusieurs taux réduits peut entraîner des pertes de recettes à cause de déclarations erronées ou trompeuses aboutissant à une mauvaise classification. L'exonération de certains secteurs d'activité peut engendrer des distorsions et favoriser l'évitement de l'impôt, ce qui exige de mobiliser des moyens administratifs supplémentaires qui, autrement, pourraient être consacrés à un recouvrement efficace de la TVA. Par ailleurs, une administration de l'impôt inefficace, des obligations administratives trop contraignantes ou la complexité des mécanismes de TVA peuvent amener des assujettis à se soustraire à leurs obligations.

On peut regrouper ces facteurs en deux grandes catégories :

- ceux qui résultent directement de décisions politiques, affectant principalement la base d'imposition ou le champ d'application du taux normal (ou, autrement dit, les taux réduits et exonérations de TVA (« déficit lié à la politique fiscale »), et
- ceux qui relèvent de l'efficacité de la collecte de la taxe et de la discipline fiscale (« déficit lié au non-respect des obligations fiscales »).

Le RRT est la somme du résultat des décisions politiques et de ce « déficit lié au non-respect des obligations fiscales ». Il est possible de procéder à une analyse visant à affiner encore la décomposition du RRT. L'une des méthodes envisageables pour décomposer le RRT entre les éléments relevant de la politique fiscale et ceux relevant du non-respect des obligations fiscales consiste à utiliser d'abord les données relatives aux dépenses fiscales résultant de l'application de régimes préférentiels de TVA (à savoir du manque à gagner fiscal lié à une dérogation au système de l'application du taux de TVA normal à l'intégralité de la base d'imposition théorique) pour estimer le « déficit lié à la politique fiscale ». L'écart subsistant entre 1 et le RRT estimé d'un pays, après déduction du « déficit lié à la politique fiscale » estimé, donne alors une estimation du « déficit lié au non-respect des obligations fiscales ». Ces chiffres doivent toutefois être interprétés avec prudence en raison du grand nombre de facteurs pouvant influer sur le RRT.

Une autre méthode consiste à estimer le « déficit lié au non-respect des obligations fiscales » (ou « déficit de TVA »), c'est-à-dire la différence entre les recettes de TVA effectivement collectées et le produit théorique de la taxe si l'ensemble des consommateurs et des entreprises respectaient parfaitement les règles en vigueur dans un pays donné en matière de TVA. Cette méthode est employée pour produire les estimations du déficit de TVA annuel dans l'Union européenne où le déficit de TVA correspond à la différence entre le montant de la TVA effectivement collectée et le montant théoriquement dû selon la législation fiscale (montant total de l'impôt dû au titre de la TVA ou montant total de la TVA due – MTTD). (Institute for Advanced Studies, 2015[29]). (CASE Center for Social and Economic Research, 2020[30]). Ce déficit de TVA est estimé selon une démarche descendante consistant à appliquer les différents taux de TVA en vigueur dans un pays aux composantes de la consommation (consommation finale des ménages, consommation finale des administrations publiques et des organismes sans but lucratif, consommation intermédiaire des entreprises partiellement exonérées, dépenses de logement, éléments spécifiques à un pays, corrections, etc.). L'Australie utilise une méthode similaire (Australian Taxation Office, 2020[31]). Dans le modèle d'analyse de l'écart fiscal (RA-GAP) du Fonds monétaire international (Hutton, 2017[32]), (Hutton, 2017[32]) les données sur les comptes nationaux sont utilisées pour calculer la base d'imposition potentielle à la TVA par secteur économique. Les recettes potentielles de TVA pour un système de TVA donné sont ensuite calculées en appliquant le barème d'imposition en vigueur (exonérations, taux zéro, taux réduits) à cette base d'imposition à la TVA. Les recettes potentielles de TVA obtenues en application de la politique de référence sont calculées en appliquant le taux normal de TVA en vigueur à la base d'imposition. Le déficit de TVA est calculé en comparant les recettes de TVA effectives aux recettes potentielles susceptibles d'être recouvrées en appliquant la politique en vigueur et la politique de référence.

2.10. Combattre les infractions à la législation sur la TVA et la fraude à la TVA

Il n'existe pas de définition commune, au niveau de l'OCDE, des notions d'« infraction à la législation sur la TVA » et de « fraude à la TVA ». Dans la présente publication, une distinction est faite entre une « infraction non intentionnelle », résultant du fait que le contribuable ignore les obligations qui lui incombent ou se trouve dans l'incapacité de s'y conformer, notamment parce que les règles manquent de clarté ou de cohérence ; une « infraction intentionnelle », à savoir un non-respect délibéré, de la part du contribuable, de ses obligations en matière de TVA visant à échapper au paiement de la TVA ou à réduire le montant de la TVA due ; et la « fraude », qui suppose le recours à des systèmes illicites ayant principalement pour objectif de dérober de l'argent public, notamment le recours à l'émission de fausses factures, à la fraude carrousel, etc. Ces catégories ne sont pas étanches et les mécanismes de fraude à la TVA peuvent être dissimulés par de véritables activités commerciales ou reliés à de telles activités.

2.10.1. Les pertes de recettes de TVA dues à la fraude et aux infractions restent élevées

La réduction des pertes de recettes dues aux infractions à la législation sur la TVA et à la fraude à la TVA reste un enjeu majeur et une priorité pour les pays partout dans le monde. De nombreuses administrations fiscales réalisent des études pour évaluer le déficit de TVA, autrement dit la perte de recettes découlant de la fraude, des infractions à la législation sur la TVA et des faillites. Le déficit de TVA au sein de l'Union européenne (UE) était estimé à 134 milliards EUR en termes nominaux et 10.3 % en proportion du montant total de la TVA due (MTTD) en 2019, soit approximativement 0.8 point en-deçà des estimations de 2018 (Poniatowski, 2021[33]). Les plus faibles déficits de TVA au sein de l'UE ont été observés en Croatie (1 %) et en Suède (1.4 %), et les plus grands en Roumanie (34.9 %), en Grèce (25.8 %) et à Malte (23.5%). Selon de premières estimations pour 2020, la tendance à la baisse devrait s'inverser, et une perte potentielle de 164 milliards UR en 2020, due à l'impact de la crise du COVID-19 sur l'économie, pourrait être enregistrée. Le Royaume-Uni a estimé son déficit de TVA à 8.6 milliards GBP en 2020-21, soit 6.7 % du MTTD (HMRC, 2022[34]), contre 10.0 milliards GBP et 7.0 % du MTTD en 2018-19. Un certain nombre d'autres pays de l'OCDE ont donné des estimations de leurs propres déficits de TVA. En Australie, le déficit de TPS est estimé, pour 2019–20, à 53 milliards AUD, soit 7.8 % du MTTD (Australian Taxation Office, 2021[35]); au Canada, le déficit de TPS/TVH, pour 2018, est estimé à 4.3 milliards CAD et 9 % du MTTD (Agence du revenu du Canada, 2022[36]). En Amérique latine, les déficits de TVA étaient très variables d'un pays à l'autre en 2017 (CEPALC, 2020[37]), mais les pays membres de l'OCDE affichaient des déficits de TVA relativement bas par rapport à d'autres pays de la région : 21.4 % au Chili, 23.6 % en Colombie, 16.4 % au Mexique et 31.1% au Costa Rica (contre 45.3 % au Panama et 43.8 % en République dominicaine, par exemple).

En dehors des infractions intentionnelles et non intentionnelles, les systèmes de TVA sont la cible d'attaques criminelles organisées. Le type le plus courant de fraude à la TVA organisée est la fraude dite des « sociétés éphémères » ou « carrousel ». Elle survient lorsqu'une société effectue un achat sans verser de TVA (habituellement une transaction soumise à autoliquidation de la taxe), puis collecte la TVA sur une vente en aval et disparaît sans payer la TVA collectée. Initialement, la fraude concernait principalement des biens de valeur qui faisaient l'objet d'échanges internationaux, comme les micro-processeurs et les téléphones mobiles, mais elle s'est étendue aux services pouvant être achetés et vendus comme des marchandises. La fraude organisée à la TVA dans le cadre de l'échange de quotas d'émission de CO_2 a ainsi entraîné des pertes de recettes de TVA se chiffrant en milliards d'euros dans un certain nombre de pays. Les marchés de l'énergie sont également exposés à cette fraude organisée à la TVA. Les régulateurs européens du secteur énergétique, les opérateurs sur les marchés de l'énergie et les sociétés de gaz et d'électricité ont notamment mis en garde les autorités de l'UE à propos des graves conséquences de la fraude de type carrousel sur le fonctionnement des marchés du gaz et de l'électricité en Europe (Europex Association européenne pour la rationalisation des échanges d'énergie-gaz, 2018[38]). Ils ont signalé avoir repéré des signes d'« une forte infiltration de fraudeurs à la TVA sur les marchés du gaz et de l'électricité ». Les réseaux participant à ce genre de fraude à la TVA, organisée et de nature criminelle, sont souvent aussi actifs dans les domaines du blanchiment de capitaux, de la corruption et d'autres formes de délinquance (SOCTA UE, 2021[39]).

Les risques d'infraction à la législation sur la TVA et de fraude à la TVA auxquels les administrations sont confrontées continuent d'évoluer en même temps que l'activité économique. Des recherches ont par exemple révélé que certains logiciels de comptabilité contiennent des outils cachés (zappers ou camoufleurs de ventes) servant à manipuler les recettes de TVA (OCDE, 2013[40]). La transformation numérique de l'économie fait naître des risques d'infraction à la législation sur la TVA et de fraude à la TVA de plus en plus élevés et expose les administrations fiscales à de nouveaux défis, notamment compte tenu de la croissance exponentielle du commerce électronique international et à l'accroissement de la capacité des opérateurs en ligne d'exercer des activités dans une juridiction donnée sans aucune présence physique sur place (OCDE, 2017[41]). Les activités reposant sur les nouvelles technologies, notamment celles qui sont associées aux crypto-monnaies et aux jetons non fongibles, peuvent également être à l'origine de nouveaux risques d'infraction et de fraude à la TVA et de défis pour les administrations fiscales en termes de gestion des risque traditionnels de non-respect de la législation sur la TVA.

2.10.2. La lutte contre les infractions à la législation sur la TVA et la fraude à la TVA demeure une priorité pour les administrations fiscales

Les pays ont de plus en plus tendance à appliquer des mesures visant à renforcer l'observation des règles en vigueur en matière de TVA et à réduire l'exposition des régimes de TVA aux risques d'infraction et de fraude, en particulier dans le contexte de la transformation numérique de l'économie. Ces mesures reposent d'une part, sur la mise en œuvre de mécanismes alternatifs de recouvrement, tels que les mécanismes nationaux d'autoliquidation et de paiement scindé de la TVA ; et d'autre part, sur le déploiement de systèmes de recueil de données, notamment grâce à la facturation électronique et aux obligations en matière de déclaration de données, afin de faciliter la gestion des risques au moyen de l'analyse avancée de données. Si ces stratégies peuvent notablement renforcer la capacité des administrations fiscales de faire respecter la législation sur la TVA, elles exigent aussi de plus en plus, en raison de la mondialisation et de la transformation numérique de l'économie, une véritable coopération administrative internationale dans le domaine de la TVA.

Presque tous les pays de l'OCDE appliquent des mesures d'autoliquidation au niveau national afin de limiter les risques de fraude dans des secteurs qui y sont particulièrement exposés

Dans un régime de TVA standard, la taxe est perçue auprès des fournisseurs selon un processus de paiement fractionné, par lequel le fournisseur collecte la TVA auprès de ses clients et la verse aux autorités, après avoir déduit, le cas échéant, la TVA récupérable sur les intrants (voir le chapitre 1). Avec un mécanisme national d'autoliquidation, la responsabilité du paiement de la TVA à l'administration fiscale est transférée du fournisseur à son client (dans les transactions B2B). Ce transfert de la responsabilité du paiement de la TVA du fournisseur au client pour des transactions effectuées sur le marché intérieur supprime le risque que des fournisseurs malhonnêtes disparaissent sans reverser à l'administration fiscale la TVA qu'ils ont collectée auprès de leurs clients, une pratique caractéristique de la fraude dite des « sociétés éphémères ». De même, les entreprises ne peuvent pas demander la déduction ou le remboursement de montants de TVA qu'ils n'ont pas acquittés (TVA sur de fausses factures, par exemple) ou qui n'ont pas été reversés aux autorités fiscales, une pratique caractéristique de la fraude dite « carrousel ».

Les pays de l'OCDE qui utilisent le mécanisme national d'autoliquidation en ont généralement limité l'application aux secteurs économiques qui sont particulièrement exposés à la fraude organisée comme les échanges de téléphones mobiles ; de circuits intégrés ; de consoles de jeux ; de tablettes et ordinateurs portables ; de céréales et cultures industrielles ; de métaux bruts et semi-finis ; de certificats de gaz et d'électricité verte ; et de services de télécommunication.

Aucun pays de l'OCDE n'applique un régime d'autoliquidation plus généralisé couvrant la collecte de l'ensemble de la TVA sur les transactions nationales entre entreprises. Un tel système réduirait les risques de fraude spécifiques décrits ci-avant, mais générerait aussi davantage de complexité pour les entreprises et les administrations fiscales et un risque croissant d'exposition à d'autres types de fraude au niveau des détaillants (suppression des ventes, utilisation abusive de numéros d'identification à la TVA par exemple). Il risquerait de transformer effectivement la TVA en une taxe sur les ventes au détail, puisque l'ensemble des risques pesant sur les recettes seraient concentrés au stade de la vente finale ou sur un nombre limité de points de la chaîne de valeur, avec les faiblesses inhérentes à un tel système.

Les États membres de l'Union européenne peuvent adopter, sur une base facultative et temporaire, un mécanisme national d'autoliquidation pour une liste définie d'opérations. Depuis 2013, les États membres de l'UE sont également autorisés à appliquer un mécanisme national d'autoliquidation à tout type d'opération en cas de fraude soudaine et massive à la TVA.

Tableau d'annexe 2.A.12 montre que le recours à un mécanisme d'autoliquidation national en tant que moyen de lutter contre la fraude est très répandu dans les 22 pays de l'OCDE qui sont membres de l'Union européenne, notamment pour la délivrance de certificats d'émissions de CO_2 (tous sauf l'Estonie, la Lettonie, la Lituanie et la Pologne) ; les débris de matériaux et les déchets (tous sauf la Belgique, le Luxembourg et la Pologne) ; et les travaux de construction (tous sauf l'Estonie, le Luxembourg et la Pologne). Le mécanisme national d'autoliquidation s'applique aussi dans de nombreux pays de l'UE aux livraisons d'or (14 pays de l'UE) ; aux appareils électroniques comme les ordinateurs portables, les microprocesseurs, les téléphones mobiles, etc. (11 pays de l'UE) et à la livraison de gaz et d'électricité à des revendeurs assujettis (10 pays de l'UE). D'autres pays de l'OCDE ont également recours à un mécanisme national d'autoliquidation, mais dans une bien moindre mesure, à savoir le Canada (ventes de biens immobiliers par des non-résidents et certaines fournitures entre provinces) ; le Chili (fournitures de riz, travaux de construction, déchets, certaines plantes et certains animaux) ; Israël (débris de métaux) ; le Mexique (déchets, certaines ventes effectuées par des personnes physiques) ; la Norvège (vente de quotas d'émissions de CO_2 et d'or à des fins d'investissement) ; la Nouvelle-Zélande (vente de terres soumises à tort à un taux zéro) et la Türkiye (certaines ventes effectuées par des personnes non assujetties). Le Chili oblige aussi certains (gros) contribuables à appliquer le mécanisme d'autoliquidation de la TVA sur les fournitures B2B acquises auprès de fournisseurs considérés comme non dignes de confiance par l'administration fiscale. Plus de la moitié des pays de l'OCDE appliquant une TVA (23 sur 37) appliquent le mécanisme de l'autoliquidation aux fournitures dans le secteur immobilier.

Aucun mécanisme d'autoliquidation n'a été mis en œuvre en Colombie, en Corée, au Costa Rica, en Islande, au Japon et en Suisse. En novembre 2019, la Pologne a remplacé son mécanisme national d'autoliquidation par un mécanisme de paiement scindé obligatoire (voir ci-après).

Le mécanisme de paiement scindé est appliqué à une échelle plus limitée

Un autre moyen de réduire l'exposition des régimes de TVA à la fraude et au non-respect de la législation consiste à recourir au mécanisme dit du paiement scindé (ou retenue à la source). Dans le cadre de ce mécanisme, le fournisseur facture la TVA sur ses ventes nationales au client selon les règles habituelles, mais soit le client paie (une partie de) la TVA directement à l'administration fiscale (« mécanisme de retenue à la source »), soit il la dépose sur le compte de TVA spécial du fournisseur (« paiement scindé ») au lieu de la payer au fournisseur. En général, dans un régime de paiement scindé, le fournisseur peut utiliser les montants déposés sur son compte de TVA spécial uniquement pour payer la TVA à l'administration fiscale ou à un autre fournisseur (et uniquement sur le compte de TVA spécial de ce fournisseur). La Pologne, qui a adopté un tel système de paiement scindé (voir la section précédente), autorise l'utilisation des montants déposés sur les comptes de TVA pour payer un certain nombre d'autres taxes.

Un régime de paiement scindé ou de retenue à la source produit les mêmes effets de prévention de la fraude que le mécanisme national d'autoliquidation dans la mesure où il empêche un fournisseur de percevoir la TVA sans la reverser à l'administration fiscale. Parmi les inconvénients de ces régimes figurent le surcroît de complexité (notamment l'obligation pour les fournisseurs de déterminer pour chaque transaction si elle relève ou non du régime) et l'impact sur la trésorerie des entreprises, qui peut être particulièrement élevé dans un régime de retenue à la source, puisque les entreprises ne perçoivent plus (ou perçoivent moins) de TVA sur les ventes dont elles peuvent déduire la TVA d'amont (ce qui peut entraîner un excédent permanent de TVA d'amont). Certains observateurs estiment que les mécanismes de paiement scindé permettraient sans doute pas d'empêcher les fraudes de sociétés éphémères plus complexes (Bartosz Gryziak, 2020[42]). Tableau d'annexe 2.A.12 montre que ce régime est mis en œuvre dans cinq pays de l'OCDE seulement, et qu'il s'applique systématiquement à des secteurs ou des fournitures ciblés.

La Colombie et l'Italie appliquent le mécanisme de paiement scindé aux ventes aux autorités publiques, aux organismes publics et aux entreprises publiques. En Colombie, le paiement scindé s'applique également aux ventes aux grandes entreprises cotées.

En Pologne, un mécanisme obligatoire de paiement scindé s'applique aux ventes entre entreprises (B2B) d'une liste définie de biens et de services considérés comme exposés à la fraude (comme les carburants, les produits sidérurgiques, les débris de métaux, les quotas d'émissions de CO_2, les téléphones mobiles, les tablettes, les services de construction, etc. qui étaient auparavant assujettis au mécanisme national d'autoliquidation), si le montant brut facturé dépasse 15 000 PLN. La Corée applique un régime de paiement scindé aux ventes d'or, de cuivre et de déchets d'or et de fer. L'Australie oblige les acquéreurs d'immeubles résidentiels neufs à déduire effectivement la TPS du montant versé au vendeur et à verser la totalité de ce montant à l'administration fiscale. Ce montant est à rapprocher des montants imposables à la TPS qui doivent obligatoirement être déclarés par le vendeur au titre de ces ventes.

En République tchèque, un tel système est proposé à titre facultatif aux clients qui souhaitent éviter d'être solidairement responsables avec le fournisseur en cas d'impayés. Dans certains secteurs comme la construction, les débris de métaux, verre, plastique et papier, les services de conseil, de surveillance et d'audit et certains services de réparation, la Türkiye applique un régime de retenue partielle qui impose aux clients de retenir à la source un pourcentage de la TVA qui leur a été facturée par le fournisseur et de le reverser directement à l'administration fiscale.

Les travaux de recherche (Deloitte, 2017[43]) ont montré que, même si un régime de paiement scindé pourrait contribuer à la lutte contre les infractions et la fraude au sein de l'UE, il pourrait aussi avoir des effets négatifs sur la trésorerie des entreprises et éventuellement accroître les coûts de conformité à leur charge, plus ou moins selon la taille des entreprises et les secteurs, au point que le surcroît de recettes éventuel risquerait de ne pas couvrir les coûts correspondants.

2.10.3. Les obligations déclaratives numériques se multiplient

Ces dix dernières années, les administrations fiscales ont connu une série de changements par étapes qui concourent à modifier la nature de l'environnement constituant la toile de fond de la discipline fiscale, en autorisant un meilleur ciblage et une meilleure gestion du respect des obligations (OCDE, 2017[44]). Un aspect important de ce changement est la disponibilité accrue des données. Au fur et à mesure de la transformation numérique, les données en lien avec la fiscalité accessibles auprès des contribuables et des tierces parties sont toujours plus nombreuses (données produites grâce à la facturation électronique, à l'automatisation de la déclaration des données relatives aux transactions et aux caisses enregistreuses en ligne, données relatives aux comptes financiers, par exemple), ce qui facilite des actions plus ciblées de la part des administrations fiscales (OCDE, 2022[17]).

Les pays de l'OCDE recourent généralement à la technologie pour améliorer la communication des données pertinentes aux autorités fiscales. Après avoir généralisé les déclarations de TVA électroniques obligatoires (OCDE, 2015[45]), de nombreux pays de l'OCDE ont mis en place, ou envisagent de mettre en place, l'obligation, pour les contribuables, de communiquer aux autorités fiscales, parfois en temps réel, les données relatives aux opérations (déclaration des opérations). Ces mesures exigent généralement la communication, sous forme électronique, d'informations détaillées sur chaque opération imposable. Il peut s'agir d'informations de facturation et de données comptables ou de toute autre information permettant aux autorités fiscales de contrôler les biens et services achetés ou vendus par les contribuables et de déterminer le montant de la taxe dont ils sont redevables.

Les obligations en vigueur dans les pays de l'OCDE concernant la déclaration des opérations, lorsqu'il en existe, sont hétérogènes et peuvent différer à divers égards, notamment la portée, les données collectées et la fréquence des déclarations. Tableau d'annexe 2.A.11 montre que la plupart des pays de l'OCDE ont désormais rendu obligatoire la déclaration par voie électronique des informations relatives aux opérations (notamment la transmission, au format électronique, d'informations détaillées sur les différentes opérations imposables), à l'exception de la Belgique, du Canada, de la Finlande, de l'Islande, du Japon et de la Suisse. Parmi les pays qui ont adopté la déclaration électronique obligatoire des informations relatives aux opérations, vingt-et-un imposent un format spécifique, plus ou moins détaillé, pour ces déclarations (Chili, Colombie, Corée, Costa Rica, Espagne, Estonie, France, Grèce, Israël, Italie, Lituanie, Luxembourg, Mexique, Norvège, Pays-Bas, Pologne, Portugal, République slovaque, République tchèque, Slovénie et Türkiye). Sept d'entre eux (France, Lituanie, Luxembourg, Norvège, Pays-Bas, Pologne et Slovénie) emploient le (une variante du) format de Fichier normalisé d'informations comptables à des fins fiscales (Standard Audit File for Tax – SAF-T) mis au point par le Forum sur l'administration fiscale de l'OCDE (OCDE, 2005[46]). Ce système implique l'utilisation d'un logiciel comptable pour créer le fichier électronique

(SAF-T) contenant les données comptables pertinentes sur le plan fiscal. Le format SAF-T permet de transférer ces données du contribuable à l'administration fiscale dans un format électronique standard.

Plus de la moitié des pays qui imposent une déclaration électronique des opérations (18 sur 31) exigent la transmission systématique de ces informations à l'administration fiscale (Autriche, Chili, Colombie, Corée, Costa Rica, Espagne, Estonie, Grèce, Hongrie, Israël, Italie, Lituanie, Mexique, Pologne, Portugal, République tchèque, République slovaque et Türkiye) et dix d'entre eux exigent que cette transmission ait lieu en temps (quasi) réel (Chili, Colombie, Corée, Costa Rica, Espagne, Grèce, Hongrie, Italie, Mexique et Türkiye). Cette déclaration électronique des opérations peut se concrétiser par la simple transmission des données à l'administration fiscale - c'est le « modèle de transmission » - ou par un système de vérification dans lequel chaque donnée relative à une opération doit être systématiquement vérifiée par les autorités fiscales pour que la facture émise par le fournisseur pour cette livraison soit considérée comme un document comptable valable - le « modèle de validation ». Parmi les pays de l'OCDE exigeant la transmission systématique à l'administration fiscale des données relatives aux opérations, huit ont déclaré utiliser un formulaire correspondant au modèle de validation : Chili, Colombie, Corée, Costa Rica, Grèce, Italie, Mexique et Türkiye. Dans tous ces pays, le modèle de validation va de pair avec une obligation de déclaration en temps réel.

Les pays sont également de plus en plus préoccupés par le contrôle des transactions en espèces dans le contexte des opérations entre entreprises et consommateurs finaux (B2C) et plus d'un tiers des pays de l'OCDE appliquant la TVA (16 sur 37) ont imposé aux fournisseurs l'utilisation de caisses enregistreuses électroniques (Autriche, Belgique, Corée, Costa Rica, France, Grèce, Hongrie, Israël, Italie, Lettonie, Norvège, Pologne, République slovaque, République tchèque, Slovénie et Suède). Cinq de ces pays exigent la transmission systématique des données à l'administration fiscale (Corée, Grèce, Israël, République slovaque et Slovénie), et ce, en temps (quasi) réel pour la Corée, la République slovaque et la Slovénie.

Une autre tendance observée est la numérisation progressive des factures. Aux fins de la présente publication, deux types de factures dématérialisées sont considérées : les « factures électroniques », à savoir des fichiers dématérialisés permettant l'échange automatisé d'informations de facturation entre les systèmes comptables des parties à une transaction, et les « factures numérisées », qui sont de simples copies de factures (en format PDF, par exemple) échangées par voie électronique (notamment par courrier électronique) entre des parties à une transaction. Tableau d'annexe 2.A.11 montre que, bien que la facturation électronique soit désormais autorisée dans tous les pays de l'OCDE, elle n'est obligatoire que dans dix d'entre eux. Parmi ces pays, certains, à savoir l'Autriche, le Portugal et la France, ne l'ont rendue obligatoire que pour les fournitures B2G (entre entreprises et administrations publiques) alors que d'autres, à savoir la Corée, le Mexique, la Norvège et la Türkiye, l'imposent pour les fournitures B2B et B2C. Par ailleurs, la facturation électronique est obligatoire pour toutes les factures, à savoir les fournitures B2C, B2B et B2G, au Chili, en Colombie, au Costa Rica et en Italie. La France va cependant adopter progressivement la facturation électronique obligatoire pour les fournitures B2B entre 2024 (pour les grandes entreprises) et 2026 (pour les petites entreprises). L'obligation d'autoriser la réception des factures par voie électronique s'appliquera à compter du 1er juillet à toutes les entreprises, indépendamment de leur taille, dès lors que le fournisseur est tenu d'émettre des factures par voie électronique.

Les conséquences, pour les entreprises et les administrations fiscales, de ces différents régimes de déclaration des opérations diffèrent selon le type de déclaration. Dans un système de contrôle périodique des opérations, les données relatives aux opérations déclarées aux autorités fiscales à intervalles réguliers peuvent être jointes à la déclaration de TVA existante ou la compléter. Les systèmes de contrôle permanent des opérations, dans lesquels les données relatives aux opérations sont soumises par voir électronique aux autorités fiscales immédiatement avant, pendant ou peu de temps après l'échange effectif des données entre les parties, sont radicalement différents et exigent davantage d'automatisation dans un environnement informatique approprié (Luchetta, 2022[47]). D'un point de vue purement technique, il y a une séparation entre les systèmes automatiques de déclaration des opérations et la numérisation des documents comptables ou les règles de facturation, et ces systèmes ne nécessitent pas toujours que la facture échangée entre le fournisseur et le client le soit dans un format électronique. Néanmoins, les administrations fiscales peuvent, dans le cadre de leurs efforts pour acquérir une meilleure maîtrise des sources de recettes de TVA et prévenir la fraude, élargir le champ d'application de la transmission électronique obligatoire à des documents plus fiscaux. (Christiaan van der Valk, 2023[48])

Le résultat dépendra vraisemblablement en grande partie de la manière dont ces obligations sont conçues et de la performance des services des administrations fiscales ainsi que de leur capacité technologique de minimiser les risques que ces nouvelles obligations ne soient préjudiciables à l'activité économique, y compris dans un contexte international. En outre, les administrations fiscales doivent gérer et analyser un volume sans précédent de données qui doivent être stockées en lieu sûr. Pour pouvoir tirer pleinement parti des possibilités offertes par cette collecte de données, les citoyens et les entreprises doivent avoir confiance dans la sécurité et la confidentialité des informations réunies. Face au risque de communication inappropriée d'informations, intentionnelle ou fortuite (piratage des bases de données de l'administration fiscale, par exemple), les pays doivent veiller à mettre en place un cadre juridique et des systèmes de protection des données efficaces (OCDE, 2012[49]).

2.10.4. Les administrations fiscales ont de plus en plus tendance à envisager et à mettre en œuvre des stratégies de gestion des risques d'infraction à la législation sur la TVA dans le cadre des échanges numériques

La pénétration toujours plus intense de l'Internet et la facilité toujours plus grande avec laquelle les consommateurs du monde entier peuvent effectuer des achats en ligne et recourir à des solutions de paiement en ligne, y compris via leurs téléphones mobiles, font partie des principaux moteurs de l'extraordinaire expansion des échanges numériques observée ces dix dernières années. L'importance sans cesse croissante de cette évolution pour les recettes de TVA et les conséquences qu'elle peut avoir, en termes de concurrence, sur les entreprises traditionnelles ont déclenché des réformes dans les pays du monde entier visant à s'assurer que la TVA soit effectivement perçue sur les échanges numériques. Un nombre croissant de pays ont en particulier mis en place, ou entrepris de mettre en place, des solutions pour collecter la TVA auprès des fournisseurs non-résidents conformément aux normes et lignes directrices de l'OCDE (voir section 2.8 ci-avant). Ces normes et lignes directrices ont principalement pour objet de permettre d'atteindre un degré élevé de conformité en faisant en sorte qu'il soit facile, pour les entreprises exerçant leur activité dans le secteur du commerce numérique, y compris pour les petites et moyennes entreprises, de se conformer à leurs obligations fiscales.

En dépit des efforts déployés par les administrations fiscales pour faciliter l'observation de la législation sur la TVA dans le secteur du commerce numérique, des infractions seront inévitablement commises. Il faut donc mettre en œuvre des stratégies efficaces pour gérer et maîtriser les risques d'infractions à la législation sur la TVA et de fraude à la TVA. Les premières analyses conduites par l'OCDE donnent à penser que les profils de risque de non-respect de la législation sur la TVA associés aux échanges numériques ne sont pas notablement différents de ceux rencontrés dans le cadre du commerce traditionnel. Certaines des caractéristiques spécifiques du commerce numérique peuvent toutefois exacerber ces risques et soulever des difficultés supplémentaires pour les administrations fiscales qui doivent les gérer. Ces difficultés peuvent par exemple résider dans la limitation des capacités et des processus des administrations fiscales en matière de contrôle et de détection et de gestion des risques, dans les problèmes d'accès aux informations pertinentes et dans la limitation de la capacité de faire respecter la législation face à des opérateurs économiques du secteur du commerce numérique qui, souvent, peuvent n'ont aucune présence physique dans la juridiction d'imposition.

Les administrations fiscales ont donc commencé à étudier toute une palette de stratégies, d'outils et de technologies pour adapter leurs approches de la gestion des risques de non-conformité à la législation sur la TVA au contexte des échanges numériques. La collecte et la gestion des données sont au cœur des stratégies de détection des infractions à la législation sur la TVA et de la fraude à la TVA dans le secteur du commerce numérique et au cœur des stratégies de gestion des risques. Dans le cadre de son programme de travail, le Comité des affaires fiscales de l'OCDE s'attache à réaliser des travaux visant à accroître la capacité des administrations fiscales de combattre la fraude à la TVA et les infractions à la législation sur la TVA dans le secteur des échanges numériques, y compris en conduisant des analyses, en favorisant le partage d'expérience et en élaborant des stratégies de mise en œuvre à l'appui d'un recouvrement efficace de la TVA sur les échanges numériques et de l'échange de renseignements et autres formes de coopération administrative dans le domaine de la TVA.

2.10.5. La coopération administrative internationale est primordiale pour permettre de gérer efficacement les risques en matière de TVA liés aux échanges internationaux

La coopération administrative devient plus nécessaire pour combattre la fraude à la TVA et les infractions à la législation sur la TVA

Les États sont de plus en plus conscients que l'échange de renseignements et la coopération administrative sont des composantes essentielles des stratégies déployées par les administrations fiscales pour garantir le recouvrement effectif de la TVA et lutter contre la fraude à la TVA et le non-respect de la législation sur la TVA dans le cadre des échanges internationaux, en particulier dans le contexte de la transformation numérique de l'économie (OCDE, 2017[41]); (Cours des comptes européenne, 2015[50]). La nécessité d'en tenir compte a notamment été soulignée dans le rapport 2015 de l'OCDE - Les défis fiscaux soulevés par la numérisation de l'économie (OCDE, 2017[24]) et l'Organisation consacre des travaux à cette question.

Un certain nombre d'instruments peuvent être utilisés pour assoir sur un socle juridique la coopération administrative internationale, y compris l'échange de renseignements dans le domaine de la TVA. Il s'agit notamment de la Convention multilatérale concernant l'assistance administrative mutuelle en matière fiscale (OCDE/Conseil de l'Europe, 2011[51]); des conventions bilatérales mettant en œuvre les articles 26 et 27 actuels des modèles de convention fiscale de l'OCDE et des Nations unies et des accords d'échange de renseignements fiscaux s'inspirant du Modèle de l'OCDE. Les accords régionaux servent également de base juridique à une telle coopération. Ils comprennent le Règlement (UE) n° 904/2010 du 7 octobre 2010 concernant la coopération administrative et la lutte contre la fraude dans le domaine de la taxe sur la valeur ajoutée, la Convention nordique d'assistance administrative mutuelle en matière fiscale, le Modèle d'accord du CIAT sur l'échange de renseignements fiscaux et l'Accord sur l'assistance mutuelle en matière fiscale du Forum africain sur l'administration fiscale.

La Convention multilatérale concernant l'assistance administrative mutuelle en matière fiscale est l'instrument le plus complet à disposition pour organiser la coopération administrative

Parmi les instruments existants, la Convention multilatérale concernant l'assistance administrative mutuelle en matière fiscale (la Convention) (OCDE - CdE, 2008[52]) est celle qui couvre le périmètre le plus large tant en termes d'adhérents (en novembre 2022, 146 juridictions sont parties à la Convention) que par sa portée. La Convention a été élaborée conjointement par le Conseil de l'Europe et l'OCDE. Elle a été ouverte pour signature aux pays membres des deux organisations en 1988. Elle a ensuite été alignée sur la norme internationale sur la transparence et l'échange de renseignements et ouverte à tous les pays en 2011.

Elle prévoit toutes les formes possibles de coopération administrative entre les Parties (article 1) pour la détermination et le recouvrement des impôts, en particulier en vue de lutter contre la fraude et l'évasion fiscales. De très vaste portée, la Convention couvre toutes les formes de paiements obligatoires aux administrations publiques (que ce soit l'administration centrale ou ses subdivisions politiques), à la seule exception des droits de douane, et toutes les autres taxes à l'importation-à l'exportation.

La Convention inclut explicitement la TVA dans les impôts visés par ses dispositions (article 2.1.b). Il convient de noter cependant que l'article 30 de la Convention autorise les juridictions adhérentes à déclarer se réserver le droit de n'accorder aucune forme d'assistance pour les impôts des autres Parties entrant dans l'une quelconque des catégories énumérées à l'article 2.1.b qui recouvrent des impôts généraux sur la consommation telles que la TVA. Avant d'adresser une demande d'assistance en se fondant sur la Convention, les juridictions sont donc invitées à vérifier si des réserves ont été formulées concernant l'octroi d'une assistance en matière de TVA.

Les principaux types d'instruments de coopération administrative prévus par la Convention sont :

- Échange de renseignements à la demande (article 5). A la demande de l'État requérant, l'État requis fournit à l'État requérant tout renseignement vraisemblablement pertinent pour l'administration ou l'application de leurs législations internes relatives aux impôts visés par la présente Convention concernant une personne ou une transaction déterminée (article 5, paragraphe 1). Si les renseignements disponibles dans les dossiers fiscaux de l'État requis ne lui permettent pas de donner suite à la demande de renseignements, il doit prendre toutes les mesures nécessaires afin de fournir à l'État requérant les renseignements demandés (article 5, paragraphe 2).
- Échange automatique de renseignements (article 6). Deux ou plusieurs Parties échangent automatiquement les renseignements pour des catégories de cas et selon les procédures qu'elles déterminent d'un commun accord.
- Échange spontané de renseignements (article 7). Une Partie communique, sans demande préalable, à une autre Partie les informations dont elle a connaissance dans les situations décrites à l'article 7, paragraphe 1.
- Contrôles fiscaux simultanés (article 8). On entend par contrôle fiscal simultané un contrôle entrepris en vertu d'un accord par lequel deux ou plusieurs Parties conviennent de vérifier simultanément, chacune sur son territoire, la situation fiscale d'une ou de plusieurs personnes qui présentent pour elles un intérêt commun ou complémentaire, en vue d'échanger les renseignements ainsi obtenus (article 8, paragraphe 2).
- Contrôles fiscaux à l'étranger (article 9). A la demande de l'autorité compétente de l'État requérant, l'autorité compétente de l'État requis peut autoriser des représentants de l'autorité compétente de l'État requérant à assister à la partie appropriée d'un contrôle fiscal dans l'État requis. Toute décision relative à la conduite du contrôle fiscal est prise par l'État requis.
- Assistance en vue du recouvrement (chapitre III, Section II, articles 11-16). En vertu de l'article 11, paragraphe 1, à la demande de l'État requérant, l'État requis procède au recouvrement des créances fiscales du premier État comme s'il s'agissait de ses propres créances fiscales, sauf en ce qui concerne les délais, qui sont uniquement régis par la législation de l'État requérant (article 14) et en relation avec les privilèges (article 15). Ces dispositions s'appliquent uniquement aux créances fiscales qui font l'objet d'un titre permettant d'en poursuivre le recouvrement dans l'État requérant.
- Notification de documents (chapitre III, Section III, article 17). A la demande de l'État requérant, l'État requis notifie au destinataire les documents, y compris ceux ayant trait à des décisions judiciaires, qui émanent de l'État requérant et concernent un impôt visé par la Convention.

Néanmoins, l'article 30 de la Convention autorise également un État à formuler des réserves sur le type d'assistance qui doit être accordée, ce qui peut limiter sa participation à la fourniture d'une assistance mutuelle, y compris en matière de TVA.

Tableau d'annexe 2.A.13 montre que tous les pays de l'OCDE ont signé la Convention et qu'elle est entrée en vigueur dans tous ces pays. Trois pays de l'OCDE (Israël, Luxembourg et Suisse) ont exprimé une réserve de portée générale sur la TVA et n'accordent aucune forme d'assistance dans ce domaine en vertu de la Convention. Un petit nombre d'autres pays de l'OCDE ont formulé des réserves sur des composantes spécifiques de la coopération administrative dans le domaine de la TVA, à savoir sur l'assistance au recouvrement de créances de TVA (Allemagne, Autriche, Canada, Chili, Colombie, Costa Rica et États-Unis) et sur la fourniture d'une assistance à la notification de documents (Chili, Colombie, Costa Rica et États-Unis).

L'Union européenne a adopté une série d'outils d'échange de renseignements et autres formes de coopération administrative dans le domaine de la TVA

Au sein de l'Union européenne, la Directive sur la TVA (2006/112/CE) et le Règlement d'application (904/2010) constituent le socle juridique de la coopération administrative et de l'échange de renseignements entre les États membres. Cette coopération s'appuie sur un réseau opérationnel de responsables d'administrations fiscales, Eurofisc. En fonction des renseignements partagés via le réseau Eurofisc, et après analyse des données disponibles, les fonctionnaires de liaison Eurofisc peuvent prendre les mesures appropriées au niveau national, y compris pour les demandes d'informations, les contrôles ou la radiation de numéros d'identification à la TVA. Le Règlement d'exécution a été modifié afin d'améliorer l'échange et l'analyse des renseignements entre les administrations fiscales des États membres et avec les autorités répressives. En février 2018, l'UE a également signé un accord bilatéral avec la Norvège pour l'échange de renseignements relatifs à la TVA.

Le paquet TVA sur le commerce électronique applicable à compter du 1er juillet 2021, qui supprime l'exonération de TVA des importations de biens de faible valeur et oblige les fournisseurs à payer la TVA sur l'ensemble des biens importés dans l'UE, a été accompagné de dispositions visant à renforcer la coopération entre les services fiscaux et douaniers. Par ailleurs, Eurofisc a renforcé sa coopération et l'échange de renseignements avec l'Office européen de lutte antifraude (OLAF) et Europol.

Le 18 février 2020, le Conseil Européen a adopté un paquet législatif (Directive (UE) 2020/284 du Conseil et Règlement (UE) 2020/283 du Conseil) qui oblige les prestataires de services de paiement à transmettre des informations sur les paiements internationaux provenant d'États membres et sur le destinataire (« le bénéficiaire ») de ces paiements. En vertu de ce paquet, les prestataires de services de paiement offrant des services de paiement au sein de l'UE doivent contrôler les bénéficiaires de paiements internationaux et transmettre aux administrations des États membres des informations sur ceux qui reçoivent plus de 25 paiements transfrontaliers par trimestre. Ces informations seront ensuite centralisées dans une banque de données européenne, le système électronique central concernant les informations sur les paiements (CESOP), où elles seront stockées, agrégées et recoupées avec celles issues d'autres banques de données européennes. Toutes les informations contenues dans le CESOP sont ensuite mises à disposition des experts de la lutte anti-fraude des États membres à travers un réseau appelé Eurofisc. L'objectif des nouvelles mesures est de donner aux administrations fiscales des États membres les instruments nécessaires pour leur permettre de détecter les fraudes à la TVA dans le secteur du commerce électronique qui peuvent être commises par des vendeurs établis dans un autre État Membre ou un pays tiers. Les dispositions respectent les règles de protection des données. Seules les informations ayant trait à des paiements susceptibles d'être reliés à une activité économique sont transmis aux administrations fiscales. Les informations sur les consommateurs et sur les raisons sous-jacentes aux paiements ne seront pas transmises. La transmission de données commencera le 1er janvier 2024.

Références

Agence du revenu du Canada (2022), *Overall federal tax gap report: Estimates and key findings for non-compliance, tax years 2014-2018*, ARC. [36]

AIE (2021), *What is behind soaring energy prices and what happens next?*, https://www.iea.org/commentaries/what-is-behind-soaring-energy-prices-and-what-happens-next. [6]

Australian Taxation Office (2021), *GST administration annual performance report 2020???21*, ATO, Canberra. [35]

Australian Taxation Office (2020), *Goods and Services Tax Gap 2020 Report*, Australian Taxation Office. [31]

Bartosz Gryziak (2020), « Split Payment across the European Union Review and Analysis », *International VAT Monitor*, vol. 31/1. [42]

Bird, R. et P. Gendron (2007), *The VAT in Developing and Transitional Countries*, Cambridge University Press, Cambridge, https://doi.org/10.1017/cbo9780511619366. [9]

Boone, L. et A. Elgouacem (2021), *At the cross-roads of a low-carbon transition: what can we learn from the current energy crisis?*, https://oecdecoscope.blog/2021/10/22/at-the-cross-roads-of-a-low-carbon-transition-what-can-we-learn-from-the-current-energy-crisis/. [7]

CASE Center for Social and Economic Research (2020), *Study and Reports on the VAT Gap in the EU-28 Member States 2020 Final report*, Commission européenne, Bruxelles. [30]

CEPALC (2020), *Panorama fiscal de América Latina y el Caribe*, Nations Unies, https://repositorio.cepal.org/bitstream/handle/11362/45730/5/S2000154_es.pdf (consulté le 6 novembre 2020). [37]

Christiaan van der Valk (2023), *VAT Trends 2023*, SOVOS. [48]

CIAT/IOTA/OCDE (2021), *Réponses de l'administration fiscale au COVID-19 : Mesures prises pour soutenir les contribuables*, CIAT/IOTA/OCDE. [16]

Commission européenne (2021), *Règles en matière de TVA applicables aux services financiers et aux services d'assurance*, https://ec.europa.eu/info/law/better-regulation/have-your-say/initiatives/12671-VAT-rules-for-financial-and-insurance-services-review/public-consultation_fr. [10]

Commission européenne (2017), *Modernising VAT for cross-border B2C e-commerce Proposal for a Council Directive*, https://eur-lex.europa.eu/legal-content/EN/TXT/?uri=CELEX%3A52016SC0379. [26]

Commission européenne (2013), *Results of the public consultation on the TOP10 most burdensome legislative acts for SMEs*. [12]

Cours des comptes européenne (2015), *Lutte contre la fraude à la TVA intracommunautaire : des actions supplémentaires*, https://doi.org/10.2865/623638. [50]

Deloitte (2017), *Analysis of the impact of the split payment mechanism as an alternative VAT collection method*, Commission européenne, Bruxelles. [43]

Ebrill, L., M. Keen et V. Perry (2001), *The Modern VAT*, Fonds monétaire international, Washington, D.C., https://doi.org/10.5089/9781589060265.071. [27]

Europex Association européenne pour la rationalisation des échanges d'énergie-gaz (2018), *Europex Common energy sector statement on VAT fraud*, https://eur-lex.europa.eu/legal-content/FR/TXT/?uri=celex%3A32013L0043. [38]

Evans, C. et al. (2020), « Diagnosing the VAT Compliance Burden: A Cross-Country Assessment », *International VAT Monitor*, vol. 31/2. [4]

Evans, C. et al. (2018), *The Development and Testing of a Diagnostic Tool for Assessing VAT Compliance Costs: Draft Report of Pilot Study Findings [ATAX version]*, https://www.business.unsw.edu.au/About-Site/Schools-Site/Taxation-Business-Law-Site/Documents/ime-Highfield,-Walpole-Evans-VAT-Diagnostic-Tool-paper.pdf. [13]

G20/OCDE (2020), *Fiscalité des monnaies virtuelles : Panorama des traitements fiscaux et des sujets émergents de politique fiscale*. [11]

HMRC (2022), *Second estimate of the VAT gap (tax year 2020 to 2021)*, HM Revenue & Customs, Londres. [34]

Hutton, E. (2017), *The Revenue Administration-Gap Analysis Program: Model and Methodology for Value-Added Tax Gap Estimation*, Fonds monétaire international, Washington, D.C., https://doi.org/10.5089/9781475583618.005.A001. [32]

Institute for Advanced Studies (2015), *Study and Reports on the VAT Gap in the EU-28 Member States: 2018 Final Report*, https://ec.europa.eu/taxation_customs/sites/taxation/files/2018_vat_gap_report_en.pdf. [29]

Jens Matthias Arnold, B. (2011), « Tax Policy for Economic Recovery and Growth », *The Economic Journal* 121. [1]

Li Liu, B. (2019), *VAT Notches, Voluntary Registration, and Bunching: Theory and UK Evidence*, Fonds monétaire international (FMI). [15]

Luchetta, G. (2022), *La TVA à l'ère du numérique*, Commission européenne, Bruxelles. [47]

OCDE (2022), *Administration fiscale 2022 : Informations comparatives sur les pays de l'OCDE et autres économies avancées et émergentes*, Éditions OCDE, Paris, https://doi.org/10.1787/6f55a020-fr. [17]

OCDE (2022), *Tax Policy Reforms 2022: OECD and Selected Partner Economies*, Éditions OCDE, Paris, https://doi.org/10.1787/067c593d-en. [8]

OCDE (2021), *Tendances des impôts sur la consommation 2020 : TVA/TPS et droits d'accises – taux, tendances et questions stratégiques*, Éditions OCDE, Paris, https://doi.org/10.1787/3f06ea4d-fr. [5]

OCDE (2019), *Le rôle des plateformes numériques dans la collecte de la TVA/TPS sur les ventes en ligne*, Éditions OCDE, Paris, https://doi.org/10.1787/0aef4c54-fr. [25]

OCDE (2019), *Tendances des impôts sur la consommation 2018 - TVA/TPS et droits d'accise: taux, tendances et questions stratégiques*, Éditions OCDE, Paris, https://doi.org/10.1787/g2g9fa9e-fr. [23]

OCDE (2017), *Mécanismes pour la collecte effective de la TVA/TPS : Lorsque le fournisseur n'est pas situé dans la juridiction d'imposition*, OCDE, Paris, https://www.oecd.org/fr/fiscalite/consommation/conception-et-administration-des-mecanismes-pour-la-collecte-de-la-TVA-TPS.pdf. [20]

OCDE (2017), *Principes directeurs internationaux pour la TVA/TPS*, Éditions OCDE, Paris, https://doi.org/10.1787/9789264272958-fr. [19]

OCDE (2017), *Relever les défis fiscaux posés par l'économie numérique, Action 1 - Rapport final 2015*, Projet OCDE/G20 sur l'érosion de la base d'imposition et le transfert de bénéfices, Éditions OCDE, Paris, https://doi.org/10.1787/9789264252141-fr. [24]

OCDE (2017), *Relever les défis fiscaux posés par l'économie numérique, Action 1 - Rapport final 2015*, Projet OCDE/G20 sur l'érosion de la base d'imposition et le transfert de bénéfices, Éditions OCDE, Paris, https://doi.org/10.1787/9789264252141-fr. [41]

OCDE (2017), *Tendances des impôts sur la consommation 2016 - TVA/TPS et droits d'accise : taux, tendances et questions stratégiques*, Éditions OCDE, Paris, https://doi.org/10.1787/ctt-2016-fr. [28]

OCDE (2017), *The Changing Tax Compliance Environment and the Role of Audit*, Éditions OCDE, Paris, https://doi.org/10.1787/9789264282186-en. [44]

OCDE (2016), *Recommandation du Conseil sur l'application de la taxe sur la valeur ajoutée/taxe sur les produits et services aux échanges internationaux de services et de biens incorporels*, OCDE. [18]

OCDE (2015), *Tax Administration 2015: Comparative Information on OECD and Other Advanced and Emerging Economies*, Éditions OCDE, Paris, https://doi.org/10.1787/tax_admin-2015-en. [45]

OCDE (2015), *Taxation of SMEs in OECD and G20 Countries*, Études de politique fiscale de l'OCDE, n° 23, Éditions OCDE, Paris, https://doi.org/10.1787/9789264243507-en. [14]

OCDE (2013), *Suppression électronique des ventes : une menace pour les recettes fiscales*, https://www.oecd.org/fr/fiscalite/Electronic_Sales_Suppression_Website_FR.pdf. [40]

OCDE (2012), *Garantir la confidentialité*, OCDE, https://www.oecd.org/fr/fiscalite/echange-de-renseignements-fiscaux/rapport-garantir-la-confidentialite.pdf. [49]

OCDE (2005), *Guidance on Tax Compliance for Business and Accounting Software*, https://www.oecd.org/tax/forum-on-tax-administration/publications-and-products/hnwi/34910263.pdf. [46]

OCDE - CdE (dir. pub.) (2008), *La Convention concernant l'assistance administrative mutuelle en matière fiscale*, OCDE, Paris. [52]

OCDE/Conseil de l'Europe (2011), *La Convention multilatérale concernant l'assistance administrative mutuelle en matière fiscale : Amendée par le Protocole de 2010*, Éditions OCDE, Paris, https://doi.org/10.1787/9789264272958-fr. [51]

OCDE/KIPF (2014), *The Distributional Effects of Consumption Taxes in OECD Countries*, Études de politique fiscale de l'OCDE, n° 22, Éditions OCDE, Paris, https://doi.org/10.1787/9789264224520-en. [2]

OCDE/WBG/BAD (2022), *VAT Digital Toolkit for Asia-Pacific*, OCDE, Paris, https://www.oecd.org/tax/consumption/vat-digital-toolkit-for-asia-pacific.htm. [21]

OCDE/WBG/CIAT/BID (2021), *VAT Digital Toolkit for Latin America and the Caribbean*, https://www.oecd.org/tax/consumption/vat-digital-toolkit-for-latin-america-and-the-caribbean.htm. [22]

Poniatowski, G. (2021), *VAT gap in the EU: report 2021*, Commission européenne, Direction générale de la fiscalité et de l'union douanière. [33]

SOCTA UE (2021), *A corrupting influence: The infiltration and undermining of Europe's economy and society by organised crime*, SOCTA. [39]

Thomas, A. (2020), *Reassessing the regressivity of the VAT*, Éditions OCDE, Paris, https://doi.org/10.1787/b76ced82-en. [3]

Annexe 2.A. Données sur la structure et les taux de TVA

Tableau d'annexe 2.A.1. Taux de TVA

Pays	TVA mise en œuvre	Taux normaux de TVA[1]										Taux de TVA réduits[2]	Taux de TVA régionaux
		2005	2008	2011	2014	2017	2018	2019	2020	2021	2022	2022	2022
Allemagne*	1968	16	19	19	19	19	19	19	19.0 *(16.0)*	19	19	*(0.0)*/7	-
Australie	2000	10	10	10	10	10	10	10	10	10	10	0	-
Autriche*	1973	20	20	20	20	20	20	20	20	20	20	*(0.0)*/10.0/13.0	19
Belgique*	1971	21	21	21	21	21	21	21	21	21	21	0.0/6.0/12.0	-
Canada*	1991	7	5	5	5	5	5	5	5	5	5	0	13.0/15.0
Chili	1975	19	19	19	19	19	19	19	19	19	19	-	-
Colombie*	1983	16	16	16	16	19	19	19	19	19	19	0.0/5.0	0
Corée	1977	10	10	10	10	10	10	10	10	10	10	0	-
Costa Rica	2019							13	13	13	13	*(0.0)*/1.0/2.0/4.0	
Danemark*	1967	25	25	25	25	25	25	25	25	25	25	0	-
Espagne*	1986	16	16	18	21	21	21	21	21	21	21	*(0.0)*/4.0/10.0	0.0/0.5/1.0/3.0/4.0/5.0/6.0/7.0/8.0/9.0/9.5/10.0/15.0/20.0
Estonie*	1992	18	18	20	20	20	20	20	20	20	20	0.0/9.0	-
Finlande*	1994	22	22	23	24	24	24	24	24	24	24	0.0/10.0/14.0	-
France*	1968	19.6	19.6	19.6	20	20	20	20	20	20	20	2.1/5.5/10.0	0.9/2.1/10.0/13.0 & 1.05/1.75/2.1/8.5
Grèce*	1987	18	19	23	23	24	24	24	24	24	24	6.0/13.0	4.0/ 9.0/17.0
Hongrie*	1988	25	20	25	27	27	27	27	27	27	27	*(0.0)*/5.0/18.0	-
Irlande*	1972	21	21	21	23	23	23	23	23.0 *(21.0)*	23.0 *(21.0)*	23	0.0/4.8/9.0/13.5	-
Islande	1990	24.5	24.5	25.5	25.5	24	24	24	24	24	24	0.0/11.0	-
Israël*	1976	17	15.5	16	18	17	17	17	17	17	17	0	0
Italie*	1973	20	20	20	22	22	22	22	22	22	22	*(0.0)*/4.0/5.0/10.0	-
Japon	1989	5	5	5	5	8	8	8	10	10	10	8	-

Pays	TVA mise en œuvre	Taux normaux de TVA[1]										Taux de TVA réduits[2]	Taux de TVA régionaux
		2005	2008	2011	2014	2017	2018	2019	2020	2021	2022	2022	2022
Lettonie*	1995	18	18	22	21	21	21	21	21	21	21	*(0.0)*/5.0/12.0	-
Lituanie*	1994	18	18	21	21	21	21	21	21	21	21	5.0/9.0	-
Luxembourg*	1970	15	15	15	15	17	17	17	17	17	17	3.0/8.0/14.0	-
Mexique*	1980	15	15	16	16	16	16	16	16	16	16	0	8
Norvège*	1970	25	25	25	25	25	25	25	25	25	25	0.0/12.0/15.0	-
Nouvelle-Zélande	1986	12.5	12.5	15	15	15	15	15	15	15	15	0	-
Pays-Bas*	1969	19	19	19	21	21	21	21	21	21	21	9	-
Pologne*	1993	22	22	23	23	23	23	23	23	23	23	5.0/8.0	-
Portugal*	1986	19	21	23	23	23	23	23	23	23	23	6.0/13.0	4.0/9.0/16.0 & 5.0/12.0/22.0
République slovaque*	1993	19	19	20	20	20	20	20	20	20	20	10	-
République tchèque*	1993	19	19	20	21	21	21	21	21	21	21	*(0.0)*/10.0/15.0	-
Royaume-Uni*	1973	17.5	17.5	20	20	20	20	20	20	20	20	0.0/5.0	-
Slovénie*	1999	20	20	20	22	22	22	22	22	22	22	5.0/9.5	-
Suède*	1969	25	25	25	25	25	25	25	25	25	25	0.0/6.0/12.0	-
Suisse	1995	7.6	7.6	8	8	8	7.7	7.7	7.7	7.7	7.7	0.0/2.5/3.7	-
Türkiye*	1985	18	18	18	18	18	18	18	18	18	18	1.0/8.0	-
Moyenne non pondérée		17.8	17.7	18.6	19.1	19.3	19.3	19.1	19.2	19.2	19.2		

Notes :

* Voir les notes pays.

1. Données annuelles : les taux normaux de TVA indiqués dans le tableau sont ceux applicables au 1er janvier de chaque année. Les taux de TVA en italique et entre parenthèses signalent une réduction temporaire du taux normal au cours de l'année considérée, même si son application a commencé après le 1er janvier de l'année considérée et/ou a cessé avant sa fin.

2. Les taux de TVA réduits et les taux de TVA régionaux spécifiques sont ceux en vigueur au 1er janvier 2022. Les taux de TVA réduits comprennent le taux zéro (c.-à-d. les exonérations avec droit à déduction de la taxe d'amont) applicable aux transactions intérieures. Ils n'incluent pas les exportations à taux zéro, ni les autres fournitures soumises à un traitement similaire comme le transport international ou celles fournis à des ambassades, missions diplomatiques et organisations internationales. Les taux de TVA réduits indiqués en italique et entre parenthèses signalent des réductions temporaires des taux de TVA, généralement dans le contexte de la pandémie de COVID-19 ou pour répondre à la hausse des coûts de l'énergie (il s'agit par exemple de taux réduits spécifiques instaurés à titre temporaire pour cette circonstance et applicables uniquement à certains produits dans le cadre de la pandémie de COVID-19 ou pour contrer la hausse des coûts de l'énergie). En revanche, l'élargissement temporaire de la portée des taux de TVA réduits à certaines catégories de produits n'est pas mentionné dans ce tableau. On trouvera dans les notes pays du Tableau annexe 2.A.2 des précisions concernant l'application des taux réduits.

Les changements de taux de TVA ou l'adoption de nouveaux taux de TVA après le 1er janvier 2022 sont indiqués dans les notes pays de ce tableau.

Les données historiques relatives aux taux de TVA sont disponibles à l'adresse https://www.oecd.org/ctp/tax-policy/tax-database/.

Source : délégations nationales.

StatLink https://stat.link/vjxwoc

Encadré d'annexe 2.A.1. Notes pays du Tableau annexe 2.A.1.

Allemagne*. *Du 1er juillet au 31 décembre 2020, le taux normal de TVA a été ramené de 19 % à 16 % et le taux réduit de 7 % à 5 %. Des taux de TVA réduits spécifiques s'appliquent à titre temporaire dans le contexte de la pandémie de COVID-19 — voir la note pays du Tableau annexe 2.A.2.*

Autriche*. Un taux normal de 19 % s'applique dans les communes de Jungholz et Mittelberg. *Des taux de TVA réduits spécifiques s'appliquent à titre temporaire dans le contexte de la pandémie de COVID-19 — voir la note pays du Tableau annexe 2.A.2.*

Belgique*. *Des taux de TVA réduits spécifiques s'appliquent à titre temporaire dans le contexte de la pandémie de COVID-19 et de la hausse des coûts de l'énergie — voir la note pays du Tableau annexe 2.A.2.*

Canada. Les provinces suivantes ont harmonisé leurs taxes provinciales sur les ventes avec la taxe fédérale sur les produits et services et appliquent les taux de TPS/TVH suivants : Nouveau-Brunswick, Terre-Neuve-et-Labrador, Nouvelle-Écosse, Île-du-Prince-Édouard : 15 % ; et Ontario : 13 %. Le Québec applique une TPS au taux de 5 % et une taxe sur les ventes de 9.975 % (à la même assiette que la TPS). D'autres provinces canadiennes, à l'exception des Territoires du Yukon, du Nord-Ouest et du Nunavut et de la province de l'Alberta appliquent une taxe provinciale sur les ventes à certains biens et services, en plus de la TPS fédérale.

Colombie. *Des taux de TVA réduits spécifiques s'appliquent dans le contexte de la pandémie de COVID-19 — voir la note pays du Tableau 2.2.* Le taux de 0 % s'applique aux produits d'hygiène destinés aux consommateurs finals dans le département d'Amazonas.

Costa Rica. *Des taux de TVA réduits spécifiques s'appliquent dans le contexte de la pandémie de COVID-19 — voir la note pays du Tableau 2.2.*

Espagne*. Des taux de 0.0 %, 3.0 %, 5.0 %, 7.0 %, 9.50 %, 15.0 % et 20.0 % s'appliquent dans les îles Canaries. Des taux de 0.5 %, 1.0 %, 2.0 %, 3.0 %, 4.0 %, 5.0 %, 6.0 %, 8.0 %, 9.0 % et 10.0 % s'appliquent à Ceuta ou Melilla. *Des taux de TVA réduits spécifiques s'appliquent à titre temporaire dans le contexte de la pandémie de COVID-19 — voir la note pays du Tableau annexe 2.A.2.*

Estonie*. *Des taux de TVA réduits spécifiques s'appliquent à titre temporaire dans le contexte de la pandémie de COVID-19 — voir la note pays du Tableau annexe 2.A.2.*

Finlande*. *Des taux de TVA réduits spécifiques s'appliquent à titre temporaire dans le contexte de la pandémie de COVID-19 — voir la note pays du Tableau annexe 2.A.2.*

France*. Des taux de 0.9 %, 2.1 %, 10.0 %, 13.0 % et 20.0 % s'appliquent en Corse ; des taux de 1.05 %, 1.75 %, 2.1 % et 8.5 % s'appliquent dans les Départements d'outre-mer (DOM) à l'exception de la Guyane et de Mayotte. *Des taux de TVA réduits spécifiques s'appliquent à titre temporaire dans le contexte de la pandémie de COVID-19 — voir la note pays du Tableau annexe 2.A.2.*

Grèce*. Des taux régionaux spécifiques de 4.0 %, 9.0 % et 17.0 % s'appliquent respectivement dans les îles de Leros, Lesbos, Kos, Samos et Chios, et la décision de réduire les taux est automatiquement révoquée trois mois après la fermeture des centres de réception et d'identification, des structures d'accueil/d'hébergement temporaire et des structures contrôlées fermées pour les réfugiés. *Des taux de TVA réduits spécifiques s'appliquent à titre temporaire dans le contexte de la pandémie de COVID-19 — voir la note pays du Tableau annexe 2.A.2.*

Hongrie*. *Des taux de TVA réduits spécifiques s'appliquent à titre temporaire dans le contexte de la pandémie de COVID-19 — voir la note pays du Tableau annexe 2.A.2.*

Irlande*. *Le taux normal de TVA a été ramené de 23 % à 21 % avec effet à compter du 1er septembre 2020 et jusqu'au 28 février 2021. Des taux de TVA réduits spécifiques s'appliquent à titre temporaire dans le contexte de la pandémie de COVID-19 — voir la note pays du Tableau annexe 2.A.2.*

Israël. Le taux de 0 % s'applique lorsqu'un commerçant résident d'Eilat achète des biens à des non-résidents d'Eilat. Les produits vendus par un fournisseur résident d'Eilat (destinés à être consommés à Eilat) sont exonérés de TVA.

Italie*. *Des taux de TVA réduits spécifiques s'appliquent à titre temporaire dans le contexte de la pandémie de COVID-19 — voir la note pays du Tableau annexe 2.A.2.*

Lettonie*. *Des taux de TVA réduits spécifiques s'appliquent à titre temporaire dans le contexte de la pandémie de COVID-19 — voir la note pays du Tableau annexe 2.A.2.*

Lituanie*. *Des taux de TVA réduits spécifiques s'appliquent à titre temporaire dans le contexte de la pandémie de COVID-19 — voir la note pays du Tableau annexe 2.A.2.*

Luxembourg*. *Des taux de TVA réduits spécifiques s'appliquent à titre temporaire dans le contexte de la pandémie de COVID-19 — voir la note pays du Tableau annexe 2.A.2.*

Mexique. Du 1er janvier 2019 au 31 décembre 2024, un taux de TVA réduit de 8 % s'applique dans la région frontalière du Nord (Ensenada, Playas de Rosarito, San Quintín, San Felipe, Tijuana, Tecate et Mexicali dans l'État de Basse-Californie ; San Luis Río Colorado, Puerto Peñasco, General Plutarco Elías Calles, Caborca, Altar, Sáric, Nogales, Santa Cruz, Cananea, Naco et Agua Prieta dans l'État de Sonora ; Janos, Ascensión, Juárez, Praxedis G. Guerrero, Guadalupe, Coyame del Sotol, Ojinaga et Manuel Benavides dans l'État de Chihuahua ; Ocampo, Acuña, Zaragoza, Jiménez, Piedras Negras, Nava, Guerrero et Hidalgo dans l'État de Coahuila de Zaragoza ; Anáhuac dans l'État de Nuevo León ; et Nuevo Laredo, Guerrero, Mier, Miguel Alemán, Camargo, Gustavo Díaz Ordaz, Reynosa, Río Bravo, Valle Hermoso et Matamoros dans l'État de Tamaulipas). Le taux réduit s'applique également du 1er janvier 2021 au 31 décembre 2024 dans la région frontalière du Sud (Calakmul et Candelaria dans l'État de Campeche ; Balancán et Tenosique dans l'État de Tabasco ; Ocosingo, Palenque, Marqués de Comillas, Benemérito de las Américas, Amatenango de la Frontera, Frontera Comalapa, La Trinitaria, Maravilla Tenejapa, Las Margaritas, Suchiate, Frontera Hidalgo, Metapa, Tuxtla Chico, Unión Juárez, Cacahoatán, Tapachula, Motozintla et Mazapa de Madero dans l'État de Chiapas ; et Othón P. Blanco dans l'État de Quintana Roo).

Pays-Bas*. *Des taux de TVA réduits spécifiques s'appliquent à titre temporaire dans le contexte de la pandémie de COVID-19 — voir la note pays du Tableau annexe 2.A.2.*

Pologne*. *Des taux de TVA réduits spécifiques s'appliquent à titre temporaire dans le contexte de la pandémie de COVID-19 — voir la note pays du Tableau annexe 2.A.2.*

Portugal*. Dans l'archipel des Açores, le taux normal de TVA est de 16 % et les taux réduits sont de 4 % et 9 %. À Madère, le taux normal est de 22 % et les taux réduits sont de 5 % et 12 %. *Des taux de TVA réduits spécifiques s'appliquent à titre temporaire dans le contexte de la pandémie de COVID-19 — voir la note pays du Tableau annexe 2.A.2.*

République slovaque*. *Des taux de TVA réduits spécifiques s'appliquent à titre temporaire dans le contexte de la pandémie de COVID-19 — voir la note pays du Tableau annexe 2.A.2.*

République tchèque*. *Des taux de TVA réduits spécifiques s'appliquent à titre temporaire dans le contexte de la pandémie de COVID-19 — voir la note pays du Tableau annexe 2.A.2.*

Royaume-Uni. *Des taux de TVA réduits spécifiques s'appliquent à titre temporaire dans le contexte de la pandémie de COVID-19 — voir la note pays du Tableau annexe 2.A.2.*

Slovénie*. *Des taux de TVA réduits spécifiques s'appliquent à titre temporaire dans le contexte de la pandémie de COVID-19 et pour contrer hausse des coûts de l'énergie — voir la note pays du Tableau annexe 2.A.2.*

Suède. *Des taux de TVA réduits spécifiques s'appliquent à titre temporaire dans le contexte de la pandémie de COVID-19 — voir la note pays du Tableau annexe 2.A.2.*

Türkiye. *Des taux de TVA réduits spécifiques s'appliquent à titre temporaire dans le contexte de la pandémie de COVID-19 — voir la note pays du Tableau annexe 2.A.2.*

***Les États membres de l'Union européenne** *appliquent une exonération de la TVA et une franchise des droits de douane sur les importations de certains biens nécessaires à la lutte contre les effets de la pandémie de COVID-19 (Décision (UE) 2021/2313 de la Commission). Pour de plus amples informations, se reporter aux notes pays du Tableau 2.2.*

Note : les taux de TVA applicables à titre temporaire dans le contexte de la pandémie de COVID-19 ou de la crise énergétique sont indiqués en italique dans les notes pays ci-dessus. On trouvera dans les notes pays du Tableau 2.2 de plus amples informations concernant les taux de TVA réduits applicables à titre temporaire dans le contexte de la pandémie de COVID-19 ou de la crise énergétique.

Tableau d'annexe 2.A.2. Application de taux réduits de TVA

Pays	Taux réduits de TVA, y compris les taux zéro sur le marché intérieur[1]
Allemagne*	7 % : produits alimentaires ; distribution d'eau ; équipements pour personnes handicapées ; services médicaux (hors services exonérés) ; livres et journaux ; certains livres numériques et publications électroniques ; plantes ; fleurs ; certaines manifestations culturelles ; musées ; zoos ; cirques ; œuvres caritatives non exonérées ; droits d'auteur ; transport public de voyageurs à l'échelle locale au sein d'une même municipalité ou si la distance parcourue n'excède pas 50 km ; transport par rail sur une longue distance ; hébergement hôtelier ; fleurs coupées et plantes ; œuvres d'art livrées par leur auteur ou leurs ayants droit et importation d'objets de collection ; produits d'hygiène féminine ;
Australie	0 % : la plupart des produits alimentaires de première nécessité et boissons destinés à la consommation humaine ; la plupart des produits et services sanitaires et médicaux (dont certains produits d'hygiène menstruelle) ; certains services de formation et les logements d'étudiant ; certains services de garde d'enfant ; certains services religieux ; certaines activités exercées par des organisations caritatives ; eau (sauf lorsque la capacité de la cuve de livraison ou de destination de l'eau est inférieure à 100 litres) ; assainissement et évacuation des eaux usées ; ventes d'entreprises en vue de la poursuite de leurs activités ; métaux précieux (première vente après affinage) ; cessions de droits sur les propriétés foncières et autres droits similaires par les pouvoirs publics ; ventes de terrains agricoles ; automobiles destinées aux personnes en situation de handicap dans la limite (générale) de 59 136 AUD ; services d'hébergement et de repas fournis par certaines sociétés d'exploitation aux personnes logées en résidence de retraite ; certains services publics ; certaines prestations de télécommunications fournies en vertu de contrats d'itinérance internationale en Australie ; services postaux internationaux ; unités d'émissions éligibles (toutes les unités internationales d'émissions et les crédits de carbone australiens émis avant le 9 février 2015 et certains types de crédits de carbone australiens émis après cette date, en vertu de la loi de 2011 sur les crédits d'émissions de carbone [*Carbon Farming Initiative Act*]).
Autriche*	10 % : produits alimentaires ; distribution d'eau ; produits pharmaceutiques ; transport de voyageurs (à l'exception des vols intérieurs) ; livres ; journaux et périodiques ; livres et publications électroniques ; télévision payante ; certaines productions d'artistes, auteurs et compositeurs ; sylviculture ; restaurants (à l'exception des boissons) ; location de biens immobiliers à usage résidentiel, hébergement hôtelier, camping ; ramassage des ordures ménagères et nettoyage de la voirie ; égouts ; ventes de serviettes et de tampons hygiéniques ; services de réparation de bicyclettes, chaussures et articles en cuir, vêtements et linge de maison. 13 % : vente de vin par les producteurs ; produits et services agricoles ; certaines productions d'artistes, auteurs et compositeurs ; droits d'entrée aux manifestations culturelles et sportives et aux projections cinématographiques ; vols intérieurs.
Belgique*	0 % : automobiles destinées aux personnes handicapées ; certains journaux et périodiques, certains sous-produits et matériaux de récupération. 6 % : produits alimentaires ; certaines boissons ; distribution d'eau ; produits pharmaceutiques ; produits d'hygiène féminine et défibrillateurs externes ; équipements pour personnes handicapées ; transport de voyageurs ; livres ; journaux et périodiques ; certains livres numériques et publications électroniques ; culture ; sport ; œuvres d'art, objets de collection et antiquités ; œuvres d'art livrées par leur auteur ou créateur ; certains produits et services fournis par des organisations à vocation sociale ; agriculture ; hébergement hôtelier et camping ; rénovation d'habitations de plus de 10 ans ; logements privés et établissements pour personnes handicapées ; logements sociaux ; certains services à forte intensité de main d'œuvre (menus travaux de réparation) ; travaux de démolition et de reconstruction subséquente de nouveaux logements privés (dans certaines conditions strictes et moyennant l'application de certains plafonds de dépense) ; services funéraires ; fleurs coupées et plantes ; bâtiments destinés à l'éducation et aux services d'orientation scolaire. 12 % : restaurants (à l'exception des boissons) ; certains combustibles (charbon, coke, lignite) ; certains logements sociaux ; certains produits phytosanitaires à usage agricole ; pneumatiques pour véhicules agricoles.
Canada	0 % : médicaments sur ordonnance, produits d'épicerie de base ; certains services financiers fournis par des établissements financiers (généralement à des non-résidents) ; certains produits agricoles et de pêche ; certains appareils médicaux ; péages de ponts ou tunnels internationaux (dans certains cas seulement) ; métaux précieux ; ventes d'un montant inférieur ou égal à 25 cents réalisées à l'aide de machines à pièces.
Chili	-
Colombie	0 % : produits alimentaires destinés à la consommation humaine ; certains produits de santé comme les médicaments, les antibiotiques et le sang, consultations médicales, imagerie diagnostique ; livres et journaux ; produits d'hygiène personnelle. Armes et munitions pour l'armée et la police ; alcool à usage de combustible ; panneaux solaires ; véhicules de transport

Pays	Taux réduits de TVA, y compris les taux zéro sur le marché intérieur[1]
	public pour les petits entrepreneurs, à concurrence de deux véhicules ; vêtements, vélos, motocycles, matériaux de construction, médicaments (pour la santé humaine et animale). 5 % : certains produits agricoles ; équipement agricole ; certains véhicules électriques ou hybrides et certaines de leurs pièces détachées automobiles ; entreposage de produits agricoles ; assurances agricole et maladie ; services de sécurité et de nettoyage ; vins et spiritueux ; certains produits alimentaires ; combustibles d'aviation.
Corée	0 % : vente de certains équipements et produits destinés à l'agriculture ; pêche ; bétail et sylviculture ; vente d'huile minérale destinée à certains usages dans l'agriculture, la pêche et la sylviculture ; certains équipements destinés aux personnes handicapées.
Costa Rica*	0 % : livres ; services fournis aux stations de radio culturelles ; services d'éducation privés lorsqu'ils sont fournis par des établissements d'enseignement préscolaire, élémentaire, secondaire et supérieur, et tout autre établissement d'enseignement supervisé par le Conseil supérieur de l'éducation. 1 % : panier de base de biens de consommation et de services (il comprend certains produits alimentaires de consommation courante) ; articles d'hygiène et de ménage, produits de soins à domicile ; fournitures scolaires ; certains produits vétérinaires et produits agricoles et halieutiques. 2 % : médicaments ; services d'enseignement privé ; primes d'assurance des particuliers. 4 % : services de santé privés ; vols nationaux et internationaux.
Danemark*	0 % : journaux et périodiques. 5 % : première vente d'œuvres d'art estimées à plus de 300 000 DKK (le taux normal de 25 % s'applique à 20 % de la base d'imposition, soit un taux effectif de 5 %).
Espagne*	4% : produits alimentaires de base (pain, farine, lait, fromage, œufs, fruits, légumes ; certaines fournitures pour les personnes souffrant d'un handicap (chaises roulantes ou véhicules adaptés) ; médicaments et appareils médicaux à usage humain (par ex. lentilles) ; livres, journaux et périodiques ; certaines publications et livres électroniques, fourniture de bâtiments neufs pour le logement social ; fourniture de logements à certaines entités. 10 % : produits alimentaires (destinés à la consommation humaine et animale) ; distribution d'eau ; médicaments à usage animal ; certains appareils médicaux et certains produits pharmaceutiques ; transport de voyageurs ; vente (et travaux de rénovation ou de construction sous certaines conditions) de bâtiments ou de parties de bâtiments pouvant être destinés à un usage privé ; menus travaux sur des logements privés ; restaurants et services de restauration ; certains services culturels et de loisirs ; hébergement hôtelier et similaire ; manifestations sportives d'amateurs ; salons ; animaux et produits alimentaires issus de l'agriculture et de la sylviculture ; biens et services utilisés dans l'agriculture, l'élevage et la sylviculture, y compris les fleurs et plantes ; élimination des déchets ; nettoyage des égouts publics ; services d'obsèques ; services de nettoyage et d'entretien des espaces publics.
Estonie*	0 % : certains aéronefs commerciaux et navires de mer ainsi que certains produits et services y afférents ; transport international de voyageurs. 9 % : produits pharmaceutiques ; équipements et appareils médicaux à destination des personnes handicapées ; livres ; journaux et périodiques ; certaines publications électroniques et certains livres numériques ; hébergement hôtelier.
Finlande*	0 % : services d'imprimerie pour certaines publications vendues par abonnement ; certains navires. 10 % : produits pharmaceutiques ; transport de voyageurs ; livres, abonnements à des journaux et périodiques ; certains livres numériques et publications électroniques ; hébergement hôtelier ; droits d'entrée aux manifestations culturelles, spectacles de divertissement, manifestations sportives et projections cinématographiques ; utilisation d'installations sportives ; œuvres d'art livrées par leur auteur ou importées ; droits d'auteur relatifs à des œuvres littéraires et artistiques ; abonnements télévisuels ; *prestations de services fournies par des sportifs et des artistes-interprètes, sous réserve qu'ils aient opté pour l'assujettissement à la TVA.* 14 % : produits alimentaires ; boissons non alcoolisées ; alimentation pour animaux ; restaurants (à l'exception des boissons alcoolisées).
France*	2.1 % : journaux et périodiques ; produits pharmaceutiques. 5.5 % : la plupart des produits alimentaires et boissons (à l'exception des boissons alcoolisées) ; distribution d'eau ; équipements pour personnes handicapées ; livres et livres numériques ; droits d'entrée aux manifestations culturelles ; travaux réalisés sur des logements de plus de 2 ans, sous certaines conditions ; soins à domicile ; abonnements au gaz naturel et à l'électricité ; chauffage urbain ; livraisons d'œuvres d'art par leur créateur ; produits d'hygiène féminine ; certains logements sociaux. 10 % : transport de voyageurs ; logements sociaux ; droits d'entrée aux expositions, sites et installations de nature culturelle, récréative, éducative ou professionnelle ; abonnements à la télévision payante ; services des soins à domicile ; restaurants et restauration collective (à l'exception des boissons alcoolisées) ; hébergement hôtelier ; produits d'origine agricole ; jardins,

Pays	Taux réduits de TVA, y compris les taux zéro sur le marché intérieur[1]
	plantes et fleurs ; traitement des déchets ; assainissement ; transport de voyageurs ; droits d'auteur.
Grèce*	6 % : produits pharmaceutiques et vaccins destinés à la médecine humaine ; livres et versions de ces produits, optiques ou acoustiques, enregistrés sur un disque dur et sur des appareils électroniques ; livres d'images pour enfants ; quotidiens, journaux et périodiques ; droits d'entrée aux théâtres (représentations théâtrales) et concerts ; fourniture de gaz naturel et d'électricité ; chauffage urbain ; réalisation de certains actes de radiothérapie ; livres numériques et audio fournis par voie électronique, autres que les publications exclusivement ou principalement consacrées à la publicité et autres que les publications consistant exclusivement ou principalement en du contenu vidéo ou de la musique ; partitions de musique manuscrites ou imprimées, illustrées ou non reliées ; préparations et réactifs utilisés en médecine humaine ; canes blanches et machines à écrire le Braille destinées aux personnes malvoyantes ; aliments pour animaux, déchets et débris de l'industrie agroalimentaire ; maïs ; engrais. 13 % : produits alimentaires de base (viande et sous-produits d'abattoirs) ; préparations à base de viande ; poisson, calamar, poulpe, seiche à l'exception des foies, œufs et semences ; lait et produits laitiers ; œufs d'oiseaux ; miel naturel ; légumes, plantes et certains types de racines et tubercules ; aliments pour animaux du code NC 230990 ; tourteaux et semences de culture ; fruits et fruits à coque ; céréales ; farine et produits à base de farine ; huile d'olive ; pâtes alimentaires non cuites ni farcies ni autrement préparées ; pain ; jus de fruits et légumes à l'exception des articles mentionnés ci-après soumis au taux normal : la plupart des produits transformés, boissons, produits alcoolisés, jus de fruits et de légumes, eaux gazéifiées ; fournitures agricoles généralement destinées à être utilisées comme intrants intermédiaires par les agriculteurs et exploitations agricoles (à l'exclusion des biens d'équipement tels que machines ou bâtiments) ; plantes vivantes et tubercules ; boutures et greffons ; produits pharmaceutiques (autres que ceux soumis au taux de 6 %) ; équipements et autres appareils médicaux destinés aux personnes handicapées (autres que ceux soumis au taux de 6 %) ; dispositifs contraceptifs intra-utérins ; cathéters ; seringues d'alimentation ; sphygmomanomètres « parlant » ; aiguilles pour stylos à insuline et aiguilles de dialyse ; distribution d'eau ; hébergement fourni dans des hôtels et établissements similaires, y compris la fourniture d'hébergement de vacances et la location d'emplacements de camping et d'emplacements pour caravanes ; jus et boissons ; services de soins à domicile comme l'aide à domicile et les soins destinés aux enfants, aux personnes âgées, aux personnes malades ou aux personnes handicapées ; services fournis par les résidences pour personnes âgées et les établissements pour personnes handicapées et déficientes mentales ou souffrant de troubles mentaux ou de toxicomanie, à condition que ces transactions soient soumises à la TVA et ne soient pas exonérées du fait qu'elles relèvent du champ d'action de l'aide sociale ou de la sécurité sociale ; fourniture de services pour la production agricole (à l'exclusion, toutefois, des biens d'équipement, tels que les machines ou les bâtiments) ; produits alimentaires et autres pour les nourrissons, comme les couches et les sièges auto ; casques pour vélo.
Hongrie*	5 % : produits pharmaceutiques destinés à la consommation humaine ; certains équipements destinés aux personnes malvoyantes ; livres, journaux et partitions de musique ; porcs sur pied et carcasses de porc ; certains types de bétail sur pied, moutons, agneaux, chèvres et leur viande en vrac ; viande de porcs domestiques ; viandes et abats comestibles de volaille ; œufs frais ; lait frais ; abats comestibles et parties internes de porcs domestiques ; poissons vivants (à l'exception des poissons d'ornement) et corps, parties ou filets de poisson destinés à la consommation humaine ; chauffage urbain ; services fournis par des artistes-interprètes ; services d'accès à Internet ; repas pris au restaurant et ventes de boissons non alcoolisées préparées sur place ; fourniture d'hébergement ; vente de logements neufs (maisons ou appartements ne dépassant pas respectivement 300 m² ou 150 m²), vente de logements neufs construits sur des friches industrielles. 18 % : lait et produits laitiers ; produits contenant des céréales, de la farine, des féculents ou du lait ; certains concerts en plein air.
Irlande*	0 % : livres et certains documents imprimés ; vêtements et chaussures pour enfants ; médicaments à prise orale ; certains équipements médicaux ; certains produits alimentaires ; semences pour la production de denrées alimentaires ; engrais ; certains aliments pour animaux ; ventes de serviettes et de tampons hygiéniques ; certains services de signalisation maritime ; certains services relatifs aux aéronefs et aux navires de haute mer ; ventes de certaines bougies. 4.8 % : bétail et chevaux destinés à l'alimentation ou à la production agricole. 9 % : certains produits alimentaires et boissons ; journaux et certains périodiques, livres numériques ; certaines publications électroniques ; promotion, droits d'entrée et présentation d'œuvres artistiques, culturelles et de divertissement ; hébergement hôtelier et de vacances ; fourniture d'installations sportives ; certains services de coiffure. 13.5 % : enlèvement des ordures ; énergie destinée au chauffage et à l'éclairage ; combustible destiné à certains usages ; gaz ; électricité ; services liés aux bâtiments ; biens immobiliers et certains services liés aux biens immobiliers ; ouvrages en béton ; services de réparation ; services de guides touristiques ; impressions photographiques ; œuvres d'art ; antiquités ; services littéraires ; location de courte durée de voitures et bateaux ; auto-écoles ; services vétérinaires ; services de stationnement ; certaines plantes et fleurs ; graines de plantes et fleurs ; services médicaux (hors services exonérés) ; droits d'entrée à des projections cinématographiques/certains spectacles musicaux ; hébergements de vacances ; repas servis par les restaurants ou hôtels ; certains services agricoles ; certains services de coiffure.

Pays	Taux réduits de TVA, y compris les taux zéro sur le marché intérieur[1]
Islande	0 % : construction navale et entretien de navires et aéronefs ; services aux navires de pêche étrangers liés au débarquement et à la vente de poisson en Islande ; paiements directs aux agriculteurs. 11 % : repas et boissons ; transport de voyageurs (hors services exonérés) ; services d'agences de voyages, organisateurs de voyages et associations de tourisme ; conseils en matière de voyages ; livres, y compris de musique et livres numériques ; audiolivres. CD et supports similaires comportant la reproduction de textes et versions électroniques de ces livres ; magazines, journaux et journaux locaux ou régionaux comportant la reproduction de textes et versions électroniques de ces journaux et magazines ; périodiques comportant la reproduction de textes et versions électroniques de ces périodiques ; abonnements à la radio et à la télévision ; location d'hôtels, chambres d'hôtes et autres services hôteliers ; eau chaude, électricité et fioul domestique destiné au chauffage des maisons et piscines ; péages aux infrastructures de transport terrestre ; CD, disques, cassettes et autres supports similaires reproduisant des enregistrements musicaux sans vidéo. Versions électroniques d'enregistrements musicaux sans vidéo ; préservatifs ; couches pour bébés ; droits d'entrée aux bains publics, saunas et spas (hors services exonérés) ; produits contraceptifs et produits d'hygiène féminine.
Israël	0 % : hébergement hôtelier pour touristes étrangers et autres services hôteliers (repas et boissons, blanchisserie, piscine, remise en forme, etc.) ; vente d'un actif incorporel à un touriste étranger, de billets pour une conférence internationale à laquelle assistent plus de 50 touristes étrangers ; location à un touriste d'un véhicule à moteur privé qu'il conduit lui-même ; transport de touristes dans un véhicule à moteur privé, un autocar ou un avion ; hospitalisation d'un touriste étranger ; vente de fruits et légumes ; vente d'actifs d'un ou de plusieurs négociants à une société en échange de titres de participation de ladite société seulement, sous réserve que le ou les négociants détiennent au moins 90 % des droits de vote immédiatement après le transfert d'actifs ; vente de l'ensemble des actifs d'une société à ses actionnaires dans le cadre d'une procédure de liquidation dans laquelle les actifs sont répartis entre lesdits actionnaires au prorata des actions qu'ils détiennent respectivement ; fourniture de biens à toute personne qui serait exonérée de TVA au motif qu'elle vient d'arriver en Israël (fourniture de certains biens à de nouveaux immigrants et à des étudiants de retour de leurs études à l'étranger) ; vente d'un bien immobilier par une organisation sans but lucratif ou par une institution financière à une organisation sans but lucratif ou une institution financière dans le cadre d'une restructuration ; location d'un espace d'exposition par un non-résident ; services fournis par une société de production israélienne à un non-résident à des fins de production cinématographique en Israël ; services fournis à un non-résident dans le cadre d'essais cliniques sur des êtres humains ; achats effectués par un négociant résidant à Eilat à un non-résident d'Eilat ; prestation de services à des résidents étrangers, sauf lorsque les services rendus concernent dans les faits un actif situé en Israël ou lorsqu'un résident israélien bénéficie également de ce service.
Italie*	4 % : certains produits alimentaires ; médicaments, produits et services de santé et équipements destinés aux personnes handicapées ; services pour certaines constructions de logements ; livres ; journaux ; magazines hebdomadaires ; produits alimentaires servis dans les écoles, cantines et soupes populaires. 5 % : herbes aromatiques, truffes fraîches ou réfrigérées, services sociaux et de santé à destination des personnes âgées, toxicomanes, migrants, prisonniers, personnes handicapées et personnes atteintes du sida, services de transport sur les voies navigables urbaines (mer, rivière, lac ou lagune), produits d'hygiène féminine compostables. 10 % : certains produits alimentaires et boissons, distribution d'eau ; produits pharmaceutiques (destinés à la consommation humaine et animale) ; produits d'hygiène féminine ; services médicaux (hors services exonérés) ; transport de voyageurs ; gaz destiné à la cuisine ; huile minérale ; électricité ; gaz ; ordures ménagères ; stations d'épuration ; viande bovine et ovine et poisson ; énergie issue de sources renouvelables ; œuvres d'art ; droits d'entrée aux spectacles et manifestations culturelles ; location de biens immobiliers par des entreprises de construction ; travaux de rénovation et d'entretien de logements ; restaurants ; travaux de développement urbain ; hébergement hôtelier et services similaires.
Japon	8 % : produits alimentaires, boissons (à l'exception des boissons alcoolisées et des services de restauration extérieure) et certains abonnements à des journaux.
Lettonie*	12 % : médicaments ; appareils médicaux ; produits alimentaires pour nourrissons ; produits pharmaceutiques ; transport intérieur de voyageurs ; hébergement hôtelier ; chauffage urbain, bois de chauffage pour les besoins domestiques. 5 % : certaines fournitures de fruits, baies et légumes frais ; livres, brochures, dépliants et documents imprimés similaires, journaux, magazines et autres périodiques, dépêches des agences d'information destinées à être diffusées auprès du grand public ainsi que les publications sur Internet.
Lituanie*	9 % : énergie thermique pour le chauffage des bâtiments à usage d'habitation, eau chaude (y compris l'eau froide utilisée pour la préparation de l'eau chaude et pour l'énergie thermique servant à préparer l'eau chaude) d'alimentation de bâtiments à usage résidentiel ; livres, publications non périodiques ; transport intérieur régulier de voyageurs ; services d'hébergement ; bois de chauffage et produits du bois pour le chauffage des consommateurs d'énergie domestique. 5 % : certains médicaments et équipements médicaux (y compris les médicaments sur ordonnance) ; aides techniques pour personnes handicapées et réparations de ces aides ; journaux,

Pays	Taux réduits de TVA, y compris les taux zéro sur le marché intérieur[1]
	magazines et publications périodiques.
Luxembourg*	3 % : produits alimentaires destinés à la consommation humaine et animale ; distribution d'eau ; produits pharmaceutiques y compris les produits utilisés à des fins de contraception et de protection hygiénique ; certains équipements médicaux ; certaines aides et autres appareillages généralement destinés à soulager ou traiter un handicap ; transport de voyageurs ; hébergement ; livres, journaux et périodiques fournis sur un support physique ou électronique, à l'exception toutefois des publications au contenu essentiellement réservé aux adultes ; droits d'entrée aux manifestations culturelles et sportives ; utilisation d'installations sportives ; services de restauration, à l'exclusion des boissons alcoolisées ; services fournis par les écrivains, compositeurs et interprètes, y compris ceux qui sont rémunérés par les droits d'auteur qui leur sont dus ; produits et services qui sont, par nature, généralement destinés à la production agricole ; services fournis en rapport avec le ramassage et l'élimination des ordures ; habits et chaussures pour enfants ; logements utilisés en tant que résidence principale par leur propriétaire pour leur usage personnel ; travaux importants réalisés dans des résidences principales (i) construites plus de 20 ans avant le début des travaux (ii) nouvellement acquises, sous réserve que les travaux soient achevés dans les cinq années suivant l'achat ; services funéraires ; réception de services de radiodiffusion et de télévision, à la seule exception de ceux dont les contenus sont réservés aux adultes. 8 % : certains services à forte intensité de main d'œuvre ; œuvres d'art livrées par leur auteur, créateur ou ayants droit, ou importées ; gaz ; électricité ; bois de chauffage ; chauffage urbain ; fleurs et plantes ornementales ; certains produits phytopharmaceutiques autorisés pour la production biologique. 14 % : certains vins ; certains combustibles ; produits de lavage et de nettoyage ; publicité sur support papier ; chauffage et climatisation ; certains services financiers.
Mexique	0 % : vente de végétaux (à l'exception du caoutchouc) et d'animaux non transformés (à l'exception des chiens, chats et petits animaux de compagnie) ; médicaments brevetés ; lait ; eau en bouteille ; jus, nectars et jus de fruits et de légumes concentrés ; glace ; produits alimentaires (à l'exception des produits transformés vendus dans les restaurants et enseignes de restauration, des chewing-gums, du caviar, du saumon fumé, des produits alimentaires pour animaux de compagnie et des boissons sans alcool) ; équipements agricoles ; machines et bateaux de pêche ; vente en gros d'or ; lingots d'or (contenant au moins 80 % d'or) et bijoux ; certains services agricoles et de pêche ; magazines, livres et journaux imprimés par le contribuable lui-même ; distribution d'eau pour les besoins de la consommation ; services hôteliers fournis à des touristes étrangers participant à des congrès, conventions et salons professionnels ; utilisation de centres de congrès par des organisateurs de manifestations qui sont résidents étrangers ; services de centres d'appels pour des appels téléphoniques émis depuis l'étranger, sous réserve que ces services aient été sous-traités et payés par un résident étranger sans établissement stable au Mexique ; serviettes hygiéniques, tampons et coupes menstruelles destinées à la gestion de l'hygiène menstruelle.
Norvège	0 % : livres ; journaux ; certains périodiques et publications ; certains livres et publications électroniques ; service d'actualités électronique ; électricité et énergie produites à partir de sources renouvelables pour un usage domestique dans les comtés de Finnmark, Troms et Nordland ; achat et location de batteries et véhicules électriques ; véhicules d'occasion soumis à la taxe de renouvellement du certificat d'immatriculation ; vente et location de certains navires, aéronefs et plateformes de forage ; services directement liés à la construction d'ambassades (à destination du client final) ; biens et services destinés à certaines unités de commandement et forces armées internationales ; cession, en tant qu'entreprise en activité, d'une activité commerciale imposable ; fourniture d'organes humains, de sang ; fourniture par les entrepreneurs de pompes funèbres de services liés au transport du défunt. 12 % : hébergement, transport de voyageurs et transport de véhicules par transbordeur ou autre bateau relié au réseau routier intérieur ; radiotélévision publique ; droits d'entrée aux manifestations sportives, musées, cinémas et parcs d'attractions. 15 % : produits alimentaires et boissons non alcoolisées.
Nouvelle-Zélande	0 % : cession, en tant qu'entreprise en activité, d'une activité commerciale imposable ; vente de métaux précieux (or, argent ou platine) par un affineur à un négociant en métaux précieux ; versement par une collectivité locale de la taxe locale sur les produits pétroliers ; prestation de services financiers à des entreprises enregistrées à la TPS. Cession d'un terrain par et à une personne enregistrée à la TPS dès lors que le cessionnaire entend utiliser ce terrain pour fournir des biens ou services imposables sans y établir sa résidence principale (l'application de ce taux zéro entre personnes enregistrées à la TPS équivaut au mécanisme local d'autoliquidation). Occupation à long terme d'un local commercial ; certains services dont la fourniture fait partie du droit d'occupation (imposables au taux normal sur une assiette réduite représentant 60 % de leur valeur).
Pays-Bas*	9 % : produits alimentaires ; services de restauration ; biens et services destinés aux personnes handicapées ; médicaments ; hébergement ; livres ; certains livres numériques et publications électroniques ; prêts de livres ; journaux ; magazines ; transport de voyageurs (à l'exception du transport aérien de voyageurs) ; distribution d'eau ; droits d'entrée à des manifestations sportives ; parcs d'attractions ; musées ; cinémas ; zoos et cirques ; fleurs coupées et plantes ; repas servis par les restaurants ou hôtels ; aides aux personnes malvoyantes ; utilisation

Pays	Taux réduits de TVA, y compris les taux zéro sur le marché intérieur[1]
	d'installations sportives ; objets d'art et antiquités ; hôtels et hébergements de vacances ; certains services à forte intensité de main d'œuvre tels que certains services d'entretien et d'isolation de logements ; services de ménage à domicile et coiffure ;
Pologne*	5 % : certains produits alimentaires (pain, viande, poisson, fruits et légumes, œufs, produits laitiers, produits de boulangerie, jus) ; produits pour les enfants et produits d'hygiène ; livres et magazines régionaux ou locaux ; livres électroniques (autres que les publications composées exclusivement ou principalement d'un contenu vidéo ou de musique). 8 % : certains produits alimentaires ; journaux et périodiques ; produits et services qui sont, par nature, généralement destinés à la production agricole ; produits pharmaceutiques ; appareils médicaux ; certains désinfectants appliqués pour la protection sanitaire ; transport de voyageurs et des bagages qui les accompagnent ; distribution d'eau ; droits d'entrée aux spectacles, théâtres, cirques, parcs d'attractions, concerts, musées, zoos, cinémas, etc. ; réception des programmes de télévision et de radio à l'exception de la VOD ; fourniture, construction, rénovation, modernisation, modernisation thermique, reconstruction ou travaux d'entretien de logements ou de parties de bâtiments compris dans des bâtiments couverts par le programme de logement social ; entretien des logements privés ; hébergement dans les hôtels et autres établissements similaires ; restaurant et services de restauration ; droits d'entrée aux manifestations sportives et utilisation d'installations sportives ; services funéraires ; prestations de services fournies dans le cadre du nettoyage des rues, de l'enlèvement des ordures et du traitement des déchets, à l'exception des services fournis par des organismes publics ; prêt de livres et de journaux dans les bibliothèques ; certains services à forte intensité de main d'œuvre ; aliments pour animaux ; services vétérinaires ; certains équipements destinés aux personnes malvoyantes et certaines semences animales (à partir du 31 août 2020).
Portugal*	6 % : produits alimentaires de première nécessité ; distribution d'eau ; produits pharmaceutiques ; appareillages pour personnes handicapées ; services médicaux (hors services exonérés) ; livres, journaux et périodiques ; certains livres numériques et publications électroniques ; transport de voyageurs ; services hôteliers et similaires ; logements sociaux ; élément fixe des livraisons de gaz naturel dans les contrats à faible pression (10 000 m3) et élément fixe des livraisons d'électricité dans les contrats de faible puissance (3.45 kVA) ; certains biens employés dans l'agriculture ; certains produits et services agricoles ; services de soins à domicile pour les personnes âgées, les enfants et les toxicomanes ainsi que les services d'assistance téléphonique pour les personnes âgées ou les patients souffrant d'une maladie chronique, droits d'entrée à des manifestations culturelles et aux expositions, zoos, parcs, aquariums, musées et bâtiments d'intérêt national. 13 % : certains autres produits alimentaires ; vin non pétillant ; gasoil destiné aux véhicules agricoles ; machines essentiellement utilisées dans la production agricole ; services de restauration ; livraisons d'électricité à usage domestique, à l'exclusion des éléments fixes, pour une puissance souscrite n'excédant pas 6,90 kVA, dans la partie n'excédant pas un certain volume.
République slovaque*	10 % : certains produits alimentaires ; substances radioactives, isotopes et radioéléments à usage médical ; produits pharmaceutiques ; réactifs à usage diagnostique ou de laboratoire ; certains produits sanitaires et médicaux ; livres imprimés et journaux, brochures, dépliants et imprimés similaires ; livres d'images, modèles de dessin ou de peinture pour enfants ; partitions de musique ; appareillages orthopédiques ; lentilles de contact et verres correcteurs ; certains produits destinés aux personnes non voyantes ou malvoyantes, malentendantes ou handicapées physiques ; services d'hébergement. Biens et services fournis à un client autorisé admissible, dans le cadre des activités relevant de l'économie sociale, par une entreprise sociale enregistrée.
République tchèque*	10 % : produits alimentaires de première nécessité destinés aux enfants ; produits sans gluten ; certains produits pharmaceutiques ; certains livres imprimés ; certaines publications électroniques et livres numériques ; transport de voyageurs ; eau ; collecte et traitement des déchets et des eaux usées ; restaurants et services de restauration ; services de ménage à domicile ; services de soins à domicile ; coiffure ; réparations de vêtements, chaussures et articles en cuir ; hébergement, droits d'entrée à des manifestations et lieux culturels, droits d'entrée à des manifestations sportives et à l'utilisation d'installations sportives. 15 % : produits alimentaires ; produits pharmaceutiques ; livres imprimés et numériques (lorsqu'ils ne sont pas soumis au taux réduit de 10 %) ; certaines boissons ; distribution d'eau ; services médicaux (hors services exonérés) ; équipements et réparations destinés aux personnes handicapées ; transport de voyageurs ; art ; services culturels ; journaux et périodiques ; construction de logements privés et sociaux ; rénovation et réparation de logements privés ; collecte et traitement des déchets et des eaux usées ; hébergement hôtelier ; services de santé et de soins à domicile ; services de ménage à domicile ; services funéraires ; activités sportives ; produits agricoles ; fleurs coupées et plantes ; chauffage.
Royaume-Uni	0 % : produits alimentaires ; certains biens et services fournis à des organisations caritatives ; vêtements pour enfants ; transport de voyageurs ; livres ; journaux ; certaines publications électroniques et certains livres numériques ; distribution d'eau et assainissement ; médicaments sur ordonnance ; médicaments ; certaines aides et certains services destinés aux personnes handicapées ; logements neufs, y compris la construction de maisons neuves ; immeubles résidentiels et certains immeubles destinés à des œuvres caritatives. 5 % : combustible et énergie électrique à usage domestique et caritatif ; certains matériaux permettant des économies d'énergie livrés avec les services d'installation aux bénéficiaires des

Pays	Taux réduits de TVA, y compris les taux zéro sur le marché intérieur[1]
	avantages ; certaines installations d'équipements de chauffage financées par des subventions ; sièges auto pour enfants ; produits de sevrage tabagique.
Slovénie*	9.5 % : produits alimentaires (destinés à la consommation humaine et animale) ; produits alimentaires transformés ; distribution d'eau ; médicaments et appareillages pour personnes handicapées ; transport de voyageurs ; droits d'entrée aux manifestations culturelles et sportives ; droits d'auteur ; importation et livraison de certaines œuvres d'art, objets de collection ou antiquités ; logements sociaux ; travaux de rénovation et d'entretien de logements non fournis dans le cadre d'une mesure relevant de la politique sociale ; bétail et certains produits en rapport avec la production agricole ; hébergement hôtelier ; restauration (à l'exception des boissons) ; utilisation d'installations sportives ; services d'inhumation et de crémation ; services sanitaires publics ; nettoyage de vitres et services de ménage à domicile ; menues réparations de vélos, chaussures et articles en cuir ; services de soins à domicile ; coiffure ; fleurs coupées et plantes. 5 % : livres, y compris provenant de bibliothèques, journaux et périodiques.
Suède*	0 % : aéronefs et navires commerciaux, ainsi que certains services y afférents ; kérosène ; médicaments sur ordonnance ; impression de certaines publications vendues par abonnement ; 6 % : transport de voyageurs ; livres, journaux et magazines, y compris sous forme électronique ; certains livres numériques et publications électroniques ; culture (théâtre, cinéma, etc.) ; droits d'auteur ; zoos ; manifestations sportives commerciales ; musées à caractère commercial, mise en valeur de zones naturelles, parcs et réserves naturelles. 12 % : produits alimentaires et services de restauration ; hébergement ; œuvres d'art appartenant à l'auteur ; importation d'antiquités, d'objets de collection et d'œuvres d'art ; réparations de vélos, chaussures et autres articles en cuir, et linge de maison.
Suisse	0 % : services fournis par des agences de voyage et organisateurs de manifestations, dans la mesure où ils recourent à des livraisons de biens et à des prestations de services de tiers fournies à l'étranger par ces derniers ; certaines ventes de biens et services à des compagnies aériennes internationales ; pièces en or frappées par l'État, or fin destiné à l'investissement et or destiné à l'affinage ou à la récupération. 2.5 % : distribution d'eau ; produits alimentaires, bétail, volailles, poissons ; céréales ; semences ; tubercules et bulbes à planter ; plantes vivantes, boutures, greffons, fleurs coupées et rameaux, fourrages, acides destinés à l'ensilage, litières pour animaux ; engrais, pesticides, matériaux de couverture végétaux, médicaments ; livres, journaux et magazines, y compris sous forme électronique, prestations de services fournies par les sociétés de radio et de télévision, à l'exception de celles qui ont un caractère commercial, certaines prestations dans le domaine de la production agricole. Le taux de 2.5 % s'applique également à certains services culturels, pour autant qu'ils soient fournis directement au public, les frais demandés pour les manifestations sportives, les services culturels et la livraison par leur créateur d'œuvres d'artistes, lorsque l'assujetti a opté pour son imposition (faute de quoi ces prestations sont exclues du champ de l'impôt sans ouvrir droit à la déduction). 3.7% : services d'hébergement.
Türkiye	0 % : vente de navires, aéronefs et véhicules de transport ferroviaire ; fourniture de services liés à la fabrication, à la réparation et à l'entretien de ces véhicules ; fourniture de services à destination des navires et aéronefs dans les ports ou aéroports ; biens et services destinés à l'exploration, à la gestion et à l'affinage de l'or, de l'argent, du platine et du pétrole ; achats de machines et équipements par des personnes relevant d'un régime d'incitation à l'investissement ; produits et travaux de construction destinés à la construction, à la rénovation et à l'agrandissement des ports maritimes et aéroports ; certains produits et services ayant trait à la sécurité nationale ; services d'itinérance internationale fournis en Türkiye en vertu du principe de réciprocité ; produits vendus au cabinet central du Premier ministre et recensés dans la seconde liste de la loi sur les taxes et accises ; première vente, par l'intermédiaire du marché d'échange de marchandises, d'un certificat représentatif de produits agricoles établi en vertu de la Loi sur l'entreposage agréé de produits agricoles ; vente d'appareillages destinés aux personnes handicapées ; livraisons et services fournis à la Société turque du Croissant-Rouge ; fourniture d'engrais et semences ; fournitures à domicile ou sur le lieu de travail à des non-résidents en Türkiye ; fournitures de biens et de services dans le cadre de la construction de zones industrielles organisées et de sites industriels de petite taille ; livraisons et prestations de services à des donateurs dans le cadre du don d'installations, par ces donateurs, au budget général ou spécial des administrations publiques, aux administrations provinciales spéciales, municipalités et villages ; services de santé fournis aux étrangers ; fourniture de machines et d'équipements neufs aux personnes exerçant des activités liées à la R-D, l'innovation et la conception ; livres imprimés et périodiques. 1 % : produits alimentaires de base, certains produits agricoles ; voitures d'occasion ; services funéraires ; logements d'une superficie inférieure à 150 mètres carrés (pour les logements construits dans des zones à risque et entrant dans le champ d'application des projets de transformation de bâtiments à risque) ; location de certaines machines et de certains équipements ; semences. 8 % : livres ; sang et autres produits sanguins ; cinéma ; théâtre ; droits d'entrée aux opéras et ballets ; services d'enseignement privé ; vaccins ; certains produits et services médicaux ;

Pays	Taux réduits de TVA, y compris les taux zéro sur le marché intérieur[1]
	services de transport de malades ; médicaments ; équipements médicaux ; produits textiles et de confection, y compris leur fabrication personnalisée ; services d'hébergement ; repas servis dans des restaurants (hors boissons alcoolisées) ; services fournis par les orphelinats et les établissements d'accueil médicalisés ; certaines machines agricoles et de construction ; certains meubles ; habillement ; articles de papeterie ; services d'évacuation des eaux usées ; logements d'une superficie inférieure à 150 m² ; ventes de parcelles et de terrains ; fourniture d'électricité au secteur résidentiel et aux abonnés aux services d'irrigation agricole ; produits de nettoyage et d'hygiène de base.

Note :

* Voir les notes pays.

Les changements de taux de TVA adoptés après le 1er janvier 2022 et les taux de TVA réduits à titre temporaire sont indiqués dans les notes pays de ce tableau.

1. Pour les besoins du présent tableau, les taux réduits comprennent également les « taux zéro sur le marché intérieur » (0 %), c'est-à-dire les cas où la TVA n'est pas facturée par le vendeur sur les transactions intérieures, mais où la taxe correspondante sur les intrants est déductible. Dans certains pays, ont dit que ces transactions bénéficient d'une « franchise de TPS » et, dans d'autres, d'une « exonération assortie du droit à déduction de la taxe d'amont ». Ils n'incluent pas les exportations à taux zéro, les livraisons de biens et de services utilisés ou consommés à l'étranger, ni les autres biens et prestations soumis à un traitement similaire comme le transport international ou les biens et prestations fournis à des ambassades, missions diplomatiques et organisations internationales, les boutiques hors taxe, etc. La portée des taux réduits de TVA à titre temporaire applicables, par exemple, dans le contexte de la crise liée à la pandémie de COVID-19 ou de la crise énergétique n'est pas mentionnée dans le tableau lui-même, mais dans les notes pays de ce tableau. Les taux régionaux ne sont pas indiqués dans ce tableau.

Source : Délégations nationales. Situation au 1er janvier 2022.

Encadré d'annexe 2.A.2. Notes pays du Tableau annexe 2.A.2 Application de taux réduits de TVA

Allemagne*. ***Taux réduits à titre temporaire liés à la pandémie de COVID-19 :*** *du 1er mars 2020 au 31 juillet 2020, un taux de 0 % a été appliqué aux dons de certains dispositifs et équipements médicaux destinés aux établissements hospitaliers. Du 1er janvier au 30 juin 2022, un taux de 0 % a été appliqué aux importations de biens nécessaires à la lutte contre la pandémie de Covid-19. Les restaurants et services de restauration (à l'exception des boissons) ont été soumis à un taux réduit de 5 % du 1er juillet au 31 décembre 2020 et à un taux de 7 % du 1er janvier 2021 au 30 juin 2021.*

Autriche*. ***Taux réduits à titre temporaire liés à la pandémie de COVID-19 :*** *du 30 janvier 2020 au 30 juin 2022, un taux de 0 % a été appliqué aux importations de certains biens nécessaires à la lutte contre la pandémie de COVID-19.*

Belgique*. ***Taux réduits à titre temporaire liés à la pandémie de COVID-19*** *: du 13 mars 2020 au 30 juin 2022, un taux de 0 % a été appliqué aux importations de certains biens nécessaires à la lutte contre la pandémie de COVID-19. Du 1er janvier 2021 au 31 décembre 2022, un taux de 0 % a été appliqué également aux vaccins contre le COVID-19 et aux dispositifs médicaux de diagnostic in vitro (ainsi qu'aux services étroitement liés à ces dispositifs). Du 4 mai 2020 au 30 juin 2022, un taux de 6 % a été appliqué aux livraisons, acquisitions intracommunautaires et importations de masques et de gels hydroalcooliques. Du 8 juin 2020 au 31 décembre 2020, un taux de 6 % a été appliqué aux restaurants et services de restauration, à l'exclusion des boissons alcoolisées.* ***Taux réduit(s) à titre temporaire pour contrer la hausse des coûts de l'énergie :*** *le taux de TVA a été ramené de 21 % à 6 % sur la fourniture d'électricité à usage résidentiel du 1er mars 2022 au 30 septembre 2022. Du 1er avril 2022 au 30 septembre 2022, le taux de TVA a été ramené de 21 % à 6 % sur la fourniture de gaz et le chauffage urbain à usage résidentiel. Du 1er avril 2022 au 31 décembre 2023, le taux de TVA est ramené de 21 % à 6 % sur la livraison, avec installation, de panneaux solaires, de chauffe-eaux solaires et de pompes à chaleur dans les logements récents (dans des conditions strictes).*

Canada. ***Taux réduits à titre temporaire liés à la pandémie de COVID-19 :*** *un taux de 0 % s'applique aux fournitures de certains masques (médicaux et non médicaux) et écrans de protection à usage humain répondant à certaines spécifications établies après le 6 décembre 2020, et ce jusqu'à ce que les autorités de santé publique ne recommandent plus leur utilisation à large échelle dans le cadre de la lutte contre la pandémie de COVID-19. Allègement des droits de douane et de la TPS sur les biens importés en urgence par ou pour le compte de certaines entités, y compris les autorités sanitaires, du 16 mars 2020 au 7 mai 2022.*

Colombie. La législation colombienne relative à la TVA distingue trois catégories de biens et de services : (i) les « biens et services imposables » (assujettis à la TVA) ; (ii) « les biens et services exonérés » (à taux zéro assortis, dans certains cas, d'un droit de déduction de la TVA payée sur les intrants) ; et (iii) « les biens et services exclus » (non assujettis à la TVA et non assortis d'un droit de déduction de la TVA payée sur les intrants). ***Taux réduits à titre temporaire liés à la pandémie de COVID-19 :*** *des « exonérations de TVA » (c'est-à-dire la pratique consistant à appliquer certains jours un taux de TVA de 0 % aux fournitures B2C de biens figurant sur une liste spécifique de produits) ont été accordées les 19 juin, 3 juillet et 19 juillet 2020, les 28 octobre, 19 novembre et 3 décembre 2021, et les 11 mars, 17 juin et 2 décembre 2022. Les baux commerciaux ont bénéficié d'un taux de TVA de 0 % du 1er juin au 31 juillet 2020. Le taux de TVA sur les billets d'avion et les services connexes a été ramené de 19 % à 5 % du 15 avril 2020 au 31 décembre 2021. Cette mesure a été reconduite jusqu'au 31 décembre 2022. Les services hôteliers et touristiques ont bénéficié d'une exonération de la TVA du 4 juin au 31 décembre 2020. Par la suite, ces services ont été soumis à un taux de TVA de 0 %, du 1er janvier 2021 au 31 décembre 2022. Les restaurants franchisés ont été exonérés de la TVA du*

4 juin 2020 au 31 décembre 2021.

Costa Rica. Les services d'ingénierie, d'architecture, de topographie et les travaux publics sont exonérés de TVA et sont soumis au taux réduit de 4 % du 1er septembre 2021 au 31 août 2022, au taux réduit de 8 % du 1er septembre 2022 au 31 août 2023 et au taux normal de 13 % à partir du 1er septembre 2023. ***Taux réduits à titre temporaire liés à la pandémie de COVID-19 :*** *les services liés au tourisme ont été soumis à un taux de TVA de 0 % du 1er août 2020 au 31 juillet 2021, de 4 % jusqu'au 30 juin 2022 et seront assujettis à un taux de 8 % jusqu'au 30 juin 2023. Le taux normal de 13 % s'appliquera à compter du 1er juillet 2023.*

Danemark*. ***Taux réduits à titre temporaire liés à la pandémie de COVID-19 :*** *du 1er janvier au 30 juin 2022, un taux de 0 % a été appliqué aux importations de certains biens nécessaires à la lutte contre la pandémie de COVID-19.*

Espagne*. Des taux de 0.0 %, 3.0 %, 5.0 %, 7.0 %, 9.50 %, 15.0 %, 20.0 % s'appliquent dans les îles Canaries. Des taux de 0.5 %, 1.0 %, 2.0 %, 3.0 %, 4.0 %, 5.0 %, 6.0 %, 8.0 %, 9.0 % et 10.0 % s'appliquent à Ceuta ou Melilla. ***Taux réduits à titre temporaire liés à la pandémie de COVID-19 :*** *un taux de 0 % a été appliqué jusqu'au 31 octobre 2020 à la fourniture d'équipement médical par les producteurs nationaux aux organismes publics, ONG et hôpitaux. Du 1er janvier au 30 juin 2022, un taux de 0 % a été appliqué aux importations de certains biens nécessaires à la lutte contre la pandémie de COVID-19.* ***Taux réduit(s)à titre temporaire pour contrer la hausse des coûts de l'énergie :*** *le taux de TVA a été ramené de 21 % à 10 % sur les factures d'énergie du 1er décembre 2021 au 30 juin 2022.*

Estonie*. À compter du 1er août 2022, un taux de 5 % au lieu du taux de 9 % s'applique aux journaux et périodiques (format papier et électronique). ***Taux réduits à titre temporaire liés à la pandémie de COVID-19 :*** *du 1er janvier au 30 juin 2022, un taux de 0 % a été appliqué aux importations de certains biens nécessaires à la lutte contre la pandémie de COVID-19.*

Finlande*. ***Taux réduits à titre temporaire liés à la pandémie de COVID-19 :*** *du 30 janvier 2020 au 30 juin 2022, un taux de 0 % a été appliqué aux importations de certains biens nécessaires à la lutte contre la pandémie de COVID-19. Les dispositifs d'autotest ont été soumis à titre temporaire à un taux de 0 % en 2022. Du 24 février au 31 décembre 2022,* ***un taux de 0 % a été appliqué à titre temporaire aux biens et services associés destinés aux réfugiés ukrainiens***.

France*. Des taux de 0.9 %, 2.1 %, 10.0 %, 13.0 % et 20.0 % s'appliquent en Corse ; des taux de 1.05 %, 1.75 %, 2.1 % et 8.5 % s'appliquent dans les Départements d'outre-mer (DOM) à l'exception de la Guyane et de Mayotte. ***Taux réduits à titre temporaire liés à la pandémie de COVID-19 :*** *du 1er janvier au 30 juin 2022, un taux de 0 % ou de 5.5 % a été appliqué aux importations de certains biens nécessaires à la lutte contre la pandémie de COVID-19. Du 1er mars 2020 au 31 décembre 2022, un taux de 5.5 % a été appliqué aux fournitures de certains biens nécessaires à la lutte contre la pandémie de Covid-19.*

Grèce*. **Des taux régionaux spécifiques** de 4.0 %, 9.0 % et 17.0 % s'appliquent respectivement sur les îles de Leros, Lesbos, Kos, Samos et Chios ; la décision de réduire les taux est automatiquement révoquée dans les trois mois suivant la fermeture des centres de réception et d'identification, des structures d'accueil/d'hébergement temporaire et des structures contrôlées fermées pour les réfugiés. ***Taux réduits à titre temporaire liés à la pandémie de COVID-19 :*** *du 1er janvier 2020 au 31 décembre 2022, un taux de 0 % a été appliqué aux importations de certains biens nécessaires à la lutte contre la pandémie de COVID-19. Un taux de 0 % s'applique également aux fournitures de vaccins contre le COVID-19 et de dispositifs médicaux de diagnostic in vitro ainsi qu'aux services qui leur sont étroitement liés. Du 20 mars 2020 au 31 décembre 2022, les produits sanitaires indispensables à la protection de la santé publique pendant la pandémie de COVID-19 (masques, gants, etc.) ont été assujettis à un taux réduit de TVA de 6 %. Du 1er juin 2020 au 31 décembre 2022, un taux réduit de*

13 % a été appliqué aux droits d'entrée à des projections cinématographiques, au transport de voyageurs et des bagages qui les accompagnent. Au cours de la même période, le taux réduit de 13 % a été appliqué aux services fournis par les restaurants, les cafés et les établissements similaires, à l'exclusion des discothèques, et à l'exception de la vente de boissons alcoolisées. Le taux réduit de 13 % a été appliqué aussi à la vente de boissons non alcoolisées, ainsi qu'aux droits d'entrée dans les manifestations sportives du 1er septembre 2020 au 30 juin 2022. Un taux réduit de 13 % a été appliqué également aux billets d'entrée dans les zoos à compter du 5 février 2021 et jusqu'au 31 décembre 2022, ainsi qu'aux services fournis par les salles de sport et les écoles de danse (dès lors qu'ils ne sont pas exonérés) du 1er octobre 2021 au 31 décembre 2022.

Hongrie*. ***Taux réduits à titre temporaire liés à la pandémie de COVID-19 :*** *du 1er janvier au 30 juin 2022, un taux de 0 % a été appliqué aux importations de certains biens nécessaires à la lutte contre la pandémie de COVID-19.*

Irlande*. ***Taux réduits à titre temporaire liés à la pandémie de COVID-19 :*** *du 1er janvier au 30 juin 2022, un taux de 0 % a été appliqué aux importations de certains biens nécessaires à la lutte contre la pandémie de COVID-19. Du 12 décembre 2020 au 31 décembre 2022, un taux de 0 % a été appliqué à la fourniture de vaccins autorisés contre le COVID-19, aux services étroitement liés à ces vaccins et à la fourniture de certains dispositifs médicaux de diagnostic in vitro du COVID-19 et aux services étroitement liés à ces dispositifs. Réduction à titre temporaire du taux de TVA dans le secteur du tourisme et de l'hôtellerie de 13.5 % à 9 %, du 1er novembre 2020 au 28 février 2023.* ***Réduction à titre temporaire du taux de TVA applicable aux produits énergétiques****, de 13.5 % à 9 %, du 1er mai au 31 octobre 2022.*

Israël. Le taux de 0 % s'applique lorsqu'un commerçant résident d'Eilat achète des biens à des non-résidents d'Eilat. Les produits vendus par un fournisseur résident d'Eilat (destinés à être consommés à Eilat) sont exonérés de TVA.

Italie*. ***Taux réduits à titre temporaire liés à la pandémie de COVID-19 :*** *jusqu'au 31 décembre 2022, un taux de 0 % a été appliqué à la fourniture de vaccins contre le COVID-19 et de dispositifs médicaux de diagnostic in vitro du COVID-19 ainsi qu'aux services qui leur sont étroitement liés.* ***Taux réduit(s) à titre temporaire pour contrer la hausse des coûts de l'énergie :*** *le taux de TVA sur la fourniture de gaz naturel à « usage civil et industriel » a été ramené de 22 % à 5 % depuis le 1er octobre 2021. En outre, le taux de TVA sur le gaz naturel destiné aux transports a été ramené de 22 % à 5 % au cours de la période allant du 3 mai au 20 septembre 2022.*

Lettonie*. ***Taux réduits à titre temporaire liés à la pandémie de COVID-19 :*** *du 1er janvier au 31 décembre 2022, un taux de 0 % a été appliqué aux importations de certains biens nécessaires à la lutte contre la pandémie de COVID-19. Du 20 décembre 2020 au 31 décembre 2022, un taux de 0 % a été appliqué également aux vaccins contre le COVID-19 et aux dispositifs médicaux de diagnostic in vitro (ainsi qu'aux services qui leur sont étroitement liés).*

Lituanie*. ***Taux réduits à titre temporaire liés à la pandémie de COVID-19 :*** *du 1er janvier 2020 au 31 décembre 2021, un taux de 0 % a été appliqué aux importations de certains biens nécessaires à la lutte contre la pandémie de COVID-19. Du 1er janvier 2021 au 31 décembre 2022, un taux de TVA de 0 % a été appliqué : aux ventes de vaccins contre la maladie à coronavirus ; aux ventes de dispositifs médicaux de diagnostic in vitro relatifs à la maladie à coronavirus. Du 1er juillet 2021 au 31 décembre 2022, un taux réduit de 9 % a été appliqué aux services de restauration, ainsi qu'aux représentations et spectacles d'artistes-interprètes.*

Luxembourg*. ***Taux réduits à titre temporaire liés à la pandémie de COVID-19 :*** *du 1er janvier au 30 juin 2022, un taux de 0 % a été appliqué aux importations de certains biens nécessaires à la lutte contre la pandémie de COVID-19.*

Pays-Bas*. ***Taux réduits à titre temporaire liés à la pandémie de COVID-19 :*** *les services fournis par les professionnels de santé recrutés par des établissements ou des institutions de santé éligibles à l'exonération de la TVA sur les services médicaux ont été soumis à un taux (effectif) de 0 % du 16 mars 2020 au 1er octobre 2021. Du 16 mars 2020 au 1er janvier 2021, un taux effectif de 0 % a été appliqué également aux dons de matériels et d'équipements médicaux liés au COVID-19 aux établissements et centres de santé et aux médecins généralistes. Du 30 janvier 2020 au 30 juin 2022, un taux de 0 % a été appliqué aux importations de certains biens nécessaires à la lutte contre la pandémie de Covid-19. Un taux de 0 % a été appliqué aux Pays-Bas à l'achat de masques buccaux (médicaux et non médicaux) entre le 25 mai 2020 et le 1er octobre 2021 ; un taux de 0 % a également été appliqué à la vente de vaccins anti-COVID-19 approuvés par les autorités et aux essais correspondants, ainsi qu'à la fourniture de dispositifs d'autotest COVID-19 entre le 21 décembre 2020 et le 1er octobre 2021 ; un taux de 0 % a été appliqué du 16 avril au 1er octobre 2021 à la vente de dispositifs de dépistage assortis du marquage CE (tels que référencés par la Commission européenne) et aux essais correspondants. Un taux réduit de 9 % sur les cours de sport en ligne dispensés par les clubs de sport a été appliqué du 28 novembre 2021 au 15 janvier 2022 ; un taux réduit de 9 % sur les cours de sport individuel en ligne a été appliqué du 18 décembre 2020 au 19 mai 2021 (jusqu'au 4 juin 2021 pour les cours collectifs en ligne).* ***Taux réduit(s) à titre temporaire pour contrer la hausse des coûts énergétiques :*** *le taux réduit de 9 % (contre un taux normal de 21 %) a été appliqué au gaz naturel, à l'électricité et au chauffage urbain du 1er juillet au 31 décembre 2022.*

Pologne*. ***Taux réduits à titre temporaire liés à la pandémie de COVID-19.*** *Un taux de TVA de 0 % a été appliqué à titre temporaire à la fourniture de vaccins, considérés comme des produits pharmaceutiques, et de tests de dépistage du SARS-CoV-2 et du COVID-19, considérés comme des dispositifs médicaux de diagnostic in vitro, répondant aux conditions requises par la réglementation. La mesure a été appliquée (sous certaines conditions) du 23 décembre 2020 au 31 décembre 2022.* ***Taux réduits à titre temporaire pour contrer la hausse des coûts de l'énergie et de l'inflation.*** *Du 1er février au 31 décembre 2022 : 0 % pour le gaz naturel (8 % en janvier 2022) ; 5 % pour le chauffage urbain (8 % en janvier 2022) et l'électricité (5 % au 1er janvier 2022) ; 8 % pour certains carburants. Du 1er février au 31 décembre 2022, le taux de TVA a été abaissé à 0 % sur les denrées alimentaires soumises à un taux de TVA de 5 % et sur les amendements pour sol, les biostimulants végétaux, les supports de culture au sens de la Loi sur les engrais et l'épandage (à l'exclusion des supports de culture minéraux), les engrais et les produits phytosanitaires normalement destinés à l'agriculture. Jusqu'au 16 mai 2022, le taux de 0 % s'appliquait aux dons d'ordinateurs portables, de tablettes, d'unités centrales, de serveurs, d'écrans, d'ordinateurs de bureau, d'imprimantes, de scanneurs, de matériel informatique permettant d'écrire en Braille, d'équipements de transfert de données numériques (y compris les concentrateurs et commutateurs réseau, les routeurs et les modems) effectués par des assujettis à la TVA à des établissements d'enseignement ou à des organisations éducatives, caritatives ou humanitaires qui les ont transférés à titre gracieux à des établissements d'enseignement*

Portugal*. Dans l'archipel des Açores, le taux normal de TVA est de 16 % et les taux réduits sont de 4 % et 9 %. À Madère, le taux normal est de 22 % et les taux réduits sont de 5 % et 12 %. ***Taux réduits à titre temporaire liés à la pandémie de COVID-19 :*** *depuis le 1er mars 2020, un taux de 0 % s'applique aux dons de certains dispositifs et équipements médicaux destinés aux établissements hospitaliers. Du 30 janvier 2020 au 30 juin 2022, un taux de 0 % a été appliqué aux fournitures, acquisitions intracommunautaires et importations de certains biens nécessaires à la lutte contre la pandémie de COVID-19, qui ont été acquis par l'État et par d'autres organismes publics, le service national de santé, les hôpitaux privés sous contrat avec l'État pour lutter contre le COVID-19 et les ONG. Du 8 mai 2020 au 31 décembre 2022, un taux de 6 % a été appliqué aux importations, fournitures et acquisitions intracommunautaires de masques de protection et de gel désinfectant.*

République slovaque*. ***Taux réduits à titre temporaire liés à la pandémie de COVID-19 :*** *du 1er janvier 2020 au 31 décembre 2021, un taux de 0 % a été appliqué à titre temporaire aux importations* *de certains biens nécessaires à la lutte contre la pandémie de COVID-19. Un taux temporaire de 0 % a été appliqué de février à avril 2021 aux fournitures (et aux acquisitions et importations intracommunautaires) d'équipements de protection respiratoire individuelle (FFP2 et FFP3).*

République tchèque*. ***Taux réduits à titre temporaire liés à la pandémie de COVID-19 :*** *du 1er janvier au 30 juin 2022, un taux de 0 % a été appliqué aux importations de certains biens nécessaires à la lutte contre le COVID-19, et jusqu'au 31 décembre 2022, aux dispositifs médicaux de diagnostic destinés au dépistage de la maladie ainsi qu'aux vaccins contre cette maladie.*

Royaume-Uni : Taux réduits à titre temporaire liés à la pandémie de COVID-19 : *du 1er octobre 2021 au 31 mars 2022, un taux de 12.5 % a été appliqué à l'hôtellerie et à la restauration, aux hébergements de vacances et aux parcs d'attractions.*

Slovénie*. ***Taux réduits à titre temporaire liés à la pandémie de COVID-19 :*** *du 30 janvier 2020 au 30 juin 2022, un taux de 0 % a été appliqué aux importations de certains biens nécessaires à la lutte contre la pandémie de COVID-19. Les fournitures et acquisitions intracommunautaires de ces biens ont également été concernées du 13 mars 2020 au 31 juillet 2020 et du 1er novembre 2020 au 30 juin 2022.* ***Taux réduit à titre temporaire pour contrer la hausse des coûts de l'énergie :*** *le taux de TVA est ramené de 22 % à 9.5 % sur la fourniture d'électricité, de gaz naturel et sur le chauffage urbain du 1er septembre 2022 au 31 mai 2023.*

Suède*. À compter du 1er juillet 2022, le taux réduit de 6 % s'applique aux réparations de vélos, chaussures, articles de cuir et linge de maison (au lieu du taux réduit de 12 %). ***Taux réduits à titre temporaire liés à la pandémie de COVID-19 :*** *du 1er janvier 2020 au 30 juin 2022, un taux de 0 % a été appliqué aux importations de certains biens nécessaires à la lutte contre la pandémie de COVID-19.*

Türkiye*. ***Taux réduits à titre temporaire liés à la pandémie de COVID-19 :*** *du 1er avril au 30 juin 2020, un taux de 1 % a été appliqué aux services de transport aérien intérieur. Du 31 juillet 2020 au 30 septembre 2021, un taux de 8 % a été appliqué à la prestation de services artisanaux tels que l'entretien et la réparation des petits appareils ménagers ; l'entretien, la peinture et le nettoyage des habitations ; le lavage des voitures ; la coiffure ; la serrurerie ; la confection ; la réparation et la teinture de chaussures ; le nettoyage à sec ; le nettoyage de tapis ; etc. Du 31 juillet 2020 au 30 septembre 2021, un taux de 8 % a été appliqué à la location de bureaux, au transport de passagers, à l'organisation de mariages, aux droits d'entrée (congrès, conférence, séminaire, concert, foire et parc d'attractions), etc. Du 31 juillet 2020 au 30 septembre 2021, un taux de 1 % a été appliqué à la vente de droits d'entrée (cinéma, théâtre, opéra, opérette, ballet, musée), de services d'hébergement et de restauration. Du 31 juillet 2020 au 30 septembre 2021, un taux de 1 % a été appliqué aux services d'éducation et de formation. Du 23 décembre 2020 au 31 décembre 2022, un taux de 1 % a été appliqué aux vaccins contre le COVID-19. Jusqu'au 31 décembre 2025, un taux de 0 % s'applique à titre temporaire aux ventes de substances destinées à la production de biens destinés à être exportés dans le cadre du régime du perfectionnement actif et de l'admission temporaire ; jusqu'au 31 décembre 2025 à la livraison de biens et à la prestation de services destinés à des organisations internationales opérant en Türkiye dans le cadre d'accords avec l'État d'accueil ou d'autres accords auxquels elles sont parties, aux travaux de construction au titre d'investissements d'un montant minimum fixe de 500 millions de lires turques dans le cadre de certificats d'incitation à l'investissement, à la fourniture de biens et de services liés à des travaux de construction relevant du certificat aux contribuables titulaires de certificats d'incitation à l'investissement concernant le secteur manufacturier et le tourisme ; jusqu'au 31 décembre 2022 aux ventes de machines et d'équipements neufs destinés à être utilisés exclusivement dans l'industrie manufacturière aux contribuables à valeur ajoutée titulaires d'un certificat d'immatriculation industrielle, aux services d'ingénierie fournis aux contribuables qui fabriquent des véhicules électriques à moteur en Türkiye dans le cadre de leurs activités de R-D* *réalisées en Türkiye en vue de mettre au point des technologies qui élimineront les émissions de gaz à effet de serre.*

***Union européenne.** *Conformément à la décision (UE) 2021/2313 de la Commission européenne du 22 décembre 2021, la période durant laquelle une franchise de droits à l'importation et une exonération de la TVA sur les importations de marchandises destinées à être distribuées gratuitement par les organismes et organisations concernés aux personnes contaminées par le COVID-19 ou risquant de l'être ou participant à la lutte contre la pandémie de COVID-19 a été prolongée du 1er janvier 2022 au 30 juin 2022 pour 23 États membres de l'UE, à leur demande. Cette mesure a été prorogée jusqu'à fin 2022 pour cinq États membres de l'UE. Sont également exonérés de TVA les importations de biens et les achats de biens et de services effectués par la Commission européenne ou une institution européenne, dans l'exécution des tâches qui leur ont été confiées dans le cadre de la lutte contre la pandémie de COVID-19.*

Le 5 avril 2022, le Conseil de l'UE a adopté une modification de la Directive de l'UE sur la TVA qui laisse aux États membres davantage de latitude pour appliquer des taux réduits de TVA, y compris des taux zéro sur le marché intérieur pour des produits essentiels tels que les denrées alimentaires, les produits pharmaceutiques et les produits à usage médical. La plupart des taux propres à chaque pays (c'est-à-dire les dérogations) seront accessibles à tous les États membres. En revanche, les biens préjudiciables à l'environnement tels que les combustibles fossiles et les engrais/pesticides chimiques ne pourront plus bénéficier de taux réduits à compter du 1er janvier 2030 et du 1er janvier 2032, respectivement. À compter du 1er juillet 2022, un taux zéro s'appliquera également aux livraisons effectuées au bénéfice des forces armées des États membres de l'UE lorsqu'elles sont affectées aux « efforts de défense déployés par les forces armées pour la mise en œuvre d'une activité de l'Union dans le cadre de la politique de sécurité et de défense commune » à l'instar de ce qui existe déjà pour les forces armées de l'OTAN.

Tableau d'annexe 2.A.3. Exonérations de TVA

Pays	Exonérations	Imposition des « exonérations courantes » dans le pays
Allemagne	Exonérations courantes[2]	
Australie	Certains services financiers ; assurance vie ; baux résidentiels et bâtiments à usage d'habitation (autres que les bâtiments neufs à usage d'habitation et bâtiments neufs à usage d'habitation et commercial) ; certaines fournitures de métaux précieux ; cantines scolaires gérées par des organismes agissant sans but lucratif (taxation optionnelle) ; certaines collectes de fonds organisées par des organismes caritatifs.	Services postaux intérieurs ; services sportifs ; services culturels à l'exclusion des services religieux (taux zéro) ; assurance et réassurance à l'exclusion de l'assurance maladie (taux zéro) ; jeux (y compris billets de loterie et paris) ; ventes de terrains et de bâtiments (sauf certains terrains agricoles et cessions de fonds de commerce, — taux zéro et bâtiments existants à usage d'habitation — exonérés).
Autriche	Exonérations courantes[2].	Location (habitation privée).
Belgique	Exonérations courantes[2].	-
Canada	Exonérations courantes[2] ; aide juridique, transports publics, péage (transbordeurs, routes et ponts) ; garde d'enfants et services à la personne ; certains services administratifs ou réglementaires fournis par une administration publique ou une municipalité.	La plupart des paris, jeux et loteries ; vente et location de terrains et bâtiments à usage commercial ; ventes de logements neufs ou réhabilités ; services postaux intérieurs ; la plupart des services culturels et services sportifs, par exemple les cours de sport destinés aux adultes ; services fournis par des organismes n'appartenant pas au secteur public ; la plupart des droits d'entrée dans des lieux de divertissement (musées, cinémas, spectacles vivants professionnels, manifestations sportives, etc.) ; sang humain et certains produits biologiques (taux zéro).
Chili	Jusqu'au 31 décembre 2022, les services qui ne sont pas explicitement énumérés par la loi sont exclus du champ d'application de la TVA (services juridiques, comptables, d'ingénierie, d'architecture et autres services professionnels). À compter du 1er janvier 2023, tous les services seront soumis à la TVA. Exonérations : véhicules à moteur d'occasion ; biens fournis par l'employeur aux salariés dépendants ; matières premières extraites dans le pays utilisées dans la production, la transformation et la fabrication de biens destinés à l'exportation ; certaines importations du ministère de la Défense, de l'Armée et d'autres organismes liés ; certaines importations des services de lutte contre les incendies (Cuerpos de Bomberos) et de la Junta Nacional de Cuerpos de Bomberos ; certaines importations de la Monnaie du Chili (Casa de Moneda de Chile S.A.) et d'autres personnes à condition d'être réalisées dans le cadre d'opérations effectuées avec la Banque centrale du Chili ; biens d'équipement importés et destinés à des projets représentant un investissement d'au moins 5 000 000 USD ; revenu de la vente de billets pour des spectacles et des manifestations ; fret international ; transport de voyageurs y compris sur le territoire national ; commissions encaissées par les Services régionaux et métropolitains de logement et d'urbanisation et les organismes de sécurité sociale sur les prêts hypothécaires ; revenus comme les rémunérations, les salaires, les pensions ; revenus perçus par les travailleurs indépendants et jetons de présence si ceux-ci sont assujettis à l'impôt sur le revenu ; mentions et avis devant faire	Revenu de manifestations ou de spectacles artistiques non subventionnés par le ministère de la Culture, des Arts et du Patrimoine ; revenu de certains cirques et manifestations sportives lorsque certaines conditions ne sont pas remplies. Les services postaux sont assujettis à la TVA s'ils ne sont pas fournis par l'entreprise chilienne de services postaux (« Correos de Chile »). Paiements dus dans le cadre de l'utilisation d'une assurance maladie complémentaire si ces paiements dépassent le montant habituellement couvert par le régime d'assurance maladie public. Les services éducatifs sont exonérés pour autant qu'ils ne concernent que des activités d'enseignement. La location de biens immobiliers est exonérée à condition que ces biens ne soient pas meublés et qu'ils ne contiennent pas d'équipement commercial ou industriel nécessaire à l'exercice d'une activité commerciale ou industrielle.

Pays	Exonérations	Imposition des « exonérations courantes » dans le pays
	l'objet d'une publication et d'une diffusion en vertu du droit de réponse ; certaines primes d'assurance ; intérêts financiers ; commissions découlant de garanties émises par les établissements financiers ; location et crédit- bail de biens immeubles ; rémunérations liées à des exportations ; revenus de services fournis à des personnes domiciliées ou résidant à l'étranger et considérés comme des services exportables par l'administration des douanes ; revenus hôteliers liés à des services fournis à des touristes étrangers et revenus de la location de biens immobiliers meublés à des touristes étrangers ; commissions de gestion de l'épargne-retraite perçues par des établissements spécifiquement agréés à cette fin ; revenus des travailleurs indépendants lorsque l'effort physique à fournir est plus important que le capital ou les matériaux utilisés ; contrats de construction et financement-location d'un logement financé à l'aide d'une subvention au logement accordée par le ministère du Logement et du Développement urbain ; entreprises de radiodiffusion et de télévision à l'exception des recettes publicitaires ; services éducatifs ; services de santé ; cotisations d'assurance-maladie versées à des entreprises privées d'assurance-santé ; fabrication de monnaie par la Casa de Moneda de Chile ; services postaux fournis par le Servicio de Correos y Telégrafos de Chile ; intérêts, primes, commissions ou autres formes de rémunérations versées par des loteries autorisées (Polla Chilena de Beneficencia et la Lotería de Concepción) à des personnes physiques ou morales en contrepartie de services commerciaux ; autres exonérations mineures. À compter du 1er janvier 2023, des exonérations spécifiques s'appliqueront pour certains services professionnels et médicaux.	
Colombie	Exonérations courantes[2] : transports publics ; contraceptifs ; certains produits et intrants agricoles ; animaux vivants ; sel ; eau minérale naturelle et artificielle ; services aux collectivités (électricité, eau, gaz) ; location de biens immobiliers à usage d'habitation ; billets pour des projections cinématographiques ; services funéraires. ; engrais minéraux ou chimiques ; immobilier ; ordinateurs (ayant un coût inférieur à 1 900 200 COP), bicyclettes et trottinettes (ayant un coût inférieur à 1 815 400 COP) ; smartphones (ayant un coût inférieur à 836 088 COP) ; vêtements ; produits d'hygiène ; matériaux de construction ; médicament (pour la santé humaine et animale) ; carburéacteur destiné exclusivement aux départements de Guainía, Guaviare, Vaupés et Vichada ; pétrole payé en nature sous forme de redevances ; ouvrages et magazines scientifiques ; restaurants, boulangerie et services de restauration.	Services postaux en provenance de pays avec lesquels aucun accord de libre-échange n'a été conclu ; loteries et jeux d'argent (à l'exclusion de ceux accessibles exclusivement en ligne).
Corée	Exonérations courantes[2] ; certains services de transport public ; approvisionnement en eau et en certains charbons ; huiles minérales destinées à certains usages agricoles et à la pêche ; pompes funèbres ; certains services à la personne assimilables à un travail ; livres, journaux et magazines ; services de radiotélévision ; produits agricoles, marins et forestiers.	Location et vente d'immeubles à usage commercial ; services culturels commerciaux ; jeux dans des clubs agréés.
Costa Rica	Services financiers et connexes : intérêts et commissions sur toutes les activités de prêt et de crédit, crédits au titre de l'escompte de factures, baux financiers et d'exploitation dans la fonction finance ; services financiers entre entités réglementées, et notamment services de recouvrement de dépôts auprès du public ; retrait d'espèces ; services au titre du paiement des services et taxes	

Pays	Exonérations	Imposition des « exonérations courantes » dans le pays
	publics, de l'achat, de la vente ou de la conversion de devises, et commissions sur cartes de crédit et de débit ; garanties, garanties de performance et de bonne exécution fournies par les banques ; commissions versées aux gestionnaires de pension ; primes de pension de réversion avec annuités et annuités d'une autre nature ; location de biens immobiliers à usage d'habitation, lorsque le montant du loyer mensuel est égal ou inférieur à 1.5 % du salaire de base (qui est égal à 693 300.00CRC, soit environ 1 015.00 USD et ajusté chaque année de l'inflation) (si le montant est plus élevé, la TVA est appliquée sur le total) ; location à des organisations religieuses de lieux de célébration du culte ; baux conclus par des petites ou micro entreprises identifiées comme telles. Approvisionnement en eau et en électricité : fourniture d'électricité à usage résidentiel, lorsque la consommation mensuelle est inférieure ou égale à 280 kW/h (si elle est supérieure, la TVA est appliquée au montant total consommé) ; distribution d'eau à usage résidentiel, lorsque la consommation mensuelle est inférieure ou égale à 30 mètres cubes (si elle est supérieure, la TVA est appliquée au montant total consommé) ; autoconsommation d'électricité produite par des panneaux solaires et autres sources d'énergie renouvelable, comme le vent, le soleil et la biomasse , achat d'électricité à des fins de distribution. Santé et protection sociale : vente ou importation de fauteuils roulants, de matériel orthopédique, de prothèses, d'équipements utilisés par les déficients auditifs, d'équipements pour les programmes de réadaptation et d'éducation spécifiques ; biens et services vendus, fournis ou acquis par la Croix-Rouge du Costa Rica, dès lors que ces biens et services sont nécessaires à l'accomplissement de ses fonctions ; biens et services fournis par les sapeurs-pompiers ; acquisition de biens et services par la Associazione Pro Hospital Nacional de Niños et la Federación Cruzada Nacional de Protección al Anciano ; achat de biens et de services par l'Agriculture School of the Humid Tropical Region (EARTH), le Central American Institute of Business Addministration (INCAE), les associations de développement local, les conseils administratifs et d'enseignement des établissements éducatifs publics, et les associations qui gèrent les égouts et les aqueducs communaux ; les primes de couverture des risques professionnels, agricoles et liés aux logements sociaux ; les loteries nationales, tombolas, jeux d'argent et autres jeux de hasard exploités par le Bureau de la protection sociale ; les réseaux de soins et les établissements médicalisés pour les personnes âgées. Transports : services de transport terrestre autorisés de passagers et services de transport de passagers par cabotage. L'importation d'unités de transport utilisées pour fournir ces services bénéficie également d'une exonération. Culture et éducation : droits d'inscription et crédits pour frais de scolarité relatifs aux cours dispensés dans les universités publiques ; livres, quel que soit leur format (cette exonération ne s'applique pas aux médias électroniques qui permettent l'accès aux livres et leur lecture sur d'autres supports que le papier) ; services fournis par des stations de radio culturelles ; services d'enseignement privé préscolaire, primaire, secondaire, universitaire, para-universitaire et technique, sous réserve d'inspection par le ministère de l'Enseignement public.	

Pays	Exonérations	Imposition des « exonérations courantes » dans le pays
	Agriculture : commissions de service pour les ventes aux enchères agricoles et de bétail et transactions portant sur des animaux vivants conduites lors de ventes aux enchères autorisées. Autres : utilisation de la publicité, pour leur propre usage exclusivement, par les chaînes de télévision et les stations de radio ; frais d'adhésion et cotisations mensuelles versés aux associations professionnelles, syndicats et chambres de commerce ; autoconsommation de biens ou de services, sous réserve qu'aucune déduction de la taxe d'amont n'ait été accordée au moment de leur achat.	
Danemark	Soins médicaux et hospitaliers ; soins dentaires ; services sociaux ; enseignement ; activités non commerciales de certains organismes agissant sans but lucratif ; activités sportives sans but lucratif, etc. ; services culturels (quelques exceptions) ; activités littéraires et de composition ; activités créatives ; location de biens immeubles ; livraison de biens immobiliers ; assurance et réassurance ; services financiers ; jeux et loteries ; services postaux ; timbres postaux ; transport de voyageurs ; services funéraires ; certaines collectes de fonds ; œuvres de bienfaisance	Services culturels tels que radiotélévision, cinéma, théâtre, concerts, etc. ; location à court terme de biens immeubles ; location de biens commerciaux ; ventes de bâtiments neufs et de terrains constructibles ; certains services postaux commerciaux
Espagne	Exonérations courantes[2] ; droits d'auteur pour les œuvres littéraires et les œuvres d'art ; services fournis par les associations, les entités, les groupes (y compris les « groupements d'intérêt économique ») et d'autres personnes morales à leurs membres lorsque ces associations, entités ou groupes sont intégralement inclus dans des activités économiques qui sont exonérées ou ne sont pas assujetties à la TVA ; certains services d'assistance sociale fournis par des organismes publics ou par des organismes agissant sans but lucratif.	Services culturels ou sportifs fournis à des personnes imposables autres que des organismes publics ou des organismes agissant sans but lucratif ; location de bâtiments à usage commercial ; terrains constructibles ; vente de bâtiments neufs.
Estonie	Exonérations courantes[2].	Biens immeubles, à l'exception de logements (taxation optionnelle) ; services financiers (taxation optionnelle) ; services culturels
Finlande	Exonérations courantes[2] : prestations des artistes ; droits de reproduction des œuvres littéraires et artistiques (à l'exception des paiements effectués au profit d'un organisme représentant les titulaires de droits d'auteur ou par un tel organisme) ; certaines transactions effectuées par des aveugles ; services publics d'inhumation ; cueillette de baies.	Services culturels, location de bâtiments à usage commercial, dans certains cas (taxation optionnelle).
France	Exonérations courantes[2] : travaux de construction, d'aménagement, de réparation et d'entretien des monuments, cimetières et sépultures, commémoratifs des victimes des guerres, lorsque ces travaux sont effectués pour des collectivités publiques ou des organismes légalement constitués agissant sans but lucratif ; opérations à terme sur marchandises réalisées sur un marché réglementé ; services rendus à leurs adhérents par les groupements constitués par des personnes physiques ou morales exerçant une activité exonérée de la TVA ou pour laquelle elles n'ont pas la qualité d'assujetti.	Location de biens immeubles (location de biens immobiliers et de terrains aménagés à usage professionnel intégralement taxée ; location de biens immobiliers non aménagés à usage professionnel imposée dans certains cas et location de terrains et bâtiments à usage agricole assujettie sur option) ; services de transport de personnes malades ou blessées à l'aide de véhicules qui ne sont pas spécialement aménagés à cet effet et/ou rendus par des personnes qui ne sont pas agréées ; services de divertissement et services sportifs ; cinémas, concerts et théâtres.
Grèce	Exonérations courantes[2] : activités nationales de radiotélévision autres que celles à vocation commerciale ; cotisations imposées à leurs membres par les Organisations de développement territorial pour l'alimentation en eau d'irrigation et approvisionnements connexes s'y rapportant directement ; services fournis par les prothésistes dentaires et fourniture de prothèses dentaires par les dentistes et prothésistes dentaires ; distribution de lait maternel ; fourniture de tout ou partie	Services postaux non fournis par la Poste hellène (ELTA) ; activités caritatives exercées par des organismes non reconnus par l'État ; soins hospitaliers et médicaux fournis par des organismes privés avec et sans but lucratif entraînant une distorsion de concurrence ; services liés au sport, à la culture, la religion, la philosophie, etc. fournis par des organismes à but lucratif entraînant une distorsion de la concurrence ; vente de bâtiments neufs ; location de

Pays	Exonérations	Imposition des « exonérations courantes » dans le pays
	des produits d'une entreprise à une personne morale existante ou en cours de création, contre rémunération ou en contrepartie d'un don ou d'une rémunération, sous réserve que les marchandises aient été utilisées jusqu'ici exclusivement pour une activité exonérée de TVA (ou non assujettie à cette dernière) (ou livraison de biens à des agriculteurs relevant de régimes particuliers) et que le fournisseur n'ait pas eu le droit de déduire la taxe d'amont et n'ait pas exercé ce droit ; mise à disposition de personnel par des institutions à vocation religieuse ou philosophique dans le cadre d'activités hospitalières, sociales et éducatives, en vue de favoriser un bien-être spirituel.	biens immeubles à usage professionnel (taxation optionnelle).
Hongrie	Exonérations courantes[2] : radiotélévision publique (à l'exception des activités commerciales).	Terrains constructibles ; vente de bâtiments neufs (la taxation de nouvelles livraisons et de la location de biens immeubles est optionnelle) ; certains services culturels (par exemple, billets d'entrée dans les théâtres, cinémas, concerts), certains services sportifs (par exemple les piscines, les billets d'entrée pour des manifestations sportives).
Irlande	Exonérations courantes [2] ; transport de voyageurs ; radiotélévision nationale ; services publics de distribution d'eau ; billets d'entrée pour les manifestations sportives ; pompes funèbres ; certains services de restauration à destination des hôpitaux, des établissements médicalisés ou des écoles ; fourniture d'or à des fins d'investissement ; importation de gaz, d'électricité et d'énergie thermique ou de refroidissement.	Location de biens immobiliers à usage commercial (assujettie sur option par le propriétaire) ; vente de terrains non aménagés et de bâtiments anciens (assujettie sur option conjointe) ; services de divertissement et services sportifs.
Islande	Exonérations courantes[2] ; sports ; billets d'entrée pour les manifestations sportives et les établissements de soins et de bien-être ; transports publics ; transports de personnes handicapées, de personnes âgées, transports scolaires ; services de taxi ; auteurs, compositeurs ; pompes funèbres et services paroissiaux ; services médico-sociaux ; services culturels ; fonctionnement des écoles et des établissements scolaires ; location de biens immobiliers et d'espaces de stationnement ; loteries et paris ; œuvres de bienfaisance.	
Israël	Location de bâtiments à usage d'habitation pour une période n'excédant pas 25 ans ; vente d'une partie d'un immeuble ayant été habilité en tant qu'immeuble à usage locatif ; transactions effectuées par un négociant bénéficiant d'une exonération, hors cession de biens immobiliers ; cession d'un actif pour lequel la taxe en amont versée au titre de son acquisition ou de son importation n'est pas légalement déductible au moment de l'acquisition ou de l'importation ; dépôts effectués dans un établissement financier ou souscription d'un prêt auprès d'un établissement financier ; biens dont l'importation est exonérée d'impôt dans certains cas ; biens fournis par un résident d'Eilat (et qui doivent être consommés à Eilat) ; vente d'un logement résidentiel à un fonds de placement immobilier par une personne qui n'est pas un revendeur et vente de ce logement par le fonds de placement.	Activités non commerciales des organismes agissant sans but lucratif ; services financiers (régime spécifique).
Italie	Exonérations courantes[2] ; taxi ; pompes funèbres.	Vente et location de terrains ; vente de bâtiments assujettis à l'imposition s'ils sont vendus par des entreprises de construction dans les cinq ans suivant leur construction ou après cinq ans si l'entreprise a opté pour la non-exonération. Ce dispositif s'applique aux bâtiments à usage commercial alors que s'agissant des bâtiments à usage d'habitation, l'imposition ne s'applique que s'ils sont loués par des entreprises de construction ayant opté pour la non-exonération.

Pays	Exonérations	Imposition des « exonérations courantes » dans le pays
		Les taux applicables sont de 4 % pour un logement ordinaire occupé par son propriétaire, de 10 % pour les autres types de logements ordinaires et de 22 % pour les logements de luxe. Certains services d'assistance sociale fournis par des organismes publics ou par des organismes agissant sans but lucratif ; services sociaux aux employés.
Japon	Exonérations courantes[2] ; services sociaux ; vente de certaines catégories d'équipements pour les personnes handicapées ; services administratifs ; cession de valeurs mobilières ; manuels scolaires ; frais de scolarité.	Services postaux ; vente de bâtiments ; services sportifs fournis par des organismes autres que les organismes agissant sans but lucratif ; location de biens immeubles par les entreprises
Lettonie	Exonérations courantes[2] ; droits d'auteur	Vente de biens immeubles anciens (seul un contribuable enregistré a le droit d'appliquer la taxe sur la vente de ces biens), locations de bâtiments à usage commercial.
Lituanie	Exonérations courantes[2] ; radiotélévision publique ; vente de timbres postaux et fiscaux, services sociaux et biens y afférents, services fournis à des membres ;	Vente de terrains constructibles et de bâtiments neufs (24 mois), location de courte durée (jusqu'à deux mois) de locaux résidentiels, location d'espaces de stationnement et similaires, vente de terrains et de bâtiments lorsque l'option d'imposition est exercée.
Luxembourg	Exonérations courantes[2].	-
Mexique	Exonérations courantes[2] ; pièces d'argent et d'or ; actions ; devises étrangères ; vente au détail de lingots d'or d'une teneur en or d'au moins 99 % ; droits d'auteur ; transports publics urbains, suburbains et métropolitains de voyageurs par voie terrestre (y compris ferroviaire, à l'exception des transports publics achetés via des plateformes numériques de services d'intermédiation et de l'usage privé des véhicules utilisés pour ce service) ; vente de biens meubles d'occasion (à l'exception de ceux vendus par les entreprises) ; services médicaux professionnels.	Services postaux ; services d'assurance (à l'exception de l'assurance vie et de l'assurance agricole) ; transport de personnes malades ou blessées ; soins hospitaliers et médicaux privés ; services sportifs ; services financiers aux consommateurs et prêts aux particuliers ; certaines catégories de spectacles publics comme le cinéma ; vente de terrains et de bâtiments (hors bâtiments à usage d'habitation) ; certaines collectes de fonds et vente de biens, prestations de services et octroi de droits temporaires d'usage de biens par des établissements sans but lucratif autorisés à recevoir des dons déductibles au titre de l'impôt sur les sociétés.
Norvège	Exonérations courantes[2]; enterrements ; timbres et pièces de collection ; services de gestion fournis par une association de logement à une coopérative de logement qui y est affiliée ; services d'administrateur d'un conseil d'administration, de membre d'un conseil de surveillance, d'un comité, d'un conseil ou d'un organe similaire si les émoluments sont comptabilisés dans les cotisations de l'employeur à l'organisme national d'assurance ; services sous forme de compensation carbone.	Services postaux ; services d'infrastructure au sein du secteur du transport de passagers ; billets d'entrée pour les manifestations sportives, les musées, les cinémas et les parcs d'attractions ; location de bâtiments à usage commercial (assujettie sur option).
Nouvelle-Zélande	Services financiers ; vente de bâtiments à usage d'habitation ; métaux précieux ; vente par un organisme agissant sans but lucratif de biens obtenus par donation et de services.	Services postaux ; sang, tissus et organes humains ; soins médicaux et hospitaliers ; transport de personnes malades ou blessées ; soins dentaires ; œuvres de bienfaisance ; certaines collectes de fonds ; enseignement ; activités non commerciales des organismes agissant sans but lucratif (autres que dons sans condition) ; services culturels ; services sportifs ; assurance et réassurance (sauf assurance et réassurance sur la vie) ; location de biens immobiliers (sauf à usage d'habitation) ; paris, jeux et loteries ; vente de terrains et de bâtiments (sauf ceux qui ont été affectés à un usage d'habitation pendant au moins cinq ans).
Pays-Bas	Exonérations courantes[2] ; enterrements ; incinérations ; radiotélévision publique ; clubs sportifs ; services des compositeurs, auteurs et journalistes.	Services culturels (taux réduit dans la plupart des cas) ; location de biens immobiliers autres que des maisons (seulement à la demande conjointe du propriétaire et du locataire) ; vente de biens immobiliers (seulement à la demande conjointe du vendeur et de l'acheteur) ; utilisation

Pays	Exonérations	Imposition des « exonérations courantes » dans le pays
		d'installations sportives ; services de divertissement et services sportifs ; billets d'entrée pour les cinémas, concerts et théâtres ; manifestations sportives ; musées et jardins zoologiques.
Pologne	Exonérations courantes[2] ; radiotélévision publique.	Location ou bail de bâtiments à usage d'habitation utilisés à des fins commerciales ; vente de terrains constructibles ou à construire et livraison de certains bâtiments.
Portugal	Exonérations courantes[2] ; enterrements et incinérations ; droits d'auteur pour les œuvres littéraires et les œuvres d'art.	Vente et location de biens immeubles assujetties sur option ; services de formation ; services de formation assujettis sur option.
République slovaque	Exonérations courantes[2] ; radiotélévision publique ; services fournis à des membres ; vente de timbres postaux et fiscaux.	Vente d'une construction, y compris vente d'un terrain constructible sur lequel le bâtiment est construit, à condition que la vente soit effectuée dans les cinq années suivant la délivrance du premier permis de construire le bâtiment en question ou une partie de celui-ci à compter du jour ou dans les cinq années à compter du jour où le bâtiment ou une partie de celui-ci a été mis en service pour la première fois ; vente et la location de biens immeubles assujetties sur option ; services de formation, services éducatifs sportifs et culturels fournis par des organismes autres que les organismes agissant sans but non lucratif.
République tchèque	Exonérations courantes[2] ; radiotélévision publique.	Certains services culturels (par exemple, billets d'entrée dans les théâtres, cinémas, concerts, etc. soumis à des taux réduits) ; services sportifs fournis par des organismes autres que les organismes agissant sans but lucratif ; vente de terrains à construire ; vente de bâtiments neufs et de terrains constructibles (assujettie sur option).
Royaume-Uni	Exonérations courantes[2] ; enterrements et incinérations ; compétitions sportives ; œuvres d'art.	Taux normal : ventes de bâtiments neufs à usage commercial (imposées au taux normal pendant trois ans suivant la date de leur achèvement) et possibilité d'opter pour l'imposition des autres ventes de bâtiments à usage commercial normalement exonérés de la TVA ; machines à sous et jeux dans des clubs agréés Taux zéro : logements neufs, y compris la construction de maisons neuves ; immeubles résidentiels et certains immeubles destinés à des œuvres caritatives.
Slovénie	Exonérations courantes[2] ; radiotélévision publique.	Vente de bâtiments neufs ; droits d'entrée aux manifestations culturelles et sportives ; services éducatifs, sportifs et culturels fournis par des organismes à but lucratif ; taxation optionnelle de la location de biens immeubles.
Suède	Exonérations courantes[2] ; radiotélévision publique ; services d'inhumation publics ; services sociaux ; activités créatives et artistiques.	La plupart des services culturels ; location de bâtiments à usage commercial, dans certains cas (taxation optionnelle).
Suisse	Exonérations courantes[2] ; services culturels et livraison, par leur créateur, d'œuvres d'artistes tels que les auteurs, les compositeurs, les cinéastes, les artistes-peintres ou les sculpteurs, ainsi que prestations de services fournies par les éditeurs et les sociétés de perception en vue de la diffusion de ces œuvres ; vente de biens meubles d'occasion qui ont été utilisés exclusivement pour des fournitures exonérées de taxe sans déduction ; vente par les agriculteurs, les sylviculteurs et les horticulteurs des produits agricoles, sylvicoles et horticoles cultivés dans leur propre exploitation ; vente de bétail par les marchands de bétail et vente de lait aux transformateurs de lait par les centres de collectes ; prestations d'organisations d'utilité publique visant à promouvoir l'image de	Livraison de prothèses ou d'appareils orthopédiques ; location de surfaces de stands de foires ou d'exposition et celle de locaux destinés à des foires ou des congrès.

Pays	Exonérations	Imposition des « exonérations courantes » dans le pays
	tiers et prestations de tiers visant à promouvoir l'image d'organisations d'utilité publique ; exercice de fonctions d'arbitrage ; ventes entre des unités organisationnelles au sein d'une même autorité publique, entre des entreprises privées ou publiques intégralement détenues par des autorités publiques et les autorités publiques, ou leurs unités organisationnelles, qui les détiennent, entre des institutions ou des fondations fondées exclusivement par des autorités publiques et les autorités publiques, ou leurs unités organisationnelles, qui les ont fondées ; mise à la disposition d'autres autorités publiques de personnel par des autorités publiques ; ventes entre des établissements d'enseignement et de recherche qui sont actives dans les domaines de l'éducation et de la coopération à la recherche, sous réserve que ces ventes soient effectuées dans le cadre de la coopération, indépendamment du fait que la coopération à l'enseignement et la recherche soit soumise à la taxe sur la valeur ajoutée.	
Türkiye	Importation de biens à des fins culturelles, éducatives ou sociales ; projets de rénovation à objet culturel ; fourniture de biens et services aux usines d'armements, aux chantiers navals et aux usines ; contribuables exonérés en application de la Loi sur l'impôt sur le revenu ; fusions et transferts exonérés en application de la Loi relative à l'impôt sur les sociétés ; transactions relatives à la location de biens immobiliers qui ne font pas partie d'entreprises économiques ; opérations bancaires et d'assurance ; transactions de la Direction générale de la Monnaie et de l'Imprimerie nationale ; vente de minerais et de déchets précieux ; distribution d'eau pour l'agriculture ; services fournis dans les zones franches ; transport de pétrole et de gaz étrangers par pipelines ; vente de terrains et de bureaux pour les zones industrielles organisées ; vente de biens dans le cadre d'une restructuration financière ; opérations réalisées par le Fonds d'assurance des dépôts d'épargne ; services de presse fournis par la Direction générale de la presse et de l'information ; location d'espaces de travail dans les zones sous douanes ; livraison et location de biens immeubles par le Trésor ; transferts et livraisons résultant de la cession d'actions et de biens immobiliers qui font partie depuis au moins deux ans des actifs d'institutions ; transfert d'actifs meubles ou immeubles et d'actifs incorporels à une société de crédit-bail et crédit-bail d'actifs par une société de crédit-bail ; services fournis par la Commission d'arbitrage du secteur de l'assurance dans le cadre du règlement de différends ; services d'itinérance provenant de l'étranger en vertu de contrats d'itinérance internationale et fourniture de ces services à des clients en Türkiye ; livraison et prestations de services de production de contenus de médias sociaux et gains tirés du développement d'applications mobiles.	Enseignement privé ; services culturels ou sportifs privés ; soins hospitaliers et médicaux et soins dentaires privés ; sang humain ; transport de personnes malades ou blessées (taux réduits) ; services postaux ; location ; radiotélévision ; paris, jeux et loteries ; services financiers fournis par les entreprises financières ; vente de terrains et de bâtiments faisant partie d'entreprises économiques ; enseignement public ; tissus et organes humains ; certaines œuvres de bienfaisance d'organismes publics ou d'institutions agréées ; assurance et réassurance ; certaines collectes de fonds (non imposables).

Note :

1. Exonérations : pour les besoins de ce tableau, le terme « exonération » désigne les biens et services pour lesquels la TVA n'est pas prélevée sur le montant facturé par le fournisseur alors que celui-ci n'est pas autorisé à déduire la taxe en amont qui s'y rapporte. Dans certains pays, ces biens et services sont appelés « biens et services supportant une taxe en amont ».

2. Exonérations courantes : dans ce tableau, le terme « exonérations courantes » désigne les exonérations généralement appliquées dans la plupart des pays de l'OCDE : services postaux ; transport de personnes malades ou blessées ; soins médicaux et hospitaliers ; sang, tissus et organes humains ; soins dentaires ; œuvres de bienfaisance ; enseignement ; activités non commerciales des organismes agissant sans but lucratif ; services sportifs ; services culturels (à l'exception des services de radiotélévision) ; assurance et réassurance ; location d'immeubles ; services financiers ; paris, jeux et loteries ; vente de terrains et de bâtiments ; certaines collectes de fonds.

Source : délégations nationales - Situation au 1er janvier 2022

Tableau d'annexe 2.A.4. Restrictions du droit à déduction de la TVA sur certains intrants

Pays	Intrants pour lesquels le droit à déduction de la TVA est exclu ou limité
Allemagne	**Loisirs et divertissements** : frais de représentation au sens de la Loi sur l'impôt sur le revenu lorsque ladite Loi ne prévoit aucune déduction fiscale pour ces frais (par exemple : cadeaux, à l'exception des cadeaux de faible valeur, restaurants et débits de boisson, dépenses de divertissement exclues, frais liés aux activités de chasse et de pêche, aux voiliers ou yachts à moteur et dépenses de nature similaire).
Australie	**Loisirs et divertissements** : bases de loisirs, divertissements, repas offerts, charges de famille, frais de déplacement d'un parent **Véhicules** : le montant de la TPS récupérable sur l'achat d'une voiture est limité au montant maximum de dépréciation des voitures au cours de l'année fiscale considérée, à savoir 59 136 AUD actuellement. **Autres :** amendes, uniformes non obligatoires. Il est impossible de récupérer la TVA sur les dépenses ci-dessus dans la mesure où elles ne peuvent faire l'objet d'une déduction en vertu de la Loi sur l'impôt sur le revenu.
Autriche	**Loisirs** : toutes les dépenses liées aux loisirs ou au style de vie. **Véhicules** : tout véhicule, sauf ceux utilisés au moins à 80 % pour le transport commercial de voyageurs ou la location en crédit-bail, véhicules utilisés par les auto-écoles.
Belgique	**Loisirs** : dépenses effectuées pour l'hébergement et la nourriture et de boissons dans les cafés et restaurants (à quelques exceptions près strictement encadrées), alcool (à quelques exceptions près strictement encadrées) et frais de réception. **Véhicules** : la déduction de la TVA d'amont est limitée à 50 % sur les dépenses relatives aux véhicules destinés au transport routier de voyageurs ou de marchandises (à quelques exceptions près strictement encadrées comme les camions, les ambulances, les corbillards, certains types de camionnettes, les scooters, les motocycles, les autocaravanes, les taxis, etc.). **Autres** : produits et services liés à un régime de TVA particulier (régime de la marge, produits du tabac).
Canada	**Loisirs et divertissements** : des restrictions s'appliquent au droit à déduction sur les adhésions à des clubs sportifs, de loisirs ou de gourmets ; les déductions pour frais alimentaires, de boisson et de loisirs sont généralement limitées à 50 % de la TPS/TVH payable. La limite est portée à 80 % pour les frais de bouche des chauffeurs routiers. **Véhicules** : la déduction applicable aux véhicules de transport de personnes achetés comme biens d'équipement est limitée à la TPS/TVH due sur le coût en capital (34 000 CAD) ; la déduction applicable aux véhicules à émissions nulles est plus élevée (59 000 CAD) ; la déduction applicable aux locations en crédit-bail de véhicules de transport de personnes est limitée à la TPS/TVH payable sur des loyers mensuels de 900 CAD. **Autres** : des restrictions s'appliquent aux frais de bureau à domicile dès lors que la consommation ou l'utilisation d'un bien ou d'un service de cette qualité, nature ou valeur est déraisonnable au vu de l'activité commerciale de la personne.
Chili	**Véhicules** : automobiles, breaks et véhicules similaires ainsi que les lubrifiants, pièces détachées, réparations et services d'entretien y afférents, sauf si l'activité commerciale normale de l'assujetti consiste à vendre ou louer simplement ou en crédit-bail des automobiles ou sauf si l'administration fiscale chilienne juge les dépenses concernées déductibles des impôts sur le revenu. **Combustibles** : produits ou composants assortis de toute forme de subvention au bénéfice du consommateur final.
Colombie	TVA prélevée sur l'acquisition d'actifs fixes qui ne sont pas réputés être des actifs fixes de production, ces derniers étant en revanche exclus. Cette TVA sera réputée ajouter une valeur à l'actif et il en sera tenu compte dans sa dépréciation ou son amortissement.
Corée	**Loisirs et divertissements** : dépenses de loisirs et de divertissement et frais similaires. **Véhicules** : achat et entretien de petites automobiles à des fins privatives.
Costa Rica	L'acquisition des biens et services énumérés ci-après et des accessoires ou compléments qui s'y rattachent ne doit pas ouvrir droit à un crédit d'impôt, à moins qu'ils ne soient vendus ou loués par des contribuables qui se livrent habituellement à de telles transactions, ou que leur montant ne soit considéré comme un coût ou une dépense déductible aux fins de l'impôt. **Loisirs** : nourriture, boissons et tabac. Droits d'entrée à des spectacles et services de divertissement. Services de voyage, services hôteliers et de restauration. **Véhicules** : véhicules dont la plaque d'immatriculation n'est pas considérée comme un équipement spécial,

Pays	Intrants pour lesquels le droit à déduction de la TVA est exclu ou limité
	ainsi que le transfert d'utilisation de ceux-ci à quelque titre que ce soit. Dans ce cas, le droit à déduction est limité à 50 %. **Autres** : bijoux, pierres précieuses, perles naturelles ou de culture, et articles fabriqués pour tout ou partie avec de l'or ou du platine.
Danemark	**Loisirs et divertissements** : frais de loisirs et de divertissement, de restaurant et frais d'achat de cadeaux. **Véhicules** : fourgonnettes de 3 000 kg ou moins utilisées afin de réaliser des activités imposables ou non ; voitures de moins de 10 passagers ; voitures louées. **Autres** : téléphones professionnels des salariés payés par l'employeur, le comité d'entreprise et le propriétaire de l'entreprise ; autres objets bénéficiant aux salariés.
Espagne	**Loisirs et divertissements** : droits d'entrée aux spectacles et services de divertissement ; voyages, services d'hébergement et de restauration, sauf lorsque ces dépenses sont déductibles de l'impôt sur le revenu. **Autres** : joaillerie, objets en or et en platine, perles, pierres précieuses ; produits alimentaires, boissons et tabac ; biens et services utilisés comme cadeaux pour les clients, salariés ou des tiers ;
Estonie	**Loisirs et divertissements** : biens et services de réception ou liés à la fourniture de repas ou de services d'hébergement à destination des salariés. Cette restriction ne s'applique pas aux services d'hébergement fournis dans le cadre d'un déplacement professionnel. **Véhicules** : le droit à déduction est limité à 50 % sur l'achat, l'importation ou la location simple ou en crédit-bail de voitures personnelles dont l'utilisation n'est pas strictement professionnelle et sur les dépenses y afférentes, à l'exception des voitures achetées dans le but d'être revendues ou louées simplement ou en crédit-bail, des voitures destinées au transport de personnes (taxis, par exemple) et des véhicules d'auto-école.
Finlande	**Loisirs et divertissements** : frais de représentation et de divertissement. **Véhicules, bateaux et aéronefs** : destinés à un usage sportif ou de loisir, voitures, motocyclettes et caravanes. Toutefois, tout moyen de transport destiné à être revendu, loué ou utilisé pour le transport professionnel de personnes ou pour l'apprentissage de la conduite est déductible, tout comme les véhicules de transport de personnes employées exclusivement afin de réaliser des activités imposables. **Autres** : frais de déplacement du personnel entre le domicile et le lieu de travail ; biens et services liés à des logements ou immeubles destinés à des activités récréatives pour le personnel.
France	**Véhicules** : véhicules ou engins, quelle que soit leur nature, conçus pour transporter des personnes ou à usage mixte, sauf ceux destinés à être revendus à l'état neuf ; les véhicules et engins loués simplement ou en crédit-bail, ceux comportant, outre le siège du conducteur, plus de huit places assises et qui sont utilisés par les entreprises pour amener le personnel sur les lieux du travail, ceux affectés de façon exclusive à l'apprentissage de la conduite, tous les moyens de transport routier utilisés exclusivement pour les remontées mécaniques et dans les stations de sports d'hiver, les véhicules acquis par les entreprises de transports publics de voyageurs et affectés de façon exclusive à la réalisation desdits transports. Les éléments constitutifs, les pièces détachées et accessoires des véhicules et engins précités. **Autres** : les biens et services utilisés par les assujettis à plus de 90 % à des fins privatives ; les cadeaux d'une valeur supérieure à un certain montant ; les biens et services liés à l'attribution d'un logement à titre gratuit à des dirigeants ou du personnel de l'entreprise, sauf pour le personnel de sécurité présent sur les chantiers ou dans les locaux de l'entreprise ; les biens ou services destinés à faire la publicité de boissons alcoolisées ; les transports de personnes et opérations accessoires auxdits transports, sauf transports réalisés soit pour le compte d'une entreprise de transports publics de voyageurs, soit en vertu d'un contrat permanent de transport conclu par les entreprises pour amener leur personnel sur les lieux de travail ; la plupart des produits pétroliers qui ne sont pas ultérieurement livrés ou vendus en l'état ou sous forme d'autres produits pétroliers. **Restrictions partielles** : Le droit à déduction est limité à 50 % pour les gaz de pétrole et autres hydrocarbures présentés à l'état gazeux et le pétrole lampant lorsque ces produits sont utilisés comme carburants pour les véhicules et engins visés ci-dessus. Le droit à déduction est limité à 80 % pour les gazoles et le bioéthanol E85 utilisés comme carburants pour les véhicules et engins ci-dessus, à l'exception de ceux utilisés pour les essais effectués pour les besoins de la fabrication de moteurs ou d'engins à moteur et pour autant qu'ils ne soient pas ultérieurement livrés ou vendus en l'état ou sous forme d'autres produits pétroliers. Le droit à déduction est limité à 60 % pour le pétrole utilisé comme carburant pour les véhicules.
Grèce	**Loisirs et divertissements** : réceptions, activités de loisirs et frais de réception en général ; produits alimentaires, boissons, transports et loisirs à destination du personnel ou des représentants de l'entreprise. **Moyens de transport** : véhicules à moteur pour le transport de personnes à « usage privé » comportant jusqu'à neuf places assises ; motocyclettes et mobylettes, navires et aéronefs à « usage privé » destinés aux loisirs ou à un usage sportif, ainsi que les dépenses de carburant, réparation, entretien et location simple et en crédit-bail y afférentes. La restriction ne s'applique pas aux moyens de transport destinés à la vente, à la

Pays	Intrants pour lesquels le droit à déduction de la TVA est exclu ou limité
	location simple ou en crédit/ bail ou au transport de voyageurs à titre onéreux. **Autres** : spiritueux ou boissons alcoolisées destinées à être employés dans le cadre d'activités non imposables, tabac manufacturé.
Hongrie	**Loisirs et divertissements** : services de restauration et autres services de restauration publique ; services de loisirs et de divertissement ; produits alimentaires et boissons. **Véhicules** : véhicules de transport de personnes (à l'exception des corbillards), motocyclettes de plus de 125 cm3 ; yachts et bateaux. **Autres** : carburants, autres combustibles, autres biens utilisés pour le fonctionnement ou l'entretien de voitures particulières ; logements, biens et services utilisés pour la construction ou la rénovation de logements ; services de taxi et de parking, péages autoroutiers ; 30 % de la taxe d'amont pour les services de téléphonie fixe, de téléphonie mobile et de voix sur IP ; 50 % de la taxe d'amont pour les services utilisés pour le fonctionnement ou l'entretien de voitures particulières.
Irlande	**Loisirs et divertissements** : produits alimentaires, boissons, logement (sauf pour assister à des conférences ouvrant droit à déduction), services à la personne, loisirs et divertissements. **Véhicules** : achat ou location de véhicules de transport de personnes (20 % du coût est admis lorsque la voiture respecte certaines conditions en matière d'utilisation professionnelle et de taux d'émission). **Autres** : essence (sauf si elle fait partie du stock).
Islande	**Loisirs et divertissements** : tous les frais de bouche de l'assujetti. **Véhicules** : fourniture, exploitation et location de voitures particulières ; camions de livraison, poids lourds et engins non routiers de 5 000 kg ou moins, sauf ceux destinés à des usages réglementés imposables. **Autres** : toutes les dépenses liées au logement du propriétaire et du personnel de l'assujetti. Toute dépense se substituant au salaire du propriétaire et du personnel de l'assujetti. Toute dépense liée aux résidences secondaires et avantages similaires destinés au propriétaire et au personnel de l'assujetti ; cadeaux.
Israël	Aucune
Italie	**Loisirs et divertissements** : dépenses de loisirs et de divertissement, produits alimentaires et boissons. **Véhicules** : moyens et services de transport (véhicules à moteur, aéronefs et yachts) – 60 % de la TVA d'amont n'est pas déductible sur les moyens de transport ; transport de voyageurs. **Autres** : produits de luxe et services connexes, immobilier.
Japon	Aucune
Lettonie	**Loisirs et divertissements** : 60 % de la taxe d'amont n'est pas déductible du montant de l'impôt payable au Trésor pour les biens acquis et services reçus à des fins de représentation. **Véhicules** : 50 % de la taxe d'amont n'est pas déductible du montant de l'impôt payable au Trésor pour une voiture particulière achetée, louée en crédit-bail ou importée comportant, outre le siège du conducteur, huit places assises au maximum, ainsi que pour les frais liés à l'entretien de ce véhicule, y compris les frais de réparation et d'achat de carburant. La déduction de la taxe d'amont due au Trésor est exclue en cas d'achat, de location ou d'importation de voitures particulières comportant, outre le siège du conducteur, huit places assises au maximum et dont la valeur est supérieure à 50 000 EUR (hors TVA), ainsi que pour les frais liés à l'entretien de ce véhicule, y compris les frais de réparation et d'achat de carburant.
Lituanie	**Loisirs et divertissements** : frais de représentation et de divertissement au sens de la Loi sur l'impôt sur le revenu lorsque ladite Loi ne prévoit aucune déduction fiscale pour ces frais et 50 % des frais de représentation et de divertissement au sens de la Loi sur l'impôt sur le revenu lorsque ladite Loi prévoit une déduction fiscale pour ces frais. **Véhicules** : voitures particulières (jusqu'à 8 passagers, hors conducteur), sauf lorsque les véhicules sont fournis, loués ou utilisés pour des services de taxi ou classés comme destinés à un usage spécial.
Luxembourg	**Loisirs et divertissements** : dépenses dont le caractère n'est pas strictement professionnel, comme les dépenses somptuaires, de divertissement ou de représentation.
Mexique	Il n'existe aucune liste de restrictions. La législation prévoit une déductibilité de la taxe grevant les biens et services « strictement indispensables » à l'activité principale. Pour que la TVA soit déductible sur des dépenses, ces dernières doivent elles-mêmes être déductibles au sens de la Loi sur l'impôt sur le revenu. La Loi sur l'impôt sur le revenu présente une liste de « déductions autorisées » pour chaque type de régime.
Norvège	**Loisirs et divertissements** : services de restauration et location de locaux de réception ; construction, entretien, location ou exploitation de biens immobiliers à des fins d'hébergement ou d'assistance sociale. **Véhicules** : achat, exploitation ou entretien de voitures particulières. **Autres** : œuvres d'art ou antiquités ; logement et prestations en nature à destination du propriétaire, des dirigeants, des salariés ou des retraités d'une entreprise ; cadeaux professionnels, biens et services destinés

Pays	Intrants pour lesquels le droit à déduction de la TVA est exclu ou limité
	à des fins publicitaires. paiements en espèces de plus de 10 000 NOK (1 040 USD).
Nouvelle-Zélande	**Loisirs et divertissements** : déduction de 50 % seulement au titre des frais de loisirs et de divertissement. Les entreprises peuvent demander une déduction intégrale au moment de l'achat des biens et services et doivent calculer et rembourser chaque année la part de 50 % réputée relever d'un usage privatif.
Pays-Bas	**Loisirs et divertissements** : services de restauration. Certains cadeaux et frais de représentation.
Pologne	**Loisirs et divertissements** : services de restauration et d'hébergement. **Véhicules** : déduction de TVA limitée à 50 % en cas d'acquisition, d'achat intracommunautaire, d'importation ou de location simple ou en crédit-bail de véhicules à moteur et sur les frais liés à ces véhicules dès lors que leur usage n'est pas strictement professionnel. **Autres** : déduction de TVA limitée à 50 % sur l'achat de carburant, fioul et gaz naturel utilisés par les véhicules visés ci- dessus.
Portugal	**Loisirs et divertissements** : transports, hébergement ou repas (sauf dans le cadre de conférences, séminaires, salons ou expositions qui ouvrent droit, dans certaines conditions, à une déduction de 25 % ou 50 %). Dépenses somptuaires et de représentation et de divertissement. **Véhicules** : achat ou location de véhicules légers à des fins réputées privatives ainsi que de bateaux de plaisance, hélicoptères, aéronefs et motocyclettes (sauf ceux destinés à la revente ou lorsqu'ils constituent le cœur d'activité de l'entreprise). **Autres**: le carburant utilisé dans des véhicules à moteur est déductible à 50 %. Une déduction totale est possible si le carburant est utilisé dans des véhicules de transport public, certains véhicules lourds, machines ou tracteurs.
République slovaque	**Loisirs et divertissements** : biens et services à des fins de réception. **Autres** : éléments d'un compte de passage (autrement dit les dépenses payées au nom et pour le compte de l'acheteur ou du client et que le fournisseur refacture à l'acheteur ou au client).
République tchèque	**Loisirs et divertissements** : frais de représentation au sens de la Loi sur l'impôt sur le revenu lorsque ladite Loi ne prévoit aucune déduction fiscale pour ces frais (à l'exception des cadeaux de faible valeur).
Royaume-Uni	**Loisirs et divertissements** : réceptions et divertissements à des fins professionnelles ; de manière générale, la taxe grevant tout service de réception offert à des relations professionnelles est irrécouvrable, sauf si les clients ne sont pas britanniques. Toutefois, s'il était possible de la recouvrer, elle serait probablement compensée par une charge d'usage privé qui viendrait dans les faits annuler tout crédit obtenu. **Véhicules** : voitures en général, à l'exception de celles constituant un stock (concessionnaires, etc.), faisant partie de l'outil de production (auto-écoles, etc.) ou utilisées exclusivement à des fins professionnelles sans être disponibles pour une utilisation privée (sociétés de crédit-bail, etc.) ; location d'une voiture en crédit-bail (droit à déduction limité à 50 %).
Slovénie	**Loisirs et divertissements** : frais de loisirs et de divertissement (ces frais ne comprenant que ceux de cette nature engagés dans le cadre de relations professionnelles ou sociales) ; repas (boissons comprises) et frais d'hébergement, à l'exception des dépenses de cette nature engagées par l'assujetti dans le cadre normal de son activité. **Véhicules** : yachts et bateaux à des fins sportives et de loisir ; aéronefs utilisés à d'autres fins que pour le transport de voyageurs et de biens, la location simple ou en crédit-bail et la revente. Motocyclettes et voitures particulières autres que : les véhicules utilisés pour le transport de voyageurs et de biens, la location simple ou en crédit-bail et la revente, pour l'apprentissage de la conduite dans des auto-écoles conformément à la réglementation en vigueur, les véhicules mixtes destinés à une activité de transports publics et de transports spéciaux, ainsi que les véhicules aménagés exclusivement pour le transport des défunts. Depuis le 22 janvier 2022, une dérogation à la limitation du droit à déduction de la TVA s'applique à certains véhicules personnels (automobiles, motocycles et véhicules similaires dotés d'un moteur auxiliaire), si ces véhicules sont destinés à l'exercice d'une activité imposable du contribuable pour laquelle celui-ci est en droit de déduire la TVA (autres que les activités susvisées) et si les deux conditions cumulatives suivantes sont remplies : 1) la conduite du véhicule à moteur n'entraîne pas l'émission de dioxyde de carbone ; et 2) la valeur dudit véhicule, TVA et autres charges comprises, au moment de l'achat n'excède pas 80 000 EUR. La personne imposable peut également revendiquer le droit de déduire la TVA sur les achats de carburants, lubrifiants, pièces détachées et services connexes à ces véhicules à moteur. Les services connexes à ces véhicules à moteur sont également considérés comme des services en lien avec leur location. **Autres** : carburants, lubrifiants, pièces détachées et services étroitement liés aux véhicules visés ci-dessus.
Suède	**Loisirs et divertissements** : frais de représentation et de divertissement au sens de la Loi sur l'impôt sur le revenu lorsque ladite Loi ne prévoit aucune déduction fiscale pour ces frais (coûts sur une base imposable maximale de 300 SEK par personne et événement concernant les services de restauration). **Véhicules** : voitures de 3 500 kg ou moins utilisées afin de réaliser des activités imposables ou non, sauf si elles sont utilisées pour les activités de taxi, la location et la vente de véhicules ou l'apprentissage de la

Pays	Intrants pour lesquels le droit à déduction de la TVA est exclu ou limité
	conduite. Déduction de TVA limitée à 50 % sur l'achat de carburant utilisé par ces véhicules. **Autres** : Dépenses liées à une résidence permanente.
Suisse	Aucune
Türkiye	**Voitures** : achats de voitures, à l'exception de celles utilisées par les loueurs de voitures. **Autres** : stocks perdus ou volés (à l'exception des stocks détruits par un tremblement de terre, une inondation et un incendie dans des lieux conformes aux déclarations du ministère des Finances).

Note : Restrictions au droit à déduction de la TVA sur certains intrants : Le tableau énonce les limites au droit à déduction de la TVA sur les intrants pour certains biens, services et éléments incorporels en raison de leur nature, l'esprit étant généralement d'obtenir l'imposition (en amont) de leur consommation finale réputée. Il ne rend pas compte des restrictions au droit à déduction de la TVA d'amont liées à l'exonération des ventes (par exemple, les limites au droit à déduction sur les intrants utilisés pour fournir des services financiers et d'assurance, des soins de santé, des services d'éducation, etc., reprises dans le Tableau 2.3 sur les exonérations de TVA) ou à déduction de la TVA sur les intrants sans lien avec l'activité imposable de l'entreprise.
Source : Délégations nationales - Situation au 1er janvier 2022

Tableau d'annexe 2.A.5. Seuils de chiffre d'affaires annuel pour l'identification à la TVA et la collecte de la TVA

Pays	Monnaie nationale	Seuils d'identification[1]					Enregistrement ou recouvrement volontaire[2]	Durée minimale d'enregistrement[3]	Restrictions ou règles spécifiques[5]
		Seuil d'enregistrement ou de recouvrement	Seuil général		Autres seuils				
			Monnaie nationale	USD[4]	Monnaie nationale	USD[4]			
Allemagne[6]*	EUR	C	22 000	29 543	50 000	67 143	Oui	5 ans	Note pays
Australie*	AUD	R	75 000	52 083	150 000	104 167	Oui	1 an	Note pays
Autriche[6]	EUR	R	35 000	45 455			Oui	5 ans	
Belgique[6]*	EUR	C	25 000	33 784			Oui	Aucune	Note pays
Canada*	CAD	R	30 000	24 000	50 000	40 000	Oui	1 an	Note pays
Chili*	CLP	Néant	Néant						Note pays
Colombie*	COP	R	Néant		133 014 000	97 876	Oui		Note pays
Corée	KRW	C	48 000 000	56 671			Non	Néant	
Costa Rica	CRC	Néant	Néant						Note pays
Danemark[6]*	DKK	R	50 000	7 587	170 000	25 797	Oui	2 ans	Note pays
					300 000	45 524			
Espagne[6]	EUR	Néant	Néant						
Estonie[6]	EUR	R	40 000	72 727			Oui	Néant	
Finlande[6]*	EUR	R	15 000	18 072	30 000	36 145	Oui	Néant	Note pays
France[6]*	EUR	R	85 800	117 534	34 400	47 123	Oui	2 ans	Note pays
					44 500	60 959			
Grèce[6]*	EUR	C	10 000	18 330			Oui	1 an	Note pays
Hongrie[6]	HUF	C	12 000 000	77 419			Oui	1 an	
Irlande*	EUR	R	75 000	94 937	37 500	47 468	Oui	Aucune	
Islande	ISK	R	2 000 000	13 245			Oui	Néant	
Israël*	ILS	C	102 292	26 919			Non	Néant	Note pays
Italie[6]*	EUR	C	65 000	100 000			Oui	Néant	Note pays
Japon*	JPY	R	10 000 000	100 000			Oui	2 ans	Note pays
Lettonie[6]	EUR	R	40 000	78 431			Oui	Néant	
Lithuanie[6]*	EUR	R	45 000	97 826			Oui	Aucune	Note pays
Luxembourg[6]*	EUR	C	35 000	41 176			Oui	Néant	Note pays
Mexique	MXN	Néant	Néant						
Norvège*	NOK	R	50 000	5 171	3 000 000	310 238	Oui	2 ans	Note pays
					140 000	14 478			
Nouvelle-Zélande	NZD	R	60 000	40 268			Oui	Néant	
Pays-Bas*[6]*	EUR	C	20 000	25 974			Oui	3 ans	
Pologne[6]	PLN	R	200 000	108 696			Oui	Néant	Note pays
Portugal[6]*	EUR	C	12 500	21 769			Oui	5 ans	Note pays
République slovaque[6]	EUR	R	49 790	92 240			Oui	1 an	
République tchèque[6]*	CZK	R	1 000 000	77 519			Oui	1 an	Note pays
Royaume Uni	GBP	R	85 000	123 188			Oui	Néant	
Slovénie[6]	EUR	R	50 000	87 962			Oui	5 ans	
Suède[6]	SEK	R	30 000	3 444			Oui	3 ans	Note pays
Suisse*	CHF	R	100 000	90 909	150 000	136 364	Oui	1 an	Note pays
Türkiye*	TL	R	Néant		Note pays				Note pays

Note :

* Voir les notes pays.
1. Les seuils d'enregistrement/de recouvrement recensés dans ce tableau correspondent aux avantages fiscaux généraux qui dispensent les fournisseurs nationaux de s'enregistrer au titre de la TVA et/ou de recouvrer cette taxe tant que leur chiffre d'affaires annuel n'excède pas un certain seuil. Sauf lorsqu'ils sont expressément indiqués, ces seuils dispensent par ailleurs les fournisseurs de l'obligation de facturer et de verser la TVA sur les produits fournis à l'intérieur d'une juridiction particulière. La dispense des obligations d'enregistrement et/ou de recouvrement peut être accordée à certains secteurs ou à certains types d'entreprises (par exemple aux fournisseurs non-résidents) en vertu de dispositions plus détaillées, ou bien un secteur ou un type d'entreprise spécifique peut être soumis à des obligations plus strictes en matière d'enregistrement et de perception de l'impôt. La lettre « R » signale les pays dans lesquels le seuil d'enregistrement s'applique, c'est-à-dire où les fournisseurs dont le chiffre d'affaires est inférieur à ce seuil n'ont pas à s'enregistrer à la TVA et sont dispensés de toute obligation de facturer et de verser la TVA. « C » indique les pays dans lesquels un seuil de recouvrement s'applique, c'est-à-dire où tous les fournisseurs sont tenus de s'enregistrer au titre de la TVA, mais ne sont pas tenus de facturer et de verser la TVA tant que celle-ci n'excède pas le seuil de recouvrement. Les seuils indiqués dans ce tableau s'appliquent aux entreprises établies dans le pays. Dans la plupart des pays, le seuil de recouvrement ne s'applique pas aux entreprises non résidentes, c'est-à-dire à celles qui n'ont pas leur siège, un établissement stable, leur domicile ou leur résidence habituelle dans le pays.
2. « Oui » signifie qu'un fournisseur est autorisé à s'enregistrer volontairement au titre de la TVA et à la percevoir lorsque son chiffre d'affaires annuel total est inférieur au seuil d'enregistrement.
3. Les durées minimales d'enregistrement/de recouvrement s'appliquent aux avantages fiscaux généraux. Il s'agit de la période minimale durant laquelle l'avantage est accordé aux contribuables qui ont opté pour cet avantage.
4. Les taux de change utilisés pour la conversion en USD sont les taux à parité de pouvoir d'achat (PPA) pour le PIB 2021.
5. Restrictions ou règles spécifiques pour l'application des seuils : restrictions ou conditions de l'application de l'allègement aux entreprises qui se situent au-dessous du seuil.
6. Restrictions pour les États membres de l'Union européenne. La Directive 2006/112/CE exclut l'application du seuil aux livraisons de bâtiments et du sol y attenant, à certaines livraisons de moyens de transport neufs et aux cessions des biens de l'entreprise. Le seuil ne s'applique pas aux entreprises non résidentes. Des seuils spécifiques s'appliquent également à certaines fournitures intra-européennes.
Source : Délégations nationales - Situation au 1er janvier 2022.

Encadré d'annexe 2.A.3. Notes pays du Tableau annexe 2.A.5 Seuils de chiffre d'affaires annuel pour l'identification à la TVA et la collecte de la TVA

Allemagne. Les contribuables sont exonérés de leurs obligations de TVA si leur chiffre d'affaires annuel ne dépasse pas 22 000 EUR et s'ils prévoient que leur chiffre d'affaires pour l'année civile en cours sera inférieur à 50 000 EUR.

Australie. Pour les chauffeurs de taxi, y compris les limousines avec chauffeur, les véhicules de location et les services, aucun seuil d'enregistrement ne s'applique. Le seuil d'enregistrement applicable aux organisations à but non lucratif est de 150 000 AUD.

Belgique. Le seuil d'enregistrement ne s'applique pas aux secteurs suivants : immobilier ; hôtellerie et restauration ; vente de matériaux usagés et de déchets. Un certain nombre d'opérations spécifiques sont également exclues du régime de franchise de la taxe : cessions à titre onéreux de bâtiments neufs, livraisons de certains produits assujettis à des droits d'accise et opérations non déclarées ou illicites.

Canada. Le seuil d'enregistrement ne s'applique pas à un certain nombre d'institutions financières désignées, aux non-résidents qui entrent au Canada pour y réaliser des ventes imposables de droits d'entrée à un lieu de divertissement, un colloque, une activité ou un événement, et aux personnes qui exploitent des services de taxi ou de limousine (y compris une activité commerciale de covoiturage). Ces personnes sont tenues de s'enregistrer et de collecter la TPS/TVH. Un seuil différent s'applique aux organismes de bienfaisance et aux institutions publiques. Un organisme de bienfaisance ou une institution publique ne sont pas tenus de s'enregistrer si le montant total de toutes les recettes provenant de leurs fournitures imposables mondiales ne dépasse pas 50 000 CAD au cours d'un seul trimestre et au cours des quatre derniers trimestres civils consécutifs, ou si leurs recettes brutes au cours de l'un ou l'autre des deux exercices précédents sont inférieures ou égales à 250 000 CAD.

Chili. Tous les contribuables sont tenus de s'enregistrer et d'obtenir un numéro d'identification. Néanmoins, les petites entreprises, les artisans et les petits prestataires de services peuvent prétendre à un régime spécial simplifié qui leur permet de déclarer la TVA sur la base d'un forfait mensuel calculé en fonction du niveau moyen de leurs recettes. Ce régime spécial doit être calculé à partir des recettes des douze derniers mois et d'une limite de 20 unités fiscales mensuelles (1 083 4200 CLP – 1 274 USD). Ce régime fiscal simplifié s'applique uniquement aux personnes physiques, à l'exclusion des personnes morales. Ce système doit être conservé pendant au moins 12 mois avant que le contribuable puisse revenir au régime ordinaire.

Colombie. Le seuil d'exonération de la TVA est indiqué en unités fiscales (Unidad de Valor Tributario - TVU) dans le code des impôts. Le seuil d'exonération de la TVA est fixé à 3 500 TVU. Un décret fixe chaque année la valeur des TVU en pesos colombiens. Pour l'exercice fiscal 2022, 1 TVU équivaut à 38 004 COP. Le seuil d'enregistrement à la TVA pour les personnes physiques pour 2022 est donc le suivant : 3 500 x 38 004 = 133 014 000 COP. Le seuil pour les individus qui sont sous-traitants pour le compte de l'État est de 4 000 TVU (soit 152 016 000 COP en 2022) Il n'existe pas de seuil d'enregistrement à la TVA pour les personnes morales.

Costa Rica. Les petites entreprises, les artisans, les petits exploitants du secteur de la pêche et de l'agriculture peuvent opter pour un régime spécial simplifié de TVA et d'impôt sur le revenu, sous réserve que le montant de leurs achats annuels ne dépasse pas 350 fois le salaire de base (69 330 000 CRC soit environ 100 770 USD) TVA incluse, qu'ils emploient un minimum de 5 personnes, et que le montant total de leurs actifs n'excède pas 150 fois le salaire de base (69 330 000 CRC, soit environ 100 770 USD). Les entreprises qui exercent exclusivement une activité d'importation ou de distribution dans le cadre de la vente de biens ou de services ne sont pas autorisées à s'identifier selon ce régime, de même que ceux qui exercent une activité de franchise.

Danemark. Un seuil majoré de 170 000 DKK (22 840 EUR) s'applique aux aveugles, et un seuil de 300 000 DKK (40 300 EUR) s'applique à la première vente d'œuvres d'art par leur créateur ou leurs ayants droit. Dans le cadre de cette dernière exemption, le seuil de 300 000 DKK ne doit pas avoir été dépassé au cours de l'année en cours ou précédente.

Finlande. Lorsqu'une entreprise dépasse le seuil d'enregistrement de 15 000 EUR, elle doit s'enregistrer et devient assujettie à la TVA, mais un allégement progressif s'applique jusqu'à ce qu'elle atteigne un second seuil de 30 000 EUR.

France. La franchise de TVA s'applique aux entreprises dont le chiffre d'affaires annuel est inférieur à 85 800 EUR ou dont le chiffre d'affaires ne dépassait pas 94 300 EUR l'année civile précédente (lorsque le chiffre d'affaires n'avait pas excédé 85 800 EUR la pénultième année). Pour les prestations de services (à l'exception des prestations d'hébergement et des ventes de produits alimentaires et de boissons à consommer sur place), le chiffre d'affaires annuel ne doit pas dépasser 34 400 EUR ou 36 500 EUR l'année civile précédente (à condition qu'il n'excède pas 34 400 EUR la pénultième année). Pour les activités réglementées d'avocats, les écrivains et les artistes, le chiffre d'affaires doit être inférieur à 44 500 EUR (le seuil est de 18 300 EUR pour les opérations des avocats réalisées en dehors du cadre de leurs activités réglementées). À titre expérimental, un seuil spécifique de 100 000 EUR a été adopté en Guadeloupe, en Martinique et à la Réunion jusqu'au 31 décembre 2022.

Grèce. Les entreprises dont le chiffre d'affaires annuel est inférieur à 10 000 EUR peuvent opter spontanément pour le Régime spécial pour les petites entreprises dans lequel elles ne sont pas tenues de collecter la TVA. Les nouvelles entreprises peuvent également bénéficier du Régime spécial lors de leur enregistrement. Les agriculteurs relevant du régime de taux forfaitaire ne peuvent pas bénéficier du Régime spécial pour les petites entreprises. Les petites entreprises qui bénéficient du régime spécial sont tenues de se rattacher au régime « normal » et de recouvrer la TVA dès que le montant des biens et services fournis dépasse le seuil (et elles sont assujetties à la TVA à hauteur du montant total de la vente). Lorsque la période administrative est inférieure à un an, alors la valeur des fournitures imposables aux fins de déterminer si l'entreprise peut bénéficier d'un régime spécial au cours de l'année suivante est calculée sur une base proportionnelle.

Irlande. Le seuil général de chiffre d'affaires pour la fourniture de biens est de 75 000 EUR. Les personnes qui fournissent des biens soumis aux taux réduits ou au taux normal qu'elles ont fabriqués ou produits à partir de matériaux soumis au taux zéro doivent s'enregistrer si leur chiffre d'affaires dépasse 37 500 EUR. Le seuil général de chiffre d'affaires pour la fourniture de services soit de 37 500 EUR. Les personnes qui fournissent à la fois des biens et des services et dont plus de 90 % du chiffre d'affaires provient de fournitures de biens (d'un type autre que celui indiqué à la phrase précédente) sont soumises au seuil applicable aux biens.

Israël. Les travailleurs indépendants qui réalisent des recettes annuelles inférieures à 102 292 NIS sont considérés comme des « opérateurs exemptés ». Certaines professions ne peuvent pas prétendre au statut d'opérateur exempté : agronome, architecte, ingénieur d'exécution, technicien, détective privé, avocat rabbinique, technicien dentaire, consultant en organisation, consultant en management, consultant scientifique, consultant en fiscalité, économiste, ingénieur, enquêteur, libraire, traducteur, agent d'assurance, avocat, comptable ou expert, propriétaire d'un laboratoire de chimie ou d'analyses médicales, artistes, diverses professions du show business, médecin, psychologue, physiothérapeute, chirurgien vétérinaire, dentiste, propriétaire d'autoécole, directeur d'école, agent ou courtier immobilier.

Italie. Le régime des micro-contribuables (« Regime forfetario ») s'applique aux entreprises individuelles dont les recettes encaissées ou la rémunération perçue l'année précédente sont inférieures à 65 000 EUR par an et dont les dépenses brutes afférentes aux employés n'excèdent pas 20 000 EUR. Le régime ne s'applique pas aux personnes qui sont membres de sociétés de personnes, d'associations professionnelles ou de SARL (sociétés à responsabilité limitée) et qui sont soumises aux « régimes de la transparence » pour l'impôt sur le revenu ; aux personnes dont l'activité consiste à vendre des immeubles ou des terrains ou des voitures ou des camions dans le cadre d'opérations intracommunautaires. Sont également exclues les entreprises qui ne sont pas établies en Italie, à l'exception de celles établies dans un autre état membre de l'UE ou dans un pays partenaire de l'Espace économique européen et produisent en Italie pour au moins 75 % de leurs recettes.

Japon. Les entreprises nationales et étrangères (sociétés et particuliers) dont les ventes imposables au Japon ne dépassent pas 10 000 000 JPY, de même que celles créées depuis moins de deux ans (à l'exception des filiales de certaines grandes entreprises) ne sont pas soumises à l'obligation de déposer une déclaration à l'impôt sur la consommation (JCT). Les entreprises exonérées peuvent opter pour être soumises au JCT, auquel cas elles doivent rester dans ce régime pendant au moins deux ans.

Luxembourg. Les assujettis établis au Luxembourg peuvent bénéficier du régime spécial ; l'exonération ne s'applique qu'aux biens et services fournis au Luxembourg. Les assujettis peuvent quitter le régime spécial, mais pour une durée minimale de cinq ans.

Norvège. Le seuil supérieur de 3 000 000 NOK s'applique à l'admission à des événements sportifs. Le seuil supérieur de 140 000 s'applique aux organismes caritatifs.

Pays-Bas. Le régime spécial pour les petites entreprises s'applique à toutes les entreprises, quelle que soit leur forme juridique, y compris les activités constituées en société (fondations, sociétés à responsabilité limitée).

Pologne. Le seuil d'enregistrement ne s'applique pas aux assujettis qui vendent certains types d'argent, d'or, de platine, de couteaux, couverts, bijoux, déchets de métaux non dangereux, collections de musée et pièces de monnaie) ; (b) des biens soumis à un droit d'accise, à quelques exceptions près ; (c) certains bâtiments, structures et leurs parties ; (d) des terrains constructibles ; (e) des moyens de transport neufs. Le seuil ne s'applique pas aux contribuables qui fournissent (a) des services juridiques ; (b) des services de consultants et d'experts, à quelques exceptions près ; (c) des services de joaillerie, ni aux contribuables non établis en Pologne. L'exonération ne s'applique pas à la fourniture de certains biens achetés en ligne comme les ordinateurs, les appareils ménagers électriques, les cosmétiques et les produits de toilette, ainsi que les pièces de rechange et accessoires destinés aux voitures et aux motocycles.

Portugal. Le seuil de collecte ne s'applique pas aux entreprises commerciales.

République tchèque. Un assujetti qui n'est pas établi en République tchèque doit s'immatriculer à la TVA dès le début de son activité imposable dans le pays, à l'exception des fournitures soumises au régime de l'autoliquidation ou au guichet unique de l'UE.

Suède. Le seuil ne s'applique pas aux contribuables qui ne sont pas établis en Suède ni aux contribuables enregistrés volontairement aux fins de la TVA pour la location de biens immeubles ou le commerce d'or à des fins d'investissement ni aux artistes. Depuis le 1er juillet 2022, le seuil a été porté à 80 000 SEK.

Suisse. Les seuils font référence au chiffre d'affaires mondial. Le seuil supérieur de 150 000 CHF s'applique aux associations sportives et culturelles à but non lucratif ainsi qu'aux institutions d'intérêt public.

Türkiye*. Certains petits contribuables individuels qui sont exonérés d'impôt sur le revenu des personnes physiques sont également exonérés de TVA.

Tableau d'annexe 2.A.6. Usage du régime de la marge

Pays	Usage du régime de la marge[1]
Allemagne	Prestations d'agences de voyages ; biens d'occasion, objets d'art, de collection ou d'antiquité (directive européenne)
Australie	Le régime de la marge bénéficiaire peut être utilisé pour certaines livraisons de biens immobiliers. La marge bénéficiaire s'entend comme la différence entre le prix de vente du bien toutes taxes comprises et son prix d'achat d'origine. Des règles spéciales s'appliquent dans certains cas tels que les transactions entre sociétés affiliées ou membres d'un groupe au titre de la TPS. Jeux d'argent et de hasard : la TPS s'applique à la marge définie comme le montant total engagé diminué de la valeur monétaire totale des gains ou prix. Livraisons de biens d'occasion lorsqu'elles sont réalisées par un assujetti-revendeur ayant opté pour une méthode comptable « globale ». Ce régime s'applique lorsque 1) les biens sont acquis auprès d'une personne non assujettie et sont détaillés en vue de la revente et 2) le revendeur exerce l'option d'appliquer la méthode globale pour une catégorie précise de biens d'occasion.
Autriche	Prestations d'agences de voyages ; biens d'occasion, objets d'art, de collection ou d'antiquité (directive européenne)
Belgique	Prestations d'agences de voyages ; biens d'occasion, objets d'art, de collection ou d'antiquité (directive européenne)
Canada	-
Chili	Vente, par un vendeur professionnel, de biens immobiliers anciens sur lesquels aucune taxe sur la valeur ajoutée n'a été payée. La base d'imposition correspond à l'écart entre le prix de vente et le prix d'achat. À cet effet, la valeur d'acquisition du bien doit être adaptée en fonction de la variation, en pourcentage, de l'indice des prix à la consommation au cours de la période comprise entre le mois qui précède l'achat et le mois qui précède la date de la vente. Toutefois, pour déterminer la base d'imposition de référence, la valeur du terrain prise en compte dans les deux opérations doit être déduite du prix d'achat et du prix de vente. À cette fin, le vendeur peut déduire du prix de vente la valeur commerciale attribuée au terrain à la date de l'opération. Une fois cette déduction effectuée, le vendeur doit déduire du prix d'achat du bien, un montant équivalent au pourcentage qui représente la valeur commerciale attribuée au terrain dans le prix de vente.
Colombie	La vente de véhicules d'occasion, les commissions perçues par Les intermédiaires pour la vente d'actifs fixes, la vente d'essence ; les services de nettoyage ; les services de cafétéria ; les services de sécurité avec l'autorisation de la Direction générale de la sécurité.
Corée	-
Costa Rica	Biens d'occasion. Les contribuables ont été identifiés selon le régime spécial applicable aux biens d'occasion.
Danemark	Prestations d'agences de voyages ; biens d'occasion, objets d'art, de collection ou d'antiquité (directive européenne)
Espagne	Prestations d'agences de voyages ; biens d'occasion, objets d'art, de collection ou d'antiquité (directive européenne)
Estonie	Prestations d'agences de voyages ; biens d'occasion, objets d'art, de collection ou d'antiquité (directive européenne)
Finlande	Prestations d'agences de voyages ; biens d'occasion, objets d'art, de collection ou d'antiquité (directive européenne)
France	Prestations d'agences de voyages ; biens d'occasion, œuvres d'art, objets de collection ou d'antiquité (directive européenne) ; vente de terrains constructibles ; vente d'un immeuble achevé depuis plus de cinq ans, lorsque l'option de paiement de la taxe n'est exercée.
Grèce	Prestations d'agences de voyages ; biens d'occasion, objets d'art, de collection ou d'antiquité (directive européenne), ventes aux enchères publiques
Hongrie	Prestations d'agences de voyages ; biens d'occasion, objets d'art, de collection ou d'antiquité (directive européenne)
Irlande	Prestations d'agences de voyages ; biens d'occasion, objets d'art, de collection ou d'antiquité (directive européenne) Application obligatoire du régime de la marge pour les organisateurs de ventes aux enchères publiques et les agences de voyages.
Islande	-
Israël	Vente de meubles d'occasion par un assujetti-revendeur agissant en tant que tel. Vente de véhicules à moteur, motocyclettes ou véhicules tout-terrain par un assujetti-revendeur agissant en tant que tel. Vente par un agent immobilier de biens immobiliers acquis auprès d'une personne autre qu'une organisation à but

	non lucratif, une institution financière ou un commerçant. Vente par un assujetti-revendeur de pièces et médailles acquises auprès d'une personne non assujettie (c'est-à-dire, n'exerçant pas une activité soumise à la TVA). Vente de timbres-poste et timbres fiscaux par un assujetti-revendeur agissant en tant que tel (activité considérée comme un service). Vente de monnaies, de titres ou d'autres instruments négociables, y compris lorsque les titres ou les instruments ont été acquis dans le but de collecter leur valeur de remboursement ou de liquidation, par un assujetti-revendeur agissant en tant que tel : l'activité est considérée comme un service de courtage rendu par le revendeur et intervenant entre le fournisseur du revendeur et le client du revendeur.
Italie	Prestations d'agences de voyages ; biens d'occasion, objets d'art, de collection ou d'antiquité (directive européenne)
Japon	-
Lettonie	Prestations d'agences de voyages ; biens d'occasion, objets d'art, de collection ou d'antiquité (directive européenne)
Lituanie	Prestations d'agences de voyages ; biens d'occasion, objets d'art, de collection ou d'antiquité (directive européenne)
Luxembourg	Prestations d'agences de voyages ; biens d'occasion, objets d'art, de collection ou d'antiquité (directive européenne)
Mexique	Vente de véhicules d'occasion acquis au préalable par une entreprise auprès d'un particulier.
Norvège	Application facultative du régime de la marge pour les biens d'occasion, objets d'art, de collection ou d'antiquité.
Nouvelle-Zélande	-
Pays-Bas	Prestations d'agences de voyages ; biens d'occasion, objets d'art, de collection ou d'antiquité (directive européenne)
Pologne	Prestations d'agences de voyages ; biens d'occasion, objets d'art, de collection ou d'antiquité (directive européenne)
Portugal	Prestations d'agences de voyages ; biens d'occasion, objets d'art, de collection ou d'antiquité (directive européenne) et livraisons de carburants par un détaillant.
République slovaque	Prestations d'agences de voyages ; biens d'occasion, objets d'art, de collection ou d'antiquité (directive européenne)
République tchèque	Prestations d'agences de voyages ; biens d'occasion, objets d'art, de collection ou d'antiquité (directive européenne)
Royaume-Uni	Prestations d'agences de voyages ; biens d'occasion, objets d'art, de collection ou d'antiquité.
Slovénie	Prestations d'agences de voyages ; biens d'occasion, objets d'art, de collection ou d'antiquité (directive européenne)
Suède	Prestations d'agences de voyages ; biens d'occasion, objets d'art, de collection ou d'antiquité (directive européenne)
Suisse	Objets de collection tels que les œuvres d'art, d'antiquité et autres ;
Türkiye	Prestations d'agences de voyages : les prestations sont exonérées de la TVA pour les voyages organisés/circuits se déroulant hors du territoire du pays et soumises à la TVA pour les voyages organisés/circuits se déroulant sur le territoire de la Türkiye. Livraisons de véhicules à moteur d'occasion ou d'immeubles (sans modification fondamentale de leur nature) par des contribuables actifs sur le marché des véhicules à moteur d'occasion ou des biens immeubles après qu'ils ont été acquis auprès de contribuables non assujettis à la TVA (y compris auprès de contribuables exonérés). La base d'imposition pour la livraison et l'importation de pièces et bijoux en or correspond au montant restant après déduction du lingot d'or.

Note :
1. Régime de la marge : régime de taxation dont la base d'imposition est constituée par la différence constatée entre le prix d'acquisition d'un bien par un assujetti et le prix de revente de ce bien, et non le prix de revente intégral. L'application du régime de la marge interdit au revendeur toute déduction de la TVA acquittée à l'achat du bien (TVA d'amont).
Source : Délégations nationales - Situation au 1er janvier 2022

Tableau d'annexe 2.A.7. Ratio de recettes de TVA (RRT) 2020

	Taux de TVA normal 2020	2000	2005	2006	2007	2008	2009	2010	2011	2012	2013	2014	2015	2016	2017	2018	2019	2020	Différence 2018 2020
Allemagne*	19	0.61	0.55	0.57	0.55	0.56	0.55	0.55	0.56	0.56	0.55	0.55	0.56	0.56	0.56	0.57	0.57	0.57	0
Australie	10		0.55	0.53	0.53	0.48	0.5	0.48	0.46	0.45	0.48	0.48	0.49	0.49	0.49	0.47	0.46	0.51	0.04
Autriche	20	0.61	0.58	0.57	0.58	0.59	0.58	0.58	0.58	0.59	0.58	0.58	0.59	0.59	0.6	0.6	0.6	0.58	-0.02
Belgique	21	0.51	0.5	0.51	0.51	0.49	0.47	0.49	0.48	0.48	0.47	0.47	0.46	0.47	0.47	0.47	0.47	0.45	-0.03
Canada	5	0.49	0.49	0.46	0.5	0.49	0.48	0.48	0.47	0.47	0.46	0.47	0.48	0.48	0.49	0.49	0.49	0.48	-0.02
Chili	19	0.65	0.68	0.66	0.7	0.73	0.62	0.65	0.66	0.66	0.66	0.65	0.66	0.64	0.65	0.66	0.64	0.64	-0.02
Colombie	13	0.35	0.42	0.47	0.45	0.48	0.43	0.44	0.49	0.46	0.41	0.42	0.41	0.38	0.37	0.38	0.39	0.35	-0.04
Corée	10	0.58	0.61	0.6	0.6	0.6	0.62	0.64	0.64	0.66	0.64	0.66	0.6	0.66	0.69	0.68	0.69	0.7	0.02
Costa Rica	19																0.43	0.45	0.45
Danemark	25	0.59	0.62	0.64	0.65	0.61	0.58	0.57	0.58	0.58	0.56	0.57	0.57	0.59	0.61	0.62	0.61	0.64	0.02
Espagne	21	0.52	0.56	0.56	0.52	0.41	0.29	0.44	0.38	0.4	0.39	0.41	0.43	0.43	0.44	0.45	0.44	0.42	-0.03
Estonie	20	0.71	0.7	0.82	0.81	0.67	0.74	0.67	0.68	0.69	0.67	0.7	0.73	0.73	0.75	0.75	0.74	0.72	-0.02
Finlande	24	0.61	0.61	0.61	0.6	0.58	0.56	0.55	0.56	0.56	0.55	0.55	0.54	0.55	0.56	0.57	0.57	0.58	0.01
France	20	0.51	0.52	0.52	0.51	0.5	0.47	0.48	0.48	0.48	0.48	0.48	0.49	0.49	0.5	0.51	0.51	0.49	-0.02
Grèce	24	0.45	0.47	0.46	0.48	0.46	0.39	0.45	0.38	0.37	0.36	0.38	0.39	0.44	0.43	0.44	0.43	0.38	-0.06
Hongrie	27	0.52	0.48	0.55	0.58	0.56	0.61	0.52	0.51	0.52	0.52	0.56	0.59	0.55	0.56	0.59	0.59	0.59	0
Irlande*	23	0.61	0.66	0.67	0.63	0.55	0.46	0.48	0.46	0.44	0.45	0.48	0.48	0.48	0.48	0.49	0.5	0.45	-0.05
Islande	24	0.58	0.61	0.63	0.59	0.51	0.44	0.42	0.42	0.43	0.43	0.44	0.51	0.53	0.57	0.54	0.5	0.46	-0.08
Israël	17	0.63	0.62	0.62	0.66	0.66	0.66	0.66	0.66	0.65	0.65	0.64	0.64	0.64	0.64	0.64	0.62	0.64	0.01
Italie	22	0.43	0.39	0.41	0.41	0.39	0.36	0.4	0.4	0.37	0.37	0.37	0.37	0.37	0.39	0.38	0.39	0.38	-0.01
Japon	10	0.68	0.7	0.7	0.68	0.67	0.66	0.68	0.68	0.69	0.7	0.69	0.73	0.72	0.72	0.72	0.69	0.71	-0.01
Lettonie	21	0.5	0.57	0.6	0.6	0.49	0.38	0.42	0.43	0.46	0.49	0.5	0.52	0.54	0.54	0.58	0.59	0.61	0.03
Lituanie	21	0.52	0.52	0.56	0.61	0.58	0.47	0.49	0.51	0.5	0.5	0.51	0.51	0.51	0.53	0.53	0.54	0.54	0.02
Luxembourg	17	0.66	0.82	0.79	0.92	0.91	0.92	0.93	0.98	1.03	1.08	1.15	0.74	0.76	0.77	0.76	0.76	0.77	0.01
Mexique	16	0.25	0.29	0.32	0.32	0.33	0.3	0.32	0.31	0.31	0.28	0.32	0.32	0.33	0.32	0.34	0.33	0.37	0.03
Norvège	25	0.67	0.57	0.61	0.63	0.57	0.55	0.56	0.56	0.57	0.57	0.56	0.56	0.57	0.57	0.58	0.57	0.6	0.02
Nouvelle-Zélande	17	0.97	1.01	1.02	0.95	0.96	0.96	1.09	0.92	0.93	0.93	0.95	0.95	0.94	0.96	0.95	0.95	1.02	0.07

	Taux de TVA normal 2020	2000	2005	2006	2007	2008	2009	2010	2011	2012	2013	2014	2015	2016	2017	2018	2019	2020	Différence 2018 2020
Pays-Bas	21	0.57	0.55	0.57	0.58	0.56	0.52	0.54	0.52	0.52	0.47	0.47	0.49	0.51	0.52	0.53	0.56	0.58	0.05
Pologne	23	0.42	0.47	0.5	0.53	0.5	0.45	0.47	0.48	0.43	0.43	0.44	0.44	0.45	0.49	0.51	0.51	0.51	0
Portugal	23	0.6	0.56	0.51	0.51	0.49	0.43	0.48	0.45	0.47	0.46	0.49	0.5	0.49	0.51	0.52	0.53	0.49	-0.03
République slovaque	22	0.43	0.61	0.58	0.53	0.53	0.47	0.46	0.49	0.43	0.47	0.49	0.52	0.5	0.52	0.52	0.53	0.51	-0.01
République tchèque	21	0.42	0.56	0.52	0.54	0.56	0.55	0.52	0.55	0.57	0.56	0.58	0.58	0.6	0.62	0.61	0.61	0.59	-0.02
Royaume-Uni	20	0.44	0.44	0.44	0.45	0.43	0.43	0.44	0.44	0.43	0.44	0.44	0.45	0.44	0.45	0.45	0.45	0.44	-0.02
Slovénie	22	0.68	0.67	0.68	0.69	0.68	0.59	0.59	0.59	0.57	0.59	0.58	0.58	0.58	0.59	0.6	0.58	0.54	-0.06
Suède	25	0.51	0.54	0.55	0.56	0.57	0.55	0.57	0.57	0.55	0.55	0.55	0.57	0.58	0.59	0.59	0.59	0.6	0.01
Suisse	7.7	0.73	0.72	0.73	0.72	0.73	0.69	0.71	0.69	0.7	0.7	0.69	0.68	0.67	0.68	0.68	0.67	0.68	0
Türkiye*	18	0.46	0.4	0.42	0.38	0.37	0.36	0.41	0.44	0.4	0.44	0.4	0.42	0.4	0.41	0.4	0.34		
Moyenne non pondérée		0.56	0.57	0.58	0.59	0.56	0.53	0.55	0.54	0.54	0.54	0.55	0.54	0.55	0.56	0.56	0.55	0.56	

Note :

Formule de calcul : Formule de RRT = Recettes de TVA/[(Consommation – recettes de TVA) × taux de TVA normal]. Consommation = Dépenses de consommation finale (rubrique P3) dans les comptes nationaux. Les taux de TVA utilisés sont les taux normaux en vigueur au 1er janvier de chaque année.

Série temporelle : Comme il n'existait pas de données dans tous les pays au-delà de 2020, le RRT n'a pas été calculé après cette date.

Canada : Le calcul du RRT inclut uniquement la TVA fédérale.

Canada, Japon et Nouvelle-Zélande. Les dépenses annuelles de consommation finale des comptes nationaux ont été corrigées pour assurer la concordance entre l'exercice budgétaire pour les recettes de TVA et l'année civile pour la consommation finale.

Israël. Quoique la TVA ait été instaurée en Israël en 1976, le RRT n'a été calculé qu'à partir de 1996 parce qu'il n'existe pas de statistiques sur les recettes fiscales avant cette année.

Japon : le taux normal de TVA utilisé pour calculer le RRT pour 2014 prend en compte la hausse de 8 % à 10 % intervenue le 1er avril 2014 (autrement dit utilise le taux moyen de TVA (5X3+8X9)/12=7.25 %).

Allemagne : le taux normal de TVA utilisé pour calculer le RRT pour 2020 prend en compte la baisse temporaire de 19 % à 16 % entre le 1er juillet et le 31 décembre 2020 (autrement dit utilise le taux moyen de TVA (6X19+6X16)/12=%).

Irlande : le taux normal de TVA utilisé pour calculer le RRT pour 2020 prend en compte la baisse temporaire de 23 % à 21 % entre le 1er septembre 2020 et le 28 février 2021(autrement dit utilise le taux de TVA moyen (23X8+21X4)/12=22.3 %).

Luxembourg : la valeur des dépenses de consommation dans la comptabilité nationale a été révisée à la hausse de 8 % en moyenne depuis 2010, ce qui implique une légère réduction du RRT pour les années antérieures à 2020 comparées aux éditions précédentes.

Türkiye : les données relatives aux dépenses de consommation pour 2020 n'étaient pas disponibles au moment de la préparation de la présente édition.

Source : OCDE.

Tableau d'annexe 2.A.8. Mécanismes de collecte de la TVA sur les fournitures transfrontières de services et de biens incorporels[1] par des fournisseurs non-résidents (« fournitures entrantes »)

Pays[5]	Régime du recouvrement de la TVA sur les fournitures entrantes de services et de biens incorporels par des fournisseurs non-résidents[2]	Seuil[4]
Allemagne	Régime de l'Union européenne (voir ci-dessous)	
Australie	***Fournitures B2C*** : le fournisseur non résident est tenu de s'identifier et de collecter la TPS. La **procédure simplifiée d'identification** et de déclaration **« pour paiement uniquement »** est possible ; la procédure normale d'identification à la TPS est autorisée pour les entreprises non résidentes. L'enregistrement entièrement numérique est possible uniquement pour la procédure simplifiée « pour paiement uniquement ». La désignation d'un représentant fiscal n'est pas exigée, mais elle est autorisée. Les **plateformes numériques**[6] (plateformes de distribution électronique) sont tenues de collecter la TPS sur les fournitures entrantes effectuées par leur intermédiaire (***Régime de la responsabilité intégrale***). **Fournitures B2B** : hors du champ d'application ; le client est redevable de la TPS due au titre du mécanisme d'autoliquidation uniquement si l'entreprise cliente ne peut prétendre au bénéfice de l'intégralité du crédit de TPS (fourniture supportant une taxe en amont ou destinée en partie à sa consommation personnelle). **Critères de distinction des fournitures B2C et B2B** : numéro d'immatriculation (Australian Business Number - ABN) du client ; et déclaration attestant que l'entreprise est enregistrée aux fins de la TPS. **Fournitures concernées par la règle applicable aux fournitures B2C**[3] : fournitures de services et de biens incorporels importés (tout ce qui diffère d'une livraison de biens ou de biens immobiliers), y compris les services numériques et non numériques, la musique, les vidéos, les téléchargements de logiciels, les services de comptables d'architectes ou de juristes). **Indicateurs utilisés pour déterminer le lieu d'imposition**[3] **B2C** : la fourniture est liée à l'Australie (elle s'adresse à un client qui est résident en Australie). **B2B** : statut de résidence fiscale du client (numéro d'immatriculation ou Australian Business Number - ABN). **Mise en application** : à compter du 1er juillet 2017	75 000 AUD (USD 51 000) Même règle que pour les fournisseurs nationaux
Autriche	Régime de l'Union européenne (voir ci-dessous)	
Belgique	Régime de l'Union européenne (voir ci-dessous)	
Canada	***Fournitures B2C*** : le fournisseur non résident est tenu de s'identifier et de collecter la TPS. La **procédure simplifiée d'identification** et de déclaration **« pour paiement uniquement »** est possible ; la procédure normale d'identification est autorisée pour les entreprises non résidentes.	30 000 CAD (25 000 USD) Même règle que pour les fournisseurs nationaux

Pays[5]	Régime du recouvrement de la TVA sur les fournitures entrantes de services et de biens incorporels par des fournisseurs non-résidents[2]	Seuil[4]
	L'enregistrement entièrement numérique est possible uniquement pour la procédure simplifiée « pour paiement uniquement ». La désignation d'un représentant fiscal n'est pas exigée, mais elle est autorisée. Les **plateformes numériques**[6] (opérateurs de plateformes de distribution) sont tenues de collecter la TPS sur les fournitures entrantes effectuées par leur intermédiaire (***Régime de la responsabilité intégrale***). ***Fournitures B2B*** : le client est redevable de la TPS due au titre du mécanisme d'autoliquidation. **Critères de distinction des fournitures B2C et B2B** : numéro d'identification à la TPS canadienne du client **Fournitures concernées par la règle applicable aux fournitures B2C**[3] : fournitures de services et de biens incorporels importés (tout ce qui diffère d'une livraison de biens ou de biens immobiliers). **Indicateurs utilisés pour déterminer le lieu d'imposition**[3] **B2C** : lieu de résidence habituelle du client. **B2B** : résidence du client aux fins de la TPS/TVH. **Mise en application** : à compter du 1er juillet 2021.	
Chili*	***Fournitures B2C*** : le fournisseur non résident est tenu de s'identifier et de collecter la TVA. La **procédure simplifiée d'identification** et de déclaration **« pour paiement uniquement »** est possible ; en outre, la procédure normale d'identification à la TVA est autorisée pour les fournisseurs non-résidents. L'enregistrement entièrement numérique est possible uniquement pour la procédure simplifiée « pour paiement uniquement ». La désignation d'un représentant fiscal n'est pas exigée, mais elle est autorisée. **Les plateformes numériques**[6] ne sont pas tenues de collecter la TVA sur les fournitures entrantes effectuées par leur intermédiaire mais ont plutôt une obligation de partage d'informations envers l'administration fiscale (***obligation de partage d'informations***). **Un régime de retenue à la source**[7] s'applique pour la collecte de la TVA sur les fournitures entrantes de services et de biens incorporels B2C lorsque le fournisseur n'est pas identifié à la TVA sur de telles prestations. ***Fournitures B2B*** : le client est redevable de la TVA due au titre du mécanisme d'autoliquidation. **Critères de distinction des fournitures B2C et B2B** : numéro d'immatriculation du client ; et déclaration attestant que l'entreprise est identifiée aux fins de la TVA. **Fournitures concernées par la règle applicable aux fournitures B2C**[3] : fournitures entrantes de contenus numériques pour les loisirs et le divertissement comme les vidéos, la musique, les jeux et autres contenus analogues, les magazines numériques, les journaux et les livres, la fourniture de logiciels, stockage, ou plateformes ou infrastructures informatiques. **Indicateurs utilisés pour déterminer le lieu d'imposition**[3] **B2C** : la prestation est exécutée ou utilisée au Chili (dispositions législatives), à savoir que deux des éléments suivants indiquent un	Pas de seuil d'enregistrement

Pays[5]	Régime du recouvrement de la TVA sur les fournitures entrantes de services et de biens incorporels par des fournisseurs non-résidents[2]	Seuil[4]
	lien avec le Chili : adresse IP ou autre méthode de géolocalisation, adresse de facturation ou d'expédition fournie, utilisation d'une carte SIM avec le code pays du Chili (textes d'application). **B2B** : statut de résidence fiscale du client (numéro d'identification fiscale). **Mise en application** : à compter du 1er juillet 2021.	
Colombie	***Fournitures B2C*** : le fournisseur non résident est tenu de s'identifier et de collecter la TVA. La **procédure simplifiée d'identification** et de déclaration **« pour paiement uniquement »** est possible ; en outre, la procédure normale d'identification à la TVA est autorisée pour les fournisseurs non-résidents. L'enregistrement entièrement numérique est possible uniquement pour la procédure simplifiée « pour paiement uniquement ». La désignation d'un représentant fiscal n'est pas exigée. Les **plateformes numériques** sont tenues de collecter la TVA sur les fournitures entrantes effectuées par leur intermédiaire (***Régime de la responsabilité intégrale***). **Un régime de retenue à la source**[7] s'applique pour la collecte de la TVA sur les fournitures entrantes de services et de biens incorporels B2C lorsque le fournisseur opte à titre volontaire pour l'utilisation de ce mécanisme. Le prélèvement à la source est confié à des intermédiaires financiers pour une liste de prestataires fournie par l'administration fiscale. ***Fournitures B2B*** : le client est redevable de la TVA due au titre du mécanisme d'autoliquidation. **Critères de distinction des fournitures B2C et B2B** : numéro d'identification à la TVA colombienne du client **Fournitures concernées par la règle applicable aux fournitures B2C**[3]: fournitures de services et de biens incorporels importés exécutées par le biais du commerce électronique. **Indicateurs utilisés pour déterminer le lieu d'imposition**[3] **B2C** : le client est résident fiscal en Colombie. **B2B** : statut de résidence fiscale du client (numéro d'identification à la TVA de la Colombie). **Mise en application** : à compter du 15 janvier 2019.	Pas de seuil d'enregistrement
Corée	***Fournitures B2C*** : le fournisseur non résident est tenu de s'identifier et de collecter la TVA. La **procédure simplifiée d'identification** et de déclaration **« pour paiement uniquement »** est possible ; en outre, la procédure normale d'identification est autorisée pour les entreprises non résidentes. L'enregistrement entièrement numérique est possible uniquement pour la procédure simplifiée « pour paiement uniquement ». La désignation d'un représentant fiscal n'est pas exigée. Les **plateformes numériques** sont tenues de collecter la TVA sur les fournitures entrantes effectuées par leur intermédiaire (***Régime de la responsabilité intégrale***).	Absence de seuil

Pays[5]	Régime du recouvrement de la TVA sur les fournitures entrantes de services et de biens incorporels par des fournisseurs non-résidents[2]	Seuil[4]
	Fournitures B2B : hors champ d'application. **Critères de distinction des fournitures B2C et B2B** : nature des services fournis et numéro d'immatriculation du client en Corée. **Fournitures concernées par la règle applicable aux B2C**[3]: « Services électroniques », tels qu'ils sont définis par la loi (applications, jeux, musique, films, documents électroniques, logiciels, etc.). **Indicateurs utilisés pour déterminer le lieu d'imposition**[3] **B2C** : la résidence du client est en Corée. **B2B :** sans objet. **Mise en application :** 1er juillet 2015.	
Costa Rica	***Fournitures B2C*** : le fournisseur non résident est tenu de s'identifier et de collecter la TVA. La **procédure simplifiée d'identification** et de déclaration **« pour paiement uniquement »** est possible ; la procédure normale d'identification à la TVA n'est pas autorisée pour les fournisseurs non-résidents. L'enregistrement entièrement numérique est possible uniquement pour la procédure simplifiée « pour paiement uniquement ». La désignation d'un représentant fiscal n'est pas exigée. Les **plateformes numériques** sont tenues de collecter la TVA sur les fournitures entrantes effectuées par leur intermédiaire (***Régime de la responsabilité intégrale***). **Un régime de retenue à la source**[7] s'applique pour la collecte de la TVA sur les fournitures entrantes de services et de biens incorporels B2C lorsque le fournisseur n'est pas identifié à la TVA sur de telles prestations. Les intermédiaires financiers ont une obligation de retenue à la source pour une liste de fournisseurs et d'intermédiaires financiers fournie par l'administration fiscale. ***Fournitures B2B :*** le client est redevable de la TVA due au titre du mécanisme d'autoliquidation si le fournisseur n'est pas identifié aux fins de la TVA. **Critères de distinction des fournitures B2C et B2B** : numéro d'identification à la TVA costaricaine du client **Fournitures concernées par la règle applicable aux fournitures B2C**[3] : fournitures de services et de biens incorporels importés (tout ce qui diffère d'une livraison de biens ou de biens immobiliers). **Indicateurs utilisés pour déterminer le lieu d'imposition**[3] **B2C** : la prestation est exécutée ou consommée dans le pays (dispositions législatives), autrement dit la prestation de services correspond au Costa Rica, le fournisseur sous-jacent d'un service d'intermédiation est établi au Costa Rica, la ligne fixe ou l'adresse IP du client correspond au Costa Rica, le carte SIM utilisée comporte le code pays du Costa Rica, l'adresse du client est située au Costa Rica ; le pays où la méthode de paiement a été émise (carte de crédit par exemple), ainsi que toute autre information en possession du fournisseur ou de l'intermédiaire permet d'identifier raisonnablement le lieu de consommation. En cas de conflit, l'ordre de priorité qui s'applique est l'ordre alphabétique.	Pas de seuil d'enregistrement

Pays[5]	Régime du recouvrement de la TVA sur les fournitures entrantes de services et de biens incorporels par des fournisseurs non-résidents[2]	Seuil[4]
	B2B : statut de résidence fiscale du client (numéro d'identification à la TVA du Costa Rica). **Mise en application** : à compter du 1er juillet 2019.	
Danemark	Régime de l'Union européenne (voir ci-dessous)	
Espagne	Régime de l'Union européenne (voir ci-dessous)	
Estonie	Régime de l'Union européenne (voir ci-dessous)	
Finlande	Régime de l'Union européenne (voir ci-dessous)	
France	Régime de l'Union européenne (voir ci-dessous)	
Grèce	Régime de l'Union européenne (voir ci-dessous)	
Hongrie	Régime de l'Union européenne (voir ci-dessous)	
Irlande	Régime de l'Union européenne (voir ci-dessous)	
Islande	***Fournitures B2C*** : le fournisseur non résident est tenu de s'identifier et de collecter la TVA. La **procédure simplifiée d'identification** et de déclaration **« pour paiement uniquement »** est possible ; en outre, la procédure normale d'identification à la TVA est autorisée pour les fournisseurs non-résidents. L'enregistrement entièrement numérique est possible uniquement pour la procédure simplifiée « pour paiement uniquement ». La désignation d'un représentant fiscal n'est pas exigée. Les **plateformes numériques** sont tenues de collecter la TVA sur les fournitures entrantes effectuées par leur intermédiaire (***Régime de la responsabilité intégrale***). ***Fournitures B2B*** : exonération si le client peut prétendre au bénéfice d'une déduction intégrale. Faute de quoi, un mécanisme d'autoliquidation s'applique. **Critères de distinction des fournitures B2C et B2B** : numéro d'identification à la TVA du client **Fournitures concernées**[3]: services fournis par voie électronique et services non numériques comme les services de consultants, de juristes, de comptables et autres services spécialisés de ce type. **Indicateurs utilisés pour déterminer le lieu d'imposition**[3] **B2C** : résidence habituelle du client **B2B** : emplacement du client (établissement permanent du client, numéro d'identification à la TVA en Islande). **Mise en application** : 1er novembre 2011.	2 millions ISK (14 600 USD) Même règle que pour les fournisseurs nationaux
Israël	***Fournitures B2C*** : le client doit autoévaluer la TVA.	Sans objet

Pays[5]	Régime du recouvrement de la TVA sur les fournitures entrantes de services et de biens incorporels par des fournisseurs non-résidents[2]	Seuil[4]
	Fournitures B2B : le client est redevable de la TVA due au titre du mécanisme d'autoliquidation. **Fournitures concernées**[3]**:** services, y compris les services numériques. **Critères de distinction des fournitures B2C et B2B** : numéro d'identification à la TVA du client **Indicateurs utilisés pour déterminer le lieu d'imposition**[3] **B2C et B2B** : la résidence du client est en Israël ou l'opération à un lien avec un actif en Israël. **Mise en application** : 1er novembre 2011.	
Italie	Régime de l'Union européenne (voir ci-dessous)	
Japon	***Fournitures B2C*** : le fournisseur non résident est tenu de s'identifier et de collecter la TVA. **La procédure normale d'identification est obligatoire.** Le prestataire de services non-résident, qui ne possède pas de succursale ou de bureau au Japon, doit désigner un **représentant fiscal** pour s'identifier aux fins de la TVA selon la procédure normale. Il n'existe pas de procédure d'enregistrement simplifiée. **Plateformes numériques.** Il n'existe pas de règles spéciales pour les plateformes numériques. Le fournisseur sous-jacent est tenu de collecter et de verser la taxe (**Régime reposant simplement sur l'enregistrement des vendeurs**). **Fournitures B2B** : le mécanisme d'autoliquidation s'applique : les entreprises étrangères doivent informer leurs clients japonais qu'ils (les clients) sont redevables de la TVA en vertu du mécanisme d'autoliquidation. **Critères de distinction des fournitures B2C et B2B** : nature des services fournis. **Fournitures concernées par la règle applicable aux B2C**[3] **:** « Services électroniques », tels qu'ils sont définis par la loi (livres numériques en ligne, jeux en ligne, musique, films, services de cloud, achats sur Internet ou site de vente aux enchères). **Indicateurs utilisés pour déterminer le lieu d'imposition**[3] **B2C et B2B** : la localisation du client (c'est-à-dire l'adresse ou le domicile s'il s'agit d'un particulier et le siège social ou l'établissement principal s'il s'agit d'une entreprise). **Mise en application** : 1er octobre 2015.	10 millions JPY (98.500 USD) Même règle que pour les fournisseurs nationaux
Lettonie	Régime de l'Union européenne (voir ci-dessous)	
Lituanie	Régime de l'Union européenne (voir ci-dessous)	
Luxembourg	Régime de l'Union européenne (voir ci-dessous)	
Mexique*	Fournitures B2C et B2B : le fournisseur non résident est tenu de s'identifier et de collecter la TVA. La **procédure simplifiée d'identification** et de déclaration **« pour paiement uniquement »** est possible ; en outre, la procédure normale d'identification est autorisée pour les fournisseurs non résidents.	Absence de seuil

Pays[5]	Régime du recouvrement de la TVA sur les fournitures entrantes de services et de biens incorporels par des fournisseurs non-résidents[2]	Seuil[4]
	La désignation d'un représentant fiscal est exigée. Les **plateformes numériques** sont tenues de collecter la TVA sur les fournitures entrantes effectuées par leur intermédiaire (**Régime de la responsabilité intégrale**). **Fournitures B2B :** le client doit appliquer le mécanisme d'autoliquidation si le fournisseur non résident n'est pas identifié au Mexique aux fins de la TVA. **Critères de distinction des fournitures B2C et B2B :** sans objet **Fournitures concernées :** fournitures numériques définies telles que les téléchargements ou l'accès à des images, films, textes, informations, vidéos, fichiers audio, musiques et jeux ainsi qu'à tout autre contenu multimédia, à l'exclusion cependant des livres numériques ou des versions électroniques des journaux et magazines. Les services numériques définis comprennent également l'enseignement, les tests ou exercices en ligne ainsi que les clubs et sites de rencontre en ligne. **Indicateurs utilisés pour déterminer le lieu d'imposition[3]** **B2C et B2B :** la fourniture a lieu au Mexique (législation primaire). Les fournisseurs non résidents peuvent utiliser des indicateurs pour déterminer le lieu où la fourniture a lieu, notamment : la localisation du consommateur, la localisation de l'adresse IP du système utilisé par le consommateur ; le pays d'émission ou d'enregistrement de la carte, le compte bancaire ou toute autre méthode de paiement utilisée ou le code pays de la carte SIM du téléphone mobile utilisé (législation secondaire). **Mise en application :** 1er juin 2020	
Norvège	**Fournitures B2C** : le fournisseur non résident est tenu de s'identifier et de collecter la TVA. La **procédure simplifiée d'identification** et de déclaration **« pour paiement uniquement »** est possible ; la procédure normale d'identification à la TVA est autorisée. L'identification entièrement numérique est possible uniquement pour la procédure simplifiée « pour paiement uniquement ». La désignation d'un représentant fiscal n'est pas exigée. Les **plateformes numériques** (plateformes de distribution électroniques) sont tenues de collecter la TVA sur les fournitures entrantes effectuées par leur intermédiaire **(Régime de la responsabilité intégrale**). **Fournitures B2B** : le mécanisme d'autoliquidation s'applique. **Opérations concernées par la règle applicable aux B2C[3]** : télécommunications, radiotélévision et services fournis par voie électronique (services électroniques). **Critères de distinction des fournitures B2C et B2B** : numéro d'identification à la TVA du client **Indicateurs utilisés pour déterminer le lieu d'imposition[3]** **B2C** : résidence habituelle du client.	50 000 NOK (5 000 USD) Même règle que pour les fournisseurs nationaux

Pays[5]	Régime du recouvrement de la TVA sur les fournitures entrantes de services et de biens incorporels par des fournisseurs non-résidents[2]	Seuil[4]
	B2B : localisation du client. **Mise en application** : 1er juillet 2011	
Nouvelle-Zélande	**Fournitures B2C :** le fournisseur non résident est tenu de s'identifier et de collecter la TPS. La **procédure simplifiée d'identification** et de déclaration **« pour paiement uniquement »** est possible ; la procédure normale d'identification est autorisée. L'identification entièrement numérique est possible uniquement pour la procédure simplifiée « pour paiement uniquement ». La désignation d'un représentant fiscal n'est pas exigée. Les **plateformes numériques** (plateformes de distribution électroniques) sont tenues de collecter la TPS sur les fournitures entrantes effectuées par leur intermédiaire (**Régime de la responsabilité intégrale**). **Fournitures B2B :** hors champ d'application ; un mécanisme d'autoliquidation s'applique si les prestations imposables de l'acheteur sont principalement des prestations exonérées de TPS (services financiers notamment) ou si les services sont destinés, en partie, à sa consommation personnelle. **Critères de distinction des fournitures B2C et B2B :** numéro d'identification à la TPS ou numéro d'immatriculation de l'entreprise en Nouvelle-Zélande. Le « Commissioner of Inland Revenue » peut prescrire ou accepter une autre méthode en raison de la nature du bien ou du service fourni, de la valeur du bien ou du service fourni et des modalités et conditions de la fourniture des services. **Fournitures concernées par la règle applicable aux B2C**[3] : services à distance, y compris les services numériques comme les livres numériques, la musique, les vidéos et téléchargements de logiciels, et les services non numériques comme les services d'assurance générale, de conseil et de comptabilité et les services juridiques. **Indicateurs utilisés pour déterminer le lieu d'imposition**[3] **B2C** : résidence fiscale du client. **B2B :** résidence fiscale du client. **Mise en application :** 1er octobre 2016	60 000 NZD (41 000 USD) Même règle que pour les fournisseurs nationaux
Pays-Bas	Régime de l'Union européenne (voir ci-dessous)	
Pologne	Régime de l'Union européenne (voir ci-dessous)	
Portugal	Régime de l'Union européenne (voir ci-dessous)	
République slovaque	Régime de l'Union européenne (voir ci-dessous)	
République tchèque	Régime de l'Union européenne (voir ci-dessous)	

Pays[5]	Régime du recouvrement de la TVA sur les fournitures entrantes de services et de biens incorporels par des fournisseurs non-résidents[2]	Seuil[4]
Royaume Uni*	**Fournitures B2C** : le fournisseur non résident est tenu de s'identifier et de collecter la TVA (procédure normale d'identification). Les **plateformes numériques** (places de marché électroniques) sont tenues de collecter la TPS sur les fournitures entrantes de services par voie électronique effectuées par leur intermédiaire (**Régime de la responsabilité intégrale**). **Fournitures B2B** : le mécanisme d'autoliquidation s'applique. **Critères de distinction des fournitures B2C et B2B** : numéro d'identification à la TVA du client ou autre preuve raisonnable que le client exerce une activité d'entreprise. **Fournitures concernées par la règle applicable aux B2C**[3] : services électroniques, de télécommunication et de radiodiffusion. **Indicateurs utilisés pour déterminer le lieu d'imposition**[3] **B2C** : résidence habituelle du client. **B2B** : localisation du client. **Mise en application :** 1er janvier 2021.	Absence de seuil
Slovénie	Régime de l'Union européenne (voir ci-dessous)	
Suède	Régime de l'Union européenne (voir ci-dessous)	
Suisse	***Fournitures B2C de services électroniques et de télécommunication*** : le fournisseur non résident est tenu de s'identifier aux fins de la TVA selon la procédure normale. **Procédure normale d'identification**. Il n'existe pas de procédure d'identification simplifiée. La désignation d'un représentant fiscal est exigée. **Plateformes numériques.** Il n'existe pas de règles spéciales pour les plateformes numériques. Le fournisseur sous-jacent est tenu de collecter et de verser la taxe (**Régime reposant simplement sur l'identification des vendeurs**). ***Fournitures B2B et autres fournitures B2C dont le lieu d'imposition est la Suisse en référence à la localisation du client :*** la plupart des fournitures de services et de biens incorporels importés sont imposées selon le mécanisme d'autoliquidation, sauf si le fournisseur non résident est identifié aux fins de la TVA (notamment pour la déclaration des fournitures B2C). NB : pour les fournitures B2C de services autres que les services électroniques et de télécommunication, le consommateur final en Suisse doit autoévaluer la TVA uniquement si le montant de ses achats excède 10 000 CHF par an. **Critères de distinction des fournitures B2C et B2B** : numéro d'identification à la TVA du client. **Indicateurs utilisés pour déterminer le lieu d'imposition**[3] **B2C** : résidence habituelle du client **B2B** : localisation du client **Mise en application** : 1er janvier 2010.	100 000 CHF (87 000 USD) Le seuil fait référence au chiffre d'affaires global du fournisseur. NB : jusqu'en 2018, le seuil de 100 000 CHF faisait référence aux fournitures pour lesquelles le lieu de livraison est réputé être situé sur le territoire de la Suisse

Pays[5]	Régime du recouvrement de la TVA sur les fournitures entrantes de services et de biens incorporels par des fournisseurs non-résidents[2]	Seuil[4]
Türkiye	**Fournitures B2C** : le fournisseur non résident est tenu de s'identifier et de collecter la TVA. La **procédure simplifiée d'identification** et de déclaration est possible ainsi que le droit de déduire la TVA sur les intrants. L'identification entièrement numérique est possible uniquement pour la procédure simplifiée d'identification. La désignation d'un représentant fiscal n'est pas exigée. Les **plateformes numériques** (places de marché électroniques) sont tenues de collecter la TPS sur les fournitures entrantes effectuées par leur intermédiaire (**Régime de la responsabilité intégrale**). **Fournitures B2B** : le mécanisme d'autoliquidation s'applique. **Fournitures concernées par la règle applicable aux B2C**[3] : services électroniques. **Critères de distinction des fournitures B2C et B2B** : numéro d'identification à la TVA du client **Indicateurs utilisés pour déterminer le lieu d'imposition**[3] **B2C** : résidence habituelle du client. **B2B :** localisation du client. Mise en application : 1er janvier 2018	Absence de seuil
Union européenne*	**Mécanisme de collecte de la TVA :** **Fournitures B2C** : le fournisseur non résident est tenu de s'identifier et de collecter la TVA. La **procédure simplifiée d'identification** et de déclaration **« pour paiement uniquement »** est possible ; la procédure normale d'identification est autorisée pour les entreprises non résidentes de l'UE au titre du mécanisme du « guichet unique » (One Stop Shop (OSS)). Un fournisseur extracommunautaire peut choisir de s'identifier aux fins de la TVA via le mécanisme du « guichet unique » pour collecter et verser la taxe due sur ses fournitures B2C dans tous les États membres de l'UE. L'identification et la déclaration entièrement numériques sont possibles uniquement pour la procédure simplifiée « pour paiement uniquement ». La désignation d'un représentant fiscal n'est pas exigée. **Fournitures B2B** : le mécanisme d'autoliquidation s'applique. **Critères de distinction des fournitures B2C et B2B** : numéro d'identification à la TVA du client. **Fournitures concernées par la règle applicable aux B2C**[3] : services électroniques, de télécommunication et de radiodiffusion. **Indicateurs utilisés pour déterminer le lieu d'imposition**[3] **B2C** : résidence habituelle du client.	Absence de seuil (10 000 EUR pour les fournitures intracommunautaires)

Pays[5]	Régime du recouvrement de la TVA sur les fournitures entrantes de services et de biens incorporels par des fournisseurs non-résidents[2]	Seuil[4]
	B2B : localisation du client. **Mise en application** : 2003 pour les fournisseurs extracommunautaires ; 2015 pour les fournisseurs intracommunautaires ; 2021pour le paquet TVA de l'UE couvrant également les fournitures intracommunautaires et les importations de biens de faible valeur au sein de l'UE.	

Note :
*Voir note pays correspondante.
1. Dans ce tableau :
L'expression « services et biens incorporels » désigne toute fourniture de services ou de biens incorporels par un fournisseur non résident (sans présence physique d'aucune sorte dans le pays du client).
L'expression « pour paiement uniquement » fait référence à un régime d'identification aux fins de la TVA destiné aux fournisseurs non-résidents, qui ne vise que la collecte de la TVA sur les fournitures de services et biens incorporels importés par ces fournisseurs, mais ne prévoit pas d'accorder à ces fournisseurs le droit de déduire la TVA supportée dans la juridiction d'imposition (bien qu'un remboursement ou une autre procédure de dégrèvement puisse être prévus).
2. Les fournitures présentées dans ce tableau sont celles qui sont visées par les Principes directeurs internationaux pour la TVA/TPS 3.1 à 3.4 et par le principe 3.6. Les prestations consommées sur place (Principe 3.5) et les fournitures de services et de biens incorporels soumis aux règles spécifiques du lieu d'imposition, notamment les fournitures de services directement liées à des biens immobiliers spécifiques, qui sont couvertes par les principes 3.7 et 3.8, ne sont donc pas prises en compte dans ce tableau. Pour les besoins du présent tableau, l'expression « plateforme numérique » fait référence aux plateformes qui permettent des interactions directes entre des acheteurs et des vendeurs, à l'aide de moyens électroniques.
3. Certaines juridictions peuvent limiter l'application des Principes directeurs internationaux pour la TVA/TPS 3.1 à 3.4 ou du principe 3.6 à certaines catégories de prestataires de services. D'autres méthodes de collecte de la TVA fondées sur le lieu d'imposition peuvent donc s'appliquer aux fournitures qui ne sont pas prises en compte dans cette définition.
4. Le seuil s'applique à l'identification des fournisseurs non résidents dans la juridiction d'imposition. Le montant en monnaie locale est converti en USD selon le taux à parité de pouvoir d'achat (PPA) pour le PIB de l'OCDE (2021).
e. Seules les taxes nationales sont prises en compte dans ce tableau. Les TVA infranationales en sont exclues.
6. Aux fins du présent tableau, le terme « plateformes numériques » est utilisé pour désigner de façon générique les plateformes qui permettent des interactions directes entre deux ou plusieurs clients ou groupes de participants, généralement des acheteurs et des vendeurs, à l'aide de moyens électroniques. Les plateformes numériques présentent deux caractéristiques essentielles : (i) chaque groupe de participants (acheteurs et vendeurs en ligne) est formé d'utilisateurs, donc de clients de la plateforme ayant une certaine importance, et (ii) la plateforme permet une interaction directe entre ces groupes de participants (ventes en ligne de biens ou de services).
7. Aux fins du présent tableau, un régime de retenue à la source s'entend de tout régime ou de toute mesure considérant les intermédiaires financiers, tels que les banques et les PSP, comme responsables de la collecte de la TVA sur les paiements effectués en contrepartie de services et de biens incorporels imposables.
Source : délégations nationales - Situation au 1er janvier 2022

Encadré d'annexe 2.A.4. Notes pays relatives au Tableau annexe 2.A.8. Mécanismes de collecte de la TVA sur les fournitures internationales de services et de biens incorporels[1] par des fournisseurs non résidents (« fournitures entrantes »)

Chili. Les fournisseurs non résidents qui fournissent des services numériques à des consommateurs finals (B2C) au Chili (à savoir des consommateurs qui ne sont pas identifiés au Chili aux fins de la TVA) doivent s'identifier selon le régime de simplifié d'identification et de déclaration « pour paiement uniquement ». L'enregistrement selon la procédure normale est également possible. Les plateformes numériques sont tenues de collecter la TVA sur les fournitures entrantes effectuées par leur intermédiaire et de verser la taxe au Chili. Les services concernés incluent notamment la fourniture de contenus numériques pour les loisirs et le divertissement, les logiciels et le stockage de données. Ces fournitures sont imposables au Chili à condition qu'elles soient « consommées dans le pays ». Les fournisseurs étrangers peuvent utiliser des critères permettant de déterminer de manière probante le lieu de consommation. Ces critères comprennent : l'emplacement de l'adresse IP du système utilisé par le consommateur (ou tout autre dispositif de géolocalisation) au moment de la souscription ou du paiement des services ; le pays d'émission ou d'enregistrement de la carte, du compte bancaire ou de toute autre méthode de paiement utilisée ; l'adresse de facturation ; et/ou le code pays de la carte SIM du téléphone mobile utilisé. Deux éléments de preuve non contradictoires sont exigés. Il n'y a pas de seuil d'identification et les fournisseurs étrangers sont en principe tenus de s'identifier dès la première vente à des consommateurs chiliens. Les fournitures B2B restent soumises au mécanisme d'autoliquidation si le consommateur est identifié au Chili aux fins de la TVA.

Mexique. Les fournisseurs non résidents qui fournissent des services numériques à des consommateurs B2B et B2C au Mexique doivent s'identifier selon le régime de collecte et d'identification simplifié « pour paiement uniquement ». L'identification ne donne pas le droit aux entreprises identifié es de déduire la TVA supportée au Mexique. L'identification ne crée pas un établissement stable aux fins de l'impôt sur le revenu au Mexique. Les plateformes numériques sont tenues de collecter la TVA sur les fournitures entrantes effectuées par leur intermédiaire et de la verser aux autorités fiscales mexicaines. Les services numériques concernés comprennent notamment les téléchargements ou l'accès à des images, films, textes, informations, vidéos, fichiers audio, musiques et jeux ainsi qu'à tout autre contenu multimédia, à l'exclusion cependant des livres numériques ou des versions électroniques des journaux et magazines. Les services numériques définis comprennent également l'enseignement, les tests ou exercices en ligne ainsi que les clubs et sites de rencontre en ligne. Ces prestations sont imposables au Mexique sous réserve qu'elles « soient fournies » dans le pays. Les fournisseurs non résidents peuvent utiliser des critères permettant de déterminer de manière probante le lieu de livraison de ces prestations. Ces critères comprennent : la localisation du consommateur, la localisation de l'adresse IP du système utilisé par le consommateur ; le pays d'émission ou d'enregistrement de la carte, le compte bancaire ou toute autre méthode de paiement utilisée ou le code pays de la carte SIM du téléphone mobile utilisé. Il n'y a pas de seuil d'identification et les fournisseurs non résidents sont en principe tenus de s'identifier dans les 30 jours suivant la première vente à des consommateurs mexicains. Les fournitures B2B restent soumises à un mécanisme d'autoliquidation si le consommateur non résident n'est pas identifié au Mexique aux fins de la TVA. Les fournisseurs non résidents doivent informer l'administration fiscale chaque mois du nombre de services fournis, en les classant par type de service et par prix, ainsi que du nombre de bénéficiaires et ils doivent conserver les dossiers correspondants. Sur demande de leurs entreprises clientes au Mexique, les fournisseurs non résidents sont tenus de délivrer la preuve des paiements reçus par les consommateurs, en indiquant explicitement et distinctement le montant de TVA acquitté (justifiant la demande de déduction de la taxe d'amont de ces entreprises clientes). En 2021, une mesure autorisant les administrations fiscales à bloquer temporairement l'accès aux services numériques des fournisseurs non résidents qui ne se conforment pas à certaines de leurs obligations en matière de TVA a été adoptée. L'application de cette mesure prévoit d'office un droit d'entendre le fournisseur affecté.

Royaume-Uni. Les fournisseurs étrangers de services électroniques, de télécommunication et de radiodiffusion B2C sont tenus de justifier, collecter et verser la TVA sur ces fournitures au Royaume-Uni lorsque le consommateur a sa résidence au Royaume-Uni. En outre, lorsque les services numériques sont fournis via une plateforme en ligne ou une place de marché, cette plateforme ou cette place de marché est réputée avoir reçu, puis réeffectué la fourniture en son nom propre. Les autres fournitures B2B sont soumises au mécanisme d'autoliquidation si le client est une entreprise du Royaume-Uni.

Union européenne. Dans le régime du mini-guichet unique en matière de TVA, les fournisseurs extracommunautaires (depuis 2003) et les fournisseurs intracommunautaires (depuis 2015) de services électroniques, de télécommunication et de radiodiffusion B2C internationaux étaient tenus de déclarer, collecter et verser la TVA sur ces fournitures dans l'État membre dans lequel le consommateur a sa résidence selon le régime simplifié d'identification et de collecte de la TVA. À compter du 1er juillet 2021, ce régime est élargi à l'ensemble des fournitures internationales de services B2C lorsque le lieu d'imposition se situe au sein de l'UE. Dans le cadre du système du guichet unique en matière de TVA, les entreprises intracommunautaires et extracommunautaires qui ne sont pas établies dans l'État membre d'imposition peuvent décider de s'identifier et de déclarer la TVA due sur ces fournitures dans un seul État membre. Alors qu'une entreprise intracommunautaire doit choisir l'État membre dans lequel elle est établie, une entreprise extracommunautaire peut choisir n'importe quel État membre. Cette mesure de simplification évite de s'identifier aux fins de la TVA dans tous les États membres dans lesquels le fournisseur étranger a des clients B2C. Les plateformes numériques (« places de marché ») peuvent être tenues de collecter, de déclarer et de verser la TVA due sur les fournitures B2C auxquelles elles participent. Ces plateformes peuvent avoir la possibilité de s'identifier et de déclarer la TVA par l'intermédiaire du guichet unique.

Tableau d'annexe 2.A.9. Régime de TVA applicable aux importations de biens de faible valeur

Pays	Régime de TVA[1]	Seuil d'exonération		
		Devise	En devise locale[2]	En USD[3]
Allemagne[4]	T	-	-	-
Australie*	T	-	-	-
Autriche	T	-	-	-
Belgique	T	-	-	-
Canada	E	CAD	20 (40)	16 (32)
Chili	E	USD	-	30
Colombie	E	USD	-	200
Corée*	E	USD	-	150
Costa Rica	E	USD	-	500
Danemark[4]	T	-	-	-
Espagne[4]	T	-	-	-
Estonie[4]	T	-	-	-
Finlande[4]	T	-	-	-
France[4]*	T	-	-	-
Grèce[4]	T	-	-	-
Hongrie[4]	T		-	-
Irlande[4]	T	-	-	-
Islande*	E	ISK	2 000	13
Israël*	E	USD	-	75
Italie[4]	T	-	-	-
Japon	E	JPY	10 000	100
Lettonie[4]	T	-	-	-
Lituanie[4]	T	-	-	-
Luxembourg[4]	T	-	-	-
Mexique*	E	USD	-	50
Norvège*	T	-	-	-
Nouvelle-Zélande*	T	-	-	
Pays-Bas[4]	T	-	-	
Pologne[4]*	T	-	-	-
Portugal[4]	T	-	-	-
République slovaque[4]	T	-	-	-
République tchèque[4]	T	-	-	-
Royaume Uni*	T	-	-	-
Slovénie[4]	T	-	-	-
Suède[4]*	T	-	-	-
Suisse*	E	CHF	65	59
Türkiye	T	-	-	-

Note :
* Voir les notes pays.
Ce tableau indique les seuils de collecte de la TVA en deçà desquels les importations de biens livrés de l'étranger à un client dans la juridiction considérée sont exonérées de TVA (seuil d'exonération de la TVA sur les importations de faible valeur). Il ne couvre pas d'autres scénarios d'importation tels que l'importation de biens échangés entre particuliers ou l'importation de biens dans les bagages personnels de voyageurs. Il est reconnu que les importations de biens soumis à des droits d'accise ne bénéficient généralement pas des exonérations de la TVA sur les importations de faible valeur.
1. Régime de TVA : cette colonne indique les circonstances dans lesquelles les importations de ces biens sont exonérées de TVA (E) ou assujetties à la TVA (T).
2. Pour le Chili, la Colombie, la Corée, le Costa Rica, Israël et le Mexique, la législation nationale n'indique pas le seuil en monnaie locale, mais uniquement en USD. Sauf mention contraire dans les notes par pays, le montant reflète la valeur intrinsèque des marchandises (hors fret, assurance et autres coûts et taxes).
3. Les montants sont convertis en USD selon le taux à parité de pouvoir d'achat (PPA) pour le PIB (2021).
d. Les États membres de l'UE sont liés par la législation européenne en matière de TVA et de droits de douane.
Source : délégations nationales. Situation au 1er janvier 2022.

Encadré d'annexe 2.A.5. Notes pays relatives au Tableau annexe 2.A.9 Régime de TVA applicable aux importations de biens de faible valeur

Australie. À compter du 1er juillet 2018, les fournisseurs étrangers qui vendent des biens de faible valeur (inférieure ou égale à 1 000 AUD) à des consommateurs en Australie sont tenus de s'identifier, de collecter et de verser la TPS sur ces biens si leur volume (et celui de toutes les autres fournitures assujetties) dépasse le seuil d'identification aux fins de la TPS fixé à 75 000 AUD par an. Les plateformes numériques (plates-formes de distribution électronique) et les « intermédiaires de re-livraison » sont tenus de collecter la TPS sur les fournitures entrantes effectuées par leur intermédiaire. Les fournisseurs étrangers/plateformes de distribution électronique/intermédiaires de re-livraison peuvent s'identifier aux fins de la TPS selon la procédure simplifiée « pour paiement uniquement ». Les fournitures B2B sont régies par les mêmes principes que les services et biens incorporels. Les autorités douanières collectent la TPS aux frontières sur les biens qui sont également soumis à des droits d'accise (alcools et produits du tabac notamment) et sur les biens, y compris les envois de biens, d'une valeur excédant 1 000 AUD).

Canada. À partir du 1er juillet 2020, le seuil applicable aux biens importés par messagerie du Mexique et des États-Unis est de 40 CAD. Le seuil est de 20 CAD pour toutes les autres importations assurées par les services postaux et de messagerie.

Corée. Le seuil est indiqué en USD dans la législation nationale. Les colis postaux et envois express sont exonérés si leur valeur ne dépasse pas 150 USD et si la quantité est telle que les autorités douanières reconnaissent que les biens sont destinés à un usage personnel.

Islande. Le seuil ne s'applique qu'à l'importation de biens par livraison express. Un seuil d'exonération de 1 500 ISK s'applique aux importations de biens par des importateurs identifiés aux fins de la TVA en Islande.

Israël. Le seuil est indiqué en USD dans la législation nationale. Les données statistiques concernant Israël sont fournies par les autorités israéliennes compétentes et sous leur responsabilité.

Mexique. Le seuil est indiqué en USD dans la législation nationale. Le seuil est fixé à 50 USD si l'importation est assurée par les services postaux ou par des services de messagerie.

Nouvelle-Zélande. À compter du 1er juillet 2019, les fournisseurs étrangers qui vendent des biens de faible valeur (inférieure ou égale à 1 000 NZD) à des consommateurs en Australie sont tenus de s'identifier, collecter et verser la TPS sur ces biens si leur volume (et celui de toutes les autres fournitures assujetties) dépasse le seuil d'identification aux fins de la TPS fixé à 60 000 NZD par an. Les plateformes numériques (places de marché et plateformes en ligne) sont tenues de collecter la TPS sur les fournitures livrées par leur intermédiaire. Les fournisseurs étrangers/places de marché et plateformes en ligne peuvent s'identifier aux fins de la TPS selon la procédure simplifiée « pour paiement uniquement ». Les autorités douanières collectent la TPS aux frontières sur les biens dont la valeur est supérieure à 1 000 NZD.

Norvège. À compter du 1er avril 2020, les fournisseurs étrangers de biens de faible valeur (inférieure ou égale à 3 000 NOK) qui sont importés et livrés à des consommateurs en Norvège sont tenus de s'identifier, de collecter et de verser la TVA sur ces fournitures en Norvège si leur volume dépasse le seuil d'identification aux fins de la TVA fixé à 50 000 NOK par an (seuil identique à celui applicable aux opérateurs locaux). Les fournisseurs étrangers dont le volume de fournitures concernées dépasse le seuil doivent s'identifier et déclarer la TVA dès la première livraison. Les plateformes numériques (places de marché) doivent collecter la TVA sur les fournitures livrées par leur intermédiaire. Les fournisseurs étrangers/places de marché en ligne peuvent s'identifier selon le régime simplifié « pour paiement uniquement » (VOEC). Les importations de biens d'une valeur supérieure ou égale à 3 000 NOK, de produits alimentaires, biens restreints et biens soumis à des droits d'accise sont exclus du champ d'application du régime simplifié VOEC. La TVA sur ces biens ainsi que les autres droits applicables (droits d'accise et droits de douane) seront recouvrés aux frontières.

Royaume-Uni. Le 1er janvier 2021, l'exonération de TVA à l'importation pour les biens d'une valeur inférieure ou égale à 15 GBP a été supprimée et ces biens sont désormais soumis à la TVA. La manière dont la TVA est collectée sur les biens importés dépend de la valeur et de la nature de l'envoi. Les biens de faible valeur (d'une valeur inférieure ou égale à 135 GPB) importés sont désormais soumis à la TVA au point de vente, et non à la frontière.

- Un vendeur, ou une place de marché en ligne qui facilite la livraison, doit être identifié aux fins de la TVA, facturer la TVA au point de vente et déclarer la TVA sur sa déclaration de TVA.
- Lorsqu'une livraison est destinée à une entreprise identifiée aux fins de la TVA, le vendeur ou la place de marché en ligne ne doit pas facturer la TVA, mais le client peut la déclarer sur sa déclaration de TVA.
- Les envois d'une valeur supérieure à 135 GPB, de même que les envois, quelle qu'en soit la valeur, contenant des biens soumis à accises ou des biens non commerciaux (cadeaux) restent soumis à la TVA à l'importation prélevée à la frontière.

Suisse. L'importation de biens en Suisse est exonérée de TVA lorsque le montant de la taxe due sur ces importations est inférieur ou égal à 5 CHF. Pour faciliter la comparaison, le seuil équivalent avec le taux de TVA standard est indiqué dans le tableau ci-dessus et s'élève à 65 CHF × TVA 7.7 %= 5 CHF. En ce qui concerne les biens assujettis à un taux réduit de 2.5 % (par exemple, les livres), le seuil de 5 CHF n'est atteint qu'à partir d'un montant de fournitures supérieur ou égal à 200 CHF. Cependant, tout vendeur de ce type de biens à des consommateurs en Suisse pour un montant annuel de 100 000 CHF est considéré comme un fournisseur de biens assujettis en Suisse et il doit s'identifier, collecter et verser la TVA sur ces fournitures.

Union européenne. À compter du 1er juillet 2021, le seuil d'exonération de TVA pour les importations de biens de faible valeur a été supprimé et ces biens sont désormais soumis à la TVA. La TVA sur les livraisons de biens de faible valeur (à savoir les biens d'une valeur inférieure à 150 EUR) qui sont importés et livrés à des consommateurs au sein de l'UE peut être prélevée de deux manières par le fournisseur ou par la plateforme numérique (si la livraison est facilitée par la plateforme numérique – interface électronique).

- Le fournisseur/la plateforme numérique peut s'identifier, collecter et verser la TVA selon un régime simplifié « pour paiement uniquement » (guichet unique à l'importation - IOSS) dans l'État membre de son choix (Cette mesure de simplification évite de s'identifier aux fins de la TVA dans tous les États membres dans lesquels des biens de faible valeur sont fournis à des consommateurs). Cependant, seuls les fournisseurs/plateformes numériques établis au sein de l'UE peuvent s'identifier directement selon ce mécanisme alors que les fournisseurs/plateformes numériques établis hors de l'UE doivent s'identifier via un intermédiaire établi dans l'UE. Exception à cette règle, les fournisseurs/plateformes numériques établis dans un pays avec lequel l'UE a conclu un accord d'assistance mutuelle et qui effectuent des ventes à distance de biens depuis ce pays tiers peuvent aussi s'identifier directement. Dans le cadre de ce mécanisme, le fournisseur/la plateforme numérique facturera la TVA directement au client au moment de la vente et la versera à l'administration fiscale. Aucune TVA ne sera collectée à la frontière. Il n'y a pas de seuil d'identification et les fournisseurs/plateformes numériques utilisant le guichet unique à l'importation sont tenus de s'identifier et de déclarer la TVA dès la première vente.
- Le fournisseur/la plateforme numérique peut opter pour la procédure douanière habituelle et choisir que ce soit le déclarant en douane (généralement l'opérateur postal, la société de courrier ou un commissionnaire en douane) qui collecte la TVA à l'importation (ainsi, éventuellement que les frais de dédouanement) auprès du consommateur final au moment de la livraison.

Tableau d'annexe 2.A.10. Possibilité de remboursement ou d'exonération de la TVA pour les entreprises non résidentes

Pays	Accès des entreprises étrangères à un mécanisme de remboursement ou d'exonération de la TVA	Approche[2]	Exigence de réciprocité	Possibilité de déduction de la TVA selon le régime administratif et d'identification simplifié[1]
Allemagne	Oui	Remboursement prévu par un mécanisme de remboursement direct (sans identification, ni représentant fiscal) ou d'identification directe à la TVA : • Entreprises établies dans l'UE : remboursements effectués conformément à la directive 2008/9/CE de l'Union européenne ; • Entreprises établies en dehors de l'UE : remboursements effectués conformément à la 13e directive de l'Union européenne.	Oui : remboursements prévus uniquement pour les entreprises établies dans l'UE et dans les pays avec lesquels l'Allemagne a signé un accord de réciprocité.	Non (identification « pour paiement uniquement »)
Australie	Oui	Remboursement prévu pour les entreprises identifiées autres que les entreprises non résidentes qui s'identifient selon le système d'identification simplifié « pour paiement uniquement ».	Non	Non (identification « pour paiement uniquement »)
Autriche	Oui	Remboursement prévu par un mécanisme de remboursement direct (sans identification, ni représentant fiscal) ou d'identification directe à la TVA : • Entreprises établies dans l'UE : remboursements effectués conformément à la directive 2008/9/CE de l'Union européenne ; • Entreprises établies en dehors de l'UE : remboursements effectués conformément à la 13e directive de l'Union européenne. Pas de remboursement de TVA pour les achats de carburant.	Non	Non (identification « pour paiement uniquement »)

Pays	Accès des entreprises étrangères à un mécanisme de remboursement ou d'exonération de la TVA	Approche[2]	Exigence de réciprocité	Possibilité de déduction de la TVA selon le régime administratif et d'identification simplifié[1]
Belgique	Oui	Remboursement prévu par un mécanisme de remboursement direct (sans identification, ni représentant fiscal) ou d'identification directe à la TVA : • Entreprises établies dans l'UE : remboursements effectués conformément à la directive 2008/9/CE de l'Union européenne ; • Entreprises établies en dehors de l'UE : remboursements effectués conformément à la 13e directive de l'Union européenne.	Non	Non (identification « pour paiement uniquement »)
Canada	Oui	Exonération par l'application du taux zéro le cas. À défaut, les types d'exonération suivants peuvent être accordés (critère fondé sur les faits et circonstances) : • La TVA n'est pas appliquée à une entreprise étrangère au titre d'une fourniture de biens au Canada qui, par ailleurs, serait imposable, dès lors que le fournisseur de cette entreprise étrangère reçoit un « certificat de livraison directe » d'une personne identifiée aux fins de la TVA qui reçoit physiquement les biens vendus ; • Une entreprise étrangère est autorisée à « répercuter » la TVA acquittée lors de l'importation de biens au Canada ou payée à une personne immatriculée à la TVA sur son client ou fournisseur immatriculé à la TVA afin que celui-ci puisse à son tour la récupérer lorsqu'il établit sa déclaration de TVA.	Non	Non
Chili	Non	N/C	N/C	Non (identification « pour paiement uniquement »)
Colombie	Non	N/C	N/C	Non (identification « pour paiement uniquement »)

Pays	Accès des entreprises étrangères à un mécanisme de remboursement ou d'exonération de la TVA	Approche[2]	Exigence de réciprocité	Possibilité de déduction de la TVA selon le régime administratif et d'identification simplifié[1]
Corée	Oui	Remboursement possible par un mécanisme de remboursement direct (sans identification, ni représentant fiscal).	Oui : remboursements prévus uniquement pour les entreprises étrangères, sur une base de réciprocité.	Non
Costa Rica[4]	Non	N/C	N/C	Non (identification « pour paiement uniquement »)
Danemark	Oui	Remboursement prévu par un mécanisme de remboursement direct (sans identification, ni représentant fiscal) ou d'identification directe à la TVA : • Entreprises établies dans l'UE : remboursements effectués conformément à la directive 2008/9/CE de l'Union européenne ; • Entreprises établies en dehors de l'UE : remboursements effectués conformément à la 13e directive de l'Union européenne.	Non	Non (identification « pour paiement uniquement »)
Espagne[3]	Oui	Remboursement prévu par un mécanisme de remboursement direct (sans identification, ni représentant fiscal) ou d'identification directe à la TVA : • Entreprises établies dans l'UE : remboursements effectués conformément à la directive 2008/9/CE de l'Union européenne ; • Entreprises établies en dehors de l'UE : remboursements effectués conformément à la 13e directive de l'Union européenne.	Oui : remboursements prévus uniquement pour les entreprises établies dans l'UE, au Canada, en Israël, au Japon, à Monaco, en Norvège et en Suisse en désignant un représentant aux fins de la TVA en Espagne.	Non (identification « pour paiement uniquement »)

Pays	Accès des entreprises étrangères à un mécanisme de remboursement ou d'exonération de la TVA	Approche[2]	Exigence de réciprocité	Possibilité de déduction de la TVA selon le régime administratif et d'identification simplifié[1]
Estonie	Oui	Remboursement prévu par un mécanisme de remboursement direct (sans identification, ni représentant fiscal) ou d'identification directe à la TVA : • Entreprises établies dans l'UE : remboursements effectués conformément à la directive 2008/9/CE de l'Union européenne ; • Entreprises établies en dehors de l'UE : remboursements effectués conformément à la 13e directive de l'Union européenne.	Oui : les remboursements ne sont prévus que pour les entreprises établies dans l'UE et pour les pays qui remboursent la TVA aux entreprises estoniennes.	Non (identification « pour paiement uniquement »)
Finlande	Oui	Remboursement prévu par un mécanisme de remboursement direct (sans identification, ni représentant fiscal) ou d'identification directe à la TVA : • Entreprises établies dans l'UE : remboursements effectués conformément à la directive 2008/9/CE de l'Union européenne ; • Entreprises établies en dehors de l'UE : remboursements effectués conformément à la 13e directive de l'Union européenne.	Non	Non (identification « pour paiement uniquement »)
France	Oui	Remboursement prévu par un mécanisme de remboursement direct (sans identification, ni représentant fiscal) ou d'identification directe à la TVA : • Entreprises établies dans l'UE : remboursements effectués conformément à la directive 2008/9/CE de l'Union européenne ; • Entreprises établies en dehors de l'UE : remboursements effectués conformément à la 13e directive de l'Union européenne.	Non	Non (identification « pour paiement uniquement »)

Pays	Accès des entreprises étrangères à un mécanisme de remboursement ou d'exonération de la TVA	Approche[2]	Exigence de réciprocité	Possibilité de déduction de la TVA selon le régime administratif et d'identification simplifié[1]
Grèce	Oui	Remboursement prévu par un mécanisme de remboursement direct (sans identification, ni représentant fiscal) ou d'identification directe à la TVA : • Entreprises établies dans l'UE : remboursements effectués conformément à la directive 2008/9/CE de l'Union européenne (système électronique) ; • Entreprises établies en dehors de l'UE : remboursements effectués conformément à la 13e directive de l'Union européenne (système sur support papier).	Oui : remboursements prévus uniquement pour les entreprises établies dans l'UE, en Norvège, au Royaume-Uni et en Suisse.	Non (identification « pour paiement uniquement »)
Hongrie	Oui	Remboursement prévu par un mécanisme de remboursement direct (sans identification, ni représentant fiscal) ou d'identification directe à la TVA : • Entreprises établies dans l'UE : remboursements effectués conformément à la directive 2008/9/CE de l'Union européenne ; • Entreprises établies en dehors de l'UE : remboursements effectués conformément à la 13e directive de l'Union européenne.	Oui : remboursements prévus uniquement pour les entreprises établies dans l'UE, au Liechtenstein, en Suisse et en Norvège. La Serbie et la Türkiye (pour la Türkiye, uniquement en ce qui concerne la fourniture de carburant, les services de péage routier, les fournitures en lien avec l'entretien de véhicules acquis pour assurer le transport de marchandises ou de passagers ; et les fournitures acquises en vue de participer en tant qu'exposant à des salons commerciaux, foires et expositions). Royaume-Uni (conformément au protocole sur le Brexit)	Non (identification « pour paiement uniquement »)
Irlande	Oui	Remboursement prévu par un mécanisme de remboursement direct (sans identification, ni représentant fiscal) ou d'identification directe à la TVA : • Entreprises établies dans l'UE : remboursements effectués conformément à la directive 2008/9/CE de l'Union européenne ; • Entreprises établies en dehors de l'UE : remboursements effectués conformément à la 13e directive de l'Union européenne.	Non	Non (identification « pour paiement uniquement »)

Pays	Accès des entreprises étrangères à un mécanisme de remboursement ou d'exonération de la TVA	Approche[2]	Exigence de réciprocité	Possibilité de déduction de la TVA selon le régime administratif et d'identification simplifié[1]
Islande	Oui	Remboursement possible par un mécanisme de remboursement direct (sans identification, ni représentant fiscal).	Non	N/C
Israël	Non	N/C	N/C	N/C
Italie	Oui	Remboursement prévu par un mécanisme de remboursement direct (sans identification, ni représentant fiscal) ou d'identification directe à la TVA : • Entreprises établies dans l'UE : remboursements effectués conformément à la directive 2008/9/CE de l'Union européenne ; • Entreprises établies en dehors de l'UE : remboursements effectués conformément à la 13e directive de l'Union européenne.	Oui : remboursements prévus uniquement pour les entreprises établies dans l'UE, en Israël, en Norvège et en Suisse.	Non (identification « pour paiement uniquement »)
Japon	Oui	Une entreprise non établie doit désigner un représentant fiscal résident et choisir d'être considérée comme une entreprise imposable.	Non	Non
Lettonie	Oui	Remboursement prévu par un mécanisme de remboursement direct (sans identification, ni représentant fiscal) ou d'identification directe à la TVA : • Entreprises établies dans l'UE : remboursements effectués conformément à la directive 2008/9/CE de l'Union européenne ; • Entreprises établies en dehors de l'UE : remboursements effectués conformément à la 13e directive de l'Union européenne.	Oui : les remboursements ne sont prévus que pour les entreprises établies dans l'UE et pour les pays qui remboursent la TVA aux entreprises lettones.	Non (identification « pour paiement uniquement »)

Pays	Accès des entreprises étrangères à un mécanisme de remboursement ou d'exonération de la TVA	Approche[2]	Exigence de réciprocité	Possibilité de déduction de la TVA selon le régime administratif et d'identification simplifié[1]
Lituanie	Oui	Remboursement prévu par un mécanisme de remboursement direct (sans identification, ni représentant fiscal) ou d'identification directe à la TVA : • Entreprises établies dans l'UE : remboursements effectués conformément à la directive 2008/9/CE de l'Union européenne ; • Entreprises établies en dehors de l'UE : remboursements effectués conformément à la 13e directive de l'Union européenne.	Oui : les remboursements ne sont prévus que pour les entreprises établies dans l'UE et pour les pays qui remboursent la TVA aux entreprises lituaniennes. Les remboursements sont également prévus pour les entreprises établies dans des pays membres de l'OCDE qui n'appliquent pas la TVA ni une taxe similaire.	Non (identification « pour paiement uniquement »)[2]
Luxembourg	Oui	Remboursement prévu par un mécanisme de remboursement direct (sans identification, ni représentant fiscal) ou d'identification directe à la TVA : • Entreprises établies dans l'UE : remboursements effectués conformément à la directive 2008/9/CE de l'Union européenne ; • Entreprises établies en dehors de l'UE : remboursements effectués conformément à la 13e directive de l'Union européenne.	Non	Non (identification « pour paiement uniquement »)
Mexique	Non	N/C	N/C	Non (identification « pour paiement uniquement »)
Norvège	Oui	Remboursement possible par un mécanisme de remboursement direct (sans identification, ni représentant fiscal).	Non	Non (identification « pour paiement uniquement »)
Nouvelle-Zélande	Oui	Taux zéro applicable à la plupart des fournitures à des non-résidents. Toutefois, les entreprises non-résidentes qui n'effectuent pas de prestations imposables en Nouvelle-Zélande peuvent s'identifier aux fins de la TPS et en demander le remboursement en Nouvelle-Zélande, sous plusieurs conditions : (1) l'entreprise non résidente doit	Non	Non (identification « pour paiement uniquement ») Les fournisseurs étrangers peuvent choisir d'effectuer une identification complète leur permettant de demander

Pays	Accès des entreprises étrangères à un mécanisme de remboursement ou d'exonération de la TVA	Approche[2]	Exigence de réciprocité	Possibilité de déduction de la TVA selon le régime administratif et d'identification simplifié[1]
		s'identifier à la TPS ou à la TVA dans son propre pays ; (2) le remboursement de la TPS résultant de la première déclaration de TPS doit être supérieur à 500 NZD ; (3) le droit au remboursement de la TPS sur les intrants n'est possible que si l'entreprise non résidente a payé les dépenses ; (4) l'entreprise non résidente ne peut pas créer un groupe au titre de la TPS avec des entités résidentes en Nouvelle-Zélande sauf si elle est identifiée au titre de la TPS selon les règles normales ; (5) l'entreprise non résidente ne doit pas fournir des services susceptibles d'être utilisés, en Nouvelle-Zélande, par une personne qui n'est pas identifiée au titre de la TPS ; (6) l'autorité fiscale n'est tenue légalement de rembourser la TPS que 90 jours après le dépôt de la déclaration de TPS.		le remboursement de la TPS sur les coûts supportés en Nouvelle-Zélande.
Pays-Bas	Oui	Remboursement prévu par un mécanisme de remboursement direct (sans identification, ni représentant fiscal) ou d'identification directe à la TVA : • Entreprises établies dans l'UE : remboursements effectués conformément à la directive 2008/9/CE de l'Union européenne ; • Entreprises établies en dehors de l'UE : remboursements effectués conformément à la 13e directive de l'Union européenne.	Non	Non (identification « pour paiement uniquement »)
Pologne	Oui	Remboursement prévu par un mécanisme de remboursement direct (sans identification, ni représentant fiscal) ou d'identification directe à la TVA : • Entreprises établies dans l'UE : remboursements effectués conformément à la directive 2008/9/CE de l'Union européenne ;	Oui : les remboursements ne sont prévus que pour les entreprises établies dans l'UE et pour les pays qui remboursent la TVA aux entreprises polonaises.	Non (identification « pour paiement uniquement »)

Pays	Accès des entreprises étrangères à un mécanisme de remboursement ou d'exonération de la TVA	Approche[2]	Exigence de réciprocité	Possibilité de déduction de la TVA selon le régime administratif et d'identification simplifié[1]
		• Entreprises établies en dehors de l'UE : remboursements effectués conformément à la 13e directive de l'Union européenne.		
Portugal	Oui	Remboursement prévu par un mécanisme de remboursement direct : • Entreprises établies dans l'UE : remboursements effectués conformément à la directive 2008/9/CE de l'Union européenne ; • Entreprises établies en dehors de l'UE : remboursements effectués conformément à la 13e directive de l'Union européenne par la désignation d'un représentant aux fins de la TVA au Portugal.	Oui : les remboursements ne sont prévus que pour les entreprises établies dans l'UE et pour les pays qui remboursent la TVA aux entreprises portugaises.	Non (identification « pour paiement uniquement »)
République slovaque	Oui	Remboursement prévu par un mécanisme de remboursement direct (sans identification, ni représentant fiscal) ou d'identification directe à la TVA : • Entreprises établies dans l'UE : remboursements effectués conformément à la directive 2008/9/CE de l'Union européenne ; • Entreprises établies en dehors de l'UE : remboursements effectués conformément à la 13e directive de l'Union européenne.	Oui : les remboursements ne sont prévus que pour les entreprises établies dans l'UE et pour les pays qui remboursent la TVA aux entreprises slovaques.	Non (identification « pour paiement uniquement »)
République tchèque	Oui	Remboursement prévu par un mécanisme de remboursement direct (sans identification, ni représentant fiscal) ou d'identification directe à la TVA : • Entreprises établies dans l'UE : remboursements effectués conformément à la directive 2008/9/CE de l'Union européenne ;	Oui : les remboursements ne sont prévus que pour les entreprises établies dans l'UE et pour les pays qui remboursent la TVA aux entreprises tchèques.	Non (identification « pour paiement uniquement »)

Pays	Accès des entreprises étrangères à un mécanisme de remboursement ou d'exonération de la TVA	Approche[2]	Exigence de réciprocité	Possibilité de déduction de la TVA selon le régime administratif et d'identification simplifié[1]
		• Entreprises établies en dehors de l'UE : remboursements effectués conformément à la 13e directive de l'Union européenne.		
Royaume Uni	Oui	Remboursement prévu par un mécanisme de remboursement direct (sans identification, ni représentant fiscal) ou d'identification directe à la TVA :	Non	
Slovénie	Oui	Remboursement prévu par un mécanisme de remboursement direct (sans identification, ni représentant fiscal) ou d'identification directe à la TVA : • Entreprises établies dans l'UE : remboursements effectués conformément à la directive 2008/9/CE de l'Union européenne ; • Entreprises établies en dehors de l'UE : remboursements effectués conformément à la 13e directive de l'Union européenne.	Oui : les remboursements ne sont prévus que pour les entreprises établies dans l'UE et pour les pays qui remboursent la TVA aux entreprises slovènes.	Non (identification « pour paiement uniquement »)
Suède	Oui	Remboursement prévu par un mécanisme de remboursement direct (sans identification, ni représentant fiscal) ou d'identification directe à la TVA : • Entreprises établies dans l'UE : remboursements effectués conformément à la directive 2008/9/CE de l'Union européenne ; • Entreprises établies en dehors de l'UE : remboursements effectués conformément à la 13e directive de l'Union européenne. Les entreprises non établies peuvent demander le remboursement de la TVA en Suède au même titre que les entreprises identifiées aux fins de la TVA (depuis le 1er janvier 2010).	Non	Non (identification « pour paiement uniquement »)

Pays	Accès des entreprises étrangères à un mécanisme de remboursement ou d'exonération de la TVA	Approche[2]	Exigence de réciprocité	Possibilité de déduction de la TVA selon le régime administratif et d'identification simplifié[1]
Suisse	Oui	La Suisse rembourse la TVA acquittée par des entreprises qui ne sont pas établies, ni identifiées aux fins de la TVA en Suisse ou au Liechtenstein et qui n'ont pas livré de biens ou de services en Suisse ou au Liechtenstein (excepté pour les fournitures exonérées de taxe, les services pour lesquels le lieu de la prestation est celui du destinataire ou la livraison d'électricité via des câbles, de gaz naturel via un réseau de distribution et de chauffage à distance à des personnes assujetties à la taxe sur le territoire suisse).	Oui : la réciprocité conditionne les remboursements.	N/C
Türkiye	Oui	Remboursement prévu par un mécanisme de remboursement direct (sans identification, ni représentant fiscal) pour certaines transactions.	Oui (dépend partiellement de la réciprocité).	Oui

Note :
Les mécanismes d'exonération ou de remboursement de la TVA présentés dans ce tableau n'incluent pas les mécanismes associés aux exportations de marchandises ou aux touristes.
1. L'absence d'exonération de la TVA supportée en amont par les fournisseurs étrangers dans le cadre du régime administratif et d'identification simplifié d'un pays n'empêche généralement pas les fournisseurs étrangers d'exercer leur droit à l'obtention d'une exonération de cette TVA d'amont dans le cadre de la procédure normale. Par exemple, les fournisseurs étrangers inscrits au mini-guichet unique de l'UE peuvent toujours demander des remboursements de TVA dans le cadre de la 13e directive de l'UE.
2. L'expression « remboursement prévu » employée dans ce tableau ne signifie pas que les remboursements sont effectués automatiquement. Ils peuvent être soumis à des processus de vérification (manuels).
3. Espagne : Une exonération directe de la TVA est prévue pour l'achat de moules, plans et outillages destinés à la fabrication en Espagne de biens qui sont expédiés hors de l'UE à une entreprise non établie dans le pays et pour toute acquisition de services à des fins de soutien de salons, expositions, congrès à finalité commerciale ou professionnelle organisés en Espagne.
4. Costa Rica. La mise en place d'un mécanisme de remboursement direct est en cours. La portée de ce mécanisme sera restreinte aux services spécifiques énumérés dans la législation (accès à des manifestations, services d'hôtellerie, de restauration et de transport associés à la participation à des salons et expositions à des fins commerciales ou professionnelles se tenant sur le territoire national).
Source : délégations nationales - Situation au 1er janvier 2022.

Tableau d'annexe 2.A.11. Déclarations numériques obligatoires

Pays	Facturation électronique[2]	Déclaration électronique obligatoire des opérations			
		Déclaration électronique obligatoire des opérations	Format de la déclaration	Dispositions relatives à la déclaration	Période de déclaration/fréquence des déclarations
Allemagne	Factures papier : autorisées Factures numérisées : autorisées Factures électroniques : autorisées	Données sur les transactions : oui (1er janvier 2014)	Aucun format spécifique n'est exigé.	Sur demande	-
		Caisses enregistreuses électroniques : non	-	-	-
Australie*	Factures papier : autorisées Factures numérisées : autorisées Factures électroniques : autorisées (avec prestataires de services agréés)	Données sur les transactions : oui (1er janvier 2000)	Aucun format spécifique n'est exigé.	Sur demande (selon l'évaluation des risques)	-
		Caisses enregistreuses électroniques : autorisées (1er janvier 2000)	Aucun format spécifique n'est exigé.	Sur demande	-
Autriche*	Factures papier : autorisées Factures numérisées : autorisées Factures électroniques : autorisées (obligatoires pour les fournitures B2G[4])	Données sur les transactions : oui (1er janvier 2000)	Aucun format spécifique n'est exigé. Format SAF-T[3] autorisé depuis 2009	Systématique (périodique) et sur demande	Annuel
		Caisses enregistreuses électroniques : oui - hors ligne (1er avril 2017)	Aucun format spécifique n'est exigé.	Sur demande	-
Belgique*	Factures papier : autorisées Factures numérisées : autorisées Factures électroniques : autorisées	Données sur les transactions : non	-	-	-
		Caisses enregistreuses électroniques : oui (1er juillet 2016)	Logiciel certifié	Sur demande	-

Pays	Facturation électronique[2]	Déclaration électronique obligatoire des opérations			
		Déclaration électronique obligatoire des opérations	Format de la déclaration	Dispositions relatives à la déclaration	Période de déclaration/fréquence des déclarations
Canada	Factures papier : autorisées Factures numérisées : autorisées Factures électroniques : autorisées	Données sur les transactions : non	-	-	-
		Caisses enregistreuses électroniques : non	-	-	-
Chili*	Factures papier : non autorisées Factures numériques : autorisées pour les fournitures B2C Factures électroniques : obligatoires pour les fournitures B2B, B2C et B2G au format XML	Données sur les transactions : oui (Janvier 2003)	Format XML déterminé par l'autorité fiscale	Systématique Modèle de validation	En même temps que l'émission de la facture (notification de la facture en temps réel)
		Caisses enregistreuses électroniques : non			
Colombie*	Factures papier : non autorisées sauf en cas de problèmes technologiques rendant impossible la transmission des factures électroniques. Factures numérisées : non autorisées pour les fournitures B2B et B2C Factures électroniques : obligatoires pour les fournitures B2B, B2G et B2C au format XML	Données sur les transactions : oui (janvier 2017)	Format XML déterminé par l'autorité fiscale	Systématique Modèle de validation	En même temps que l'émission de la facture (notification de la facture en temps réel)
		Caisses enregistreuses électroniques : sur option Limité à 5 TVU (190 020 COP) et utilisation en tant que crédit de TVA ou en déduction du revenu dans le cadre d'un régime d'impôt sur le revenu (IS ou IRPP) non autorisée. (janvier 2022)	Sous réserve de l'approbation des autorités fiscales.		

Pays	Facturation électronique[2]	Déclaration électronique obligatoire des opérations			
		Déclaration électronique obligatoire des opérations	Format de la déclaration	Dispositions relatives à la déclaration	Période de déclaration/fréquence des déclarations
Corée*	Factures papier : non autorisées pour les transactions B2B	Données sur les transactions : oui	Format de facturation électronique de la taxe	Systématique (en temps quasi réel)	Le jour suivant l'émission de la facture
	Factures numérisées : non autorisées pour les transactions B2B	(1er janvier 2011)		Modèle de validation	
	Factures électroniques : obligatoires pour les transactions B2B	Caisses enregistreuses électroniques : oui	Aucun format spécifique n'est exigé.	Systématique	Journalier
Costa Rica*	Factures papier : non autorisées, excepté dans le cadre d'une mesure d'urgence et moyennant l'autorisation préalable de l'administration fiscale. Factures numérisées : non autorisées Factures électroniques : obligatoires pour les fournitures B2B, B2G et B2C au format XML.	Données sur les transactions : oui (mars 2018)	Format XML déterminé par l'autorité fiscale	Systématique Modèle de validation	En même temps que l'émission de la facture (notification de la facture en temps réel)
		Caisses enregistreuses électroniques			
		(1er janvier 2020)			
Danemark*	Factures papier : autorisées. Factures numérisées : autorisées	Données sur les transactions : oui (1er mars 2015)	Aucun format spécifique n'est exigé.	Sur demande	-
	Factures électroniques : autorisées	Caisses enregistreuses électroniques : non	-	-	-

Pays	Facturation électronique[2]	Déclaration électronique obligatoire des opérations			
		Déclaration électronique obligatoire des opérations	Format de la déclaration	Dispositions relatives à la déclaration	Période de déclaration/fréquence des déclarations
Espagne*	Factures papier : autorisées Factures numérisées : autorisées	Données sur les transactions : oui (1er juillet 2017)	XML	Systématique (en temps quasi réel) Modèle de transmission	Dans un délai de quatre jours suivant l'émission de la facture (temps quasi réel)
	Factures électroniques : autorisées	Caisses enregistreuses électroniques : non			
Estonie*	Factures papier : autorisées Factures numérisées : autorisées	Données sur les transactions : oui -2014	Format X-road XML, CSV	Périodiquement	En même temps que le dépôt de la déclaration de TVA
	Factures électroniques : autorisées	Caisses enregistreuses électroniques : non	-	-	-
Finlande	Factures papier : autorisées Factures numérisées : autorisées	Données sur les transactions : non	-	-	-
	Factures électroniques : autorisées	Caisses enregistreuses électroniques : non	-	-	-
France*	Factures papier : autorisées Factures numérisées : autorisées	Données sur les transactions : oui (1er janvier 2014)	SAF-T[3]	Sur demande	-
	Factures électroniques : autorisées (obligatoires pour les fournitures B2G[4])	Caisses enregistreuses électroniques : oui - hors ligne (1er janvier 2014)	Aucun format spécifique n'est exigé.	Sur demande	-
Grèce*	Factures papier : autorisées Factures numérisées : autorisées	Données sur les transactions : oui (1er octobre 2021)	Aucun format spécifique n'est exigé.	Systématique Modèle de validation	Données sur les ventes : varie entre la date de la vente et le vingtième jour du mois, et à compter du 1.1.2023, le deuxième jour suivant l'émission de la facture. Données sur les achats : date de dépôt de la déclaration de TVA
	Factures électroniques : autorisées	Caisses enregistreuses électroniques : oui	Format spécifique est exigé	Systématique	En même temps que le dépôt de la déclaration de TVA

Pays	Facturation électronique[2]	Déclaration électronique obligatoire des opérations			
		Déclaration électronique obligatoire des opérations	Format de la déclaration	Dispositions relatives à la déclaration	Période de déclaration/fréquence des déclarations
Hongrie*	Factures papier : autorisées Factures numérisées : autorisées Factures électroniques : autorisées	Données sur les transactions : oui (1er juillet 2018)	Aucun format spécifique n'est exigé.	Systématique (en temps réel) Modèle de transmission	En même temps que l'émission de la facture (notification de la facture en temps réel)
		Caisses enregistreuses électroniques : oui (1er janvier 2014)			
Irlande	Factures papier : autorisées Factures numérisées : autorisées Factures électroniques : autorisées	Données sur les transactions : oui (1er janvier 2014)	Aucun format spécifique n'est exigé.	Sur demande	
		Caisses enregistreuses électroniques : non	-	-	
Islande	Factures papier : autorisées Factures numérisées : autorisées Factures électroniques : autorisées	Données sur les transactions : non	-	-	-
		Caisses enregistreuses électroniques : non	-	-	-
Israël*	Factures papier : autorisées Factures numérisées : autorisées Factures électroniques : autorisées	Données sur les transactions : oui (1er janvier 2010)	Aucun format spécifique n'est exigé : PCN874	Systématique (périodique) Modèle de transmission	Mensuelle
		Caisses enregistreuses électroniques : oui (1er janvier 2010)	Aucun format spécifique n'est exigé.	Systématique (périodique) Modèle de transmission	Mensuelle
Italie*	Factures papier : non autorisées Factures numérisées : non autorisées Factures électroniques structurées : obligatoires pour toutes les transactions (à quelques exceptions près)	Données sur les transactions : oui (1er janvier 2020)	Format XML	Systématique (en temps réel) Modèle de validation	En même temps que l'émission de la facture (notification de la facture en temps réel)
		Données sur les transactions : oui pour les transactions effectuées en dehors du marché intérieur (1er janvier 2019)	Format XML	Systématique (périodique) Modèle de transmission	Mensuelle - Fin du mois suivant le trimestre de référence

Pays	Facturation électronique[2]	Déclaration électronique obligatoire des opérations			
		Déclaration électronique obligatoire des opérations	Format de la déclaration	Dispositions relatives à la déclaration	Période de déclaration/fréquence des déclarations
		Caisses enregistreuses électroniques : oui (1er janvier 2020)	Format XML	Systématique (périodique) Modèle de transmission	Journalier
Japon	Factures papier : autorisées Factures numérisées : autorisées	Données sur les transactions : non	-	-	-
	Factures électroniques : autorisées	Caisses enregistreuses électroniques : non	-	-	-
Lettonie*	Factures papier : autorisées Factures numérisées : autorisées	Données sur les transactions : oui (26 octobre 2011)	Aucun format spécifique n'est exigé.	Sur demande	-
	Factures électroniques : autorisées	Caisses enregistreuses électroniques : oui (1er juillet 2017)	Aucun format spécifique n'est exigé.	Sur demande	-
Lituanie	Factures papier : autorisées Factures numérisées : autorisées	Données sur les transactions : oui (1er octobre 2016)	Format SAF-T[3]	Systématique Modèle de transmission	Mensuelle
	Factures électroniques : autorisées	Caisses enregistreuses électroniques : sur option	Logiciel certifié	Sur demande	
Luxembourg*	Factures papier : autorisées Factures numérisées : autorisées	Données sur les transactions : oui	Format SAF-T[3]	Sur demande	-
	Factures électroniques : autorisées	Caisses enregistreuses électroniques : non	-	-	-
Mexique*	Factures papier : non autorisées pour les transactions B2B et B2G Factures numérisées : non autorisées pour les opérations B2B et B2G	Données sur les transactions : oui (1er janvier 2015)	Format XML	Systématique (automatique, périodique, sur demande) Modèle de vérification	Factures électroniques : en même temps que l'émission de la facture (notification de la facture en temps réel) Données sur les transactions : mensuelles

Pays	Facturation électronique[2]	Déclaration électronique obligatoire des opérations			
		Déclaration électronique obligatoire des opérations	Format de la déclaration	Dispositions relatives à la déclaration	Période de déclaration/fréquence des déclarations
	Factures électroniques : obligatoires pour les transactions B2B et B2G	Caisses enregistreuses électroniques : non	-	-	
Norvège*	Factures papier : non autorisées pour les opérations B2B et B2G[4]	Données sur les transactions : oui	Format SAF-T[3]	Sur demande	-
	Factures numérisées : non autorisées pour les opérations B2B et B2G	(1er janvier 2020)			
	Factures électroniques : obligatoires pour les opérations B2B et B2G[4]	Caisses enregistreuses électroniques : oui (1er janvier 2019)	Logiciel agréé par l'administration fiscale	Sur demande	-
Nouvelle-Zélande	Factures papier : autorisées	Données sur les transactions : oui	Aucun format spécifique n'est exigé.	Sur demande	-
	Factures numérisées : autorisées	(1er janvier 2000)			
	Factures électroniques : autorisées	Caisses enregistreuses électroniques : non	-	-	-
Pays-Bas	Factures papier : autorisées	Données sur les transactions : oui	Format SAF-T[3]	Sur demande	-
	Factures numérisées : autorisées	(1er janvier 2000)			-
	Factures électroniques : autorisées	Caisses enregistreuses électroniques : non	-	-	-
Pologne*	Factures papier : autorisées	Données sur les transactions : oui	Format SAF-T[3]	Systématique et sur demande	Mensuelle
	Factures numérisées : autorisées	(1er janvier 2018)			
	Factures électroniques : autorisées	Caisses enregistreuses électroniques : oui	Logiciel certifié	Sur demande	-

Pays	Facturation électronique[2]	Déclaration électronique obligatoire des opérations			
		Déclaration électronique obligatoire des opérations	Format de la déclaration	Dispositions relatives à la déclaration	Période de déclaration/fréquence des déclarations
Portugal*	Factures papier : autorisées Factures numérisées : autorisées Factures électroniques : obligatoires pour les transactions B2G[4]	Données de facturation : oui (1er janvier 2013)	Format de service web (en temps réel) ou fichier structuré basé sur SAF-T[3]/téléchargement direct vers l'administration fiscale (mensuel) Certification obligatoire du logiciel de facturation (1er janvier 2011) Format SAF-T (données de facturation et de comptabilité) (1er janvier 2008)	Systématique Modèle de transmission Sur demande à des fins de contrôle	Pratiquement en temps réel (avant le 12 du mois suivant)/Mensuelle
		Caisses enregistreuses électroniques : sur option	Logiciel certifié		-
République slovaque*	Factures papier : autorisées Factures numérisées : autorisées Factures électroniques : autorisées	Données sur les transactions : oui (1er janvier 2014)	Logiciel spécifique exigé	Systématique (en même temps que le dépôt de la déclaration de TVA)	Mensuel/trimestriel
		Caisses enregistreuses électroniques : oui (1er janvier 2012)	Logiciel certifié	Systématique	En temps réel
République tchèque*	Factures papier : autorisées Factures numérisées : autorisées Factures électroniques : autorisées	Données sur les transactions : oui	Déclaration de contrôle	Systématique (périodique)	Mensuel/trimestriel
		Caisses enregistreuses électroniques : oui - hors ligne	Aucun format spécifique n'est exigé.	Sur demande	-
Royaume Uni	Factures papier : autorisées Factures numérisées : autorisées	Données sur les transactions : oui	Logiciel aux fonctionnalités compatibles	Sur demande	-
	Factures électroniques : autorisées	Caisses enregistreuses électroniques : non	-	-	-
	Factures papier : autorisées		Format SAF-T[3]	Sur demande	-

Pays	Facturation électronique[2]	Déclaration électronique obligatoire des opérations			
		Déclaration électronique obligatoire des opérations	Format de la déclaration	Dispositions relatives à la déclaration	Période de déclaration/fréquence des déclarations
Slovénie	Factures numérisées : autorisées	Données sur les transactions : oui			
	Factures électroniques : autorisées	Caisses enregistreuses électroniques : oui	Logiciel certifié	Systématique	En temps réel
Suède*	Factures papier : autorisées Factures numérisées : autorisées Factures électroniques : autorisées	Données sur les transactions : oui	Aucun format spécifique n'est exigé.	Sur demande	- -
Suisse*	Factures papier : autorisées Factures numérisées : autorisées	Données sur les transactions : non	-	-	-
	Factures électroniques : autorisées	Caisses enregistreuses électroniques : non	-	-	-
Türkiye	Factures papier : autorisées pour les fournitures B2C Factures numérisées : non autorisées pour les fournitures B2C	Données sur les transactions : oui (janvier 2020)	Format XML déterminé par l'autorité fiscale	Systématique (en temps réel) Modèle de validation	Journalier
	Factures électroniques : obligatoires pour les fournitures B2B et B2G au format XML	Caisses enregistreuses électroniques : non	-	-	-

Note :

1. Dans ce tableau, la déclaration électronique des transactions désigne la transmission par des entreprises identifiées aux fins de la TVA de renseignements détaillés sous forme électronique sur leurs opérations imposables, notamment les données comptables, de facturation ou toute information permettant aux autorités fiscales de disposer de renseignements sur les biens et services achetés ou vendus par un assujetti. Elle n'inclut pas la fourniture électronique de données synthétiques comme le chiffre d'affaires total ou les montants déductibles, comme dans les déclarations périodiques ou états récapitulatifs.

2. Aux fins de ce tableau, le terme « facture électronique » fait référence à l'échange automatisé d'informations de facturation entre les systèmes comptables des parties à une transaction. L'expression « facture numérisée » désigne une copie d'une facture (en format PDF, par exemple) transmise par voie électronique (notamment par courrier électronique) entre des parties à une transaction.

3. SAF-T signifie Standard Audit File for Tax (Fichier normalisé d'informations comptables) mis au point par le Forum sur l'administration de l'impôt de l'OCDE (FAF). Ce système implique l'utilisation d'un logiciel comptable pour créer le fichier électronique (SAF-T) contenant les données comptables. Le format SAF-T permet de transférer les données de l'assujetti à l'administration fiscale dans un format électronique standard. (Voir le guide ici : Guidance for Developers of Business and Accounting Software Concerning Tax Audit Requirements available here http://www.oecd.org/tax/administration/guidancenote-guidancefordevelopersofbusinessandaccountingsoftwareconcerningtaxauditrequirements.htm). Le plus souvent, une version locale du format SAF-T est créée pour répondre aux besoins locaux.
4. B2G désigne les biens et services que des entreprises identifiées aux fins de la TVA fournissent à l'administration ou aux autorités ou organismes publics.
5. Modèle de validation : les entreprises identifiées aux fins de la TVA doivent fournir les données de facturation aux autorités fiscales et ces données doivent être systématiquement vérifiées (validées) par les autorités pour que les factures soient considérées comme des documents comptables valables.
Source : délégations nationales - Situation au 1er janvier 2022.

Encadré d'annexe 2.A.6. Voir notes pays relatives au Tableau annexe 2.A.11

Australie. Des ***données électroniques relatives aux transactions*** ne peuvent être exigées de l'assujetti que si l'évaluation des risques associés à ses activités met en évidence la nécessité d'informations supplémentaires. Il peut s'agir simplement d'une copie des factures (si possible, au format pdf), d'autres documents justificatifs ou d'un tableur électronique des opérations. Il est rare que l'administration fiscale australienne accède effectivement aux dossiers électroniques du système de l'entreprise.

Autriche. ***Données électroniques relatives aux transactions*** : depuis 2000, il est obligatoire, à la demande des autorités, de fournir les données relatives aux transactions sur des supports de données (dans le cadre d'un contrôle). Depuis 2009, la transmission de données au format SAF-T est autorisée. À compter du 1er janvier 2020, une obligation déclarative spéciale s'applique aux plateformes, qui facilitent la vente de biens et de services d'autres fournisseurs. ***Caisses enregistreuses électroniques*** : l'utilisation de caisses enregistreuses électroniques est obligatoire pour les assujettis dont le chiffre d'affaires net annuel est supérieur ou égal à 15 000 EUR, à condition que le chiffre d'affaires en espèces soit supérieur à 7 500 EUR par an. Le chiffre d'affaires annuel retenu s'élève à 30 000 EUR pour les entreprises actives dans les domaines suivants : ventes d'articles de plein air ; ventes d'articles de ski alpin et de montagne et de chasse en réserve ; ventes dans certains types de tavernes à vin (« Buschenschank ») ; ventes dans les cantines des organisations sans but lucratif. Une exception générale à l'obligation de caisse enregistreuse s'applique aux organismes sans but lucratif, caritatifs et ecclésiastiques ; aux automates en libre-service dont les ventes unitaires sont inférieures à 20 EUR.

Belgique. ***Caisses enregistreuses électroniques*** : l'obligation de disposer d'un système de caisse enregistreuse (SCE) délivrant des tickets de caisse est imposée aux assujettis qui fournissent des services de repas ou de restauration sur une base régulière lorsque leur chiffre d'affaires annuel hors TVA relatif aux prestations de restaurant et de restauration, à l'exclusion des boissons, excède 25 000 EUR. Si ce plafond est dépassé, des tickets de caisse du système de caisse enregistreuse (SCE) doivent être délivrés pour toutes les fournitures de repas et de boissons (pendant le repas ou non), y compris pour toutes les ventes de nourriture et de boissons.

Chili. La ***facturation électronique*** pour les fournitures B2B et B2G est autorisée depuis 2003 sur la base de volontariat. Elle est devenue obligatoire en 2014 pour les gros contribuables, en 2016-2017 pour les contribuables moyens et en 2018 pour les petits contribuables. Le régime de la facturation électronique oblige les contribuables à fournir des ***données relatives aux transactions par voie électronique*** aux autorités fiscales. En 2017, cette obligation a été étendue à la transmission des autres données comptables dans un dossier électronique conservé par l'administration fiscale. Les données sur les transactions doivent être communiquées aux autorités fiscales quasiment en temps réel. Les données de facturation doivent être validées par les autorités fiscales avant d'être considérées comme un document à l'appui probant (y compris en matière de droit à déduction de la TVA d'amont). Avec effet à compter du 1er avril 2021, une modification de la Loi sur la TVA instituant l'obligation d'émettre des ***factures électroniques pour les fournitures B2C*** a été adoptée. Ces factures doivent être transmises par tout moyen électronique (courrier électronique notamment) sous réserve que le consommateur et l'entreprise en disposent. Des exceptions à l'obligation d'émettre des factures électroniques peuvent s'appliquer aux contribuables se situant dans des zones dépourvues de connexion internet ou d'approvisionnement en énergie, avec l'autorisation préalable de l'administration fiscale. Les ***caisses enregistreuses électroniques*** ne sont pas autorisées.

Colombie. Depuis 2019, il est obligatoire d'utiliser la ***facturation électronique*** et de transmettre ***par voie électronique***, à l'administration fiscale (*Dirección de Impuestos y Aduanas Nacionales* -DIAN), les ***données relatives aux transactions*** B2B. Les données sur les transactions doivent être communiquées aux autorités fiscales en temps réel au format XML. Jusqu'à la mi-2019, le modèle de déclaration obligeait les contribuables à soumettre les factures au DIAN dans les 24 heures suivant leur émission. Depuis la mi-2019, le contribuable est tenu de soumettre la facture électronique au format XML pour validation préalable par la DIAN. Tant que cette validation n'est pas accordée, sachant qu'elle est donnée en temps réel, la facture électronique n'est pas considérée comme un document comptable valable (y compris au regard du droit à déduction de la TVA acquittée en amont).

Corée. ***Transmission des données relatives aux transactions*** : tous les opérateurs professionnels et les entreprises individuelles dont le montant total des fournitures de biens et de services a atteint au moins 300 millions KRW au cours de l'exercice fiscal précédent sont tenus d'établir des factures électroniques pour l'ensemble des livraisons B2B, en respectant le format prescrit. L'administration fiscale doit avoir un accès direct automatisé aux données de facturation, au plus tard un jour après l'émission de la facture par le biais du système de facturation électronique. Les données de facturation doivent être communiquées à l'administration fiscale pour validation avant de pouvoir être considérées comme un document comptable valide, notamment comme justificatif pour la déduction de la TVA acquittée en amont. ***Tickets de caisses électroniques*** : les entreprises individuelles qui fournissent des biens et services principalement à des consommateurs doivent émettre des tickets de caisses électroniques et les données relatives aux transactions doivent être transmises chaque jour à l'administration fiscale.

Costa Rica. Depuis 2017, il est obligatoire d'utiliser la ***facturation électronique*** et de transmettre ***par voie électronique***, à l'administration fiscale, les ***données relatives aux transactions*** B2B. Les données sur les transactions doivent être communiquées aux autorités fiscales en temps réel au format XML. Les données de facturation doivent être validées par les autorités fiscales avant d'être considérées comme un document comptable probant (y compris en matière de droit à déduction de la TVA d'amont). Dans ce système, l'administration fiscale effectue les vérifications élémentaires ne vue de la validation et adresse dans les trois heures une confirmation d'acceptation au contribuable. Ce système garantit que le document est totalement valable fiscalement et peut être utilisé comme pièce justificative aux fins de la déduction de TVA. En cas de rejet, le fournisseur doit établir une note de crédit pour pouvoir émettre une facture corrigée. Cette obligation s'applique à tous les assujettis.

Danemark. Une loi imposant aux assujettis appartenant à une catégorie considérée comme à risque d'utiliser des caisses enregistreuses électroniques a été adoptée. La date à laquelle elle entrera en vigueur n'est pas encore décidée.

Espagne. ***Transmission des données relatives aux transactions*** : les assujettis inscrits sur le registre de remboursement mensuel de la TVA ; ceux dont le chiffre d'affaires annuel dépasse 6 millions EUR et les groupes d'entreprises aux fins de la TVA sont tenus de transmettre à l'administration fiscale des données de facturation en format XML, dans un délai de quatre jours civils suivant l'émission ou la réception de la facture (communication immédiate des informations). Tous les autres assujettis peuvent, à titre volontaire, également fournir à l'administration fiscale les données de facturation sous le même format et dans le même délai. Les informations sur les biens d'investissement doivent être également transmises dans le délai imparti pour la dernière période de règlement de l'année.

Estonie. Les données relatives aux transactions doivent être systématiquement transmises à l'administration fiscale au moment où la déclaration de TVA est déposée pour toutes les transactions d'un montant supérieur à un seuil de 1000 EUR par partenaire commercial (en-deçà de ce seuil, les opérations peuvent être déclarées pour le montant global). Format de déclaration : X-road en adressant une déclaration de TVA directement à partir du logiciel professionnel ; dans un environnement libre-service en ligne aux formats XML, CSV.

France. La ***facturation électronique*** n'est pas obligatoire, sauf pour les fournitures B2G. La France va cependant adopter un système de facturation électronique et de déclaration électronique obligatoire en procédant par étapes : l'obligation d'émettre des factures par voie électronique et l'obligation de transmettre les informations et données sur le paiement via une plateforme accréditée par l'administration fiscale entreront en vigueur le 1er juillet 2024 pour les grandes entreprises ; le 1er janvier 2025 pour les entreprises moyennes et le 1er janvier 2026 pour toutes les entreprises. L'obligation d'accepter des factures par voie électronique entrera en vigueur le 1er juillet 2024 pour toutes les entreprises, indépendamment de leur taille, dès lors que le fournisseur sera tenu d'émettre des factures par voie électronique. ***Données électroniques relatives aux transactions*** : les assujettis qui tiennent leur comptabilité au moyen de systèmes informatisés doivent la présenter sous forme de fichiers dématérialisés lors d'un contrôle de l'administration fiscale (ces fichiers doivent répondre à des règles spécifiques). ***Caisses enregistreuses électroniques*** : les personnes assujetties à la TVA qui effectuent des livraisons de biens et des prestations de services à destination de clients particuliers et qui enregistrent les règlements au moyen d'un système de caisse électronique sont tenues d'utiliser un logiciel certifié répondant à plusieurs conditions techniques (inaltérabilité, sécurisation, conservation) en vue d'un contrôle par l'administration fiscale. L'utilisation de caisses enregistreuses électroniques n'est cependant pas obligatoire.

Grèce. La ***facturation électronique*** n'est pas obligatoire. ***Données relatives aux transactions :*** à compter du 1er octobre 2021, les entreprises établies en Grèce soumises aux normes comptables grecques et effectuant des ventes à d'autres entreprises/consommateurs/entités publiques sont tenues de soumettre les données relatives à leurs transactions (ventes et achats) sur une plateforme en ligne baptisée myDATA (my Digital Accounting & Tax Application). Toutes les entités soumises à ces dispositions doivent transmettre sous forme numérique à myDATA : (1) un résumé des documents commerciaux émis et reçus (factures, reçus de ventes, etc.) ; (2) la classification des transactions visées par ces documents commerciaux par catégories de revenus et de charges ; (3) les données sur les écritures comptables d'ajustement supplémentaires (paie, amortissements, par exemple) qui constituent leur base fiscale/comptable pour l'exportation du résultat fiscal/comptable de chaque exercice. Ces données peuvent être transmises via : un logiciel comptable/commercial interopérable, un formulaire spécial de saisie des données élaboré par l'Autorité indépendante chargée des recettes publiques (IAPR), des machines connectées à registres fiscaux électroniques pour les transactions de vente au détail (caisses enregistreuses en ligne, OCR) ; ou la facturation électronique par des fournisseurs agréés ou par une application appelée « timologio », élaborée par l'IAPR pour l'émission et la transmission des documents comptables (factures, reçus de ventes). Ce dispositif est différent des déclarations de TVA, mais permet aux autorités fiscales de faire des recoupements entre les déclarations de TVA et les informations transmises via myDATA. Si les informations ne coïncident pas, les entreprises disposent d'un délai de deux mois pour rectifier ou justifier les éventuelles discordances. À défaut, elles peuvent faire l'objet d'une vérification. Les ***caisses enregistreuses électroniques*** (« caisses enregistreuses fiscales ») sont obligatoires pour les ventes au détail, sauf pour les catégories d'entreprises énumérées par le règlement de l'administration fiscale (notamment, les avocats, comptables, agriculteurs, etc.).

Hongrie. ***Données de facturation*** : les factures émises par un système de facturation doivent être transmises aux autorités fiscales en même temps que la facture émise par l'assujetti (***déclaration en temps réel***). Les données des « factures papier » doivent être transmises aux autorités fiscales dans un délai de 1 (si le montant de la TVA mentionné sur la facture dépasse 500 000 HUF) ou 4 jours (dans les autres cas). Le client qui souhaite déduire la TVA a, par ailleurs, certaines obligations déclaratives. D'autres obligations déclaratives s'appliquent également à la modification ou à l'annulation des factures. Ces règles de déclaration concernant les factures émises s'appliquent aux factures soumises aux règles de facturation en vigueur en Hongrie conformément aux règles communautaires, incluant les fournitures B2B/B2C et les fournitures de biens intracommunautaires exonérées.

Israël. ***Transmission des données relatives aux transactions*** : les contribuables (« opérateurs agréés ») dont le chiffre d'affaires est supérieur à 2 500 000 ILS ou qui sont tenus d'utiliser un système de comptabilité en partie double, ou ceux dont le chiffre d'affaires dépasse 1 500 000 ILS et qui sont tenus légalement d'établir un bilan et de désigner un vérificateur, doivent transmettre les données de facturation sur une base mensuelle (avant le 23 du mois suivant) à l'administration fiscale, en respectant le format prescrit (PCN874). ***Caisses enregistreuses électroniques*** : l'utilisation de caisses enregistreuses électroniques certifiées est imposée ou proposée à certains contribuables, selon leur activité et leur chiffre d'affaires. Ainsi, tous les détaillants doivent utiliser des caisses enregistreuses électroniques certifiées (aucun seuil ne s'applique, mais si son chiffre d'affaires est inférieur à 350 000 ILS par an, le détaillant peut choisir d'utiliser, à la place, un registre comptable). Les grossistes dont le chiffre d'affaires ne dépasse pas 10 100 000 ILS peuvent, s'ils le souhaitent, remplacer les factures par des caisses enregistreuses électroniques certifiées pour les transactions en espèces ne dépassant pas 710 ILS. Les prestataires de services de transport peuvent utiliser des caisses enregistreuses électroniques certifiées (absence de seuil). En ce qui concerne les autres services, il est possible d'utiliser des caisses enregistreuses électroniques (absence de seuil) ; si une opération est enregistrée avec un reçu, le reçu remplace les caisses enregistreuses électroniques.

Italie. ***Transmission des données relatives aux transactions*** : toutes les entreprises identifiées aux fins de la TVA qui sont établies en Italie sont tenues d'accepter et d'émettre des factures par voie électronique via la plateforme de facturation électronique de l'administration fiscale italienne, Sistema di Interscambio (SdI) pour les opérations effectuées sur le territoire italien. Le fichier de facture peut également être déposé par le client ou une tierce partie pour le compte du fournisseur. La facture doit être émise dans un délai maximal de 12 jours après l'exécution de la livraison. Depuis le 1er juillet 2022, les entreprises bénéficiant de l'exonération au titre du régime des petites entreprises dont le chiffre d'affaires annuel dépasse 25 000 EUR sont tenues d'accepter et d'émettre des factures par voie électronique. À compter du 1er janvier 2024, cette obligation sera étendue à toutes les autres entreprises bénéficiant de l'exonération au titre du régime des petites entreprises, indépendamment du montant de leur chiffre d'affaires. Les entreprises établies en Italie qui vendent ou achètent à des entreprises établies à l'étranger doivent fournir à l'administration fiscale les données relatives à ces transactions avant la fin du mois suivant le trimestre de référence. À compter du 1er juillet 2022, ces entreprises doivent transmettre les données à l'administration fiscale au moment où la facture est émise (notification de la facture en temps réel) pour les transactions actives, ou le quinzième jour du mois suivant celui de la réception des documents prouvant la transaction ou l'exécution de la transaction pour les transactions passives. Pour les fournitures B2C (entreprises exerçant des activités de commerce de détail et activités similaires), l'émission de la facture n'est pas obligatoire. Néanmoins, si le client demande qu'une facture soit établie au plus tard au moment de la livraison, celle-ci doit être émise par voie électronique. ***Caisses enregistreuses électroniques*** : à compter du 1er janvier 2020, tous les détaillants sont soumis à l'obligation de transmettre quotidiennement leur registre des ventes par voie électronique à l'administration fiscale via les caisses enregistreuses électroniques ou via une application web mise à leur disposition gratuitement par l'administration fiscale. Les détaillants doivent également remettre un ticket au client, mais ce document a uniquement une valeur commerciale : la certification fiscale résulte du stockage des données dans la caisse enregistreuse et de la transmission quotidienne des données à l'administration fiscale.

Lettonie. ***Transmission des données relatives aux transactions*** : si un contribuable conserve des registres comptables sous forme électronique, il doit, à la demande de l'administration fiscale, l'autoriser à accéder aux informations en lien avec ses activités économiques, enregistrées sous forme électronique. Le programme informatique de comptabilité doit garantir l'enregistrement des données comptables dans les formats suivants : MS Excel, dBase/FoxPro, fichiers textes de rapport, fichiers plats, Excel, Access, PDF, Adobe PDF, XML ou sources de données ODBC. ***Reçus de caisses électroniques :*** dans les lieux de vente ambulante, les assujettis sont tenus d'utiliser une caisse enregistreuse prescrite par la loi si le montant cumulé des biens et services fournis atteint 150 000 EUR au cours des 12 mois précédents. En ce qui concerne les activités de transport de voyageurs, les assujettis sont tenus d'utiliser les systèmes de caisses enregistreuses prescrits par la loi si la valeur cumulée des transactions réalisées dans une unité structurelle particulière ou un véhicule de transport de voyageurs dépasse 1 500 000 EUR au cours des 12 mois précédents. L'utilisation de caisses enregistreuses prescrites par la loi est obligatoire pour les contribuables inscrits sur le registre des assujettis à la TVA du service public letton des recettes, les stations-service et les entreprises de taxi.

Luxembourg. ***L'obligation de transmission des informations relatives aux transactions*** est appliquée depuis l'exercice 2011. L'obligation de transmettre les données relatives aux transactions à l'administration fiscale dans le format SAF-T ne s'applique pas aux contribuables qui ne sont pas soumis au plan comptable normalisé ; ou qui bénéficient du régime simplifié ; ou dont le chiffre d'affaires est inférieur à 112 000 EUR ou qui n'ont pas un volume raisonnable d'opérations comptables (moins de 500 env.).

Mexique. La ***facturation électronique*** est obligatoire depuis le 1er janvier 2014. Depuis le 1er janvier 2015, la ***transmission des données relatives aux transactions*** à l'administration fiscale est obligatoire. Les données de facturation doivent être transmises aux autorités fiscales au moment de l'émission de la facture (transmission en temps réel) par l'intermédiaire d'une société de facturation agréée qui valide et estampille les factures au moment où elles sont émises. Les factures doivent être validées via le système avant d'être considérées comme un document comptable probant (y compris en matière de droit à déduction de la TVA d'amont). La société de facturation agréée assure également un stockage et un archivage sécurisés des factures. Cette obligation s'applique à tous les assujettis et couvre les fournitures nationales de biens et les prestations de services B2B et B2C. La transmission périodique des informations relatives aux opérations est également obligatoire pour tous les assujettis. Les entités fédératives, municipalités, syndicats et entités de l'administration parapublique ; certains petits contribuables et organismes sans but lucratif sont dispensés de cette obligation.

Norvège. ***Transmission des données relatives aux transactions*** : le règlement norvégien sur la comptabilité prévoit une obligation de communiquer les données comptables dans le format SAF-T pour toutes les entreprises dont le chiffre d'affaires est supérieur ou égal à 5 millions NOK. Cette obligation s'applique également aux entreprises dont le chiffre d'affaires annuel est inférieur ou égal à 5 millions NOK si leurs informations comptables sont disponibles par voie électronique. Les entreprises soumises aux obligations comptables ne sont tenues de transmettre les informations comptables au format SAF-T que si les autorités fiscales en font la demande. ***Caisses enregistreuses électroniques :*** à compter du 1er janvier 2017, les systèmes de caisses enregistreuses doivent respecter les exigences imposées par la loi norvégienne sur les systèmes de caisses enregistreuses et les règlementations y afférentes. Les fournisseurs doivent déclarer que les systèmes sont conformes aux nouvelles règles. À compter du 1er janvier 2019, les entreprises soumises à une obligation comptable doivent commencer à utiliser des systèmes de caisses enregistreuses.

Pologne. ***Facturation électronique*** : depuis le 1er janvier 2022, les factures électroniques sont autorisées, mais pas obligatoires. ***Transmission des données relatives aux transactions*** : les personnes assujetties doivent communiquer chaque mois les données relatives aux transactions aux autorités fiscales, au format SAF-T à un rythme annuel pour les déclarations JPK_V7M et JPK_V7K ; les autres déclarations JPK sont soumises sur demande et peuvent couvrir des périodes autres qu'un mois. L'obligation de déclarer les transactions a été instituée par étapes : le 1er juillet 2016 pour les grandes entreprises, le 1er janvier 2017 pour les entreprises moyennes, et le 1er janvier 2018 pour les micro-entreprises. Les assujettis qui ne réalisent que des livraisons exonérées de TVA ou qui bénéficient de l'exonération de TVA prévue pour les petites entreprises dont le chiffre d'affaires est inférieur à 200 000 PLN (seuil d'identification) sont dispensés de cette obligation. L'administration fiscale peut également se procurer, sur demande, des informations électroniques relatives aux transactions auprès d'assujettis qui utilisent des programmes informatiques pour tenir leur comptabilité. Cette obligation s'applique également aux programmes de gestion des stocks, de facturation et de relevés bancaires. À compter du 1eroctobre 2020, le fichier SAF-T contient de nouveaux champs afin d'inclure les données déclaratives communiquées auparavant dans des fichiers séparés. ***Format de déclaration :*** la Pologne a appliqué ses propres solutions (JPK_V7M et JPK_V7K) en ce qui concerne le format SAF-T. ***Caisses enregistreuses électroniques*** : les personnes assujetties dont le chiffre d'affaires annuel de fournitures B2C hors taxe ne dépasse pas 20 000 PLN pendant l'exercice en cours et n'a pas dépassé cette somme au cours de l'exercice fiscal précédent sont dispensées de l'obligation d'utiliser des caisses enregistreuses électroniques (cette dispense ne s'applique pas à certaines catégories de biens et services). Certaines catégories de fournitures sont également exonérées, notamment lorsqu'une facture est émise ou lorsque le paiement est effectué par virement bancaire. Les ***caisses enregistreuses en ligne*** ont été adoptées progressivement dans les secteurs reconnus comme particulièrement exposés à la fraude et au non-respect des obligations : fournisseurs de carburant, services de réparations de voitures à compter du 1er janvier 2020 ; restaurants et services de restauration, approvisionnements en charbon, services d'hébergement de courte durée à compter du 1er janvier 2021 ; salons de coiffure et instituts de beauté, services de construction, médecine libérale, services juridiques, clubs de remise en forme et salles de sport à compter du 1er juillet 2021. Les ***caisses enregistreuses avec logiciel*** (dites caisses enregistreuses virtuelles) désignent une catégorie de caisses enregistreuses en ligne qui ne nécessitent pas d'équipement matériel, ni de dispositif externe, et qui sont à la disposition des contribuables exerçant leurs activités dans des secteurs précis (le transport, par exemple).

Portugal. ***Transmission des données relatives aux transactions*** : les contribuables ayant un établissement stable au Portugal, dont les ventes sont assujetties à la TVA, doivent transmettre systématiquement les données de facturation à l'administration fiscale (dans un délai maximal de 12 jours suivant la fin de chaque mois), soit en temps réel (via un service web), soit sur une base mensuelle via un fichier structuré selon le format SAF-T, soit en les déposant directement sur le site web de l'administration fiscale. L'administration fiscale peut également demander un fichier SAF-T contenant des données de facturation et de comptabilité, à des fins de contrôle. Les contribuables dont le chiffre d'affaires de l'exercice précédent est supérieur à 50 000 EUR sont tenus d'utiliser exclusivement des programmes de facturation informatiques certifiés préalablement par l'administration fiscale et douanière. ***Déclaration commune simplifiée*** (IES) – les informations des déclarations comptables et financières auprès de différents organismes publics sont regroupées au sein d'une déclaration unique partagée. ***Caisses enregistreuses électroniques*** : l'utilisation d'une caisse enregistreuse électronique certifiée n'est pas obligatoire, mais compte tenu de l'obligation d'émettre une facture pour toute transaction et de l'obligation, pour les assujettis, d'utiliser des programmes de facturation certifiés, la plupart des assujettis utilisent un logiciel de facturation certifié à la place d'une caisse enregistreuse électronique.

République slovaque. ***Transmission des données relatives aux transactions*** : tous les contribuables identifiés aux fins de la TVA en République slovaque sont tenus de déposer un décompte spécial de contrôle de la TVA, en même temps que leur déclaration de TVA, auprès de l'administration financière. Les états de TVA sont transmis séparément et ne dépendent pas de la déclaration de TVA. Certaines vérifications par recoupement entre les états de TVA et les déclarations de TVA sont intégrées au système d'analyse. ***Caisses enregistreuses électroniques*** : tous les prestataires qui reçoivent des paiements en espèces ou sont payés par d'autres moyens de paiement remplaçant l'argent au point de vente ainsi que ceux qui fournissent uniquement les services énumérés dans la loi sont tenus d'utiliser des caisses enregistreuses certifiées. Les données de ces caisses enregistreuses électroniques doivent être communiquées à l'administration fiscale en temps réel.

République tchèque. Les personnes assujetties identifiées aux fins de la TVA sont tenues de déposer un « décompte de contrôle de la TVA » depuis le 1er janvier 2016. Celui-ci contient des données provenant des registres que les personnes assujetties sont déjà obligées de tenir aux fins de la TVA (y compris des factures). Le décompte de contrôle de la TVA doit être déposé par voie électronique.

Royaume-Uni. Dans le cadre de l'initiative « Rendre l'impôt numérique », les entreprises identifiées aux fins de la TVA dont le chiffre d'affaires imposable est supérieur au seuil d'identification à la TVA doivent conserver des dossiers numériques et effectuer leurs déclarations de TVA auprès du HMRC à l'aide d'un logiciel aux fonctionnalités compatibles.

Suède. ***Caisses enregistreuses électroniques*** : l'utilisation de caisses enregistreuses certifiées est obligatoire pour tous les contribuables dont le chiffre d'affaires annuel dépasse le plafond de 182 000 SEK, à l'exception de certains contribuables, comme les chauffeurs de taxi, et des ventes effectuées via des distributeurs automatiques. Les contribuables peuvent demander une dispense de cette obligation d'utilisation de caisses enregistreuses électroniques certifiées.

Suisse. ***Transmission des données relatives aux transactions :*** l'administration fiscale ne peut obliger un contribuable assujetti à la TVA identifié à fournir des données de facturation par voie électronique. Le contribuable est autorisé à fournir uniquement les factures papier. ***Caisses enregistreuses électroniques*** : lorsque le contribuable opte pour une caisse enregistreuse électronique, les données relatives aux différentes transactions doivent être transmises à l'administration fiscale, à sa demande ou lors d'une vérification.

Türkiye. Depuis le 1er janvier 2020, les factures papier n'ont plus de validité juridique. Toutes les factures doivent être transmises par ***voie électronique*** via le système d'archivage électronique des factures. Pour chaque facture électronique émise, le destinataire reçoit un avis par courrier électronique. Toutes les entreprises doivent déposer une déclaration journalière récapitulant toutes les factures archivées par voie électronique et la transmettre à l'administration fiscale.

Tableau d'annexe 2.A.12. Application des mécanismes nationaux d'autoliquidation et de paiement scindé

Pays	Mécanisme national d'autoliquidation	Mécanisme national de paiement scindé
Allemagne	Livraisons d'actifs gagés par le garant au bénéficiaire de la garantie en dehors du cadre d'une liquidation judiciaire ; Livraisons concernées par la loi relative à l'impôt sur les mutations foncières (en particulier, les transferts de biens immobiliers) ; Si le client est un entrepreneur : fourniture de travaux ou d'autres services relatifs à la construction, la réparation, l'entretien, la modification ou la démolition de structures (sauf à des fins de planification, d'ingénierie et de supervision) et au nettoyage des bâtiments lorsque le client fournit lui- même ces services. Fourniture d'or (à l'état brut ou semi-fini d'une pureté au moins égale à 325 millièmes) ; Livraison de quotas d'émissions de CO2 ; Livraison de déchets industriels, de métaux ferreux et non ferreux et d'autres déchets ; Livraison d'appareils mobiles, circuits intégrés, consoles de jeu et tablettes si le montant de la transaction est supérieur à 5 000 EUR ; Fourniture d'électricité (applicable, de manière générale, uniquement si le fournisseur et le destinataire sont tous deux considérés comme des revendeurs) et fourniture de gaz (applicable, de manière générale, si le destinataire doit être considéré comme un revendeur) ; Transfert de certificats de gaz et d'électricité. Fourniture de métaux précieux et de certains métaux non nobles (par exemple, cuivre, nickel, aluminium, plomb, zinc), à l'état brut ou semi-finis, si le montant de la transaction est égal ou supérieur à 5 000 EUR.	
Australie	Un mécanisme d'autoliquidation obligatoire s'applique aux livraisons de métaux précieux entre entreprises assujetties à la TVA/TPS.	Les acquéreurs de bâtiments neufs à usage d'habitation sont tenus de verser la TPS directement aux autorités fiscales. Ce paiement est comparé aux montants de TPS déclarés par le vendeur de ces biens.
Autriche	Livraison d'ordinateurs portables, tablettes, PC, consoles de jeu, téléphones mobiles et circuits intégrés si la facture s'élève au moins à 5 000 EUR ; Livraison de gaz et d'électricité à des revendeurs assujettis ; Livraison de certificats d'énergie électrique et de gaz ; Livraison de quotas d'émissions de CO2 ; Livraison de certains métaux et d'or d'investissement assujetti ; Livraison de débris, de déchets industriels et non industriels et de déchets de récupération ; Services de construction si le destinataire agit en tant qu'entrepreneur général ou s'il fournit habituellement des services de construction ; Mise à disposition de personnel affecté au secteur de la construction ; Livraison de biens donnés en garantie par une personne redevable de la TVA au profit d'une autre personne en exécution	

Pays	Mécanisme national d'autoliquidation	Mécanisme national de paiement scindé
	de cette garantie ; Livraison de biens effectuée après la cession d'un droit de réserve de propriété à un cessionnaire qui exerce ce droit ; Livraison de biens immobiliers vendus par un débiteur judiciaire dans une vente forcée à une autre personne.	
Belgique	Certaines livraisons d'or d'investissement et de produits en or d'une pureté au moins égale à 325 millièmes ; Livraison de travaux en relation avec des biens immobiliers sous plusieurs conditions ; Mise à disposition de personnel affecté au secteur de la construction ; Livraison de quotas d'émissions de CO2 ;	
Canada	Certains acheteurs de biens immobiliers sont tenus de procéder à une auto-évaluation (par ex., lorsque le fournisseur est non résident, lorsque l'acheteur est identifié aux fins de la TPS/TVH et, dans le cas d'un particulier, lorsque le bien n'est pas un immeuble d'habitation) ; L'auto-évaluation est requise, de manière générale, pour les livraisons de quotas d'émissions de CO2 ; Dans certaines circonstances, des personnes peuvent être tenues de procéder à une auto-évaluation de la composante provinciale de la TVH lorsque certains biens ou services sont déplacés d'une province vers une autre.	
Chili	Livraisons de riz, travaux de construction, déchets, espèces marines, espèces animales, légumineuses, bois, produits sauvages, blé et baies. Certains (gros) contribuables sont tenus de procéder à l'autoliquidation de la TVA sur les fournitures B2B effectuées par des entreprises inscrites par l'administration fiscale sur une liste spéciale en raison d'infractions répétées à la législation fiscale.	
Colombie	-	Les fournitures de biens et de services effectuées : (i) aux autorités publiques et aux organismes publics ; (ii) aux entreprises publiques (publiques à hauteur de plus de 50 %) ; et (iii) aux entreprises figurant sur la liste des gros contributeurs ou des agents chargés par l'administration fiscale colombienne de retenir la TVA à la source. L'achat de biens ou de services auprès de contribuables soumis au régime simplifié d'imposition.
Corée	-	En ce qui concerne les livraisons de lingots d'or (pureté égale ou supérieure à 99.5 %) et de produits en or d'occasion (pureté égale ou supérieure à 58.5 %), de cuivre, d'or et de ferraille, le fournisseur doit ouvrir un compte bancaire destiné aux transactions d'or et de débris et le prix d'achat (hors taxe) doit être versé sur le compte bancaire désigné du fournisseur. Parallèlement, le bénéficiaire doit également déposer le montant de TVA correspondant sur un compte désigné par le Directeur de l'administration fiscale nationale.

Pays	Mécanisme national d'autoliquidation	Mécanisme national de paiement scindé
Costa Rica	-	Retenue de la TVA à la source obligatoire par les prestataires nationaux de services de paiement. La TVA retenue à la source varie entre 0 % et 6 % de la valeur de la transaction et en fonction du type d'activité. Les prestataires de services de paiement versent quotidiennement à l'administration fiscale les montants prélevés à la source. Une déclaration d'information contenant des informations détaillées sur les retenues à la source opérées et sur les contribuables concernés doit être déposée tous les mois. Les retenues à la source sont considérées comme un paiement anticipé de la TVA par les fournisseurs non résidents.
Danemark	Livraison de quotas d'émissions de CO2 ; Livraison de débris de métaux ; Livraison d'or d'investissement ; Livraison de téléphones mobiles, circuits intégrés, consoles de jeux, tablettes et ordinateurs portables.	
Espagne	Travaux de construction, y compris la mise à disposition du personnel pour les réaliser, dans le cadre du développement, de la construction ou de la rénovation de biens immeubles ; Livraison de quotas d'émissions de CO2 ; Livraison de débris et déchets de métaux ; Livraison d'or d'investissement et d'or sous forme de matière première ou de produits semi-finis en or d'une pureté au moins égale à 325 millièmes ; Livraison d'immeubles dans certaines situations ; Livraison de biens immeubles suite à une procédure de faillite ; Livraison de biens immeubles dans le cadre de la réalisation d'une sûreté ou de l'obligation d'un acquéreur de régler la créance garantie ; Livraison de téléphones mobiles, consoles de jeux vidéo, ordinateurs portables et tablettes, uniquement si le client est un revendeur de biens (négociant pratiquant la revente de ces biens de manière habituelle) ou, à défaut, si le montant total des livraisons à un négociant dépasse 10 000 EUR. Livraison d'argent, de platine et de palladium.	
Estonie	Livraison de biens immeubles et d'or d'investissement lorsque le fournisseur a opté pour la taxation de l'opération ; Livraison d'or sous forme de matière première, y compris de produits semi-finis en or (pureté au moins égale à 325 millièmes) ; Livraison de ferraille et de métaux précieux.	
Finlande	Livraison d'or d'investissement assujetti et d'or sous forme de matière première d'une pureté égale ou supérieure à 325 millièmes ; Livraison de quotas d'émissions de CO2 ; Livraison de ferraille et de déchets ; Services de construction, y compris la mise à disposition de personnel affecté au secteur de la construction.	

Pays	Mécanisme national d'autoliquidation	Mécanisme national de paiement scindé
France	Livraison de quotas d'émissions de CO2 ; Livraison de matériaux usagés, débris et déchets ; Livraisons d'or d'investissement et de produits en or d'une pureté au moins égale à 325 millièmes ; Services de construction (limités à certains services fournis sur un bâtiment lorsqu'ils sont effectués par un sous-traitant pour le compte d'une personne assujettie) ; Livraison de gaz et d'électricité à des revendeurs assujettis ; Fourniture de certains services de télécommunication. Fourniture de certificats/garanties d'origine de l'électricité produite à partir de sources d'énergie renouvelables ; Fourniture d'un certificat de garantie de performance de l'opérateur public du système de transport d'électricité. Fourniture de certificats/garanties d'origine du gaz produit à partir de sources d'énergie renouvelables.	
Grèce	Travaux de construction sur des biens immeubles attribués à des entreprises de travaux publics par les autorités publiques (qui ne sont pas nécessairement des entités de droit public), sous réserve que les autorités publiques soient les propriétaires des travaux et des personnes assujetties avec le droit de déduire la taxe d'amont. Les grands projets selon les critères des règlements de l'UE sont exemptés du régime d'autoliquidation. Sous réserve que la livraison soit destinée au recyclage, les livraisons suivantes de déchets de récupération : Livraison de métaux ferreux et non ferreux, ferraille (chutes) et autres matériaux usagés Livraison de produits semi-finis fabriqués à partir de métaux ferreux et non ferreux, Livraison de résidus et autres matériaux de récupération constitués de métaux ferreux et non ferreux, d'alliages, laitiers, écailles, cendres et résidus industriels contenant des métaux ou des alliages de métaux ; Livraison de rognures et débris (chutes), déchets et autres matériaux usagés et de récupération en calcin, verre, papier, carton, chiffons, os, cuir (naturel ou artificiel), parchemin, cuirs et peaux bruts, tendons et nerfs, ficelles, cordes et cordages, câbles, caoutchouc et plastiques ; Livraison de débris (chutes) et déchets provenant de la transformation de matériaux de base Livraison des matériaux susvisés après nettoyage, polissage, sélection, coupe, fragmentation, compression. Livraison de quotas d'émission de gaz à effet de serre conformément à la directive 2003/87/CE de l'Union européenne. Livraison de téléphones mobiles, consoles de jeux vidéo, ordinateurs portables et tablettes, sous réserve que l'acquéreur soit une personne assujettie avec le droit de déduire la taxe en amont (c'est-à-dire identifiée selon le régime normal de TVA).	
Hongrie	Livraison de travaux de construction considérés comme des livraisons de biens ; Construction ou autre activité de transformation ou de réparation qualifiée de service, visant la construction, l'agrandissement, le réaménagement ou toute autre transformation (y compris la	

Pays	Mécanisme national d'autoliquidation	Mécanisme national de paiement scindé
	démolition) de biens immeubles, sous réserve de l'acquiescement ou de l'autorisation de l'autorité compétente en matière de construction ; Recrutement d'employés et mise à disposition de personnel en lien avec les fournitures mentionnées précédemment ; Livraison de débris et déchets ; Livraison d'un bâtiment et du terrain sur lequel il se trouve ou d'une parcelle de terrain incluse (à quelques exceptions près) si le fournisseur a opté pour la taxation de l'opération ; En lien avec des créanciers et des débiteurs, livraison de biens qui ont été donnés en garantie pour couvrir une créance en souffrance en exécution de cette garantie ; Fourniture de biens qualifiés d'actifs corporels ou dont la valeur sur le marché libre est supérieure à 100 000 HUF (334 EUR), qui sont utilisés par la personne assujettie aux fins de son activité si le fournisseur fait l'objet d'une procédure de liquidation ou d'une procédure d'insolvabilité similaire ; Livraison de quotas d'émissions de CO2 ; Livraison de certains produits agricoles spécifiques tels que le blé, le méteil, le seigle, l'orge, le maïs, le triticale, les fèves de soja, même concassées, les graines de navette ou de colza, même concassées, les graines de tournesol, même concassées ; Livraison de certains produits en fer ou en aciers non alliés, tels que les produits laminés plats en fer ou en acier non alliés, les barres en fer ou en aciers non alliés, les angles, formes et sections (profilés) en fer ou en acier non alliés, le fil en fer ou en aciers non alliés, les tubes, tuyaux et profilés creux en fer ou en aciers non alliés.	
Irlande	Livraison de services de construction fournis par des sous-traitants à des contractants principaux ; Livraison de biens immeubles en exerçant l'option de taxation (notamment la vente par l'administrateur, le liquidateur ou le créancier hypothécaire qui les détient) ; Livraison de matériaux usagés et de ferraille ; Livraison de quotas d'émissions de CO2 ; Livraison de gaz et d'électricité par une entreprise située en Irlande à un revendeur assujetti exerçant son activité en Irlande ; Livraison de certificats de gaz ou d'électricité par une entreprise située en Irlande à une autre entreprise en Irlande.	
Islande	-	
Israël	Une personne qui n'est pas redevable du paiement de la taxe peut, avec l'accord du Directeur des services fiscaux et en respectant ses exigences, en assumer le paiement ; après la date de l'accord, elle sera alors considérée comme la personne redevable du paiement ; Taxe prélevée à un acheteur, si l'acheteur est un revendeur, un organisme sans but lucratif ou une institution financière et s'il a procédé à une vente immobilière qui est une transaction occasionnelle ; Vente de débris de métaux ; Les types de services indiqués ci-après acquis par un revendeur, un organisme sans but lucratif ou une institution financière auprès	

Pays	Mécanisme national d'autoliquidation	Mécanisme national de paiement scindé
	d'une personne dont la source de revenu principale est constituée de salaires, prestations ou pensions, sont assujettis à la taxe afférente au service concerné sauf si la personne qui fournit le service a reçu une facture faisant ressortir le montant de la taxe : performances artistiques ; construction ou préparation de décors ; préparation, contrôle, organisation et supervision d'examens ; conférences, etc. Services des professions suivantes : agronome, architecte, ingénieur d'exécution, détective privé, avocat au tribunal rabbinique, technicien, prothésiste dentaire, conseiller dans le domaine organisationnel, scientifique, fiscal et de la gestion, économiste, ingénieur, etc.	
Italie	Livraisons assurées par des sous-traitants dans le secteur du bâtiment ; Mise à disposition de personnel affecté au secteur de la construction ; Livraison de biens immeubles en exerçant l'option de taxation ; Livraison de matériaux usagés, débris, déchets et services spécifiques ; Livraison d'or d'investissement, y compris sous la forme de produits semi-finis et d'or d'une pureté au moins égale à 325 millièmes (or dit « industriel ») ; Livraison de ferraille ; Livraison de téléphones mobiles, tablettes, ordinateurs personnels et circuits intégrés sous certaines conditions ; Livraison de quotas d'émissions de CO2 ; Livraison de gaz et d'électricité à des revendeurs assujettis ; Livraison de certificats d'énergie électrique et de gaz.	Vente de biens et de services aux autorités publiques ou aux organismes publics, entreprises publiques et entreprises cotées à la Bourse de Milan (FTSE-MIB).
Japon		
Lettonie	Livraison de bois et de services liés ; Livraison de services de construction ; Livraison de débris de métaux et de services liés ; Livraison de téléphones mobiles, circuits intégrés, tablettes et ordinateurs portables ; Livraison de céréales et de cultures industrielles (y compris les graines oléagineuses), y compris les mélanges de ces produits qui ne sont généralement pas utilisés, en l'état, pour la consommation finale ; Fourniture de métaux précieux bruts et semi-finis, lorsqu'ils ne sont pas couverts par un programme spécial relatif à l'or d'investissement, métaux précieux bruts et semi-finis et plaquage en métaux précieux ainsi que les débris et déchets de plaquage en métaux ou métaux précieux ; Livraison de consoles de jeu vidéo ; Livraison de métaux ferreux finis et semi-finis.	
Lituanie*	Livraison de disques durs ; Livraison de téléphones mobiles, tablettes et ordinateurs personnels ; Livraison de services de construction ; Livraison de débris et déchets de métaux ferreux, de résidus et	

Pays	Mécanisme national d'autoliquidation	Mécanisme national de paiement scindé
	autres matériaux de récupération constitués de métaux ferreux et non ferreux ; Livraison de travaux d'amélioration essentiels (significatifs) au propriétaire d'un bâtiment ; TVA calculée sur les actifs repris comme apport en nature ou à la suite de la restructuration d'une autre entité identifiée aux fins de la TVA.	
Luxembourg	Livraison de quotas d'émissions de CO2 ; livraison de certificats de gaz et d'électricité.	
Mexique	Le mécanisme national d'autoliquidation s'applique aux : entreprises qui reçoivent des services personnels indépendants d'individus ou louent des biens auprès d'eux, acquièrent des déchets à utiliser pour leurs activités commerciales ou industrielles, reçoivent des services de la part d'agents travaillant à la commission qui sont des personnes et utilisent des services de transport terrestre motorisé de biens prêtés à des personnes et à des entreprises ; Institutions de crédit qui acquièrent des actifs sous forme de paiements en nature ou via une procédure judiciaire ou fiduciaire ; Individus ou entités qui acquièrent ou ont l'usage ou la jouissance temporaires d'actifs corporels transférés ou concédés par des résidents étrangers n'ayant pas d'établissement permanent au Mexique.	
Norvège	Livraison de quotas d'émissions de CO2 ; Livraison d'or d'investissement assujetti (d'une pureté égale ou supérieure à 325 millièmes) ;	
Nouvelle-Zélande	Si la livraison de terres a été soumise à tort à un taux zéro et si l'erreur de traitement a été constatée après le règlement, le bénéficiaire de la livraison est redevable de la TPS.	
Pays-Bas	Livraison de travaux de construction (y compris de construction navale), notamment les travaux de réparation, nettoyage, entretien, transformation et démolition effectués en relation avec des biens immeubles, ainsi que la délivrance de travaux immobiliers ; Mise à disposition de personnel affecté au secteur de la construction ; Livraison de biens immeubles en exerçant l'option de taxation ; Livraison de matériaux usagés, débris, déchets et services spécifiques ; Livraison de biens donnés en garantie par une personne assujettie au profit d'une autre personne en exécution de cette garantie ; Livraison de biens immobiliers par le débiteur judiciaire dans une vente forcée à une autre personne ; Livraison de quotas d'émissions de CO2 ; Livraison d'appareils mobiles, circuits intégrés, ordinateurs portables, consoles de jeu et tablettes sous réserve que le montant de la transaction soit supérieur à 10 000 EUR. Livraison de certificats de gaz et d'électricité (certificats verts, garanties d'origine, par exemple)	

Pays	Mécanisme national d'autoliquidation	Mécanisme national de paiement scindé
Pologne	Depuis novembre 2019, le mécanisme national d'autoliquidation a été remplacé par un mécanisme obligatoire de paiement scindé. Désormais, les fournitures qui étaient auparavant assujetties au mécanisme national d'autoliquidation sont donc soumises au mécanisme de paiement scindé.	Depuis novembre 2019, un mécanisme obligatoire de paiement scindé a été institué pour les opérations remplissant les conditions suivantes : (1) le montant brut total de la facture excède 15 000 PLN ; (2) un ou plusieurs des articles mentionnés sur la facture sont des biens ou des services énumérés à l'annexe n° 15 de la Loi polonaise sur la TVA ; et (3) le fournisseur et l'acheteur sont redevables de la TVA. Cette annexe n° 15 couvre ne particulier : les carburants, l'acier, les produits en acier, les débris, les déchets, les métaux précieux (or, argent, etc.) et les métaux non précieux (cuivre notamment), le film plastique étirable, les tablettes, les smartphones, les consoles, les ordinateurs, les disques durs HDD et SDD, les équipements électroniques, les services de construction, les pièces de rechange et accessoires destinés aux véhicules à moteur, le charbon et les produits charbonniers, les machines et matériels électriques et leurs pièces de rechange et accessoires, les services fournis pour le transfert de quotas d'émissions de CO2. Si le client le décide, un mécanisme facultatif de paiement scindé peut s'appliquer aux ventes B2B qui ne sont pas couvertes par le paiement scindé obligatoire (tous les assujettis souhaitant utiliser un mécanisme facultatif de paiement scindé doivent avoir un compte de TVA associé à leur compte bancaire séparant la TVA du montant net de la transaction).
Portugal	Livraison de matériaux usagés, débris, déchets et services spécifiques ; Livraison de biens immeubles en exerçant l'option de taxation ; Livraison de biens immobiliers avec exercice de l'option de taxation ; Travaux relatifs à des biens immobiliers (tels que les travaux de réparation, nettoyage, entretien, transformation et démolition, y compris la délivrance de travaux immobiliers) ; Livraison d'or d'investissement assujetti et d'or sous forme de matière première d'une pureté égale ou supérieure à 325 millièmes ; Livraison de quotas d'émissions de CO2 ; Livraison de liège, bois, pommes de pin, pignons de pin dans leur coque.	
République slovaque	Livraison de biens immeubles en exerçant l'option de taxation ; Livraison de biens qui sont donnés en garantie d'une somme d'argent par un créancier dans le cadre de l'exécution de cette garantie ; Livraison, en République slovaque, d'un bâtiment ou d'une partie de bâtiment que le fournisseur, en tant que débiteur reconnu par le tribunal ou une autre autorité compétente de l'État, a vendu dans le cadre d'une procédure d'exécution légale ; Livraison d'or d'investissement, d'or sous forme de matière première ou de produits semi-finis en or d'une pureté au moins égale à 325 millièmes entre des personnes assujetties ; Livraison de débris et déchets de métaux ;	

Pays	Mécanisme national d'autoliquidation	Mécanisme national de paiement scindé
	Livraison de quotas d'émissions de CO2 ; Livraison de céréales et de graines oléagineuses, graines, pailles et fourrages qui ne sont généralement pas destinés, en l'état, à la consommation finale ; Livraisons de fer et d'acier ; Livraison de téléphones mobiles, à savoir des dispositifs conçus ou adaptés pour être utilisés en connexion avec un réseau sous licence fonctionnant à des fréquences spécifiques, qu'ils aient ou non une autre utilisation, si la base d'imposition de la facture en échange de la livraison de ces téléphones mobiles est égale ou supérieure à 5 000 EUR ; Livraison de circuits intégrés comme les microprocesseurs et les unités de traitement centrales, avant leur incorporation dans des produits destinés à l'utilisateur final, si la base d'imposition de la facture est égale ou supérieure à 5 000 EUR ; Livraison de travaux de construction, y compris les travaux de réparation, nettoyage, entretien, transformation et démolition effectués en relation avec des biens immeubles, ainsi que délivrance de travaux immobiliers considérée comme étant une livraison de biens.	
République tchèque	Livraison d'or d'investissement assujetti et d'or sous forme de matière première d'une pureté égale ou supérieure à 333 millièmes ; Livraison de catégories désignées de débris et déchets ; Livraison de quotas d'émissions de CO2 ; Livraison de services de construction et d'assemblage fournis par des personnes assujetties identifiées aux fins de la TVA tchèque ; Livraison de téléphones mobiles, circuits intégrés, ordinateurs portables, tablettes et consoles de jeux ; Livraison de certains métaux et de produits de base provenant de métaux ; Livraison de céréales et de cultures industrielles, y compris les graines oléagineuses et la betterave sucrière ; Livraison de biens immeubles en exerçant l'option de taxation ; Livraison de gaz et d'électricité à des revendeurs assujettis ; Livraison de certificats d'énergie électrique et de gaz ; Livraison de biens effectuée après la cession d'un droit de réserve de propriété à un cessionnaire qui exerce ce droit ; Livraison de biens immobiliers par le débiteur judiciaire dans une vente forcée à une autre personne ; Mise à disposition de personnel affecté au secteur de la construction ; Fourniture de certains services de télécommunication.	Une méthode spéciale pour garantir le paiement de la TVA peut être utilisée lorsque le bénéficiaire d'une livraison assujettie ne veut pas être déclaré comme conjointement et solidairement responsable des taxes impayées par le fournisseur. De même que dans le mécanisme de paiement scindé, le bénéficiaire peut verser la TVA due directement sur le compte du fournisseur au centre des impôts.
Royaume Uni	Livraisons d'or d'investissement et de produits en or d'une pureté au moins égale à 325 millièmes : Livraison de quotas d'émissions de CO2 ; Livraison de téléphones mobiles et de circuits intégrés si le montant des biens fournis dépasse 5 000 GBP (TVA incluse). La limite de montant ne s'applique pas aux services ; Livraison de gaz via un système de gaz naturel situé au Royaume-Uni ou via un réseau connecté à un tel système ou à l'électricité ;	

Pays	Mécanisme national d'autoliquidation	Mécanisme national de paiement scindé
	Fourniture en gros de services électroniques de communication ; Fourniture de certificats d'énergie renouvelable. Fourniture de services de construction et de travaux publics par des sous-traitants à des contractants.	
Slovénie	Livraison de travaux de construction (y compris les travaux de réparation, nettoyage, entretien et démolition effectués en relation avec des biens immeubles) ; Mise à disposition de personnel participant aux activités visées ; Livraison de certains biens immeubles lorsque le fournisseur a opté pour la taxation de l'opération ; Livraison de certains déchets, débris, matériaux usagés et services ; Livraison de quotas d'émission de gaz à effet de serre.	
Suède	Livraison de travaux de construction, y compris les travaux de réparation, nettoyage, entretien, transformation et démolition effectués en relation avec des biens immeubles, ainsi que la délivrance de travaux immobiliers ; Mise à disposition de personnel affecté au secteur de la construction ; Livraison de quotas d'émissions de CO2 ; Livraison de matériaux usagés, débris, déchets et services spécifiques ; Livraisons d'or d'investissement et de produits en or d'une pureté au moins égale à 325 millièmes ; Livraison de téléphones mobiles, de certains circuits intégrés, de consoles de jeux, de tablettes et d'ordinateurs personnels si le montant imposable des livraisons porté sur une facture dépasse 100 000 SEK.	
Suisse	-	-
Türkiye	Fourniture de locations de biens meubles par des personnes non assujetties à des personnes assujetties ; Livraison d'œuvres scientifiques, artistiques et littéraires fournies par des personnes assujetties. Fourniture de prestations de services publicitaires par des personnes non assujetties à des personnes assujetties ;	Certains bénéficiaires de services spécifiques en nombre limité sont tenus de retenir à la source un pourcentage de la TVA qui leur a été facturée par le prestataire de service et de le reverser directement à l'administration fiscale (*retenue à la source partielle*). Il s'agit, entre autres, des services suivants : (a) services de supervision de la construction de bâtiments, (b) débris de métaux, verre, plastique et papier (dans les cas où le fournisseur renonce à l'exonération de TVA), (c) maintien des services de conseil, de surveillance et d'audit et (d) services de réparation des machines, équipements et autres actifs fixes.

Note :
1. Dans ce tableau, un « mécanisme national d'autoliquidation » renvoie à un régime de collecte de la TVA dans lequel le client, et non le fournisseur des biens, services ou biens incorporels, est redevable du paiement de la TVA à l'administration fiscale sur une livraison entièrement nationale (c'est-à-dire sur une livraison dans laquelle le fournisseur et le client sont établis dans la juridiction d'imposition). Le fournisseur ne facture pas la TVA au client.
2. Dans ce tableau, un « mécanisme national de paiement scindé » est un mécanisme dans le cadre duquel le fournisseur reste tenu de facturer la TVA au client sur la fourniture entièrement nationale de biens, services ou biens incorporels, mais où le client paie directement (une partie de) la TVA aux autorités fiscales ou sur un « compte de TVA » spécifique (bloqué) qui peut appartenir au fournisseur ou au client.
* Lituanie. Le mécanisme national d'autoliquidation pour les fournitures de disques durs était applicable jusqu'au 28 février 2022.
Source : délégations nationales. Situation au 1er janvier 2022.

Tableau d'annexe 2.A.13. Application de la Convention multilatérale concernant l'assistance administrative mutuelle en matière fiscale (MAAC) – Restrictions relatives à son application à la TVA

Pays	TVA couverte par la MAAC[3]	Réserves[2] relatives à l'application de la MAAC[1] à la TVA[4]		
		Réserve relative à l'octroi d'une assistance en matière d'échange de renseignements selon l'article 30 (1) (a)	Réserve relative à l'octroi d'une assistance en matière de recouvrement de créances de TVA ou de recouvrement d'amendes administratives selon l'article 30 (1) (b)	Droit de ne pas accorder d'assistance en matière de notification de documents selon l'article 30 (1) (d)
Allemagne	Oui		Réserve	
Australie	Oui			
Autriche	Oui		Réserve	
Belgique	Oui			
Canada	Oui		Réserve	Réserve
Chili	Oui		Réserve	Réserve
Colombie	Oui		Réserve	Réserve
Corée	Oui		-	Réserve
Costa Rica	Oui		Réserve	Réserve
Danemark	Oui			
Espagne	Oui			
Estonie	Oui			
États-Unis[5]	Oui		Réserve	Réserve
Finlande	Oui			
France	Oui			
Grèce	Oui			-
Hongrie	Oui			
Irlande	Oui			
Islande	Oui			
Israël	Non	Aucune assistance	Aucune assistance	Aucune assistance
Italie	Oui			
Japon	Oui			-
Lettonie	Oui			
Lituanie	Oui			
Luxembourg	Non	Aucune assistance	Aucune assistance	Aucune assistance
Mexique	Oui			-
Norvège	Oui			
Nouvelle-Zélande	Oui			
Pays-Bas	Oui			
Pologne	Oui			
Portugal	Oui			
République slovaque	Oui			
République tchèque	Oui			
Royaume Uni	Oui			
Slovénie	Oui			
Suède	Oui			
Suisse	Non	Aucune assistance	Aucune assistance	Aucune assistance
Türkiye	Oui			

Note :
1. Ce tableau fait référence aux États parties à la Convention concernant l'assistance administrative mutuelle en matière fiscale (MAAC), considérés comme tels dès lors que la MAAC est entrée en vigueur après la signature soit de la convention originale et du protocole d'amendement, soit du texte amendé de la convention, et après le dépôt ultérieur de l'instrument de ratification, d'acceptation et d'approbation. Pour plus de détails, se rendre à l'adresse suivante https://www.oecd.org/tax/exchange-of-tax-information/Status_of_convention.pdf.
2. Les dispositions relatives aux réserves figurent à l'article 30 (1) (a), (b) et (d) de la MAAC. L'article 30 (1) (a) à (f) permet à un État de signer la MAAC en formulant des réserves concernant le type d'impôt couvert ou le type d'assistance accordée de façon à pouvoir limiter à certains impôts ou à certaines formes d'assistance sa participation à la fourniture d'une assistance mutuelle en vertu de la MAAC. Ce tableau présente les réserves prévues à l'article 30 (1) (a), (b) et (d) de la MAAC. Les réserves au titre de l'article 30 (1) (a) présentées dans ce tableau sont celles qui concernent des formes d'assistance autres que celles couvertes par les alinéas (b) et (d), à savoir l'échange de renseignements et les contrôles fiscaux simultanés et à l'étranger.
3. Conformément au paragraphe 2 de l'article 2 de la MAAC, les impôts existants des États participants auxquels s'applique la MAAC sont énumérés dans la liste figurant à l'annexe A à la Convention. Il s'agit des impôts pour lesquels une Partie à la MAAC s'attend à bénéficier d'une assistance et il ne peut s'agir d'un impôt pour lequel la juridiction concernée a formulé une réserve conformément au paragraphe 1, alinéa a, de l'article 30.
d. Même si un État n'inclut pas un impôt général sur la consommation, comme la TVA, dans les impôts couverts par la Convention conformément au paragraphe 2 de l'article 2 de la MAAC, il demeure tenu d'accorder une assistance administrative au regard d'un tel impôt appliqué par d'autres États, sauf s'il formule une réserve conformément au paragraphe 1 de l'article 30. Inversement, si un État inclut la TVA dans le champ d'application de la Convention, il peut toutefois se réserver le droit de ne pas accorder certaines formes d'assistance pour cet impôt.
e. Les Etats-Unis accorderont une assistance uniquement aux fins de l'échange de renseignements concernant des TVA appliquées au niveau national visées à l'article 2, b.iii. Ils ne le feront pas pour d'autres formes d'assistance ou pour des TVA appliquées au niveau infranational en vertu de l'article 2, b.iv.
Source : délégués nationaux, situation au 1er janvier 2022.

Note

[1] OCDE, Réponses de politique fiscale à la crise du coronavirus : tableau présentant les mesures prises pays par pays, http://www.oecd.org/tax/covid-19-tax-policy-and-other-measures.xlsm.

3 Sélection d'accises appliquées dans les pays de l'OCDE

3.1. Introduction

Les accises peuvent être perçues sur un grand nombre de produits, mais celles prélevées sur l'alcool, le tabac et les hydrocarbures en particulier procurent des recettes publiques conséquentes dans tous les pays de l'OCDE. Ces dernières décennies, les pouvoirs publics ont de plus en plus souvent utilisé ces taxes, non seulement pour mobiliser des recettes, mais aussi pour influencer le comportement du consommateur lorsque la consommation de certains produits est considérée comme nuisible à la santé ou à l'environnement.

Les droits d'accise partagent pratiquement les mêmes grandes caractéristiques dans tous les pays de l'OCDE et poursuivent des objectifs similaires en termes de recettes et d'influence sur le comportement des consommateurs. Leur taux et leur structure varient cependant sensiblement, si bien qu'il n'est pas simple d'avoir une idée de la charge fiscale totale pesant sur tel ou tel bien assujetti. Par exemple, la bière produite par les petites brasseries peut être soumise à un taux d'accise réduit par rapport à celui normalement appliqué à cette boisson. S'agissant des produits du tabac, l'application de taux différents à des produits substituables (cigarettes et tabac à rouler) peut rendre la situation plus complexe. De même, les droits d'accise sur les carburants ne donnent qu'une image partielle de la politique fiscale appliquée au secteur du transport, celle-ci englobant également les péages routiers, les taxes sur l'immatriculation et l'utilisation des véhicules, les taxes sur l'assurance, etc.

Ce chapitre fournit de plus amples informations sur les principales différences en matière de structure des droits d'accise et sur leur utilisation croissante en tant que moyen d'influer sur les comportements. Il présente un panorama des principales caractéristiques des accises et décrit l'évolution des recettes qui en découlent (section 3.2). Il examine ensuite plus en détail la structure des taux d'accise frappant trois grandes catégories de produits : les boissons alcooliques (section 3.3), les produits du tabac (section 3.4) et le fioul domestique (section 3.5). La fiscalité des carburants routiers est examinée dans le chapitre 4, consacré à la fiscalité appliquée aux véhicules.

3.2. Principales caractéristiques des accises et évolution des recettes

3.2.1. En principe, les droits d'accise s'appliquent à certaines catégories spécifiques de produits

À la différence d'autres impôts généraux sur la consommation (dont les taxes sur la valeur ajoutée – TVA), les accises ne frappent que certains biens. De nombreux produits peuvent y être soumis, par exemple le chocolat, le café ou encore le jus d'orange, mais ce chapitre ne porte que sur les trois grandes catégories de produits soumises aux droits d'accise dans tous les pays de l'OCDE : les boissons alcooliques, les huiles minérales et les produits du tabac.

Avant de décrire ces trois catégories de produits et d'examiner le traitement qui leur est réservé dans différents pays, il est utile de rappeler certaines caractéristiques générales des accises :

- Les accises sont généralement calculées sur une base constituée du poids, du volume, de la concentration ou de la quantité de produit, parfois combinée avec sa valeur. Dans certain cas, le calcul se fait sur la seule base de la valeur.
- Elles ne sont normalement exigibles qu'au moment de la mise à la consommation. Les marchandises peuvent donc faire l'objet de transferts de propriété sans donner lieu à la perception d'une accise si elles restent stockées dans un environnement contrôlé ou si le transfert s'opère entre des opérateurs agréés.
- Le régime des accises ne s'applique qu'à un petit nombre d'assujettis, exerçant une activité dans la fabrication, le commerce de gros ou l'importation des trois grandes catégories de produits précitées.

Contrairement à la TVA, qui est recouvrée au moyen d'un mécanisme de paiement fractionné impliquant tous les acteurs de la chaîne de valeur jusqu'à la consommation finale (chapitre 2), les droits d'accise ne sont en principe acquittés qu'une seule fois, en l'occurrence par un opérateur agréé au moment de la mise à la consommation. Au sein de l'Union européenne, la circulation entre États membres des produits soumis aux accises s'effectue dans le cadre d'un régime de suspension des droits d'accise jusqu'à la mise de ces produits sur le marché. Aux États-Unis, l'administration fédérale et de nombreux États et autorités locales appliquent des accises. Les accises fédérales sont recouvrées par l'administration fiscale fédérale (Internal Revenue Service), tandis que les États peuvent fixer leurs propres règles et leurs propres taux.

Le montant des recettes publiques tirées des droits d'accise et leur impact social et économique dépendent de leur structure. Il existe deux grands modes de calcul des droits d'accise sur les produits assujettis : une taxation *ad valorem* et une taxation *ad quantum*. L'accise *ad quantum* (ou « spécifique ») est un montant fixe appliqué par unité de produit (par exemple 1 USD par litre), si bien qu'elle est assimilable à une taxe sur le volume des ventes. L'accise *ad valorem* est proportionnelle au prix du produit (par exemple 20 % du prix de vente) et s'analyse donc en un impôt sur la valeur des ventes. L'accise peut aussi être mixte, c'est-à-dire comporter une composante *ad valorem* et une composante *ad quantum*. C'est par exemple le cas des droits d'accise sur le tabac (Tableau d'annexe 3.A.4). L'application d'accises *ad quantum* suppose une définition précise de la nature et des caractéristiques de la matière imposable (par exemple, un litre d'essence sans plomb avec un indice 94 RON), tandis qu'une accise *ad valorem* repose simplement sur le prix du bien taxé.

La plupart des produits soumis aux accises sont définis par plusieurs caractéristiques (volume, poids, concentration, indice d'octane, teneur en alcool ou en carbone, etc.). Alors que l'accise *ad quantum* n'est pas influencée par la modification des caractéristiques qui n'ont pas été jugées pertinentes pour la détermination de la base d'imposition, l'accise *ad valorem* dépend de l'ensemble des caractéristiques qui sont reflétées dans le prix. Selon leur structure, les accises n'ont pas les mêmes effets sur la production et la consommation. Ainsi, un droit d'accise *ad quantum* sur la bière (par exemple, par pourcentage d'alcool pur par volume) peut inciter les brasseurs à concevoir des variétés de bière, notamment des variétés exclusives, pouvant être vendues à un prix plus élevé tout en restant soumises à un droit d'accise identique à celui qui frappe une variété moins chère. À l'inverse, un droit *ad valorem* peut dissuader les producteurs de réaliser des améliorations coûteuses de la qualité de leurs produits ou inciter les consommateurs à se tourner vers des produits moins chers. Les droits *ad quantum* peuvent être plus faciles à administrer, parce qu'il suffit, pour les calculer, de déterminer la quantité physique du produit taxé.

Les recettes fiscales générées par les droits d'accise et l'impact de changements de conception de ces taxes sur les recettes publiques sont influencés par un large éventail de facteurs. Lorsqu'on évalue l'impact d'une modification des régimes de droits d'accise, il importe de savoir que les accises sont incluses dans l'assiette de la TVA, c'est-à-dire que la TVA est généralement perçue sur la valeur taxes comprises des produits soumis à accises. L'impact d'une modification d'un droit d'accise sur les recettes fiscales dépend donc aussi du niveau du taux de TVA applicable à un produit donné soumis à accises.

Si la taxe a vocation à exercer un effet dissuasif à la fois sur l'achat de produits chers et sur l'achat de produits bon marché ou à maximiser les recettes tirées des accises frappant ces deux catégories de produits, il peut être judicieux d'associer des droits *ad quantum* et *ad valorem*. Lorsqu'il existe d'importants écarts de prix au niveau d'un produit, un droit d'accise *ad quantum* a par exemple une probabilité moins forte de réduire la consommation du produit coûteux et permettra d'en retirer moins de recettes qu'un droit *ad valorem*. De plus, les consommateurs relativement aisés, plus susceptibles de consommer des produits chers, risquent d'être moins sensibles que les ménages plus modestes à l'application d'une taxe donnée (bien que les droits *ad quantum* puissent réduire les différentiels de prix). Si l'objectif est de faire évoluer les comportements, il faut donc alourdir la charge fiscale totale pesant sur ces produits coûteux. À cette fin, il peut être envisagé d'associer un droit *ad valorem* et un droit *ad quantum*, ce qui est une pratique courante pour la taxation des produits du tabac (voir la section 3.3 ci-après). Le dosage « optimal » entre la composante *ad valorem* et la composante *ad quantum* de l'accise dépend des produits concernés, de la structure du marché et de l'objectif des pouvoirs publics, si bien qu'aucune combinaison n'est optimale dans l'absolu (Keen, 1998[1]).

Enfin, le commerce illicite et les possibilités d'achats transfrontaliers sont d'autres facteurs qui peuvent jouer sur le potentiel de mobilisation de recettes fiscales et sur l'impact sur la consommation des produits soumis à accises.

Tous ces facteurs sont pris en compte par les pouvoirs publics en fonction des objectifs qu'ils poursuivent, autrement dit selon qu'ils veulent réduire la consommation de produits considérés comme nocifs pour la santé, accroître les recettes ou les deux.

3.2.2. Dans les pays de l'OCDE, les recettes tirées des droits d'accise sont en baisse depuis longtemps

Dans les pays de l'OCDE, la part relative des accises dans les recettes fiscales totales est en baisse constante depuis 1975, puisqu'elle est passée de 10.5 % en moyenne à 6.9 % en 2020 (voir le Tableau d'annexe 1.A.5). Bien que l'on observe de grandes variations entre certains pays – les accises représentent 1.8 % des recettes fiscales totales en Nouvelle-Zélande et 17.2 % en Türkiye –, le poids des droits d'accise dans les recettes fiscales totales est compris entre 4 % et 9 % dans la majorité des pays de l'OCDE (28 sur 38). Ces taxes génèrent moins de 5 % du total des recettes fiscales dans neuf pays de l'OCDE (Australie, Autriche, Belgique, Canada, États-Unis, Israël, Japon, Nouvelle-Zélande et Suisse). Elles représentent plus de 10 % du total des recettes fiscales dans quatre pays (Lettonie, Lituanie, Mexique et Türkiye), contre treize pays de l'OCDE en 2010 (voir également le chapitre 1).

3.3. Boissons alcooliques

3.3.1. Les politiques de santé publique font de nouveau davantage appel à la taxation des boissons alcooliques

Bien que les taxes sur les produits alcooliques figurent parmi les plus anciennes sources de recettes fiscales, leur part dans la fiscalité totale a considérablement régressé en raison de l'importance croissante d'autres types de taxes sur la consommation, en particulier de taxes générales sur la consommation comme la TVA. Ces dernières années ont cependant été marquées par un regain d'intérêt pour la taxation spécifique des boissons alcooliques, vue comme un moyen d'orienter le comportement des consommateurs dans le sens voulu par les politiques de santé publique.

Il existe dans le monde une grande variété de boissons alcooliques, qui peuvent être obtenues par distillation ou fermentation de divers ingrédients (raisins, pommes, malt, riz, etc.). La nomenclature douanière combinée (CN) propose une classification des boissons alcooliques à laquelle les différentes catégories d'accises sont étroitement liées. Elle comprend six grandes catégories de boissons alcooliques : bières de malt (code 22.03) ; vins de raisins frais, y compris les vins enrichis en alcool (code 22.04) ; vermouths et autres vins de raisins frais préparés à l'aide de plantes ou de substances aromatiques (code 22.05) ; autres boissons fermentées (cidre, poiré, hydromel, par exemple), mélanges de boissons fermentées et mélanges de boissons fermentées et de boissons non alcooliques (code 22.06) ; alcool éthylique non dénaturé d'un titre alcoométrique volumique de 80 % vol. ou plus ; eaux-de-vie, liqueurs et autres boissons spiritueuses (code 22.07) et alcool éthylique non dénaturé d'un titre alcoométrique volumique de moins de 80 % vol. (code 22.08). Il existe inévitablement des subdivisions au sein de chacune de ces grandes catégories mais l'utilisation de cette nomenclature reconnue sur le plan international permet plus de cohérence et contribue à éviter l'utilisation de définitions contradictoires pour l'application des taux. Sauf indication contraire dans les notes pays, les Tableaux d'annexe 3.A.1 et 3.A.2 portent sur les produits relevant des codes 22.03 et 22.04, tandis que le Tableau d'annexe 3.A.3 porte sur les produits ne figurant pas dans les deux tableaux précédents.

La taxation de l'alcool ayant une longue histoire, plusieurs méthodes et indicateurs ont été mis au point au fil du temps pour évaluer la teneur d'un produit en alcool. Actuellement, l'indicateur couramment utilisé pour mesurer la quantité d'alcool (éthanol) contenue dans une boisson alcoolisée est le titre alcoométrique volumique. Il est égal au nombre de litres d'éthanol pur contenu dans 100 litres d'une solution à 20 °C, exprimé en pourcentage du volume total. Dans les Tableaux d'annexe 3.A.1 et 3.A.2, qui présentent un panorama des droits d'accise frappant la bière et le vin, la teneur en alcool est exprimée en pourcentage par volume (% vol.) Dans certains pays, pour calculer les accises applicables à la bière, on exprime la teneur en alcool de la bière en degrés Plato (indicateur qui mesure la densité du moût, exprimée en pourcentage d'extrait par unité de masse). Pour que les données relatives aux accises soient comparables entre pays, dans le Tableau d'annexe 3.A.1, les droits par degré Plato appliqués dans ces pays ont été convertis en droits par pourcentage d'alcool par volume. Il n'existe pas de méthode précise pour la conversion des degrés Plato en pourcentage d'alcool par volume, mais à des fins fiscales, on suppose que 1 % vol. est équivalent à 2.5 degrés Plato. Dans le Tableau d'annexe 3.A.1, on a donc multiplié les taux d'accise exprimés par degré Plato par 2.5 pour obtenir les taux par pourcentage d'alcool par volume pour les pays concernés.

Les droits d'accise sur les boissons alcooliques sont appliqués selon deux grandes méthodes : ils peuvent être *ad quantum*, dépendant alors de la teneur en alcool du produit, ou *ad valorem* et reposer ainsi sur sa valeur. Dans les pays de l'OCDE, ces deux méthodes sont généralement associées, le montant total de la taxe dépendant à la fois de la teneur en alcool et du prix du produit.

Dans les États membres de l'Union européenne, la structure des droits d'accise sur l'alcool et les boissons alcooliques est harmonisée (directive 92/83/CEE du Conseil concernant l'harmonisation des structures des droits d'accises sur l'alcool et les boissons alcooliques ; directive 92/84/CEE du Conseil concernant le rapprochement des taux d'accises sur l'alcool et les boissons alcoolisées ; complétées par la directive (UE) 2020/262 du Conseil établissant le régime général d'accise (refonte)).

L'Organisation mondiale de la santé (OMS) recommande d'augmenter les taxes sur les boissons alcooliques, considérant qu'il s'agit de l'un des outils les plus rentables pour diminuer la consommation d'alcool afin de lutter contre les maladies qu'elle favorise, par exemple les maladies cardiovasculaires, le cancer et autres maladies non transmissibles (OMS, 2010[2]). Du point de vue de la santé publique, la meilleure structure serait celle dans laquelle le montant du droit est lié à la teneur en alcool et progresse en fonction de l'inflation et qui garantit une certaine homogénéité entre les différents types d'alcool (Colin Angus, 2019[3]). Il est toutefois établi que le marché de l'alcool est créateur d'emplois dans l'agriculture, l'industrie et la distribution et constitue une source de recettes fiscales pour les pouvoirs publics. C'est pourquoi les mesures de santé publique qui ont pour but d'empêcher une consommation excessive d'alcool sont souvent contrebalancées par d'autres objectifs et considérations, par exemple la préservation d'activités ancestrales, la sauvegarde du libre marché et de la liberté de choix des consommateurs et la volonté de recouvrer des recettes publiques.

3.3.2. Les taux d'accise applicables à la bière sont très variables d'un pays de l'OCDE à l'autre

Dans tous les pays de l'OCDE, la bière est soumise à la fois aux droits d'accise et à la TVA. De plus, les directives européennes la soumettent à un droit d'accise minimum (égal à 1.87 EUR par degré d'alcool par hectolitre), lequel est suffisamment bas pour ne pas être contraignant pour la grande majorité des États membres, et prévoient une possibilité de réduction des droits pour la bière produite par les petites brasseries indépendantes.

Le Tableau d'annexe 3.A.1 montre que le calcul des droits est souvent complexe. Du fait qu'il existe différentes sous-catégories et divers taux particuliers (par exemple pour les produits peu alcooliques ou la bière produite par les petites brasseries) et que les droits sont parfois calculés à la fois en fonction de la valeur et de la nature des produits, il est difficile de fournir des estimations précises de la charge fiscale au niveau du consommateur. Ce tableau révèle également que le montant des accises est très différent d'un pays de l'OCDE à l'autre avecune accise normale sur la bière comprise entre moins de 5 USD par degré d'alcool et par hectolitre (Allemagne, Luxembourg, République slovaque, République tchèque et Türkiye) et plus de 20 USD (Finlande, Irlande, Nouvelle-Zélande, Royaume-Uni et Suède), les niveaux les plus élevés étant observés en Finlande (44.76 USD) et en Israël (74.30 USD). Trois quarts des pays de l'OCDE (30 sur 38) appliquent des taux réduits aux petites brasseries, avec souvent une augmentation progressive du taux de la taxe en fonction de leur production annuelle. Les notes pays relatives au Tableau d'annexe 3.A.1 illustrent la grande diversité de ces régimes fiscaux. Quatre pays de l'OCDE n'appliquent aucun droit d'accise *ad quantum* à la bière, n'appliquant que des accises *ad valorem* (Chili, Colombie, Corée et Mexique).

Tous les pays soumettent la bière au taux de TVA normal, exception faite de l'Islande, qui applique un taux réduit de 11 %, et des États-Unis, qui n'appliquent pas de TVA mais qui prélèvent une taxe sur les ventes au niveau infranational.

3.3.3. Dans les pays de l'OCDE, les accises appliquées au vin varient de zéro à plus de 6 USD par litre

Le Tableau d'annexe 3.A.2 porte sur deux grandes catégories de vin : le vin non pétillant et le vin pétillant. Il montre également la différence d'imposition entre le vin et le « vin à faible degré d'alcool » tel que défini par les pays membres. Le taux des accises sur le vin non pétillant varie considérablement d'un pays de l'OCDE à l'autre, entre zéro (Allemagne, Autriche, Espagne, Grèce, Hongrie, Israël, Italie, Luxembourg, Portugal, République slovaque, Slovénie, République tchèque et Suisse) et plus de 4 USD par litre en Finlande et en Irlande et plus de 6 USD par litre en Norvège. Dans dix pays de l'OCDE, le vin pétillant est soumis à un droit d'accise plus élevé que le vin non pétillant (Belgique, Danemark, France, États-Unis, Hongrie, Irlande, Royaume-Uni, République slovaque, République tchèque et Türkiye). Quatre pays de l'OCDE n'appliquent aucun droit d'accise *ad quantum* au vin, n'appliquant que des accises *ad valorem* (Chili, Colombie, Corée et Mexique).

Tous les pays de l'OCDE soumettent le vin à la TVA au taux normal, exception faite de la Colombie, du Luxembourg et du Portugal, qui appliquent un taux réduit de 5 %, 14 % et 13 % respectivement au vin non pétillant et des États-Unis, où des taxes sur les ventes appliquées à l'échelon infranational remplacent la TVA.

3.3.4. Il n'est pas appliqué de taux zéro à d'autres boissons alcooliques que la bière et le vin

Pour les boissons alcooliques autres que le bière et le vin (Tableau d'annexe 3.A.3), le taux des droits d'accise varie aussi entre les pays de l'OCDE, mais dans une moindre mesure parce qu'il n'est pas appliqué de taux nul. Ce taux est compris entre moins de 15 USD par litre d'alcool pur (Autriche, Canada, Espagne, États-Unis, Hongrie, Italie, Luxembourg, République slovaque et République tchèque) et environ 95 USD par litre d'alcool pur en Norvège et 128 USD en Islande. Les seuls pays qui appliquent un taux de TVA réduit à ces boissons alcooliques sont la Colombie (5 %) et l'Islande (11%). Les États-Unis n'appliquent pas de TVA fédérale, mais une taxe sur les ventes est prélevée au niveau infranational.

Quatre pays de l'OCDE n'appliquent aucun droit d'accise *ad quantum* à ces boissons alcooliques, n'appliquant que des accises *ad valorem* (Chili, Colombie, Corée et Mexique). Les notes pays relatives au Tableau d'annexe 3.A.3. décrivent les régimes appliqués dans les différents pays de l'OCDE.

3.4. Produits du tabac

3.4.1. Étant donné leur nature, les produits du tabac constituent depuis longtemps une intéressante source de recettes pour les pouvoirs publics

À l'origine, les taxes sur le tabac ont, comme celles sur l'alcool, été instaurées dans le but principal de collecter des recettes publiques. Pratiquement tous les pays taxent les produits du tabac depuis des décennies, voire, dans certains cas, des siècles. Ces produits se caractérisent par une consommation importante, par une élasticité de la demande aux prix relativement faible (en d'autres termes, une hausse modérée des prix ne se traduit pas par une baisse équivalente de la consommation) et par la faiblesse du nombre de producteurs, si bien qu'ils constituent une cible particulièrement intéressante pour l'application d'accises et d'autres types de taxes. Les effets néfastes du tabac sur la santé n'étant plus à prouver, la fiscalité sur le tabac est de plus en plus utilisée pour faire reculer le tabagisme. D'après les données économiques réunies par l'OMS, une hausse de la fiscalité répercutée sur les consommateurs est un moyen efficace de réduire le tabagisme. Ces données montrent que la fiscalité du tabac est un outil extrêmement rentable, parce qu'elle peut avoir un fort impact sur la consommation de tabac tout ayant un faible coût de mise en œuvre. Il est établi que les rendements et les retombées économiques positives de la fiscalité du tabac sont plusieurs fois supérieurs à son coût (OMS, 2021[4]).

Comme les boissons alcooliques et les huiles minérales, les produits du tabac se divisent en sous-catégories – cigarettes, cigares, tabac à rouler et tabac à pipe. Par ailleurs, de nouveaux produits, par exemple les produits de tabac chauffé et les systèmes électroniques d'administration de nicotine, peuvent être soumis à des taux spécifiques (ils n'entrent cependant pas dans le champ de cette étude).

Alors que les accises appliquées aux boissons alcooliques et aux huiles minérales sont presque exclusivement des droits *ad quantum*, dans la plupart des pays, les accises qui frappent les produits du tabac comprennent des éléments *ad quantum* et des éléments *ad valorem*.

3.4.2. La charge fiscale totale sur les cigarettes dépasse 60 % du prix à la consommation dans pratiquement tous les pays de l'OCDE, et dépasse 75 % dans la plupart d'entre eux

Le Tableau d'annexe 3.A.4 et le Tableau d'annexe 3.A.4 illustrent la forte disparité des taux d'imposition appliqués par les différents pays de l'OCDE. Des écarts peuvent aussi être observés au sein d'une même juridiction lorsque les accises peuvent être perçues à l'échelon infranational ; c'est par exemple le cas aux États-Unis, où les droits d'accise locaux sur les cigarettes (qui s'ajoutent aux droits fédéraux) sont compris entre 0.17 USD par paquet de 20 cigarettes dans le Missouri et 0.37 USD en Géorgie, et 4.50 USD dans le District de Columbia et 4.35 USD dans le Connecticut (Federation of Tax Administrators, 2022[5]).

À noter que les taux ou montants de chaque taxe (accise *ad valorem* ou *ad quantum*, TVA ou autres droits) par type de produit du tabac tels qu'ils figurent dans le Tableau d'annexe 3.A.4 ne permettent pas à eux seuls d'évaluer l'intégralité de la charge fiscale qui pèse sur ces produits. Les accises *ad valorem* peuvent être calculées sur différentes bases (prix à la production, prix à l'importation, prix de détail). Lorsque la structure des accises est mixte (l'accise comportant une composante *ad valorem* et une composante ad quantum), une taxe *ad valorem* élevée appliquée à une catégorie de produits peut être contrebalancée par une accise *ad quantum* faible (ou vice versa). Il faut en outre évaluer l'effet cumulé de la TVA et des droits d'accise. Le calcul de la charge fiscale totale (CFT) pour le consommateur final en pourcentage du prix de vente au détail (PVD) d'un produit donné fournit une idée plus précise des niveaux d'imposition relatifs. Pour l'illustrer, le Tableau d'annexe 3.A.5 présente, pour les pays de l'OCDE, la charge fiscale totale (accise *ad quantum* + accise *ad valorem* + TVA) qui pèse sur les cigarettes en pourcentage du prix de vente au détail (PVD) d'un paquet de 20 cigarettes d'après des données issues de la base de données de l'OMS (OMS, 2021[6]). Ce tableau montre que cette charge est très variable d'un pays à l'autre, puisqu'elle varie de 39.97 % du PVD aux États-Unis (moyenne nationale des taxes fédérales et locales) et 54.96 % en Islande à 88.23 % en Finlande et 87.64 % en Estonie. La charge fiscale est supérieure à 60 % du PVD dans tous les pays de l'OCDE sauf en Islande et aux États-Unis. Elle dépasse 75 % du PVD (comme recommandé par l'OMS) dans 21 pays (Belgique, Chili, Danemark, Espagne, Estonie, Finlande, France, Grèce, Irlande, Israël, Italie, Lettonie, Pays-Bas, Nouvelle-Zélande, Pologne, Portugal, Royaume-Uni, République slovaque, Slovénie, République tchèque et Türkiye). Les chiffres fournis par l'OMS se rapportent à la marque la plus vendue dans le pays. En revanche, dans l'Union européenne le calcul des taux repose plutôt sur le prix moyen pondéré de toutes les marques vendues sur le marché (depuis 2011). Le Tableau d'annexe 3.A.4 met également en évidence d'importantes différences de prix hors taxes, les prix variant en fonction de la structure du marché, du lieu géographique (en particulier en fonction de la possibilité ou non d'achats transfrontaliers) et de la structure des taxes applicables.

3.5. Fioul domestique

3.5.1. Dans la quasi-totalité des pays de l'OCDE, le fioul est moins lourdement taxé que les carburants automobiles

Comme le montre le Tableau d'annexe 3.A.6, pratiquement tous les pays de l'OCDE taxent moins lourdement le fioul domestique que les carburants automobiles, y compris le carburant diesel, qui, techniquement, est le même produit. Dans l'Union européenne, la directive sur la taxation de l'énergie fixe un taux minimum applicable au fioul domestique (0.021 EUR par litre) qui est bien inférieur à celui applicable aux carburants automobiles (0.3 EUR par litre de diesel). Israël est le seul pays qui applique le même taux d'accise au fioul domestique et au carburant diesel. Les Pays-Bas appliquent un taux d'accise plus élevé au fioul domestique qu'au carburant diesel (voir le Tableau d'annexe 3.A.5).

Les écarts importants entre les taux d'accise se retrouvent dans l'hétérogénéité des prix à la consommation du fioul domestique dans la zone OCDE, ce prix allant de 1.070 USD/litre en Lituanie et 1.075 USD par litre en Belgique à 1.958 USD par litre au Danemark et 1.855 USD/litre en Israël au premier trimestre 2022.

Le fioul domestique est soumis à la TVA au taux normal dans tous les pays de l'OCDE sauf en Irlande, au Luxembourg et au Royaume-Uni (en revanche, aucun pays de l'OCDE n'applique un taux de TVA réduit au carburant diesel ou à l'essence).

Quatre pays de l'OCDE (Hongrie, Pays-Bas, Pologne et Slovénie) ont indiqué avoir transitoirement réduit le taux d'accise appliqué au fioul domestique courant 2022 pour contrer la hausse des prix de l'énergie (voir les notes pays relatifs au Tableau d'annexe 3.A.6).

Références

Colin Angus, J. (2019), « Comparing alcohol taxation throughout the European Union », *Addiction notes*. [3]

Federation of Tax Administrators (2022), *State excise tax rates on cigarettes*. [5]

Keen, M. (1998), « The Balance between Specific and Ad Valorem Taxation », *Fiscal Studies*, vol. 19/1, pp. 1-37, https://doi.org/10.1111/j.1475-5890.1998.tb00274.x. [1]

OMS (2021), *Manuel technique de l'OMS sur la politique et l'administration des taxes prélevées sur le tabac*, Organisation mondiale de la Santé, Genève. [4]

OMS (2021), *WHO report on the global tobacco epidemic 2021 web annex IX*, Organisation mondiale de la Santé, https://apps.who.int/iris/handle/10665/343468. [6]

OMS (2010), *Stratégie mondiale visant à réduire l'usage nocif de l'alcool*, Organisation mondiale de la Santé. [2]

Annexe 3.A. Taux d'accise

Tableau d'annexe 3.A.1. Impôts sur la bière

Pays	Monnaie	Taux d'accise par % vol. par hectolitre[1]		Taux d'accise réduit applicable aux petites brasseries indépendantes[1] Accise par % vol. par hectolitre			Droit d'accise sur la bière à faible degré d'alcool Accise par hectolitre de produit[2]		Taux de TVA	Taux d'accise progressif en fonction du titre alcoométrique volumique[3]
		Monnaie nationale	USD	Production annuelle (hl)[4]	Monnaie nationale	USD	Monnaie nationale	USD	%	
Allemagne*	EUR	1.97	2.32	≤ 5 000	0.98	1.15	0.00	0.00	19.0	Non
				≤ 10 000	1.18	1.39			19.0	
				≤ 20 000	1.38	1.62			19.0	
				≤ 40 000	1.48	1.74			19.0	
Australie*	AUD	Note pays		Note pays			Note pays		10.0	Oui
Autriche*	EUR	5.00	5.88	≤12 500	3	3.53	0.00	0.00	20.0	Non
				≤ 25 000	3.5	4.12			20.0	
				≤ 37 500	4	4.71			20.0	
				≤ 50 000	4.5	5.29			20.0	
Belgique*	EUR	5.01	5.89	≤ 12 500	4.36	5.13	0.00	0.00	21.0	Non
				≤ 25 000	4.50	5.29			21.0	
				≤ 50 000	4.65	5.47			21.0	
				≤ 75 000	4.79	5.64			21.0	
				≤ 200 000	4.94	5.81			21.0	
Canada*	CAD	Note pays		Note pays	Note pays		Note pays		5.0/13.0 15.0	Oui
Chili*	CLP	Note pays		Note pays			Note pays		19.0	Non
Colombie*	COP	Note pays		Note pays			Note pays		19.0	Non
Corée*	KRW	Note pays					Note pays		10.0	Non
Costa Rica	CRC	Note pays		Note pays			Note pays		13.0	
Danemark*	DKK	48.74	7.75	≤ 3 700	Note pays		0.00	0.00	25.0	Non
				≤ 20 000	Note pays				25.0	
				≤ 200 000	Note pays				25.0	
Espagne*	EUR	Note pays		–	–	–	0.00 Note pays	0.00	21.0	Non
Estonie*	EUR	12.70	14.94	≤ 15 000	6.35	7.47	0.00	0.00	20.0	Non
États-Unis*	USD	Note pays		≤ 2 347 000	Note pays		–	–		Non
Finlande*	EUR	38.05	44.76	≤ 5 000	19.03	22.39	0.00/24.75	0.00 – 29.12	24.0	Non
				≤ 30 000	26.64	31.34			24.0	
				≤ 55 000	30.44	35.81			24.0	
				≤ 100 000	34.25	40.29			24.0	
France*	EUR	7.70	9.06	≤ 200 000	3.85	4.53	3.85	4.53	20.0	Non
Grèce*	EUR	12.50	14.71	≤ 200 000	6.25	7.35	0.00	0.00	24.0	Non

Pays	Monnaie	Taux d'accise par % vol. par hectolitre[1]		Taux d'accise réduit applicable aux petites brasseries indépendantes[1] Accise par % vol. par hectolitre			Droit d'accise sur la bière à faible degré d'alcool Accise par hectolitre de produit[2]		Taux de TVA	Taux d'accise progressif en fonction du titre alcoométrique volumique[3]
		Monnaie nationale	USD	Production annuelle (hl)[4]	Monnaie nationale	USD	Monnaie nationale	USD	%	
Hongrie*	HUF	1 620.00	5.34	≤ 200 000	810.00	2.67	0.00	0.00	27.0	Non
Irlande*	EUR	22.55	26.53	≤ 50 000	Note pays		0.00 Note pays	0.00	23.0	Non
Islande*	ISK	Note pays		_	_	_	0.00	0.00	11.0	Oui
Israël*	ILS	240.00	74.30	_	_	_	Note pays		17.0	Non
Italie*	EUR	7.35	8.65	≤ 10 000	3.675	4.32	0.00 Note pays	0.00	22.0	Non
				≤ 30 000	5.145	6.05				
				≤ 60 000	5.880	6.92				
Japon*	JPY	Note pays		≤ 100 000	Note pays		_	_	10.0	Non
Lettonie*	EUR	8.20	9.65	≤ 10 000	4.10	4.82	0.00	0.00	21.0	Non
Lituanie*	EUR	7.82	9.20	≤ 10 000	3.91	4.60	0.00	0.00	21.0	Non
Luxembourg*	EUR	1.98	2.33	≤ 50 000	0.98	1.15	0.00	0.00	17.0	Non
				≤ 200 000	1.12	1.32			17.0	
Mexique*	MXN	26.50 %					Note pays	_	16.0	Oui
Norvège*	NOK	Note pays					Note pays		25.0	Oui
Nouvelle-Zélande*	NZD	29.05	20.61				Note pays	_	15.0	Non
Pays-Bas*	EUR	Note pays		≤ 200 000	Note pays	_	0.00	0.00	21.0	Oui
Pologne*	PLN	23.58	6.11	≤ 200 000	Note pays		0.00	0.00	23.0	Non
Portugal*	EUR	Voir note		≤ 200 000	Note pays		0.00 Note pays		23.0	Non
République slovaque*	EUR	3.59	4.22	≤ 200 000	2.65	3.12	0.00	0.00	20.0	Non
République tchèque*	CZK	80.00	3.69	≤ 10 000	40.00	1.85	0.00	0.00	21.0	Non
				≤ 50 000	48.00	2.21			21.0	
				≤ 100 000	56.00	2.58			21.0	
				≤ 150 000	64.00	2.95			21.0	
				≤ 200 000	72.00	3.32			21.0	
Royaume Uni*	GBP	19.08	26.14	≤ 60 000	Note pays		8.42	11.53	20.0	Non
Slovénie*	EUR	12.10	14.24	≤ 20 000	6.05	7.12	0.00	0.00	22.0	Non
Suède*	SEK	202.00	23.57	_	_	_	0.00	0.00	25.0	Non
Suisse*	CHF	Note pays		≤ 55 000	Note pays		Note pays		7.7	Oui
Türkiye*	TRY	352.77	6.19	_	_	_	0.00	0.00	18.0	Non

Notes :

* Voir les notes pays.

Conversion de la monnaie nationale en USD : les taux de conversion sont les taux moyens du marché (2021) publiés dans les Statistiques monétaires mensuelles de l'OCDE (stats.oecd.org).

Bière telle que définie à la position 22.03 du système harmonisé de l'OMD.

1. % vol = pourcentage d'alcool pur par volume à 20°C. Dans certains pays, le taux d'accise applicable à la bière est calculé par hectolitre par degré Plato. Pour plus de commodité, tous les montants sont convertis en % vol. Il n'existe pas de table de conversion précise entre degrés Plato et % vol mais, à des fins fiscales, on admet souvent que 1 % vol équivaut à 2.5 degrés Plato. Par conséquent, les taux exprimés en degrés Plato ont été multipliés par 2.5 pour obtenir le % vol.
2. La bière titrant moins d'un certain pourcentage d'alcool par volume est taxée à un taux réduit ou n'est pas taxée dans certaines juridictions. Dans certaines juridictions (comme l'UE), la bière dont la teneur en alcool est faible (par exemple inférieure à 0.5 % vol.) n'est pas considérée comme de la bière et n'est pas soumise à accise.
3. Taux d'accise progressif en fonction du titre alcoométrique volumique : concerne les situations dans lesquelles le taux d'accise par % vol. par hectolitre est plus élevé pour les produits dont le titre alcoométrique est plus élevé.
4. La production annuelle en hectolitres doit être comprise comme une fourchette. Par exemple, « ≤ 10 000 » dans une ligne et « ≤ 20 000 » dans la ligne suivante signifie « production inférieure ou égale à 10 000 » puis « production comprise entre 10 000 et 20 000 ».
Source : Délégations nationales. Situation au 1er janvier 2022.

Encadré d'annexe 3.A.1. Notes pays relatives au Tableau d'annexe 3.A.1 Impôts sur la bière

Allemagne. La bière titrant moins de 0.5 % vol. est exonérée de droits d'accise (voir la note se rapportant à l'UE ci-après).

Australie. Les taux d'accise applicables à la bière en récipients individuels de capacité inférieure à 8 litres ; ou en récipients individuels de capacité d'au moins 8 litres, mais n'excédant pas 48 litres et non conçus pour être raccordés à un système de distribution sous pression ou par pompe sont les suivants : 45.07 AUD par litre d'alcool lorsque le volume d'alcool n'excède pas 3 %, 52.49 AUD lorsque le volume d'alcool est supérieur à 3 % mais n'excède pas 3.5 %, et 52.49 AUD au-delà de 3.5 %. Les taux applicables à la bière en récipients individuels de capacité excédant 48 litres ; ou en récipients individuels de capacité d'au moins 8 litres, mais n'excédant pas 48 litres et conçus pour être raccordés à un système de distribution sous pression ou par pompe sont les suivants : 9.01 AUD par litre d'alcool lorsque le volume d'alcool n'excède pas 3 %, 28.23 AUD lorsque le volume d'alcool est supérieur à 3 % mais n'excède pas 3.5 %, et 36.98 AUD au-delà de 3.5 %. Des taux réduits s'appliquent également à la bière produite à des fins non commerciales au moyen d'une installation ou d'un équipement professionnel ; ces taux sont de 3.17 AUD par litre d'alcool pour la bière lorsque le volume d'alcool n'excède pas 3 % et de 3.65 AUD par litre d'alcool au-delà de 3 %. Les droits d'accise sur la bière sont calculés à partir d'un seuil égal à 1.15 % par volume. Les bières ne titrant pas plus de 1.15 % vol. sont exonérées d'accises. Ces taux sont ajustés en fonction de l'inflation chaque année en février et en août. Les producteurs éligibles peuvent obtenir une exonération (autrement dit, n'ont pas à payer) égale à 100 % des droits d'accise dus dans la limite de 350 000 AUD par exercice budgétaire.

Autriche. La bière titrant moins de 0.5 % vol. est exonérée de droits d'accise (voir la note se rapportant à l'UE ci-après).

Belgique. La bière titrant moins de 0.5 % vol. est exonérée de droits d'accise (voir la note se rapportant à l'UE ci-après).

Canada. Les taux des droits d'accise s'appliquent par hectolitre de produit (non par degré d'alcool par hectolitre). Au 1er janvier 2022, les taux d'accise fédéraux applicables à la bière ou à la liqueur de malt sont les suivants : (1) 34 CAD par hectolitre au-delà de 2.5 % vol. ; (2) 17 CAD par hectolitre à partir de 1.2 % vol. et jusqu'à 2.5 % vol. ; (3) 2.822 CAD par hectolitre jusqu'à 1.2 % vol. Les taux réduits suivants sont appliqués aux 75 000 premiers hectolitres de bière ou de liqueur de malt produits au cours d'une année donnée par les brasseurs titulaires d'une licence : (1) les taux précités sont réduits de 90 % sur les 2 000 premiers hectolitres, (2) 80 % sur les 3 000 hectolitres suivants, (3) 60 % sur les 10 000 hectolitres suivants, (4) 30 % sur les 35 000 hectolitres suivants, et (4) 15 % sur les 25 000 hectolitres suivants. Des ajustements automatiques des droits d'accise sur la bière en fonction de l'inflation sont effectués chaque année au 1er avril. Les derniers ont pris effet le 1er avril 2022. Les autorités provinciales et territoriales appliquent également à la bière diverses taxes et majorations.

Chili. La vente de boissons alcooliques (vin, bière, boissons distillées et autres boissons alcooliques) est soumise à la TVA au taux de 19 % et à une surtaxe sur la vente ou l'importation de boissons alcooliques. La surtaxe est appliquée à la bière au taux de 20.5 % et ne dépend pas du titre alcoométrique. Elle est appliquée à l'assiette de la TVA, à savoir au prix de vente (hors TVA), et frappe les transactions entre grossistes. S'agissant de ces transactions, la taxe versée au vendeur est déductible de la taxe sur les ventes due à chaque étape de la chaîne de valeur (y compris l'importation) jusqu'à la vente au détaillant final. La surtaxe n'est pas perçue sur la vente du détaillant au consommateur final et le détaillant ne peut pas récupérer la taxe qu'il a versée en amont.

Colombie. La taxe sur la consommation de bière est une taxe nationale collectée par les collectivités territoriales (*« Departmentos »*) sur les produits consommés sur leur territoire. Les bières nationales et importées sont soumises à la taxe sur la consommation au taux de 48 % du prix de vente hors taxe. Ce prix n'inclut pas la valeur des emballages et des bouteilles. Il s'agit d'une taxe unique perçue à l'importation ou à la sortie de l'usine. Les *refajos*, qui consistent en un mélange de bière et de boissons non alcooliques, sont soumis à la taxe au taux de 20 %. La bière sans alcool (titrant moins de 2.5 % vol.) n'est pas taxée.

Corée. Le taux applicable à la bière est de 830 300 KRW par hectolitre (pour la bière vendue dans un contenant de 8 litres ou plus avec tireuse séparée avant le 31 décembre 2021, le taux appliqué est de 664 200 KRW). Chaque année, le taux applicable à la bière est déterminé en fonction des variations de l'indice des prix à la consommation. À compter du 1er avril 2022, il est de 855 200 KRW par hectolitre (pour la bière vendue dans un contenant de 8 litres ou plus avec tireuse séparée avant le 31 décembre 2023, le taux appliqué est de 684 100 KRW).

Costa Rica. Un droit spécifique est appliqué par millilitre d'alcool pur contenu dans toute boisson alcoolique de fabrication nationale ou importée, quelle que soit sa présentation, en fonction de la teneur en alcool par volume. Les taux sont fixés par la loi et actualisés trimestriellement en fonction de la variation de l'indice des prix à la consommation. Ils varient en fonction du titre alcoométrique pour chaque alcool et bière, comme suit : de 0 à 15 %, de 15 % à 30 % et au-delà de 30 %.

Danemark. Taux réduits applicables aux petites brasseries indépendantes : production n'excédant pas 3 700 hectolitres, taux réduit de 50 % ; production supérieure à 3 700 mais n'excédant pas 20 000 hectolitres, taux réduit d'un pourcentage égal à 168 607 divisé par le volume de la production en hectolitres plus 4.43 ; production supérieure à 20 000 mais n'excédant pas 200 000 hectolitres, taux réduit d'un pourcentage égal à 14.29 moins le volume produit en hectolitres divisé par 14 003. La bière titrant moins de 2.8 % vol. est exonérée de droits d'accise.

Espagne. Les taux d'accise selon le degré d'alcool sont les suivants : la bière est exonérée en deçà de 1.2 % vol. ; elle est soumise à un droit de 2.75 EUR par hectolitre entre 1.2 % vol. et 2.8 % vol., de 7.48 EUR par hectolitre entre 2.8 % vol. et 4.4 % vol., de 9.96 EUR par hectolitre de 4.4 % vol. à 6 % vol., de 13.56 EUR par hectolitre de 6 % vol. à 7.6 % vol. et de 0.91 EUR par hectolitre et par degré Plato au-delà de 7.6 % vol. Il n'y a pas de taxe sur la bière à Ceuta et Melilla (deux villes espagnoles situées en Afrique du Nord).

Estonie. La bière titrant moins de 0.5 % vol. est exonérée de droits d'accise (voir la note se rapportant à l'UE ci-après).

États-Unis. La moyenne pondérée des droits d'accise fédéraux et des droits appliqués par les États est de 20 USD par hectolitre de produit. L'accise fédérale s'établit à 16 USD par fût pour les 6 premiers millions de fûts de bière, puis à 18 USD par fût pour chaque fût supplémentaire. Un fût correspond à 1.1735 hectolitres. Les petites brasseries locales qui produisent moins de 2 millions de fûts de bière par année civile paient 3.50 USD de droits fédéraux par fût sur les 60 000 premiers fûts, puis 16.00 USD par fût au-delà. Il n'existe pas de barème progressif en fonction du degré d'alcool ni de TVA fédérale.

Finlande. La bière titrant moins de 0.5 % vol. est exonérée de droits d'accise (voir la note se rapportant à l'UE ci-après). La bière titrant entre 0.5 et 3.5 % vol. est soumise à un droit de 24.75 EUR par degré d'alcool et par hectolitre. Des réductions sont accordées aux petites brasseries comme pour la bière titrant plus de 3.5 % vol. : le taux précité est réduit de 50 % pour les 5 000 premiers hectolitres, de 30 % pour les 25 000 hectolitres suivants, de 20 % sur les 25 000 hectolitres suivants et de 10 % sur les 45 000 hectolitres suivants. Les petites brasseries ne produisant pas plus de 200 000 hectolitres peuvent prétendre aux taux réduits.

France. La bière titrant plus de 18 % vol. est soumise à un droit supplémentaire dont le produit est affecté au financement de la protection sociale : 48.97 EUR par hectolitre. La bière titrant moins de 0.5 % vol. est exonérée de droits d'accise (voir la note se rapportant à l'UE ci-après).

Grèce. La bière titrant moins de 0.5 % vol. est exonérée de droits d'accise (voir la note se rapportant à l'UE ci-après).

Hongrie. La bière titrant moins de 0.5 % vol. est exonérée de droits d'accise (voir la note se rapportant à l'UE ci-après). Les bières aromatisées sont frappées par une taxe de santé publique égale à 25 HUF par litre.

Irlande. La bière brassée par de petites brasseries indépendantes ne produisant pas plus de 50 000 hectolitres par an donne lieu à une exonération ou un remboursement partiels de 50 % de la taxe frappant les produits alcoolisés (droits d'accise). Dans la loi de finances 2020, le volume à ne pas dépasser a été porté de 40 000 à 50 000 hectolitres mais le volume maximum pris en compte pour l'application de l'exonération ou du remboursement partiels est resté inchangé, à 30 000. Le droit est nul pour la bière peu alcoolisée (jusqu'à 1.2 % vol.) et s'établit à 11.27 EUR pour la bière titrant plus de 1.2 % vol. et moins de 2.8 % vol. La bière titrant moins de 0.5 % vol. est exonérée de droits d'accise (voir la note se rapportant à l'UE ci-après).

Islande. En Islande, le droit s'établit à 132 ISK par centilitre d'alcool par litre moins 2.25 centilitres. Par exemple, un litre de bière titrant 6 % vol. contient 6 centilitres d'alcool par litre. En conséquence, le droit perçu sur un litre de bière titrant 6 % vol. s'obtient à partir de la formule suivante : (6-2.25) * 132 = 495 ISK par litre. L'application de cette formule revient à exonérer de droits la bière titrant moins de 2.25 % vol.

Israël. Le montant du droit a été fixé à 240 ILS le 1er janvier 2022. Il est ajusté chaque année en fonction de l'évolution de l'indice des prix à la consommation. Aucun droit n'est appliqué à la bière contenant moins de 2 % d'alcool (ou moins de 3.8 % si elle est commercialisée dans des bouteilles réutilisables).

Italie. Le taux d'accise normal, soit 2.94 EUR par hectolitre et par degré Plato, et les réductions prévues pour les petites brasseries indépendantes (indiquées ci-après) ne sont valables que pour 2022. Pour les petites brasseries indépendantes ne produisant pas plus de 10 000 hectolitres par an, le taux d'accise est réduit de 50 % (par rapport au taux normal). Pour les petites brasseries indépendantes produisant entre 10 000 et 30 000 hectolitres par an, il est réduit de 30 %. Pour les petites brasseries indépendantes produisant entre 30 000 et 60 000 hectolitres, il est réduit de 20 %. Les bières ne titrant pas plus de 0.5 % vol. ne sont pas soumises à accise.

Japon. Les droits d'accise s'établissent à 20 000 JPY par hectolitre de produit. Les taux réduits suivants s'appliquent aux petites brasseries (n'ayant pas produit plus de 100 000 hectolitres d'alcool au cours de l'année précédente) pour les 2 000 premiers hectolitres : (a) 85 % du taux normal si le volume de bière produit au cours de l'année précédente n'excède pas 10 000 hectolitres ; (b) 92.5 % du taux normal si le volume de bière produit au cours de l'année précédente est supérieur à 10 000 hectolitres mais ne dépasse pas 13 000 hectolitres (mesure temporaire). Informations de référence (Réforme de la taxe sur les alcools de 2017). À compter du 1er octobre 2020, les taux des droits d'accise sur les alcools ont été modifiés afin de rétablir une charge fiscale équitable pour les différents types de bières. Plus précisément, les montants des droits d'accise applicables à la bière et aux boissons alcoolisées assimilées seront unifiés : 15 500 JPY par hectolitre en octobre 2026 (cette révision sera appliquée en trois phases).

Les petites brasseries indépendantes bénéficient de taux réduits. Ces taux sont les suivants :

Les petites brasseries ne peuvent solliciter aucune réduction du taux applicable aux bières légères.

Lettonie. Depuis le 1er mars 2021, l'accise s'établit à 8.20 EUR par % vol. par hectolitre ; ce montant est réduit à 4.1 EUR par % vol. par hectolitre pour les petites brasseries indépendantes (mais ne peut pas être inférieur à 15.2 EUR par hectolitre). Le taux réduit consenti aux petites brasseries indépendantes (dont la production annuelle ne dépasse pas 50 000 hectolitres) s'applique aux 10 000 premiers hectolitres de bière produits. La bière titrant moins de 0.5 % vol. est exonérée de droits d'accise (voir la note se rapportant à l'UE ci-après).

Lituanie. À compter du 1er janvier 2022, le taux réduit consenti aux petites brasseries indépendantes (dont la production annuelle ne dépasse pas 80 000 hectolitres) s'applique aux 10 000 premiers hectolitres de bière produits. La bière titrant moins de 0.5 % vol. est exonérée de droits d'accise (voir la note se rapportant à l'UE ci-après).

Luxembourg. Les taux applicables aux petites brasseries (dont la production annuelle ne dépasse pas 200 000 hectolitres) varient entre 0.40 EUR et 0.45 EUR. Un droit supplémentaire égal à 600 EUR par hectolitre est perçu sur les bières confectionnées (« alcopops »). La bière titrant moins de 0.5 % vol. est exonérée de droits d'accise (voir la note se rapportant à l'UE ci-après).

Mexique. Les taux, appliqués sur une base *ad valorem*, sont les suivants : 26.5 % pour la bière et les autres boissons alcooliques jusqu'à 14 degrés Gay-Lussac (° GL) ; 30 % au-delà de 14° GL et jusqu'à 20° GL ; 53 % au- delà de 20° GL.

Norvège. Les taux des droits d'accise sont les suivants par hectolitre de produit : a) 0.0- 0.7 % vol. : zéro ; b) 0.7-2.7 % vol. : 331 NOK ; c) 2.7-3.7 % vol. : 1 244 NOK ; d) 3.7-4.7 % vol. : 2 155 NOK. La bière titrant plus de 4.7 % vol. est soumise à un droit de 482 NOK par degré d'alcool et par hectolitre.

Nouvelle-Zélande. Le taux des accises sur la bière titrant plus de 2.5 % vol. est de 29.054 NZD par litre d'alcool contenu dans le produit fini. Le taux appliqué à la bière titrant plus de 1.15 % vol. et jusqu'à 2.5 % vol. est de 0.43573 NZD par litre de produit. La bière titrant moins de 1.15 % vol. n'est pas soumise à accise.

Pays-Bas. Les taux d'accise par hectolitre de produit sont les suivants : a) jusqu'à 7 degrés Plato (environ 2.8 % vol.) : 8.83 EUR ; b) de 7 à 11 degrés Plato (environ 2.8 à 4.4 % vol.) : 28.49 EUR ; c) de 11 à 15 degrés Plato (environ 4.4 à 6 % vol.) : 37.96 EUR ; d) 15 degrés Plato ou plus (environ 6 % vol. et plus) : 47.48 EUR. Les taux d'accise appliqués aux petites brasseries (dont la production annuelle n'excède pas 200 000 hectolitres) sont les suivants : a) jusqu'à 7 degrés Plato, le taux susmentionné ; b) de 7 à 11 degrés Plato : 26.35 EUR ; c) de 11 à 15 degrés Plato : 35.11 EUR ; d) 15 degrés Plato ou plus : 43.92 EUR. Pour la bière ne contenant pas plus de 0.5 % d'alcool, une taxe sur la consommation de 8.83 EUR par hectolitre est applicable et le taux de TVA est de 9 %. La bière titrant moins de 0.5 % vol. est exonérée de droits d'accise (voir la note se rapportant à l'UE ci-après).

Pologne. Exemption des droits d'accise pour les petites brasseries : 1) production n'excédant pas 200 000 hectolitres par an : – 50 % du montant du droit d'accise calculé sur la base du taux normal appliqué à la bière ; les règles ci-dessus s'appliquent également en cas de coopération de plusieurs producteurs. 2) Achat intracommunautaire ou importation de bière par des entités remplissant les critères définis par la loi : – 50 % du montant du droit d'accise calculé sur la base du taux normal appliqué à la bière. La bière titrant moins de 0.5 % vol. est exonérée de droits d'accise (voir la note se rapportant à l'UE ci-après).

Portugal. Les taux d'accise frappant la bière sont les suivants par hectolitre de produit : (a) plus de 0.5 % vol. et jusqu'à 1.2 % vol. : 8.34 EUR ; (b) plus de 1.2 % vol. et jusqu'à 2.8 % vol. : 10.44 EUR ; (c) plus de 2.8 % vol. et jusqu'à 4.4 % vol. : 16.70 EUR ; (d) plus de 4.4 % vol. et jusqu'à 5.2 % vol. : 20.89 EUR ; (e) plus de 5.2°% vol. et jusqu'à 6 % vol. : 25.06 EUR ; plus de 6 % vol. : 29.30 EUR (taux applicables au 1er janvier 2022). Les taux applicables aux petites brasseries (production annuelle n'excédant pas 200 000 hectolitres) sont de 50 % du taux normal. La bière titrant moins de 0.5 % vol. est exonérée de droits d'accise (voir la note se rapportant à l'UE ci-après).

- production annuelle supérieure à 5 000 hectolitres mais n'excédant pas 30 000 hectolitres – taux obtenu en appliquant la formule : production annuelle - 2 500/production annuelle x taux normal ;

- production n'excédant pas 5 000 hectolitres – 50 % du taux normal ;
- production supérieure à 30 000 hectolitres et n'excédant pas 60 000 hectolitres – taux obtenu en appliquant la formule : production annuelle - (2500-8.33 % de la fraction de la production annuelle excédant 30 000 hectolitres/production annuelle x taux normal.

République slovaque. La bière titrant moins de 0.5 % vol. est exonérée de droits d'accise (voir la note se rapportant à l'UE ci-après).

République tchèque. La bière titrant moins de 0.5 % vol. est exonérée de droits d'accise (voir la note se rapportant à l'UE ci-après).

Royaume-Uni. La bière titrant moins de 1.2 % vol. est exonérée de droit d'accise. Un droit applicable aux bières légères est perçu sur les bières titrant entre 1.2 % vol. et 2.8 % vol. Depuis le 1er octobre 2011, un droit spécial frappe toutes les bières fortes titrant plus de 7.5 % vol. Ce droit s'ajoute au droit général sur la bière.

Slovénie. Taux réduit applicable aux petites brasseries (production annuelle n'excédant pas 20 000 hectolitres) : 6.05 EUR par % vol par hectolitre. Exemption de la bière produite pour la consommation personnelle si la production annuelle est inférieure à 500 litres. Le taux applicable aux petites brasseries (production annuelle n'excédant pas 200 000 hectolitres) est de 50 % du taux normal : 6.05 EUR. La bière titrant moins de 0.5 % vol. est exonérée de droits d'accise (voir la note se rapportant à l'UE ci-après).

Suède. Le droit d'accise pour la bière titrant moins de 2.8 % vol. s'établit à 0 SEK.

Suisse. Taux par hectolitre : bière légère (jusqu'à 10 degrés Plato) : 16.88 CHF, bière normale et spéciale (de 10.1 à 14 degrés Plato) : 25.32 CHF, bière forte (à partir de 14.1 degrés Plato) : 33.76 CHF. Pour les brasseries ne produisant pas plus de 55 000 hectolitres par an, le taux est progressivement réduit en fonction du volume de production, la réduction pouvant atteindre 40 % (pour une production annuelle n'excédant pas 15 000 hectolitres). La bière titrant plus de 15 % vol. est fiscalement considérée comme une boisson alcoolique (taxée à raison de 2 900 CHF par hectolitre d'alcool pur). La bière titrant moins de 0.5 % vol. est exonérée de droits d'accise.

Türkiye. La taxe ne peut pas être inférieure à 352.77 TRY par degré par hectolitre. Si le montant obtenu à partir du taux (63 %) est inférieur à ce montant minimum, c'est celui-ci qui est dû.

Union européenne. Selon la Directive 92/83/CEE modifiée par la Directive 2020/1151 du Conseil, la bière titrant moins de 0.5 % vol. n'est pas considérée comme de la bière et n'est pas imposable dans l'UE.

Tableau d'annexe 3.A.2. Impôts sur le vin

Pays	Monnaie	Vin non pétillant[1]			Vin non pétillant à faible degré d'alcool[3]			Vin pétillant[2]			Vin non pétillant à faible degré d'alcool[3]		
		Accise par hectolitre de produit		TVA	Accise par hectolitre de produit		TVA	Accise par hectolitre de produit		TVA	Accise par hectolitre de produit		TVA
		Monnaie nationale	USD	%	Monnaie nationale	USD	%	Monnaie nationale	USD	%	Monnaie nationale	USD	%
Allemagne*	EUR	0.00	0.00	19.00	0.00	0.00	19.00	Note pays	-	19.00	0.00	0.00	19.00
Australie*	AUD	Note pays		10.00	Note pays		10.00	Note pays	-	10.00	Note pays		10.00
Autriche	EUR	0.00	0.00	20.00	0.00	0.00	20.00	0.00	0.00	20.00	0.00	0.00	20.00
Belgique	EUR	74.91	88.13	21.00	23.91	28.13	21.00	256.32	301.55	21.00	23.91	28.13	21.00
Canada*	CAD	67.20	53.76	5.0/13.0 15.0	Note pays	-	5.0/13.0 15.0	67.20	53.76	5.0/13.0 15.0	Note pays	-	5.0/13.0 15.0
Chili*	CLP	Note pays	-	19.00	Note pays	-	19.00	Note pays	-	19.00	Note pays	-	19.00
Colombie*	COP	Note pays	-	5.0	Note pays	-	5.0	Note pays	-	5.0	Note pays	-	5.0
Corée*	KRW	Note pays	-	10.00	Note pays	-	10.00	Note pays	-	10.00	Note pays	-	10.00
Costa Rica*	CRC	Note pays	-	13.0	Note pays	-	13.0	Note pays	-	13.0	Note pays	-	13.0
Danemark*	DKK	1 126 % vol. >6 mais ≤ 15 Note pays	179.01	25.00	518 % vol. >1.2 mais ≤ 6 Note pays	82.35	25.00	1 461 % vol. >6 mais ≤ 15	232.27	25.00	853 % vol. >1.2 mais ≤ 6 Note pays	132.75	25.00
		1 508 % vol. >15 mais ≤ 22: Note pays	239.75	25.00			25.	1 843 % vol. >15 mais ≤ 22: Note pays	293.00	25.00			
Espagne*	EUR	0.00	0.00	21.00	0.00	0.00	21.00	0.00	0.00	21.00	0.00	0.00	21.00
Estonie*	EUR	147.82	173.91	20.00	63.35	74.53	20.00	147.82	173.91	20.00	63.35	74.53	20.00
États-Unis*	USD	38.00	38.00	-	Note pays	-	-	105.00	105.00	-	Note pays	-	-
Finlande*	EUR	421.00	495.29	24.00	Note pays	-	24.00	421.00	495.29	24.00	Note pays	-	24.00
France*	EUR	3.92	4.61	20.00	0.00	0.00	20.00	9.70	11.41	20.00	3.92	4.61	20.00
Grèce	EUR	0.00	0.00	24.00	0.00	0.00	24.00	0.00	0.00-	24.00	0.00	0.00	24.00
Hongrie*	HUF	0.00	0.00	27.00	0.00	0.00	27.00	16 460.00	54.30	27.00	0.00	0.00	27.00
Irlande*	EUR	424.84	499.81	23.00	141.57	166.55	23.00	849.68	999.62	23.00	141.57	166.55	23.00
Islande*	ISK	Note pays	-	11.00	Note pays	-	11.00	Note pays	-	11.00	Note pays	-	11.00

Pays	Monnaie	Vin non pétillant[1]			Vin non pétillant à faible degré d'alcool[3]			Vin pétillant[2]			Vin non pétillant à faible degré d'alcool[3]		
		Accise par hectolitre de produit		TVA	Accise par hectolitre de produit		TVA	Accise par hectolitre de produit		TVA	Accise par hectolitre de produit		TVA
		Monnaie nationale	USD	%	Monnaie nationale	USD	%	Monnaie nationale	USD	%	Monnaie nationale	USD	%
Israël	ILS	0.00	0.00	17.00	0.00	0.00	17.00	Note pays	-	17.00	0.00	0.00	17.00
Italie	EUR	0.00	0.00	22.00	0.00	0.00	22.00	0.00	0.00	22.00	0.00	0.00	22.00
Japon*	JPY	9 000.00	82.00	10.00	9 000.00	82.00	10.00	9 000.00	82.00	10.00	9 000.00	82.00	10.00
Lettonie*	EUR	111.00	130.59	21.00	111.00	130.59	21.00	111.00	130.59	21.00	111.00	130.59	21.00
Lituanie*	EUR	181.00	212.94	21.00	78	91.6	21.00	181.00	212.94	21.00	78.00	91.76	21.00
Luxembourg*	EUR	0.00	0.00	14 ou 17	0.00	0.00	14 ou 17.00	0.00	0.00	17.00	0.00	0.00	14.00
Mexique*	MXN	26.5 % / 30 %	-	16.00	26.5 %	-	16.00	26.5 % / 30 %	-	16.00	26.5 %	-	16.00
Nouvelle-Zélande	NZD	290.54	206.06	15.00	290,54	206.06	15.00	290,54	206.06	15.00	290,54	206.06	15.00
Norvège*	NOK	5 784.00	673.34	25.00	Note pays	-	25.00	5 784.00	673.34	25.00	Note pays	-	25.00
Pays-Bas*	EUR	88.30	103.88	21.00	44.24	52.05	21.00	88.30	103.88	21.00	44.24	52.05	21.00
Pologne*	PLN	191.00	49.48	23.00	191.00	49.48	23.00	191.00	49.48	23.00	191.00	49.48	23.00
Portugal	EUR	0.00	0.00	13.00	0.00	0.00	13.00	0.00	0.00	23.00	0.00	0.00	23.00
République slovaque*	EUR	0.00	0.00	20.00	0.00	0.00	20.00	79.65	93.71	20.00	54.16	63.72	20.00
République tchèque	CZK	0.00	0.00	21.00	0.00	0.00	21.00	2 340.00	107.93	21.00	0.00	0.00	21.00
Royaume-Uni*	GBP	297.57	407.63	20.00	91.68	125.59	20.00	381.15	522.12	20.00	91.68	125.59	20.00
Slovénie	EUR	0.00	0.00	22.00	0.00	0.00	22.00	0.00	0.00	22.00	0.00	0.00	22.00
Suède*	SEK	Note pays		25.00	Note pays	-	25.00	Note pays	-	25.00	Note pays	-	25.00
Suisse*	CHF	0.00	0.00	7.70	0.00	0.00	7.70	0.00	0.00	7.70	0.00	0.00	7.70
Türkiye*	TRY	1 734.57	196.00	18.00	2 958.49	334.29	18.00	11 719.16	1 324.18	18.00	2 958.49	334.29	18.00

Notes :

1. Vin non pétillant tel que défini à la position 2204 du système harmonisé de l'OMD.
2. Vin pétillant tel que défini à la position 2204 10 du système harmonisé de l'OMD.
3. Il n'existe pas de définition de ce qu'il faut entendre par « vin à faible degré d'alcool », que ce soit au niveau de l'OCDE ou au niveau international. Les seuils nationaux (exprimés en % vol.) sont indiqués dans les notes pays, le cas échéant.

Conversion de la monnaie nationale en USD : les taux de conversion sont les taux moyens du marché (2019) publiés dans les Statistiques monétaires mensuelles de l'OCDE (stats.oecd.org).

Source : Délégations nationales - Situation au 1er janvier 2022.

Encadré d'annexe 3.A.2. Notes pays relatives au Tableau d'annexe 3.A.2.

Allemagne. Taux d'accise applicable au vin pétillant : 136 EUR par hectolitre. Taux d'accise applicable au vin pétillant ayant un faible titre alcoométrique, inférieur à 6 % vol. : 51 EUR. Les taux applicables aux produits intermédiaires dont le titre alcoométrique est compris entre 1.2 % vol. et 22 % vol. sont les suivants : plus de 15 % vol. et moins de 22 % vol. : 153 EUR par hectolitre ; jusqu'à 15 % vol. : 102 EUR par hectolitre ; jusqu'à 15 % vol. et pétillant : 136 EUR par hectolitre. Le vin n'est pas soumis à un droit d'accise. Il est néanmoins soumis à supervision sur le territoire fiscal de l'Allemagne.

Australie. Tous les vins (vin de raisin, produits à base de vin de raisin, vin de fruits ou de légumes, cidre ou poiré, hydromel et saké – sous réserve de définitions spécifiques) sont soumis à la taxe d'égalisation sur le vin (WET). La WET, égale à 29 % du prix de gros et s'applique en général uniquement lorsqu'une entité est identifiée ou tenue d'être identifiée à la taxe sur les produits et services (TPS). La remise de la WET accordée aux producteurs, correspondant au montant de la WET versée ou au montant qui aurait été versé si l'acheteur n'avait pas fait valoir son droit de remise, s'applique aux producteurs éligibles dans certaines circonstances, dans la limite de 350 000 AUD par exercice.

Belgique. Est considéré comme un vin non pétillant ou pétillant à faible degré d'alcool le vin ne titrant pas plus de 8.5 % vol.

Canada. (1) À compter du 1er janvier 2022, un droit de 0.672 CAD par litre s'applique au vin titrant plus de 7 % vol., de 0.322 CAD par litre au vin dont le titre alcoométrique est supérieur à 1.2 % vol., mais n'excède pas 7 % vol., et de 0.021 CAD par litre au vin ne titrant pas plus de 1.2 % vol. (2) Les vins enrichis en alcool titrant plus de 22.9 % vol. n'entrent pas dans la catégorie des vins (ils font partie des spiritueux). Les droits d'accise sur le vin sont ajustés en fonction de l'inflation chaque année au 1er avril. Le dernier ajustement a pris effet le 1er avril 2022. Les autorités provinciales et territoriales perçoivent également divers majorations et droits sur le vin.

Chili. Une surtaxe de 20.5 % est appliquée à la vente ou à l'importation de vin, de vin pétillant, de champagne, de cidre et d'autres boissons alcooliques (entre autres). Cette taxe est appliquée à l'assiette de la TVA, à savoir au prix de vente (hors TVA), et frappe les transactions entre grossistes. S'agissant de ces transactions, la taxe versée au vendeur est déductible de la taxe sur les ventes due à chaque étape de la chaîne de valeur (y compris l'importation) jusqu'à la vente au détaillant final. La surtaxe n'est pas perçue sur la vente du détaillant au consommateur final et le détaillant ne peut pas récupérer la taxe qu'il a versée en amont ; de même, elle n'est pas perçue sur la vente de vin en vrac réalisée par un producteur à un détaillant assujetti.

Colombie La vente de boissons alcooliques est soumise à une TVA de 5 %. Les vins et apéritifs à base de vin, de production nationale ou importés, sont soumis à une taxe sur la consommation comprenant une composante *ad valorem*, égale à 20 % du prix de détail (hors taxes), et une composante spécifique, égale à 178 COP par degré d'alcool contenu dans une bouteille de 75 centilitres (montant applicable en 2022). Cette composante spécifique est équivalente à 237.33 COP par degré d'alcool par litre, soit 2 373 333 COP par hectolitre d'alcool pur. Il s'agit d'un impôt unique payé à l'importation ou à la sortie de l'usine. Les taux ne varient pas en fonction du type de vin.

Corée. La taxe sur les alcools appliquée au vin est égale à 30 % du prix à la production (ou du prix à l'importation). En outre, la taxe d'enseignement (10 % du montant de la taxe sur les alcools) est également prélevée. Ces taux sont applicables aux vins pétillants et non pétillants quel que soit leur degré d'alcool.

Costa Rica. Un droit spécifique est appliqué par millilitre d'alcool pur contenu dans toute boisson alcoolique de fabrication nationale ou importée, quelle que soit sa présentation, en fonction de la teneur en alcool par volume. Les taux sont fixés par la loi et actualisés trimestriellement en fonction de la variation de l'indice des prix à la consommation.

Danemark. Le taux appliqué aux vins forts, titrant plus de 15 % vol. et ne dépassant pas 22 % vol., s'établit à 1 508 DKK par hectolitre. Celui appliqué aux vins moyennement alcoolisés, titrant plus de 6 % vol. et jusqu'à 15 % vol., s'établit à 1 126 DKK par hectolitre. Celui appliqué aux vins à faible degré d'alcool, titrant plus de 1.2 % vol. et ne dépassant pas 6 % vol., s'établit à 518 DKK par hectolitre. Les droits appliqués au vin pétillant correspondent à ceux appliqués au vin non pétillant majorés de 335 DKK par hectolitre.

Espagne. Les produits intermédiaires – produits auxquels de l'alcool distillé a été ajouté – dont le titre alcoométrique est compris entre 1.2 % vol. et 22 % vol. sont taxés comme suit : titre supérieur à 1.2 % vol. et inférieur à 15 % vol. : 338.48 EUR par hectolitre ; autres : 64.13 EUR par hectolitre (aux Iles Canaries, les taux s'établissent à 30.14 % et 50.21 % respectivement).

Estonie. Le vin ne titrant pas plus de 6 % vol. est considéré comme du vin à faible degré d'alcool.

États-Unis. La moyenne pondérée des droits d'accise fédéraux et des droits appliqués par les États est de 38 USD par hectolitre de produit pour le vin non pétillant jusqu'à 16 % vol. et de 105 USD pour le vin pétillant. Les droits d'accise fédéraux sont les suivants : a) jusqu'à 16 % vol. : 0.07 USD par gallon pour les 30 000 premiers gallons de vin, 0.17 USD par gallon au-delà de 30 000 et jusqu'à 130 000 gallons, 0.535 USD par gallon au-delà de 130 000 et jusqu'à 750 000 gallons, 1.07 USD par gallon au-delà de 750 000 gallons ; b) de 16 % vol. à 21 % vol. : 0.57 USD par gallon pour les 30 000 premiers gallons, 0.67 USD par gallon au-delà de 30 000 et jusqu'à 130 000 gallons, 1.035 USD par gallon au-delà de 130 000 et jusqu'à 750 000 gallons, 1.57 USD par gallon au-delà de 750 000 gallons ; c) de 21 % vol. à 24 % vol. : 2.15 USD par gallon pour les 30 000 premiers gallons, 2.25 USD par gallon au-delà de 30 000 et jusqu'à 130 000 gallons, 2.615 USD par gallon au-delà de 130 000 et jusqu'à 750 000 gallons, 3.15 USD par gallon au-delà de 750 000 gallons ; d) vin gazéifié : 2.30 USD par gallon pour les 30 000 premiers gallons, 2.40 USD par gallon au-delà de 30 000 et jusqu'à 130 000 gallons, 2.765 USD par gallon au-delà de 130 000 et jusqu'à 750 000 gallons, 3.30 USD par gallon au-delà de 750 000 gallons ; e) vin pétillant : 2.40 USD par gallon pour les 30 000 premiers gallons, 2.50 USD par gallon au-delà de 30 000 et jusqu'à 130 000 gallons, 2.865 USD par gallon au-delà de 130 000 et jusqu'à 750 000 gallons et 3.40 USD par gallon au-delà de 750 000 gallons. 26.42 US gallons = 1 hectolitre. Il n'y a pas de TVA fédérale.

Finlande. Le vin et les autres boissons fermentées sont taxés comme suit : boisson titrant plus de 1.2 % vol. mais ne dépassant pas 2.8 % vol. : 36 EUR par hectolitre ; boisson titrant plus de 2.8 % vol. mais ne dépassant pas 5.5 % vol. : 198 EUR par hectolitre ; boisson titrant plus de 5.5 % vol. mais ne dépassant pas 8 % vol. : 287 EUR par hectolitre ; au-delà de 8 vol.0% : 421 EUR par hectolitre.

France. Un taux réduit de 1.34 EUR par hectolitre s'applique aux catégories de vin à faible degré d'alcool suivantes : cidre, poiré, hydromel et pétillant de raisin.

Hongrie. Les taux applicables aux autres boissons fermentées (principalement les vins de fruits) sont les suivants : a) boissons non pétillantes : 9 870 HUF par hectolitre de produit, b) boisson pétillante : 16 460 HUF par hectolitre de produit, c) boisson à faible degré d'alcool : 0 HUF par hectolitre de mélange non pétillant contenant plus de 50 % de vin et d'eau minérale gazeuse, ne contenant pas d'arômes ajoutés et ne titrant pas plus de 8.5 % vol. Le taux appliqué aux produits intermédiaires s'établit à 25 520 HUF par hectolitre de produit.

Irlande. Le taux applicable au vin à faible degré d'alcool s'applique au vin dont le titre alcoométrique n'excède pas 5.5 % vol. Le taux applicable au vin non pétillant titrant plus de 15 % vol. s'établit à 616.45 EUR. Le taux applicable au vin non pétillant titrant plus de 5.5 % vol. mais ne titrant pas plus de 15 % vol. s'établit à 424.84 EUR.

Islande. En Islande, le droit s'établit à 120.25 ISK par centilitre d'alcool par litre moins 2.25 centilitres pour le vin ne titrant pas plus de 15 % vol. Par exemple, un litre de vin titrant 15 % vol. contient 15 centilitres d'alcool par litre. En conséquence, le droit perçu sur un litre de vin titrant 15 % vol. s'obtient à partir de la formule suivante : (15- 2.25) x 120.25 = 1 533.2 ISK par litre.

Japon. À compter du 1er octobre 2020, le taux du droit d'accise s'établit à 9 000 JPY par hectolitre.

Lettonie. Le taux d'accise sur le vin (pétillant et non pétillant) s'établit à 111 EUR par hectolitre. Il n'existe pas de taux spécifique pour le vin à faible degré d'alcool (non pétillant) (titrant moins de 8.5 % vol.).

Lituanie. Le vin à faible degré d'alcool englobe le vin pétillant et non pétillant titrant moins de 8.5 % vol.

Luxembourg. Le taux de TVA réduit (14 %) s'applique au vin non pétillant ne titrant pas plus de 13 % vol. Un droit supplémentaire égal à 600 EUR par hectolitre est perçu sur les alcopops.

Mexique. Les taux, appliqués sur une base *ad valorem* et non par hectolitre de produit, sont les suivants : 26.5 % pour la bière et les autres boissons alcooliques jusqu'à 14 degrés Gay-Lussac (° GL) ; 30 % au-delà de 14° GL et jusqu'à 20° GL ; 53 % au- delà de 20° GL.

Norvège. Le taux mentionné dans le tableau est celui qui s'applique aux vins titrant 12 % vol. Pour les vins dont le titre alcoométrique est compris entre 4.7 % vol. et 22 % vol., le taux des droits d'accise est de 482 NOK par degré d'alcool et par hectolitre.

Pays-Bas. Le taux de TVA appliqué au vin ayant un titre alcoométrique inférieur à 1.2 % vol. est de 9 %.

Pologne. Exonération des droits d'accise pour les petits viticulteurs : (1) production ne dépassant pas 1 000 hectolitres par an : – 50 % du montant du droit d'accise calculé sur la base du taux normal appliqué au vin, sous réserve que le viticulteur soit en possession d'un certificat annuel indiquant sa production totale délivré par la direction des services fiscaux ; les règles ci-dessus s'appliquent également en cas de coopération de plusieurs producteurs. 2) Achat intracommunautaire ou importation de vin par des entités remplissant les critères définis par la loi : – 50 % du montant du droit d'accise calculé sur la base du taux normal appliqué au vin.

République slovaque. Le vin pétillant ne titrant pas plus de 8.5 % vol. est soumis à un taux de 54.16 EUR par hectolitre. Le taux applicable aux produits intermédiaires est de 84.24 EUR par hectolitre.

Royaume-Uni. Les taux d'accise réduits applicables aux boissons faiblement alcooliques (catégorie des vins – vin et produits à base de vin) sont les suivants : a) au-delà de 1.2 % vol. et jusqu'à 4 % vol. : 91.68 GBP ; b) au-delà de 4 % et jusqu'à 5.5 % vol. : 126.08 GBP ; et c) vin pétillant et produits à base de vin pétillant peu alcoolisés titrant plus de 5.5 % vol. mais moins de 8.5 % vol. : 288.10 GBP ; d) vin pétillant et produits à base de vin pétillant ne titrant pas moins de 8.5 % vol. mais pas plus de 15 % vol. : 381.15 GBP. Taux applicable entre 15 % vol. et 22 % vol. : 396.72 GBP. Les taux appliqués au vin non pétillant et aux produits à base de vin non pétillant ont changé le 1er février 2019 et s'établissent à 297.57 GBP.

Suède. Les taux des droits d'accise pour les vins (pétillants et non pétillants) sont les suivants : a) moins de 2.25 % vol. : 0 SEK ; b) 2.25 %-4.5 % vol. : 919 SEK ; c) 4.5 %-7 % vol. : 1 358 SEK ; d) 7 %-8.5 % vol. : 1 869 SEK ; e) 8,5-15 % vol. : 2 618 SEK ; f) 15.0-18.0 % vol. : 5 479 SEK.

Suisse. En général, le vin naturel obtenu à partir de raisin frais qui titre plus de 18 % vol. et les autres vins titrant plus de 15 % vol. sont taxés comme des boissons alcooliques (1 450 CHF par hectolitre d'alcool pur). Tous les vins titrant plus de 22 % vol. sont imposés comme des boissons alcooliques (2 900 CHF par hectolitre d'alcool pur).

Tableau d'annexe 3.A.3. Impôts sur les boissons alcooliques autres que la bière et le vin

Pays	Monnaie	Alcool éthylique non dénaturé[1] Taxe par hectolitre d'alcool pur				Autres boissons fermentées[2] Taxe par hectolitre d'alcool pur			
		Accise		Taux de TVA (%)	Taux appliqué aux petits producteurs	Accise		Taux de TVA (%)	Taux appliqué aux petits producteurs
		Monnaie nationale	USD			Monnaie nationale	USD		
Allemagne*	EUR	1 303.00	1 532.94	19.00	Oui	Note pays		19.00	
Australie*	AUD	8 891.00	6 684.96	10.00	Non	Note pays		10.00	
Autriche*	EUR	1 200.00	1 141.76	20.00	Oui	Note pays		20.00	
Belgique*	EUR	2 992.79	3 520.93	21.00	Non	Note pays		21.00	
Canada*	CAD	1 273.60	1 018.88	5.0/13.0/15.0	Non	Note pays		5.0/13.0/15.0	
Chili*	CLP	Note pays	-	19.00	Non	Note pays		19.00	
Colombie*	COP	Note pays	-	5.00	Non	Note pays		5.00	
Corée*	KRW	Note pays	-	10.00	Non	Note pays		10.00	
Costa Rica*	CRC	Note pays	-	13.0	Non	Note pays		13.0	
Danemark*	DKK	15 000.00	2 384.74	25.00	Oui	Note pays		25.00	Non
Espagne*	EUR	958.94	1 128.16	21.00	Oui	Note pays		21.00	
Estonie*	EUR	1 881	2 212.94	20.00	Non	147.82	173.91	20.00	Non
États-Unis*	USD	905.00	905.00	-	Non	Note pays		-	
Finlande*	EUR	5 035.00	5 923.53	24.00	Non	Note pays		24.00	
France*	EUR	1 806.28	2 125.04	20.00	Non	Note pays		20.00	
Grèce*	EUR	2 450.00	2 882.32	24.00	Oui	20.00	23.53	24.00	Non
Hongrie*	HUF	333 385.00	1 099.77	27.00	Oui	Note pays		27.00	
Irlande*	EUR	4 257.00	5 008.24	23.00	Non	Note pays		23.00	
Islande*	ISK	1 627 000.00	12 812.03	11.00	Non	Note pays		11.00	
Israël	ILS	8 704.00	2 694.74	17.00	Non			17.00	
Italie*	EUR	1 035.52	1 218.26	22.00	Non	0.00	0.00	22.00	
Japon*	JPY	Note pays	-	10.00	Oui	Note pays		10.00	Oui
Lettonie*	EUR	1 724.00	2 028.24	21.00	Oui	111.00	130.59	21.00	
Lituanie*	EUR	2 163.00	2 544.71	21.00	Non	181 / 78	212.91 / 91.76	21.00	
Luxembourg*	EUR	1 041.15	1 224.88	17.00	Non	Note pays		17.00	

Pays	Monnaie	Alcool éthylique non dénaturé[1] Taxe par hectolitre d'alcool pur				Autres boissons fermentées[2] Taxe par hectolitre d'alcool pur			
		Accise		Taux de TVA (%)	Taux appliqué aux petits producteurs	Accise		Taux de TVA (%)	Taux appliqué aux petits producteurs
		Monnaie nationale	USD			Monnaie nationale	USD		
Mexique*	MXN	53 %	-	16.00	Non	Note pays		16.00	
Norvège*	NOK	82 200.00	9 569.27	25.00	Non	Note pays		25.00	Oui
Nouvelle-Zélande*	NZD	Note pays	-	15.00	Non	Note pays		15.00	
Pays-Bas*	EUR	1 686.00	1 983.53	9.0/21.0	Non	Note pays		9.0/21.0	
Pologne*	PLN	6 903.00	1 788.34	23.00	Non	Note pays		23.00	Oui
Portugal	EUR	1 386.93	1 631.68	23.00	Oui	10.44	12.28	23.00	Non
République slovaque*	EUR	1 080.00	1 270.59	20.00	Non	Note pays		20.00	Oui
République tchèque*	CZK	32 250.00	1 087.55	21.00	Non	Note pays		21.00	
Royaume-Uni*	GBP	2 874.00	3 936.99	20.00	Non	Note pays		20.00	
Slovénie*	EUR	1 320.00	1 552.94	22.00	Oui	Note pays		22.00	
Suède*	SEK	51 659.00	6 017.39	25.00	Non	Note pays		25.00	
Suisse*	CHF	2 900.00	3 186.81	7.70	Oui	Note pays		7.70	
Türkiye*	TRY	48 198.75	5 446.19	18.00	Non	Note pays		18.00	

Notes :

1. Alcool éthylique non dénaturé tel que défini aux positions 2207 et 2208 du système harmonisé de l'OMD.
2. Autres boissons fermentées telles que définies à la position 2206 du système harmonisé de l'OMD.

Conversion de la monnaie nationale en USD : les taux de conversion sont les taux moyens du marché (2021) publiés dans les Statistiques monétaires mensuelles de l'OCDE (stats.oecd.org).

Source : Délégations nationales. Situation au 1er janvier 2022.

Encadré d'annexe 3.A.3. Notes pays relatives au Tableau d'annexe 3.A.3. Impôts sur les boissons alcooliques autres que la bière et le vin

Allemagne. (1) Taux appliqués aux petites distilleries : 730 ou 1 022 EUR. (2) Droit supplémentaire perçu sur les alcopops : 5 550 EUR par hectolitre d'alcool pur.

Australie. Le droit d'accise de 88.91 AUD par litre d'alcool est appliqué aux boissons soumises aux droits d'accise (exception faite de la bière et du vin, étant entendu que le vin inclut le poiré, l'hydromel et le saké) titrant plus de 1.15 % vol. Un taux réduit, de 83.04 AUD par litre l'alcool, s'applique au brandy (obtenu par distillation de vin de raisin). Ces taux sont ajustés en fonction de l'inflation chaque année en février et en août. Les producteurs éligibles peuvent obtenir une exonération (autrement dit, n'ont pas à payer) égale à 100 % des droits d'accise dus dans la limite de 350 000 AUD par exercice budgétaire.

Autriche. Pour les petites distilleries ne produisant pas plus de 4 hectolitres d'alcool pur par an, le taux des droits s'établit à 648 EUR (soit 54 % du taux normal).

Belgique. Les autres boissons fermentées sont imposées par hectolitre de produit. Par analogie avec la catégorie « vin », les taux d'accise suivants s'appliquent : 74.91 EUR pour les boissons fermentées non pétillantes, 256.32 EUR pour les boissons fermentées pétillantes et un taux réduit, de 23.91 EUR, pour les boissons fermentées à faible degré d'alcool (ne titrant pas plus de 8.5 % vol.).

Canada. Au 1er janvier 2022, les spiritueux sont soumis à un droit d'accise de 12.736 CAD par litre d'alcool éthylique pur. Les spiritueux ne titrant pas plus de 7 % vol. sont frappés d'un taux égal 0.322 CAD par litre. (2) La bière titrant plus de 11.9 % vol. et les vins enrichis en alcool titrant plus de 22.9 % vol. sont considérés comme des spiritueux. Les droits d'accise sur les boissons alcooliques sont ajustés en fonction de l'inflation chaque année au 1er avril. Le dernier ajustement a pris effet le 1er avril 2022. Les autorités provinciales et territoriales perçoivent également divers majorations et droits sur les spiritueux. Les boissons relevant de la catégorie « autres boissons fermentées » sont généralement considérées comme du vin aux fins de l'impôt.

Chili. Une surtaxe est appliquée à la vente ou à l'importation de boissons alcooliques. Les taux appliqués sont les suivants : 31.5 % sur les liqueurs, les eaux de vie, les vermouths, le pisco, le whisky et d'autres boissons alcooliques obtenues par distillation ; 20.5 % sur la bière, le vin, le vin pétillant, le champagne, le cidre et d'autres boissons alcooliques. Cette taxe est appliquée à l'assiette de la TVA, à savoir au prix de vente (hors TVA), et frappe les transactions entre grossistes. S'agissant de ces transactions, la taxe versée au vendeur est déductible de la taxe sur les ventes due à chaque étape de la chaîne de valeur (y compris l'importation) jusqu'à la vente au détaillant final. La surtaxe n'est pas perçue sur la vente du détaillant au consommateur final et le détaillant ne peut pas récupérer la taxe qu'il a versée en amont ; de même, elle n'est pas perçue sur la vente de vin en vrac réalisée par un producteur à un détaillant assujetti.

Colombie. La vente de boissons alcooliques est soumise à une TVA de 5 %. Les boissons de production nationale ou importées sont soumises à une taxe sur la consommation égale à 25 % du prix de détail (hors taxes) et 262 COP par degré d'alcool contenu dans une bouteille de 75 centilitres (montant applicable en 2022). Cette composante spécifique est égale à 349.33 COP par degré d'alcool par litre, soit 3 493 333.33 COP par hectolitre d'alcool pur. Il s'agit d'un impôt unique payé à l'importation ou à la sortie de l'usine. En règle générale, le *« departemento »* est tenu d'appliquer les mêmes assiettes imposables et les mêmes taux que ceux retenus pour le calcul de la taxe sur la consommation, tant pour la composante spécifique que pour la composante *ad valorem*. Toutefois, comme ces collectivités territoriales jouissent d'un monopole fiscal sur les spiritueux, elles peuvent augmenter le taux des deux composantes (spécifique et *ad valorem*) ou de l'une des deux seulement.

Actuellement, une seule de ces collectivités (Nariño) a augmenté le taux de la composante spécifique. Tous les autres appliquent les mêmes taux que ceux de la taxe sur la consommation. L'introduction de spiritueux dans un territoire disposant d'un monopole fiscal entraîne le prélèvement de droits d'introduction *(« Derechos de introducción »)* égaux à 2 % des ventes annuelles. L'*alcool éthylique non dénaturé* destiné à la fabrication de spiritueux peut relever d'un monopole fiscal des collectivités territoriales. Lorsque tel est le cas, le territoire constituant la destination finale perçoit un droit compris entre 133 COP et 524 COP par litre, fixé par l'autorité territoriale compétente (*Asamblea*).

Corée. Le droit d'accise sur les alcools s'appliquant sur une base *ad valorem*, il ne varie pas en fonction du titre alcoométrique. Pour le whisky, le brandy, les alcools distillés en général, les liqueurs, le soju dilué et le soju distillé, son taux est de 72 % et le taux de la taxe d'enseignement est de 30 %.

Costa Rica. Un droit spécifique est appliqué par millilitre d'alcool pur contenu dans toute boisson alcoolique de fabrication nationale ou importée, quelle que soit sa présentation, en fonction de la teneur en alcool par volume. Les taux sont fixés par la loi et actualisés trimestriellement en fonction de la variation de l'indice des prix à la consommation au cours du trimestre. Spiritueux : les taux varient en fonction du titre alcoométrique selon les fourchettes suivantes : de 0 à 15 %, de 15 % à 30 % et au-delà de 30 %. Bière et boissons assimilées : entre 15 % et 30 %.

Danemark. Le taux applicable aux spiritueux frappe également les spiritueux titrant moins de 1.2 % vol. et le vin et le vin de fruits titrant plus de 22 % vol. Les petits producteurs (ne produisant pas plus de 10 hectolitres par an) bénéficient d'un taux réduit de 50 %. Les autres boissons fermentées telles que définies à la position 2206 du système harmonisé de l'OMD sont imposées comme du vin (Tableau 3.A.2).

Espagne. Le droit d'accise pour les îles Canaries est de 750.36 EUR par hectolitre d'alcool pur. Un régime spécial est appliqué aux petites distilleries, auxquelles un taux de 839.15 EUR par hectolitre (ou 653.34 EUR dans les îles Canaries) est appliqué.

Estonie. Le taux d'accise appliqué aux autres boissons fermentées s'établit à 147.82 EUR par hectolitre de produit. Le taux d'accise appliqué aux autres boissons fermentées à faible degré d'alcool (jusqu'à 6 % vol.) s'établit à 63.35 EUR par hectolitre.

États-Unis. La moyenne pondérée des droits d'accise fédéraux et des droits appliqués par les États à l'alcool éthylique non dénaturé est de 905 USD par hectolitre de produit. Le droit d'accise fédéral est de 2.70 USD par *proof gallon* pour les 100 000 premiers *proof gallons,* de 13.34 USD pour les 22 130 000 suivants, et de 13.50 USD par *proof gallon* au-delà. Un *proof gallon* est un gallon américain (3.785 litres) contenant 50 % d'alcool. Il n'y a pas de TVA fédérale. Le droit d'accise fédéral applicable aux autres boissons fermentées varie selon le type de boisson. Le taux fédéral appliqué au cidre brut s'établit à 0.164 USD pour les 30 000 premiers gallons, 0.17 USD pour les 100 000 gallons suivants, 0.193 USD pour les 620 000 gallons suivants et 0.226 USD par gallon au-delà de 750 000. Le taux fédéral appliqué au poiré s'établit à 0.07 USD pour les 30 000 premiers gallons, 0.17 USD pour les 100 000 gallons suivants, 0.535 USD pour les 620 000 gallons suivants et 1.07 USD par gallon au-delà de 750 000.

Finlande. Les taux d'accise sont les suivants : (a) CN – code 2208, titre alcoométrique compris entre 1.2 % vol. et 2.8 % vol. : 3 090 EUR par hectolitre d'alcool pur ; (b) autres produits : 5 035 EUR par hectolitre d'alcool pur. Les autres boissons fermentées sont taxées comme suit : boisson titrant plus de 1.2 % vol. mais ne dépassant pas 2.8 % vol. : 36 EUR par hectolitre ; boisson titrant plus de 2.8 % vol. mais ne dépassant pas 5.5 % vol. : 198 EUR par hectolitre ; boisson titrant plus de 5.5 % vol. mais ne dépassant pas 8 % vol. : 287 EUR par hectolitre ; au-delà de 8 vol. % : 421 EUR par hectolitre. Les boissons intermédiaires sont taxées comme suit : boisson titrant plus de 1.2 % vol. mais ne dépassant pas 15 % vol. : 501 EUR par hectolitre ; boisson titrant plus de 15 % vol. mais ne dépassant pas 22 % vol. : 771 EUR par hectolitre.

France. Droit supplémentaire destiné à financer le système de protection sociale : 578.80 EUR par hectolitre d'alcool pur.

Grèce. Le droit appliqué à l'ouzo et au tsipouro/tsikoudia s'établit à 1 225 EUR par hectolitre d'alcool pur. Le taux appliqué aux distillats de fruits récoltés par le ménage du producteur et distillés dans un appareil de distillation en cuivre traditionnel d'une capacité n'excédant pas 130 litres s'établit à 370 EUR par hectolitre d'alcool pur. Le taux appliqué aux autres boissons fermentées s'établit à 20 EUR par hectolitre de produit fini.

Hongrie. Un taux réduit nul s'applique à l'alcool éthylique produit par des distilleries de récoltants de fruits à partir de fruits qui leur sont fournis par des ménages de récoltants. L'application du taux réduit est limitée à 43 litres d'alcool pur par an et par ménage de récoltants, destinés à la consommation personnelle du ménage. Pour bénéficier du taux réduit, le produit ne doit pas être mis sur le marché et doit être destiné à la consommation personnelle du ménage.

Le taux d'accise appliqué aux autres boissons fermentées s'établit à 9 870 HUF par hectolitre de produit non pétillant et à 16 460 HUF par hectolitre de produit pétillant. Le taux d'accise applicable aux produits intermédiaires (tels que définis à l'article 17 de la directive 92/83/CEE) s'établit à 25 520 HUF par hectolitre de produit.

L'alcool éthylique non dénaturé a également été frappé par une taxe de santé publique jusqu'au 30 juin 2022. Depuis le 1er juillet 2022, cette taxe est incluse dans le droit d'accise :

a) titre alccométrique supérieur à 1.2 % vol. mais n'excédant pas 5 % vol. : 25 HUF par litre,

b) titre alccométrique supérieur ou égal à 5 % vol. mais n'excédant pas 15 % vol. : 120 HUF par litre,

c) titre alccométrique supérieur ou égal à 15 % vol. mais n'excédant pas 25 % vol. : 360 HUF par litre,

d) titre alccométrique supérieur ou égal à 25 % vol. mais n'excédant pas 35 % vol. : 600 HUF par litre,

e) titre alccométrique supérieur ou égal à 35 % vol. mais n'excédant pas 45 % vol. : 850 HUF par litre,

f) à partir de 45 % vol. : 1 100 HUF par litre.

Les boissons prêtes à consommer sont frappées par une taxe de santé publique égale à 25 HUF par litre.

Irlande. Le tableau présente la taxe qui frappe les spiritueux par hectolitre d'alcool pur. Toutefois, les autres boissons fermentées et les boissons intermédiaires sont taxées comme suit. Autres boissons fermentées (cidre et poiré) pétillantes ou non pétillantes ne titrant pas plus de 2.8 % vol. : 47.23 EUR par hectolitre ; boissons fermentées pétillantes ou non pétillantes titrant plus de 2.8 % vol. mais ne dépassant pas 6 % vol. : 94.46 EUR par hectolitre ; boissons fermentées pétillantes ou non pétillantes titrant plus de 6 % vol. mais ne dépassant pas 8.5 % vol. : 218.44 EUR par hectolitre ; boissons fermentées non pétillantes titrant plus de 8.5 % vol. : 309.84 EUR par hectolitre et boissons pétillantes titrant plus de 8.5 % vol. : 619.70 EUR par hectolitre. Autres boissons fermentées (autres que le cidre et le poiré) pétillantes ou non pétillantes ne titrant pas plus de 5.5 % vol. : 141.57 EUR par hectolitre ; boissons titrant plus de 5.5 % vol. : 424.84 EUR par hectolitre (boissons non pétillantes) et 849.68 EUR par hectolitre (boissons pétillantes). Boissons intermédiaires : boissons non pétillantes ne titrant pas plus de 15 % vol. : 424.84 EUR par hectolitre, boissons non pétillantes titrant plus de 15 % vol. : 616.45 EUR par hectolitre, boissons pétillantes : 849.68 EUR par hectolitre.

Islande. Le taux d'accise indiqué dans le tableau est celui applicable aux boissons alcooliques autres que la bière ou le vin titrant jusqu'à 15 % vol. Le taux s'établit à 162.7 ISK par centilitre d'alcool.

Italie. Un droit de 88.67 EUR par hectolitre de produit fini s'applique aux produits intermédiaires, c'est-à-dire à toutes les boissons alcooliques relevant des codes CN 2204, 2205 et 2206 autres que la bière, le vin et les autres boissons fermentées, dès lors qu'ils titrent plus de 1.2 % vol. et moins de 22 % vol. Font également partie des produits intermédiaires les autres boissons fermentées non pétillantes dont le titre alcoométrique est supérieur à 5.5 % vol. et qui ne sont pas totalement obtenues par fermentation, de même que les autres boissons fermentées pétillantes dont le titre alcoométrique est supérieur à 8.5 % vol. et qui ne sont pas totalement obtenues par fermentation.

Japon. Les droits d'accise (par hectolitre) sont les suivants : a) whisky et brandy (40 % vol.) : 40 000 JPY ; b) spiritueux (37 % vol.) : 37 000 JPY ; c) shochu groupe A et B (25 % vol.) : 25 000 JPY d) saké : 11 000 JPY. Les petits producteurs de shochu groupe A et B et de saké (la production de l'année précédente ne doit pas dépasser 100 000 hectolitres) bénéficient d'un taux réduit sur les 2 000 premiers hectolitres de shochu groupe A et B ou de saké comme suit : (1) s'ils n'ont pas produit plus de 10 000 hectolitres de shochu groupe A et B ou de saké au cours de l'année précédente, 80 % des taux normaux ; s'ils ont produit plus de 10 000 hectolitres de shochu groupe A et B ou de saké sans que la production dépasse 13 000 hectolitres au cours de l'année précédente, 90 % des taux normaux (mesure temporaire).

Lettonie. Taux d'accise applicable à compter du 1er mars 2021 : 1 724 EUR par hectolitre d'alcool pur. Le taux d'accise réduit frappant l'alcool éthylique produit par les petites distilleries (pas plus de 10 hectolitres d'alcool pur) s'applique depuis le 1er mars 2019. Taux d'accise réduit applicable à compter du 1er mars 2021 : 862 EUR par hectolitre d'alcool pur. À compter du 1er juillet 2022, le taux d'accise réduit (50 % du taux normal) accordé aux petits producteurs (ne produisant pas plus de 150 hectolitres) et aux producteurs de taille moyenne (ne produisant pas plus de 1 500 hectolitres) de boissons fermentées dépend du titre alcoométrique : jusqu'à 6 % vol. – 32 par hectolitre de boisson fermentée ; au-delà de 6 % vol. – 55 par hectolitre de boisson fermentée.

Lituanie. Les autres boissons fermentées titrant moins de 8.5 % vol. sont soumises à une taxe de 78 EUR par hectolitre de produit ; au-delà de 8.5 % vol., la taxe s'établit à 181 EUR par hectolitre de produit. À compter du 1er janvier 2022, les produits intermédiaires sont frappés par une taxe de 200 EUR par hectolitre de produit s'ils titrent moins de 15 % vol. et de 285 EUR par hectolitre de produit au-delà de 15 % vol.

Luxembourg. Un droit supplémentaire égal à 600 EUR par hectolitre est perçu sur les alcopops.

Mexique. Le taux d'accise est appliqué sur une base *ad valorem* et non par hectolitre de produit. Les taux, pour les boissons alcooliques, sont appliqués à la valeur comme suit : 26.5 % pour les boissons alcooliques jusqu'à 14 degrés Gay-Lussac (° GL) ; 30 % au-delà de 14° GL et jusqu'à 20° GL ; 53 % au-delà de 20° GL.

Norvège. Les taux des droits d'accise sur les boissons fermentées sont les suivants par hectolitre de produit : a) 0.0- 0.7 % vol. : zéro ; b) 0.7-2.7 % vol. : 331 NOK ; c) 2.7-3.7 % vol. : 1 244 NOK ; d) 3.7-4.7 % vol. : 2 155 NOK. Les boissons fermentées titrant plus de 4.7 % vol. sont soumises à un droit de 482 NOK par degré d'alcool et par hectolitre. Taux appliqué aux boissons alcooliques fermentées dont le titre alcoométrique est supérieur à 3.7 % vol. mais ne dépasse pas 4.7 % vol. produites par de petits producteurs (ne produisant pas plus de 500 000 litres par an) : 1 724 NOK par hectolitre jusqu'à 50 000 litres par an inclus, 1 832 NOK par hectolitre de 50 000 litres à 100 000 litres par an inclus, 1 940 NOK par hectolitre de 100 000 litres à 150 000 litres par an inclus, 2 047 NOK par hectolitre de 150 000 litres à 200 000 litres par an inclus.

Nouvelle-Zélande. Pour les boissons alcooliques ayant un titre alcoométrique compris entre 9 et 14 % vol., le droit d'accise s'établit à 2.9054 NZD par litre. Au-delà de 14 % vol., le droit est de

52.916 NZD par litre d'alcool pur (exception faite du vin non enrichi et du vermouth, taxés à raison de 2.7870 NZD par litre de produit).

Pays-Bas. Le taux de TVA sur les spiritueux à faible teneur en alcool (moins de 1.2 %) est de 9 %.

Pologne. Un taux réduit pouvant atteindre 50 % du taux normal est également appliqué aux petits producteurs de produits intermédiaires et de boissons fermentées. Ce taux est exprimé en hectolitre de produit fini et ne dépend pas du titre alcoométrique. Autres boissons fermentées – taxe par hectolitre d'alcool pur : la Pologne impose un droit d'accise aux autres boissons fermentées (telles que définies à la position 2206 du système harmonisé de l'OMD) par volume de produit fini (et non en fonction du titre alcoométrique). Ce chiffre (taxe par hectolitre d'alcool pur) ne peut donc pas être fourni.

Portugal. Les produits intermédiaires sont soumis à un droit de 76.10 EUR par hectolitre ; alcool éthylique/spiritueux : 1 386.93 EUR par hectolitre (montants applicables au 1er janvier 2020). Autres boissons fermentées : 10.44 EUR par hectolitre (taux en vigueur au 1er janvier 2022). Un taux réduit égal à 50 % du taux normal est appliqué aux petites distilleries.

République slovaque. Un taux réduit égal à 50 % du taux national du droit d'accise frappant l'alcool éthylique est appliqué à l'alcool éthylique produit par des distilleries exploitées par des récoltants de fruits. Ce taux s'applique dans la limite de 43 litres d'alcool éthylique par an, destinés à la consommation personnelle du récoltant. Un taux réduit égal à 50 % du droit d'accise national frappant l'alcool éthylique s'applique également aux producteurs qui ne produisent pas plus de 25 litres d'alcool pur par an.

République tchèque. Un taux réduit, égal à 16 200 CZK par hectolitre d'alcool pur, s'applique aux distilleries exploitées par de petits récoltants de fruits ne produisant pas plus de 30 litres de spiritueux de fruits par an et par ménage. Un droit d'accise de 2 340 CZK par hectolitre de produit s'applique aux produits intermédiaires (contenant de 1.2 % à 22 % d'éthanol). Le taux d'accise appliqué aux autres boissons fermentées est identique à celui qui frappe le vin pétillant.

Royaume-Uni. Toutes les boissons titrant plus de 22 % sont fiscalement considérées comme des spiritueux. La plupart des autres boissons obtenues en mélangeant des spiritueux avec d'autres types d'alcool sont également fiscalement considérées comme des spiritueux. Les taux appliqués au cidre et au poiré sont les suivants : le taux frappant le cidre et le poiré non pétillants dont le titre alcoométrique est supérieur à 1.2 % vol. mais inférieur à 6.9 % vol. s'établit à 40.38 GBP, celui appliqué au cidre et au poiré non pétillants titrant au moins 6.9 % vol. mais ne dépassant pas 7.5 % vol. est de 50.71 GBP, celui appliqué au cidre et au poiré pétillants titrant plus de 1.2% vol. mais ne dépassant pas 5.5 % vol. est de 40.38 GBP, celui appliqué au cidre et au poiré pétillants titrant plus de 5.5% vol. mais moins de 8.5 % vol. est de 288.10 GBP.

Slovénie. Le montant du droit s'élève à 1 320 EUR par hectolitre d'alcool pur. Pour les petits producteurs ne produisant pas plus de 150 litres d'alcool pur par an, le taux des droits s'établit à 660 EUR par hectolitre.

Suède. Les taux des droits d'accise pour les boissons alcooliques (autres que la bière et le vin) sont les suivants : a) moins de 2.25 % vol. : 0 SEK ; b) 2.25 %-4.5 % vol. : 919 SEK ; c) 4.5 %-7 % vol. : 1 358 SEK ; d) 7 %-8.5 % vol. : 1 869 SEK ; e) 8,5-15 % vol. : 2 618 SEK. Taux applicables aux produits intermédiaires, a) 1.2 %-15 % vol. : 3 299 SEK ; b) 15 %-22 % vol. : 5 479 SEK. Alcool éthylique, 100 % vol., 51 659 SEK.

Suisse. Si certaines conditions sont remplies, les agriculteurs ne sont pas imposés sur l'alcool produit pour leur consommation personnelle. Les petits producteurs bénéficient d'une réduction de 30 % pour les 30 premiers litres d'alcool pur produits chaque année. Taux normal : 2 900 CHF par hectolitre. Taux spécial appliqué à certains types de vins : 1450 CHF par hectolitre. Un taux spécial de 11 600 CHF par hectolitre est appliqué aux alcopops (l'alcopop, également dénommé boisson prête à consommer, est un mélange d'alcool et de soda).

Türkiye. Le taux d'accise s'établit à 0 %. Si le montant de la taxe calculé à partir du taux indiqué est inférieur au montant minimum indiqué dans le tableau, c'est ce montant minimum qui doit être acquitté.

Tableau d'annexe 3.A.4. Impôts sur le tabac

Pays	Monnaie	Cigarettes					Cigares[2]					Tabac à rouler les cigarettes					TVA
		Accise spécifique pour 1 000 cigarettes		Accise *ad valorem*	Accise totale minimum pour 1 000 cigarettes[3]		Accise spécifique pour 1 000 cigares		Accise *ad valorem*	Accise totale minimum pour 1 000 cigares[3]		Accise spécifique pour 1 000 grammes		Accise *ad valorem*	Accise totale minimum pour 1 000 grammes[3]		
		Monnaie nationale	USD	% du PVD[1]	Monnaie nationale	USD	Monnaie nationale	USD	% du PVD[1]	Monnaie nationale	USD	Monnaie nationale	USD	% du PVD[1]	Monnaie nationale	USD	%
Allemagne*	EUR	108.8	128.00	19.84	Note pays		14.00	16.47	1.47	Note pays		49.65	58.41	16.00	Note pays		19.00
Australie*	AUD	1 119.05	841.39	0.00			Note pays	-	0.00			1 598.64	1201.98	0.00			10.00
Autriche*	EUR	68.00	80.00	34.50	153.63	180.74	0.00	0.00	13.00			0.00	0.00	56.00	130	152.94	20.00
Belgique*	EUR	81.47	95.85	40.04			0.00	0.00	10.00			63.31	74.48	31.50			21.00
Canada*	CAD	145.45	116.36	00.00			Note pays	-	Note pays			181.81	145.45	00.00			5.0/13.0/15.0
Chili*	CLP	55 819.99	73.55	30.00			Note pays		52.60			Note pays		59.70			19.00
Colombie*	COP	140 000	37.40	10.00			140 000.00	37.40	10.00			223 000.00	59.67	10.00			19.00
Corée*	KRW	145 720.00	127.38	64.76			Note pays	-	0.00			103 200.00	91.20	0.00			10.00
Costa Rica*	CRC	24 064	38.76	22.00			Note pays	-				Note pays					13.0
Danemark*	DKK	1 935.40	307.69	1.00			1 185.10	188.41	10.00	2 279	362.32	1 550.90	246.57	0.00			25.00
Espagne	EUR	24.70	29.06	51.00	131.50	154.71	0.00	0.00	15.80	41.5	48.42	23.50	27.65	41.50	98.75	116.18	21.00
Estonie*	EUR	91.30	107.41	30.00	152.85	179.82	151.00	177.65	10.00	211.00	248.24	101.90	119.88	0.00			20.00
États-Unis*	USD	132.00	132.00	Note pays	Note pays		Note pays	-	-	Note pays		Note pays	-	-			-
Finlande*	EUR	83.20	97.88	52.00	322.40	379.29	65.20	76.71	34.00	322.40	379.29	59.50	70.00	52.00	214.30	252.12	24.00
France*	EUR	63.60	74.82	55.00	336.70	396.12	48.70	57.29	36.30	268.90	316.35	83.50	98.24	49.10			20.00
Grèce*	EUR	82.50	97.06	26.00			0.00	0.00	35.00			170.00	200.00	0.00			24.00
Hongrie*	HUF	26 000	85.77	23.00			4 400.00	14.51	14.00			23 600.00	77.85	0.00			27.00
Irlande*	EUR	383.42	451.08	8.83			Note pays	-	0.00			418.01	491.78	0.00			23.00
Islande*	ISK	27 102.50	213.42	0.00			Note pays	-	0.00			30 150.00	237.42	Note pays			24.00
Israël*	ILS	408.12	126.35	Note pays			0.00	0.00	Note pays			583.04	180.51	0.00			17.00
Italie	EUR	22.09	25.99	59.80			0.00	0.00	23.50			0.00	0.00	59.00			22.00
Japon*	JPY	15 244.00	138.90	0.00			15 244.00	138.90	0.00			15 244.00	138.90	0.00			10.00
Lettonie	EUR	98.00	115.29	15.00	128.40	151.06	115.20	135.53	-			85.90	101.06	-			21.00

Pays	Monnaie	Cigarettes					Cigares[2]					Tabac à rouler les cigarettes					TVA
		Accise spécifique pour 1 000 cigarettes		Accise *ad valorem*	Accise totale minimum pour 1 000 cigarettes[3]		Accise spécifique pour 1 000 cigares		Accise *ad valorem*	Accise totale minimum pour 1 000 cigares[3]		Accise spécifique pour 1 000 grammes		Accise *ad valorem*	Accise totale minimum pour 1 000 grammes[3]		
		Monnaie nationale	USD	% du PVD[1]	Monnaie nationale	USD	Monnaie nationale	USD	% du PVD[1]	Monnaie nationale	USD	Monnaie nationale	USD	% du PVD[1]	Monnaie nationale	USD	%
Lituanie*	EUR	74.30	87.41	25.00	122.50	144.12	Note pays	-	-	-		97.00	114.12	-	-		21.00
Luxembourg*	EUR	18.89	22.22	46.65			0.00	0.00	10.00			16.50	19.41	33.15			17.00
Mexique*	MXN	548.40	27.05	41.01	Néant		Note pays	-	Note pays	Aucun document		Note pays	-	Note pays	Aucun document		16.00
Norvège	NOK	2 950.00	343.42	0.00			2 950.00	343.42	0.00			2 950.00	343.42	0.00			25.00
Nouvelle-Zélande*	NZD	Note pays	-	0.00			Note pays	-	0.00			Note pays	-	0.00			15.00
Pays-Bas	EUR	223.82	263.32	5.00	243.25	286.18	0.00	0.00	9.00			160.91	189.31	0.00			21.00
Pologne*	PLN	228.10	59.09	32.05	487.55	126.31	433.00	112.18	-	Note pays		155.79	40.36	32.05	313.42	81.20	23.00
Portugal*	EUR	101.00	118.82	14.00	137.53	161.80	0.00	0.00	25.00			81.00	95.29	15.00			23.00
République slovaque*	EUR	74.60	87.76	23.00	116.50	137.06	76.70	90.24	-			89.30	105.106	0.00			20.00
République tchèque	CZK	1 880.00	86.72	30.00	3 360		2 190.00	101.01	-			2 860.00	131.92	-			21.00
Royaume-Uni*	GBP	262.90	360.14	16.50			327.92	449.21	0.00			302.34	414.16	0.00			20.00
Slovénie*	EUR	78.947	92.88	22.77			0.00	0.00	6.30			48.00	46.62	37.00			22.00
Suède*	SEK	1 600.00	186.70	1.00			1 410.00	164.53	0.00			1 957.00	228.35	0.00			25.00
Suisse*	CHF	118.32	130.02	25.00	212.20	233.19	5.60	6.15	1.00			38.00	41.76	25.00	80	87.91	7.70
Türkiye*	TRY	715.00	80.79	63.00			864.20	97.65	45.00	646.60	73.06	837.00	94.58	55	92.10	10.41	18.00

Note :

*Voir la note pays correspondante.

Conversion de la monnaie nationale en USD : les taux de conversion sont les taux moyens du marché (2021) publiés dans les Statistiques monétaires mensuelles de l'OCDE (stats.oecd.org).

1. PVD. Prix de vente au détail.

2. Cigares. Le Japon taxe les cigares par millier d'unités et non au poids. Au Japon, on suppose qu'un cigare pèse un gramme.

3. Les taux d'accise minima (exprimés en monnaie locale pour 1 000 unités dans le tableau pour permettre des comparaisons entre pays) sont appliqués pour éviter qu'un prix hors taxe trop faible (servant de base au calcul d'une accise *ad valorem*) ne conduise à un montant total de l'accise trop faible. Dans l'UE, un taux minimum égal à un pourcentage du prix de vente moyen pondéré s'applique également. Il n'apparaît pas dans le tableau lui-même, mais il est mentionné dans la note pays correspondant à l'UE.

Source : Délégations nationales. Situation au 1er janvier 2022.

Encadré d'annexe 3.A.4. Notes pays relatives au Tableau d'annexe 3.A.4. Impôts sur le tabac

Allemagne. Le droit d'accise total minimum pour 1 000 cigarettes s'élève à 222.76 EUR moins la TVA sur le prix de vente au détail TTC. Le droit d'accise total minimum pour 1 000 cigares s'élève à 66.32 EUR moins la TVA sur le prix de vente au détail TTC. Le droit d'accise total minimum par kilogramme de tabac à rouler les cigarettes s'établit à 102.65 EUR moins la TVA sur le prix de vente au détail TTC. Les autres tabacs à fumer sont soumis à un droit d'accise de 15.66 EUR par kilogramme et 13.13 % du PVD. Le taux d'accise minimum sur les autres tabacs à fumer s'établir à 24 EUR par kilogramme. Le taux d'accise sur les produits de tabac chauffé est égal à 80 % du taux d'accise frappant les cigarettes. Le tabac pour pipe à eau est taxé comme les autres tabacs à fumer. En outre, un droit d'accise de 15 EUR par kilogramme est prélevé. À compter du 1er juillet, un droit d'accise de 0.16 EUR par millilitre sera prélevé sur les substances pour cigarettes électroniques.

Australie. Le taux d'accise de 1.11905 AUD par pièce s'applique aux cigarettes ou aux cigares (roulés) dont la teneur en tabac par pièce n'excède pas 0.8 gramme. Les autres produits du tabac sont frappés d'un droit d'accise égal à 1 598.64 AUD par kilogramme de tabac. Ces taux s'appliquent à partir du 1er janvier 2022.

Autriche. Le droit d'accise sur les cigares est égal à 13 % du prix de vente au détail (PVD), mais ne peut pas être inférieur à 100 EUR pour 1 000 pièces. Au 01/04/2022, le taux frappant les cigarettes a changé pour s'établir à 33 % du PVD et 73 EUR pour 1 000 pièces ; l'accise totale minimale pour 1 000 cigarettes a également augmenté pour s'établir à 157.98 EUR. Le droit d'accise minimum appliqué aux cigarettes s'établit à 98 % du total des droits d'accise frappant les cigarettes imposées sur la base du prix moyen pondéré de vente au détail. Le taux minimum appliqué au tabac à rouler les cigarettes est de 130 EUR par kilogramme (140 EUR par kilogramme à compter du 01/04/2022).

Belgique. Nouveaux taux d'accise applicables à compter du 1er avril 2022 : le taux spécifique appliqué aux cigarettes est désormais de 90.05 EUR pour 1 000 cigarettes ; l'accise *ad valorem* appliquée aux cigares passe à 11.5 % ; le taux spécifique appliqué au tabac à rouler les cigarettes passe à 75.17 EUR par kilogramme. Les autres taxes restent inchangées par rapport au 1er janvier 2022.

Canada. À compter du 1er janvier 2022, le droit d'accise appliqué aux cigares s'élève à 31.65673 CAD par millier d'unités. S'y ajoute un droit supplémentaire égal au plus élevé des deux montants suivants : 0.11379 CAD par cigare ou 88 % du prix de vente ou du prix à l'acquitté. Des ajustements automatiques des droits d'accise sur le tabac sont effectués en fonction de l'inflation chaque année au 1er avril. Les derniers ont pris effet le 1er avril 2022. Chaque province ou territoire prélève également sur tous les produits du tabac une taxe dont le taux est variable. Les prix de vente au détail sont majorés de la TPS/TVH et dans certains cas, lorsque la TVH n'est pas applicable, d'une taxe provinciale sur les ventes.

Chili. La vente de produits du tabac est soumise à la TVA au taux de 19 % et à une taxe sur la vente ou l'importation de tabac manufacturé, de cigarettes et de cigares. La taxe appliquée au tabac manufacturé est égale à 59.7 % du prix de vente. Le taux appliqué aux cigares s'établit à 52.6 %. La taxe sur les cigarettes s'établit à 30 % du prix de vente du paquet plus un taux supplémentaire égal à 0.0010304240 d'une unité fiscale mensuelle par cigarette contenue dans le paquet (une unité fiscale mensuelle représente environ 54 171 CLP ou 63.71 USD). L'accise est prélevée sur le prix de vente au consommateur final majoré de la TVA et de la taxe perçue sur le tabac manufacturé, les cigarettes et les cigares.

Colombie Taux applicables aux cigarettes et au tabac manufacturé : 10 % du prix de vente au détail taxes comprises ; cigarettes, cigares et cigarillos : 2 800 COP par paquet de 20 unités ; tabac fine coupe, tabac à priser ou chimú : 223 COP par gramme. Les produits du tabac sont frappés d'une taxe sur la consommation égale à 10 % du PVD et 2 800 COP par paquet de 20 unités. La vente et l'importation de cigarettes et de tabac manufacturé, de production nationale ou étrangère, sont soumises à la taxe au taux normal.

Corée. Le droit d'accise sur les cigares est de 294 800 KRW pour 1 000 grammes. Depuis 2015, la taxe nationale (taxe sur la consommation individuelle) est perçue sur le tabac.

Costa Rica. Il n'existe pas de statistiques individuelles sur cette taxe spécifique parce que 99 % de la taxe sur la consommation sélective et de la taxe sur la valeur ajoutée concernent la catégorie des cigarettes, qui inclut les cigarettes, les cigares et le tabac à rouler les cigarettes.

Danemark. Le droit d'accise applicable aux tabacs à fumer autres que le tabac à rouler (ex. : tabac de coupe grossière) est de 1 500.90 DKK pour 1 000 grammes.

Estonie. Les cigarettes sont soumises à un droit d'accise minimum de 152.85 EUR par millier d'unités. Pour les cigares et les cigarillos, le droit d'accise minimum s'élève à 211 EUR par millier d'unités.

États membres de l'Union européenne La directive du Conseil 2011/65/UE fixe des taux minimaux pour les cigarettes, à savoir une composante spécifique comprise entre 7.5 % et 76.5 % de la charge fiscale totale – exprimée sous la forme d'un montant fixe par millier de cigarettes – et une composante *ad valorem* – exprimée en pourcentage du PVD maximum. En outre, l'accise totale doit être au moins égale à 90 EUR par millier de cigarettes et à 60 % du prix de vente moyen pondéré. Toutefois, les États membres qui appliquent un droit d'accise d'au moins 115 EUR ne sont pas tenus de respecter le critère de 60 % du prix de vente moyen pondéré.

États-Unis. Les taxes varient beaucoup d'un État à l'autre. La moyenne pondérée des taxes fédérales et des taxes appliquées par les États par millier de cigarettes est de 132 USD. Les droits d'accise spécifiques fédéraux applicables au tabac sont les suivants : 50.33 USD par millier pour les cigarettes courtes (ne pesant pas plus de 3 livres, soit 1.36 kilogramme, par millier) ; 105.69 USD par millier pour les cigarettes longues ; 50.33 USD par millier pour les petits cigares dont le poids n'excède pas 3 livres par millier ; 52.75 % du prix à la production dans la limite de 402.60 USD par millier les gros cigares ; et 24.78 USD par livre (54.63 USD par kilogramme) pour le tabac à rouler. Certains États appliquent également une taxe *ad valorem*.

Finlande. Le papier à cigarette est soumis à un droit d'accise égal à 60 % du PVD. Les autres tabacs à fumer sont soumis à un droit égal à 83.50 EUR par kilogramme et 48 % du PVD. Produits de tabac chauffé : 0.30 EUR par gramme. Liquides pour cigarettes électroniques (avec ou sans nicotine) : 0.30 EUR par millilitre. Ces taux augmenteront au 1er juillet 2022, au 1er janvier 2023 et au 1er juillet 2023.

France. Le montant minimum des droits d'accise s'établit à 336.7 EUR par millier de cigarettes, à 268.9 EUR par millier de cigares et à 305.3 EUR pour 1 000 grammes de tabac à rouler les cigarettes.

Grèce. Le taux d'accise minimum s'établit à 117.5 EUR par millier de cigarettes. Les autres tabacs à fumer sont soumis à un droit d'accise de 156.7 EUR par kilogramme de poids net.

Hongrie. Le droit d'accise minimum s'établit à 39 300 HUF par millier d'unités pour les cigarettes, à 4 400 HUF par millier d'unités pour les cigares et les cigarillos. La TVA, assise sur le prix de vente au détail taxes comprises, est perçue au taux de 21.26 %.

Irlande. Le taux d'accise sur les cigarettes s'établit à 383.42 EUR par millier de cigarettes plus un montant égal à 8.83 % du PVD ou 434.19 EUR par millier de cigarettes si ce second montant est plus élevé. Le taux d'accise appliqué aux cigares s'établit à 434.496 EUR par kilogramme. Le taux d'accise sur le tabac fine coupe à rouler les cigarettes s'élève à 418.010 EUR par kilogramme. Les autres tabacs à fumer sont soumis à un droit d'accise de 301.434 EUR par kilogramme.

Islande. Pour les cigares, il n'existe pas de droit d'accise spécifique par unité. Le taux s'établit à 30 150 ISK pour 1 000 grammes de cigares (soit un taux identique à celui applicable au tabac à rouler).

Israël. Les accises *ad valorem* sont égales à 270 % du prix de gros plus 408.12 ILS par millier d'unités pour les cigarettes, et 90 % du prix de gros pour les cigares, étant entendu que l'accise ne peut pas être inférieure à 74.02 ILS par kilogramme. Les accises *ad valorem* sur le tabac à rouler sont égales à 270 % du prix de gros plus 583.04 ILS par kilogramme, étant entendu que l'accise ne peut pas être inférieure à 1 116.91 ILS par kilogramme.

Italie. Une taxe globale minimale, regroupant droit d'accise et TVA, a été introduite à compter du 1er janvier 2015. À compter du 16 janvier 2021, elle s'élève à 193.21 EUR par millier de cigarettes (soit 96.22 % de l'accise plus la TVA sur le prix moyen pondéré de vente au détail).

Japon. La taxe comprend un élément national, un élément préfectoral et un élément municipal.

Lituanie. Le droit d'accise applicable aux cigares et cigarillos est fixé à 66 EUR par kilogramme. Depuis le 1er mars 2019, les liquides pour cigarettes électroniques sont soumis à un droit d'accise. Le taux applicable à compter du 1er janvier 2022 est de 0.15 EUR par millilitre de produit. Depuis le 1er mars 2019, les produits de tabac chauffé sont frappés d'accises au titre d'une catégorie distincte (jusqu'au 28 février 2019, le taux appliqué aux produits de tabac chauffé était celui appliqué au tabac à fumer). À compter du 1er janvier 2022, les produits chauffés à base de plantes ne contenant pas de tabac seront considérés comme des produits de tabac chauffé. À compter du 1er janvier 2022, le droit d'accise sur les produits de tabac chauffé est appliqué par millier d'unités (auparavant, il était appliqué par kilogramme de tabac), à raison de 45.6 EUR par millier d'unités.

Luxembourg. À compter du 1er février 2022, les taux d'accise applicables sont les suivants. Cigarettes : une accise spécifique de 19.3914 EUR par millier de cigarettes et une accise *ad valorem* au taux de 46.90 %. Tabac à rouler les cigarettes : une accise spécifique de 19.50 EUR pour 1 000 grammes et une accise *ad valorem* de 34.25 %. Le montant minimum des droits d'accise s'établit à 124 EUR par millier de cigarettes, à 23.50 EUR par millier de cigares et à 58.50 EUR pour 1 000 grammes de tabac à rouler les cigarettes.

Mexique. Un droit *ad valorem* égal à 160 % du prix à la production ou du prix d'importation est appliqué à toutes les catégories. Un taux réduit de 30.4 % s'applique aux cigares ou au tabac à rouler dès lors qu'ils sont intégralement manufacturés à la main. Le droit *ad valorem* s'applique au niveau du producteur ou de l'importateur mais il est assis sur le prix de détail. Une taxe supplémentaire de 0.5484 MXN doit être acquittée pour chaque cigarette importée ou vendue. Cette taxe s'applique aussi aux cigares et autres tabacs (0.5484 MXN par 0.75 gramme), sauf aux produits intégralement manufacturés à la main.

Nouvelle-Zélande. Le taux d'accise pour 1 000 cigarettes dont le contenu en tabac n'excède pas 0.8 kilogramme s'établit à 1 030.90 NZD par kilogramme de contenu en tabac. Le taux d'accise pour 1 000 cigarettes dont le contenu en tabac excède 0.8 kilogramme et pour le tabac à rouler les cigarettes s'établit à 1 469.03 NZD par kilogramme de contenu en tabac. Pour les autres produits, comme le tabac à priser, les cigares, les cheroots et les cigarillos, le taux d'accise par kilogramme de contenu en tabac est de 1 288.59 NZD

Pologne. Depuis le 1er janvier 2015, le droit d'accise sur les cigares est calculé par kilogramme. Le droit d'accise minimum appliqué aux cigarettes s'établit à 105 % du total des droits d'accise frappant les cigarettes imposées sur la base du prix moyen pondéré de vente au détail. Le droit d'accise minimum appliqué aux cigarettes s'établit à 100 % du total des droits d'accise frappant les cigarettes imposées sur la base du prix moyen pondéré de vente au détail. Accise totale minimum pour 1 000 cigares : la Pologne applique un droit d'accise par kilogramme, raison pour laquelle le chiffre ne peut pas être indiqué.

Portugal. Taux applicables au 1er janvier 2021. Le taux du droit d'accise sur les cigarettes est réduit et ramené à (1) 34.00 EUR par millier de cigarettes et 42 % du prix pour les cigarettes vendues aux Açores et fabriquées par de petits producteurs des Açores ou de Madère ; (2) 82.34 EUR par millier de cigarettes et 18 % du prix pour les cigarettes vendues à Madère et fabriquées par de petits producteurs des Açores ou de Madère.

République slovaque. Au 1er février 2022, les taux d'accise applicables sont les suivants : le droit spécifique sur les cigarettes s'établit à 79.60 EUR par millier de cigarettes et le droit *ad valorem* à 23 % ; le taux total minimum sur les cigarettes s'établit à 124.30 EUR par millier de cigarettes ; le droit spécifique sur le tabac à rouler les cigarettes s'établit à 95.30 EUR pour 1 000 grammes. La taxe sur le tabac à rouler les cigarettes s'applique également à d'autres tabacs à fumer. Le taux d'accise appliqué aux cigares s'établit à 76.70 EUR par kilogramme. Ces taux augmenteront au 1er février 2023. Produits de tabac chauffé : la taxe est prélevée sur le poids de tabac dans le produit de tabac à priser, exprimé en kilogrammes. Le taux applicable au 1er janvier 2022 s'élevait à 132.20 EUR par kilogramme, montant passé à 160 EUR par kilogramme à compter du 1er février 2022. Ce taux augmentera de nouveau le 1er février 2023.

République tchèque. Au 1er janvier 2022, les taux d'accise sur tous les produits du tabac ont augmenté de 5 % par rapport à l'année 2021. La même hausse a été appliquée aux produits de tabac chauffé. Ces produits relèvent d'une catégorie spécifique aux fins des droits d'accise. Le taux d'accise appliqué au tabac chauffé est identique à celui appliqué au tabac à fumer (roulé).

Royaume-Uni. Le PVD des cigarettes repose en principe sur le prix de détail recommandé (PDR). Le PDR correspond en principe au prix de vente au détail recommandé du fabricant ou de l'importateur en vigueur au moment où les cigarettes deviennent imposables. Le taux d'accise spécifique applicable aux cigares est exprimé par kilogramme et non pour 1 000 unités. Il existe des taux spéciaux pour les « autres tabacs à fumer et à mâcher » et le « tabac à chauffer », qui s'établissent, à compter du 1er janvier 2022, respectivement à 144.17 GBP et 270.22 GBP par kilogramme.

Slovénie. Le taux d'accise minimum s'établit à 123 EUR par millier de cigarettes, à 105 EUR par kilogramme de tabac à rouler les cigarettes et à 48 EUR par millier de cigares. Il passe à 126 EUR par millier de cigarettes à compter du 1er avril 2022. L'accise spécifique est de 80.447 EUR par millier de cigarettes et le taux *ad valorem* de 23.54 %.

Suède. Les cigarettes d'une longueur supérieure à 8 cm mais n'excédant pas 11 cm doivent être considérées fiscalement comme deux cigarettes. Pour les cigarettes d'une longueur excédant 11 cm, chaque tranche supplémentaire de 3 cm entamée est considérée fiscalement comme une cigarette.

Suisse. Si le PVD de 1 000 cigarettes s'établit à 375 CHF ou moins, le droit d'accise minimum (spécifique + *ad valorem*) s'établit à 212.10 CHF par millier d'unités. Le droit d'accise minimum perçu pour 1 000 grammes de tabac à rouler les cigarettes (spécifique + *ad valorem*) s'établit à 80 CHF pour 1 000 grammes.

Türkiye. La taxe minimale s'établit à 719.70 TRY par millier de cigarettes. Le droit spécifique est de 0.7150 TRY par paquet de cigarettes. Le montant de la taxe sur les cigarettes et autres produits du tabac obtenu en appliquant le taux ne peut pas être inférieur au montant minimum. Après avoir calculé la taxe en appliquant cette règle, il faut ajouter le droit spécifique pour un paquet de cigarettes.

Tableau d'annexe 3.A.5. Charge fiscale en pourcentage du prix total des cigarettes (2020)

Pays	Prix hors taxe (USD)[1]	Accise spécifique	Accise ad valorem	Total de la taxe (% du PVD)	Prix d'un paquet de 20 cigarettes5		
					Monnaie	Prix (PVD en monnaie locale)	Prix (PVD en USD)[2]
Allemagne	2.91	Oui	Oui	63.54	EUR	7.00	7.97
Australie	5.26	Oui	Non	73.91	AUD	29.30	20.15
Autriche	1.65	Oui	Oui	74.52	EUR	5.70	6.49
Belgique	1.79	Oui	Oui	76.95	EUR	6.80	7.74
Canada	3.67	Oui	Non	61.71	CAD	12.85	9.58
Chili	0.77	Oui	Oui	80.04	CLP	3 044.00	3.84
Colombie*	0.37	Oui	Oui	73.13	COP	5 152.00	1.39
Corée	1.00	Oui	Non	73.86	KRW	4 500.00	3.81
Costa Rica	1.75	Oui	Oui	53.62	CRC	2 200.00	3.76
Danemark	2.05	Oui	Oui	77.98	DKK	61.00	9.32
Espagne	1.24	Oui	Oui	78.24	EUR	5.00	5.69
Estonie*	0.56	Oui	Oui	87.64	EUR	4.00	4.56
États-Unis	4.14	Oui	Non	39.97	USD	7.33	7.33
Finlande	1.16	Oui	Oui	88.23	EUR	8.60	9.85
France	1.91	Oui	Oui	83.23	EUR	10.00	11.39
Grèce	1.01	Oui	Oui	80.84	EUR	4.65	5.30
Hongrie	1.32	Oui	Oui	72.72	HUF	1 485.00	4.82
Irlande	3.25	Oui	Oui	78.87	EUR	13.50	15.38
Islande	4.82	Oui	Non	54.96	ISK	1 449.00	10.70
Israël	1.66	Oui	Oui	83.21	ILS	34.00	9.88
Italie	1.57	Oui	Oui	76.59	EUR	5.90	6.72
Japon	1.86	Oui	Non	61.03	JPY	510.00	4.78
Lettonie	0.85	Oui	Oui	79.90	EUR	3.70	4.21
Lituanie	1.23	Oui	Oui	74.02	EUR	4.15	4.73
Luxembourg	1.95	Oui	Oui	68.27	EUR	5.40	6.15
Mexique*	1.00	Oui	Oui	67.57	MXN	66.00	3.08
Norvège	5.27	Oui	Non	61.55	NOK	129.00	13.70
Nouvelle-Zélande	3.49	Oui	Non	82.00	NZD	29.90	19.42
Pays-Bas	2.08	Oui	Oui	77.17	EUR	8.00	9.11
Pologne	0.91	Oui	Oui	78.40	PLN	16.50	4.23
Portugal*	1.07	Oui	Oui	78.61	EUR	4.40	5.01
République slovaque	0.87	Oui	Oui	76.72	EUR	3.46	3.78
République tchèque*	1.06	Oui	Oui	77.17	CZK	108.00	4.65
Royaume-Uni	2.74	Oui	Oui	79.25	GBP	10.30	13.21
Slovénie	0.92	Oui	Oui	78.67	EUR	3.80	4.33
Suède	2.36	Oui	Oui	68.06	SEK	68.00	7.38
Suisse	3.70	Oui	Oui	59.63	CHF	8.60	9.16
Türkiye	0.40	Oui	Oui	84.88	TRY	18.50	2.64

* Voir les notes pays.

Ce tableau présente la charge fiscale totale correspondant au pourcentage du PVD d'un paquet de 20 cigarettes (marque la plus vendue) que représentent l'ensemble des taxes prélevées. Conformément à la pratique de l'OMS, les chiffres présentés correspondent aux prix et taxes applicables au 31 juillet de l'année considérée (ici, 31 juillet 2020), sauf pour le Canada et les États-Unis, pour lesquels des moyennes annuelles (2020) sont utilisées.

1. Le prix hors taxe d'un paquet de 20 cigarettes est une estimation calculée à partir du PVD (= prix à la consommation TTC - PVD) et de la part totale des taxes en pourcentage de ce PVD (on a donc : prix hors taxe = PVD-(PVD x part du total des taxes/100).

2. Conversion en USD : taux de change du marché en 2020 - Statistiques de l'OCDE.
Source : Organisation mondiale de la santé (Rapport de l'OMS sur l'épidémie mondiale de tabagisme, 2021, Taxes sur le tabac, prix et accessibilité économique des produits du tabac – Annexe IX).

Encadré d'annexe 3.A.5. Notes pays relatives au Tableau d'annexe 3.A.5

Canada et États-Unis Les estimations de la moyenne nationale calculées pour les prix et les taxes reflètent le fait que différents taux sont appliqués par les États/provinces en plus de la taxe fédérale en vigueur.

Colombie. Pour la taxe sur la consommation prélevée sur les cigarettes et le tablac par les *« departmentos »*, voir la note pays relative au Tableau 3.A.4.

Danemark. Le prix provenant de l'OMS est celui de la « marque la plus vendue ». Le « prix moyen » toutes marques confondues s'établissait à 54.02 DKK et la part totale des taxes à 85.35 % du PVD.

Estonie. Le prix de vente moyen pondéré des cigarettes s'établissait à 4.47 EUR par paquet de 20 cigarettes en 2021. La part de l'accise dans le prix de vente moyen pondéré est de 68.7 % et la part de l'accise et de la TVA de 85.37 %. Le prix hors accise et TVA s'établit à 0,654 EUR (d'après le droit d'accise et le prix de vente moyen pondéré de 2021).

Finlande. Prix moyen des cigarettes au 31 décembre 2020 : 8.65 par paquet de 20 cigarettes.

Grèce. Prix de vente moyen pondéré au 31 juillet 2021 : 209.74 EUR par millier de cigarettes.

Lettonie. Prix de vente moyen pondéré en 2021 : 189.40 EUR par millier de cigarettes.

Mexique. Les prix et les taxes sont ceux en vigueur en février 2021.

Portugal. À compter de juillet 2021, le prix de la marque la plus vendue est passé de 4.40 à 4.50 (part totale des taxes en % du PVD : 77.59).

République slovaque. Prix de vente moyen pondéré : 172.99 EUR par millier de cigarettes en 2020 et 197.19 EUR par millier de cigarettes en 2021.

République tchèque. Le prix de vente moyen pondéré des cigarettes calculé conformément à la législation de l'UE s'établissait à 5 749 CZK par millier de cigarettes en 2021.

Tableau d'annexe 3.A.6. Impôts sur le fioul à usage domestique (par litre, 1er trimestre 2022)

Pays		Prix hors taxe[1]		Accise[2]	Taux de TVA[3]	Montant de la TVA	Total de la taxe	Prix total		Total de la taxe en % du prix total
	Monnaie	Monnaie nationale	USD[4]	Monnaie nationale	%	Monnaie nationale	Monnaie nationale	Monnaie nationale	USD[4]	
Allemagne*	EUR	0.817	0.917	0.142	19.00	0.182	0.324	1.141	1.281	28.4
Australie*	AUD	Note pays			10.00					
Autriche*	EUR	0.845	0.949	0.109	20.00	0.191	0.300	1.145	1.285	26.2
Belgique*	EUR	0.773	0.868	0.019	21.00	0.166	0.185	0.958	1.075	19.3
Canada*	CAD	1.220	0.963	0.107	5.00	0.066	0.173	1.393	1.100	12.4
Chili*	CLP	796.062	0.985	0.000	19.00	151.252	151.252	947.314	1.172	16.0
Colombie*	COP	Note pays								
Corée*	KRW	1 023.895	0.850	72.450	10.00	109.635	182.085	1 205.980	1.001	15.1
Costa Rica*	CRC	Note pays								
Danemark*	DKK	7.103	1.071	3.280	25.00	2.596	5.876	12.979	1.958	45.3
Espagne*	EUR	0.776	0.871	0.097	21.00	0.183	0.280	1.056	1.186	26.5
Estonie	EUR	0.956	1.073	0.058	20.00	0.203	0.261	1.217	1.366	21.4
États-Unis*	USD	1.099	1.099		0.00	0.000	0.054	1.153	1.153	4.7
Finlande*	EUR	0.942	1.058	0.276	24.00	0.292	0.568	1.510	1.696	37.6
France	EUR	0.911	1.023	0.156	20.00	0.213	0.369	1.280	1.437	28.9
Grèce*	EUR	0.781	0.877	0.280	24.00	0.255	0.535	1.316	1.477	40.6
Hongrie*	HUF	Note pays			27.00					
Irlande*	EUR	0.822	0.923	0.158	13.50	0.132	0.290	1.112	1.249	26.1
Islande*	ISK	Note pays			24.00					
Israël	ILS	2.348	0.734	2.998	17.00	0.909	3.907	6.255	1.956	62.5
Italie*	EUR	0.902	1.013	0.403	22.00	0.287	0.690	1.592	1.787	43.3
Japon*	JPY	98.664	0.849	2.800	10.00	10.146	12.946	111.610	0.961	11.6
Lettonie*	EUR	0.815	0.915	0.073	21.00	0.186	0.259	1.074	1.206	24.1
Lituanie	EUR	0.767	0.861	0.021	21.00	0.165	0.186	0.953	1.070	19.6
Luxembourg*	EUR	0.780	0.876	0.077	14.00	0.120	0.197	0.977	1.097	20.2
Mexique*	MXN	Note pays								
Norvège*	NOK	Note pays								
Nouvelle-Zélande*	NZD	Note pays								
Pays-Bas*	EUR	0.851	0.955	0.537	21.00	0.291	0.828	1.679	1.885	49.3

Pays		Prix hors taxe[1]		Accise[2]	Taux de TVA[3]	Montant de la TVA	Total de la taxe	Prix total		Total de la taxe en % du prix total
	Monnaie	Monnaie nationale	USD[4]	Monnaie nationale	%	Monnaie nationale	Monnaie nationale	Monnaie nationale	USD[4]	
Pologne	PLN	3.944	0.958	0.232	23.00	0.960	1.192	5.136	1.248	23.2
Portugal	EUR	0.838	0.941	0.389	23.00	0.282	0.671	1.509	1.694	44.5
République slovaque*	EUR	Note pays								
République tchèque*	CZK	19.877	0.905	0.660	21.00	6.263	6.923	26.800	1.220	25.8
Royaume-Uni	GBP	0.748	1.004	0.111	5	0.043	0.154	0.902	1.210	17.1
Slovénie*	EUR	0.637	0.715	0.187	22.00	0.181	0.368	1.005	1.129	36.6
Suède*	SEK									
Suisse*	CHF	0.724	0.784	0.324	7.70	0.081	0.405	1.129	1.222	35.9
Türkiye*	TRY	11.858	0.851	1.137	18.00	2.339	3.476	15.334	1.100	22.7

Note :

* Note pays

1. Le prix hors taxe correspond au prix hors TVA et accise.

2. Les accises sont exprimées en monnaie locale par litre. Elles incluent toutes les taxes autres que la TVA perçues sur le produit. Dans le cadre de ce tableau, les paiements en faveur d'organismes spécifiques qui emploient tous les montants recouvrés pour accomplir des missions déterminées (constitution de stocks d'urgence, par exemple) ne sont pas considérés comme des « impôts » et sont donc inclus dans le prix hors taxe. Lorsque différents taux s'appliquent au même produit en fonction de sa teneur en soufre ou en biocarburant par exemple, le taux indiqué est celui applicable au carburant le plus couramment utilisé dans le pays, sous réserve des informations figurant dans la note pays, le cas échéant.

3. TPS pour l'Australie, le Canada et la Nouvelle-Zélande, taxes sur les ventes pour les États-Unis et taxe sur la consommation pour le Japon. TVA pour tous les autres pays.

d. Conversion de la monnaie nationale en USD : les taux de conversion sont les taux moyens du marché (premier trimestre 2022) publiés dans les Statistiques monétaires mensuelles de l'OCDE (stats.oecd.org).

Source : AIE (2022),Energy Prices database and Energy Prices documentation, Agence internationale de l'énergie. Prix moyens et taxes au premier trimestre 2022. Disponible à l'adresse https://www.iea.org/data-and-statistics/data-product/energy-prices et https://www.iea.org/data-and-statistics/data-product/energy-prices#documentation.

Encadré d'annexe 3.A.6. Notes pays relatives au Tableau d'annexe 3.A.6. Impôts sur le fioul à usage domestique (par litre, 1er trimestre 2022)

Allemagne. Le montant de l'accise indiqué dans le tableau englobe le droit d'accise (0.06135 EUR par litre) et le prix des émissions de carbone (0.08029 EUR par litre). Le montant de l'accise indiqué s'applique au fioul dûment marqué dont la teneur en soufre est inférieure ou égale à 50 mg/kg. Dans les autres cas, l'accise est de 0.076435 EUR par litre.

Australie. Aucune donnée n'est disponible.

Autriche. Le montant de l'accise figurant dans le tableau inclut la taxe sur les huiles minérales (0.098 EUR par litre) applicable au fioul léger dont la teneur en soufre est inférieure ou égale à 10 mg/kg. Dans les autres cas, le droit d'accise s'établit à 0.128 EUR par litre et la redevance pour la constitution de stocks d'urgence à 0.0112 EUR par litre.

Belgique. Le montant de l'accise figurant dans le tableau s'applique au fioul dont la teneur en soufre est inférieure ou égale à 10 mg/kg.

Canada. Le fioul est du fioul domestique destiné au chauffage. Le fioul domestique n'est frappé par aucune taxe fédérale ou provinciale sur le fioul. Le taux de la TPS fédérale est de 5 %. La plupart des provinces ne prélèvent pas leur taxe sur les ventes au détail ou leur TPS provinciale sur le fioul domestique. Les taxes provinciales (taxes sur les ventes, TVH et TVQ) sont considérées comme des composantes des accises et s'obtiennent en retranchant le montant de la TPS fédérale, calculée au moyen du taux fédéral applicable, du montant total de la taxe indiqué sur le site internet de Ressources naturelles Canada (IEA Energy Prices Documentation 2022).

Chili. Le kérosène domestique relève du Fonds de stabilisation des prix du pétrole (*Fundo de Estabilisacion de Preicos del Petroleo*, « FEPP »)) qui applique chaque semaine une taxe ou un crédit d'impôt/subvention exprimé en USD par mètre cube. Cette taxe ne peut entrer dans l'assiette de la TVA à aucun stade de la chaîne de valeur (importation, production, raffinage, distribution ou vente au consommateur). A contrario, le crédit d'impôt peut être déduit de la base imposable soit au moment de la première vente, soit au moment de l'importation. À la différence d'autres pays de l'OCDE, le Chili calcule la TVA sur la base du prix hors taxe et non de la somme du prix hors taxe et de l'accise.

Colombie Surtaxe sur l'essence et le carburant diesel (ACPM) : le taux total par gallon s'obtient en ajoutant le taux municipal et le taux appliqué par les *departmentos*. Pour convertir en taux par litre, on considère qu'un gallon correspond à 3.785411 litres. Carburant : a) carburant ordinaire : 1 270 COP par gallon (335.5 COP par litre) ; b) carburant super : 1 775 COP par gallon (468.9 COP par litre). Taux général appliqué par les municipalités des zones frontalières : c) carburant ordinaire : 476 COP par gallon (125.75 COP par litre) ; b) carburant super : 1 776 COP par gallon (469.2 COP par litre) ; la municipalité peut fixer un taux différentiel de 114 COP par gallon de carburant ordinaire (30.12 COP par litre) ; f) 426 COP par gallon de carburant étranger (112.5 COP par litre). Carburant diesel : 301 COP par gallon (79.51 COP par litre). Municipalités des zones frontalières : 204 COP par gallon pour le produit national (53.89 COP par litre) et 114 COP par gallon pour le produit importé (30.12 COP par litre). Les taux en vigueur dans les zones frontalières ne s'appliquent qu'aux quotas maximaux alloués aux différents intermédiaires de la filière de distribution de carburant. Pour les ventes effectuées au-delà de ces quotas ou pour les intermédiaires qui ne sont pas visés, le taux de la surtaxe sur le carburant et sur le diesel correspond au taux général. Le fioul utilisé pour la production d'électricité dans les zones qui ne sont pas interconnectées, le carburéacteur et les mélanges IFO utilisés pour les grands navires maritimes ne sont pas assujettis à la surtaxe. Les carburants utilisés pour les activités de pêche et/ou de cabotage sur la côte colombienne et pour les activités maritimes de la Marine nationale ne sont pas assujettis à la surtaxe. Des quotas de consommation stricts sont établis et leur respect fait l'objet d'un encadrement par le gouvernement. Le carburant 100/130 utilisé dans les aéronefs n'est pas assujetti à la surtaxe.

Corée. Kérosène domestique.

Costa Rica. Le kérosène est principalement utilisé au niveau industriel dans les fours de boulangerie et les entreprises du secteur manufacturier. Il est également utilisé dans certaines régions rurales pour l'éclairage et pour la cuisson des aliments. Le ministère des Finances actualise le montant de la taxe chaque trimestre, en fonction de la variation de l'indice des prix à la consommation calculé par l'institut national de la statistique du Costa Rica (INEC). Cet ajustement trimestriel ne peut en aucun cas dépasser 3 %.

Danemark. Le montant indiqué (2.745 DKK par litre) englobe le droit d'accise (2.261 DKK par litre), l'écotaxe (0.475 DKK par litre) et la taxe sur les oxydes d'azote (0.0009 DKK par litre).

Espagne. Le montant de l'accise (0.097 EUR par litre) englobe le droit général (0.079 EUR par litre) et le droit spécial (0.018 EUR par litre).

États-Unis. Moyenne des taxes appliquées par l'État fédéral et par les États.

Finlande. En 2022, le montant de l'accise (0.2758 EUR par litre) prélevée sur les produits ne contenant pas de soufre englobe la taxe sur l'énergie (0.1033 EUR par litre), la taxe carbone (0.1690 EUR par litre) et la redevance destinée à financer la constitution de stocks stratégiques (0.0035 EUR par litre). Une majoration de 0.0265 EUR s'applique aux produits contenant du souffre.

Grèce. L'accise de 0.280 EUR par litre qui frappe le fioul destiné au chauffage s'applique en hiver (15 octobre-30 avril). Le reste de l'année, son montant s'établit à 0.410 EUR par litre.

Hongrie. Le montant de l'accise dépend du cours du pétrole brut sur le marché mondial. Lorsque ce cours dépasse 50 USD le baril, l'accise s'établit à 114.233 HUF par litre (110.35 HUF par litre au titre du droit d'accise et 3.883 HUF par litre au titre de la redevance pour la constitution de stocks stratégiques). Lorsque le cours mondial du pétrole brut est inférieur ou égal à 50 USD, le montant de l'accise s'établit à 124.233 HUF par litre (120.35 HUF par litre au titre du droit d'accise et 3.833 HUF par litre au titre de la redevance pour la constitution de stocks stratégiques). Les prix et taxes ne sont pas disponibles dans les données de l'AIE parce que, d'après l'autorité hongroise de surveillance des secteurs de l'énergie et des services à la collectivité, la consommation résidentielle de fioul domestique est relativement marginale en Hongrie comparativement à celle d'autres sources d'énergie. ***Réduction temporaire*** *pour compenser la hausse des prix de l'énergie : le 28 février 2022, le droit d'accise a été réduit de 5 HUF par litre et la redevance au titre de la constitution de stocks stratégiques a été suspendue ; le 10 mars, le droit d'accise a été réduit de 20 HUF supplémentaires par litre. Il est prévu que ces mesures restent en vigueur jusqu'au 1er juillet 2022.*

Irlande. Le montant de l'accise inclut une taxe de 0.02 EUR par litre versée à la National Oil Reserves Agency (NORA). Le taux de la taxe sur les huiles minérales, qui est de 0.13817 EUR par litre, s'applique au diesel marqué. Entre le 10 mars 2022 et le 30 avril 2022, il a diminué pour s'établir à 0.12055 EUR par litre. Il a de nouveau baissé pour s'établir à 0.11114 EUR par litre à compter du 1er mai 2022. Le kérosène marqué est également très utilisé pour le chauffage (y compris par les ménages) ; il est frappé d'un droit de 0.08484 EUR par litre. Ce droit a augmenté pour passer à 0.10383 EUR par litre à compter du 1er mai 2022.

Islande. Aucune donnée n'est disponible. La part du fioul dans les sources d'énergie utilisées pour le chauffage est nettement inférieur à 1 %.

Italie. Le montant indiqué dans le tableau est celui qui s'applique au fioul utilisé pour le chauffage. En Italie, le GPL peut également être utilisé pour le chauffage et il est frappé d'un droit égal à 0.18994458 EUR par kilogramme.

Japon. Kérosène domestique.

Lettonie. Depuis le 1er juillet 2021, une accise égale à 0.060 EUR par litre frappe le fioul marqué destiné au chauffage.

Luxembourg. Un taux de TVA réduit, égal à 14 %, s'applique au fioul utilisé pour le chauffage.

Mexique. Le fioul n'est utilisé comme fioul domestique que dans des zones de faible surface du nord du pays et aucune vente n'a été enregistrée depuis 2016. Le fioul résiduel (*combustoleo*) n'a pas d'usage domestique, mais est soumis à un droit d'accise d'un montant de 16.99 cents MXN par litre. Les autres combustibles fossiles destinés au chauffage sont le propane (7.48 cents MXN par litre), le butane (9.68 cents MXN par litre), le kérosène (15.67 cents MXN par litre), le diesel (15.92 cents MXN par litre) et le charbon (34.81 MXN par tonne).

Norvège. Depuis 2020, il est interdit d'utiliser des huiles minérales (énergie fossile) pour le chauffage des bâtiments. L'interdiction vise l'utilisation d'huiles minérales comme moyen de chauffage principal (charge de base) ou d'appoint (charge de pointe) dans les bâtiments résidentiels, publics et commerciaux.

Nouvelle-Zélande. Aucune donnée n'est fournie parce que ce produit n'est pas consommé en quantité suffisante.

Pays-Bas. L'essence est frappée d'une redevance de 0.008 EUR par litre destinée à financer la constitution de stocks. Cette redevance n'est pas incluse dans le taux de l'accise indiqué. ***Réduction temporaire pour compenser la hausse des prix de l'énergie*** : *le taux appliqué au fioul domestique, moins utilisé que le gaz naturel aux Pays-Bas, a diminué pour être ramené à 417.46 EUR pour 1 000 litres avec effet à compter du 1er avril 2022.*

Pologne. ***Réduction temporaire*** *pour compenser la hausse des prix de l'énergie : du 1er juin 2022 au 31 décembre 2022, le taux d'accise applicable au fioul léger utilisé pour le chauffage est réduit et ramené à 0.097 PLN par litre.*

République slovaque. Aucune donnée n'est fournie parce que ce produit n'est pas consommé en quantité suffisante.

République tchèque. Jusqu'au quatrième trimestre 2003, le fioul léger utilisé pour le chauffage n'était pas imposé. Depuis le premier trimestre 2004, il est soumis à une accise qui est partiellement remboursée. Le fioul marqué selon la directive 95/60/CE donne lieu au remboursement d'une accise de 9 290 CZK pour 1 000 litres dès lors qu'il est démontré qu'il a servi au chauffage. Le montant indiqué dans le tableau comprend ce remboursement. Cependant, le montant de la TVA est calculé sur une assiette qui inclut le montant total de l'accise.

Slovénie. Situation au 1er janvier 2022 : le montant indiqué (233.77 EUR pour 1 000 litres) inclut le droit d'accise (157.50 EUR), une redevance visant à financer la constitution de stocks stratégiques prélevée sur le fioul destiné au chauffage (11.66 EUR), une surtaxe sur le fioul destiné au chauffage au titre de l'efficacité de l'utilisation finale (8 EUR), une surtaxe sur le fioul destiné au chauffage pour la promotion de la production d'électricité à partir de sources d'énergie renouvelables et de la cogénération de haute efficience (9.90 EUR) et une taxe carbone égale (46.71 EUR). ***Réduction temporaire pour compenser la hausse des prix de l'énergie*** *(situation au 5 juillet 2022): le montant de 108.31 EUR pour 1 000 litres inclut le droit d'accise (78.75 EUR), une redevance visant à financer la constitution de stocks stratégiques prélevée sur le fioul destiné au chauffage (11.66 EUR), une surtaxe sur le fioul destiné au chauffage au titre de l'efficacité de l'utilisation finale (8 EUR) et une surtaxe sur le fioul destiné au chauffage pour la promotion de la production d'électricité à partir de sources d'énergie renouvelables et de la cogénération de haute efficience (9.90 EUR).*

Suède. Aucune donnée n'est disponible.

Suisse. Le montant de l'accise indiqué englobe le droit d'accise et la taxe carbone.

Türkiye. Kérosène domestique.

Union européenne. La directive 2003/96/CE fixe les taux d'accise minima applicables aux produits énergétiques et à l'électricité.

Il peut y avoir de légères différences entre certains des montants indiqués dans ces notes et ceux figurant dans le tableau. Elles s'expliquent principalement par des différences de méthodes de calcul entre les instituts de la statistique (qui ont fourni les données figurant dans le tableau) et les autorités fiscales (qui ont fournit celles figurant dans les notes).

4 Taxer les véhicules et leur usage

4.1. Introduction

Dans la plupart des pays de l'OCDE, l'achat d'un véhicule, sa détention et son usage ont commencé à être taxés au cours de la première moitié du XXe siècle jusqu'à devenir, dans bien des cas, une importante source de recettes pour les pouvoirs publics. Tous les pays membres s'appuient sur un vaste arsenal d'instruments fiscaux applicables aux propriétaires de véhicule et aux usagers de la route, qu'il s'agisse de particuliers ou d'entreprises. La fiscalité des véhicules et de leur usage au sens large illustre bien l'utilisation possible de toute la panoplie des impôts sur la consommation, tels que la TVA ou d'autres impôts fondés sur la quantité (*ad quantum*) ou la valeur (*ad valorem*) (voir les définitions dans le chapitre 3). Dans un nombre croissant de pays, les autorités y intègrent peu à peu les objectifs environnementaux et climatiques.

Les taxes et autres impositions applicables aux véhicules comportent principalement :

- Les impôts liés à l'achat (TVA et taxes sur les ventes au détail) et à l'immatriculation des véhicules à moteur (droits et redevances, considérés comme des impôts pour les besoins du présent chapitre) dus au moment de l'acquisition et/ou de la première utilisation du véhicule (voir Tableau annexe 4.A.1 et Tableau annexe 4.A.3 ;
- Les impôts périodiques dus au titre de la possession ou de l'utilisation des véhicules (voir Tableau annexe 4.A.3 ;
- Les taxes sur les carburants routiers (voir Tableau annexe 4.A.4 et Tableau annexe 4.A.5) ; et
- Les taxes sur les carburants d'aviation (voir Tableau annexe 4.A.6)

Les impôts sur les véhicules sont le fruit d'une longue évolution et résultent d'influences variées, non circonscrites à la nécessité de lever des recettes. Qu'il s'agisse du contexte géographique, industriel et social ou encore des politiques liées aux questions énergétiques, aux transports, à l'urbanisme ou à l'environnement, toutes ces considérations pèsent sur le niveau et la structure de l'imposition. Les effets redistributifs des impôts sur les véhicules ont eux aussi évolué. Une grande partie a vu le jour alors que l'automobile était considérée comme un objet de luxe. Leur progressivité a diminué à mesure que le taux de motorisation augmentait (aujourd'hui, les ménages à bas revenu sont nombreux à posséder au moins une voiture).

Dans la plupart des pays, la fiscalité des véhicules mêle des dispositifs d'application ponctuelle (intervenant au moment de l'achat ou de l'importation) et récurrente (lorsqu'ils visent les propriétaires de véhicules ou leur utilisation) auxquels s'ajoute un ensemble de prélèvements *ad valorem* (sur le prix) et *ad quantum* (fondés sur les volumes d'émissions polluantes, le poids du véhicule, la puissance du moteur, le nombre d'essieux, l'âge, la consommation spécifique moyenne de carburant, l'équipement, la suspension, la cylindrée, le nombre de places, le type de carburant consommé, la propulsion électrique ou la distance parcourue). Dans la plupart des pays de l'OCDE, les véhicules utilisés par les pouvoirs publics (sapeurs-pompiers, police, forces armées, autorités locales, services de secours, etc.), les véhicules pour personnes handicapées et les véhicules des missions diplomatiques sont exonérés des impôts liés à l'achat, à l'immatriculation et/ou à l'utilisation de véhicules à moteur.

Les impôts liés à l'achat/à l'immatriculation et à l'utilisation de véhicules à moteur ne peuvent être considérés isolément des autres bases et taux d'imposition. La fiscalité des véhicules englobe aussi les taxes sur la prime d'assurance, certains péages (péages de pont ou d'autoroute, redevances de congestion et redevances kilométriques), les droits sur les importations, les taxes sur les véhicules de société et les taxes sur le transport de voyageurs (Harding, 2014[1]), dont il n'est pas question dans la présente publication.

Le présent chapitre contient une description des impôts frappant l'achat, l'immatriculation et l'utilisation des véhicules routiers dans les pays de l'OCDE, une attention particulière étant accordée aux prélèvements fondés sur des critères environnementaux (section 4.2). Il traite également du niveau des taxes sur les carburants routiers (section 4.3), notamment des réductions récemment adoptées à titre provisoire pour endiguer la flambée des prix. Il se termine par une analyse du niveau des impôts sur la consommation de carburants d'aviation (section 4.4), notamment des exemptions dont ces carburants font souvent l'objet.

4.2. La fiscalité des véhicules routiers sert de plus en plus à influer sur le comportement des consommateurs à des fins environnementales

Les pays sont de plus en plus conscients de l'impératif d'atteindre la neutralité en gaz à effet de serre d'ici à la moitié du siècle pour juguler les risques d'évolution dangereuse du climat (OECD, 2021[2]). La concrétisation de cet objectif, défini en 2015 dans l'Accord de Paris, ne se fera pas sans mutations profondes (Filippo Maria D'Arcangelo Ilai Levin Alessia Pagani Mauro Pisu Åsa Johansson, 2022[3]) : Ces transformations impliquent l'élaboration de vastes arsenaux de mesures mêlant tarification directe et indirecte des émissions, des normes et des règlements, complétés, par exemple, de dispositifs de soutien à l'innovation et de neutralisation des effets redistributifs néfastes.

En 2018, les transports, et principalement les transports routiers, étaient responsables d'un quart des émissions directes de CO_2 liées à la combustion d'énergie à l'échelle mondiale (ITF, 2021[4]). Des impôts bien conçus peuvent faire diminuer la pollution et les émissions de gaz à effet de serre et les gouvernements recourent de plus en plus à la fiscalité pour influer sur les comportements de consommation en vue de réduire les émissions de CO_2 imputables aux transports routiers. Ils adaptent notamment un certain nombre d'instruments fiscaux comme les taxes ponctuelles telles que les taxes d'immatriculation, ou récurrentes telles que les taxes annuelles de circulation lorsqu'elles sont calculées sur la base des émissions de CO_2 ou d'autres polluants. De même, les droits d'accise sur les carburants jouent un rôle non négligeable dans la tarification carbone, dont ils constituent une forme implicite. En effet, les études montrent qu'ils restent l'élément déterminant des prix effectifs du carbone dans la zone OCDE (OECD, 2021[2]). L'efficacité de tous ces dispositifs n'en dépend pas moins en grande partie de la manière dont ils sont conçus et déployés dans le cadre d'une politique générale qui tient particulièrement compte des autres solutions envisageables, des liens existants avec d'autres mesures et de l'adhésion du public (Teusch and van Dender, 2020[5]). Il importe à cet égard de prévoir des mécanismes appropriés de compensation afin de protéger les ménages les plus vulnérables (Alonso and Kilpatrick, 2022[6]).

Dans ce contexte, les taxes sur les véhicules routiers ont été progerssivement adaptées pour influencer les comportements des consommateurs et réduire les externalités des transports, en particulier celles d'ordre environnemental et climatique. Ainsi, pour des raisons énergétiques et environnementales, la consommation de carburant ainsi que les émissions de CO_2 et d'autres polluants, entre autres exemples, sont peu à peu intégrées dans le calcul des impôts liés à l'achat et à l'immatriculation des véhicules routiers. De même, des taxes routières ont été mises en place, à l'origine pour financer et entretenir l'infrastructure, mais aussi pour faire face à d'autres externalités des transports routiers, dont les émissions polluantes. Certaines touchent directement les objectifs environnementaux (par exemple celles fondées sur les émissions de CO_2), tandis que d'autres peuvent avoir un lien indirect (par exemple celles assises sur le poids ou la consommation de carburant du véhicule).

4.2.1. Il est de plus en plus recouru aux impôts liés à l'achat et à l'immatriculation des véhicules routiers pour encourager l'acquisition de véhicules moins polluants

Tous les les pays de l'OCDE prélèvent des taxes au niveau national et parfois au niveau infranational sur l'achat et l'immatriculation des véhicules routiers. Ces taxes peuvent comprendre la TVA, les taxes de vente, les droits d'accise et d'autres droits et redevances associés à l'immatriculation d'un véhicule. Le niveau et la structure de ces prélèvements varient considérablement d'un pays à l'autre (voir Tableau annexe 4.A.1 et Tableau annexe 4.A.2). Leur montant est calculé sur la base d'une grande diversité de critères ou d'une combinaison de critères, dont les principaux sont les suivants :

- Le prix ou la valeur du véhicule ;
- L'impact environnemental direct, c'est-à-dire le volume de CO_2 ou d'autres polluants émis ;
- Les caractéristiques du véhicule : type de carburant utilisé, poids, cylindrée et puissance du moteur, par exemple. Bien que présentant parfois un lien indirect avec les émissions polluantes, elles n'ont généralement pas été introduites pour des motifs environnementaux ;
- Certaines considérations sociales, telles qu'un traitement préférentiel accordé aux véhicules d'intervention d'urgence, ambulances, véhicules pour personnes handicapées, véhicules de transport public, etc.
- L'usage du véhicule, privé ou professionnel ;
- Les caractéristiques des véhicules de transport de marchandises : nombre d'essieux, volume de cargaison, nombre de places, etc.

Un certain nombre d'autres critères spécifiques peuvent également être pris en compte, comme la présence d'équipements de sécurité ou d'un système d'air conditionné. Un impôt sur les pneumatiques est appliqué aux États-Unis. Dans plusieurs pays, l'imposition dépend aussi de l'âge du véhicule.

Dans tous les pays de l'OCDE, la vente de véhicules est assujettie au taux de TVA standard, sauf aux États-Unis, où il n'y a pas de TVA et où des taxes de vente au détail sont imposées au niveau infranational. Contrairement aux consommateurs finals, les entreprises peuvent généralement bénéficier d'une déduction de la TVA d'amont sur l'achat de véhicules (bien souvent, toutefois, dans certaines limites, voir le chapitre 2). Dans de nombreux pays, la vente des véhicules d'occasion est également soumise à la TVA sous régime de la marge où l'assiette est basée sur la marge du revendeur et non le prix de revente intégral.

Moduler le montant d'un impôt lié à l'achat ou à l'immatriculation d'un véhicule routier en fonction de ses émissions polluantes peut inciter les consommateurs à opter pour un véhicule moins polluant. Cette pratique est à présent observée dans 35 des 38 pays de l'OCDE. Comme indiqué dans le Tableau annexe 4.A.1, en 2022, tous les pays membres de l'OCDE, excepté la Colombie, le Costa Rica et l'Estonie, ont intégré des critères environnementaux ou liés à la consommation de carburant dans le barème d'imposition et/ou les conditions d'éligibilité aux primes liées à l'achat de véhicules, que ce soit à l'échelle nationale ou infranationale. Dix-huit de ces pays (Australie, Autriche, Belgique, Danemark, Espagne, Finlande, France, Grèce, Irlande, Islande, Italie, Lituanie, Norvège, Pays-Bas, Portugal, République tchèque, Slovénie et Suède) se fondent directement sur les émissions de CO_2 . Certains se sont dotés de mécanismes mixtes mêlant surtaxe et subvention selon que le véhicule dépasse ou non un certain seuil d'émission. Huit pays octroient une prime, ou « bonus » (subvention versée par l'État ou une collectivité locale) à l'achat d'un véhicule peu ou non émetteur de CO_2 (Allemagne, Canada, Corée, France, Italie, Nouvelle-Zélande et Suède). Certains frappent d'un « malus » (c'est-à-dire d'un impôt, d'une taxe ou d'une redevance supplémentaire) les véhicules fortement émetteurs de CO_2 (Belgique, Canada, France, Italie et Suède). De nombreux pays appliquent un abattement des taxes, redevances et droits d'immatriculation (voire une exonération totale) pour les véhicules hybrides ou tout-électriques (Autriche, Belgique, Corée, France, Grèce, Hongrie, Islande, Israël, Italie, Luxembourg, Mexique, Nouvelle-Zélande, Pologne, Portugal, République tchèque, Suède et Türkiye). Par ailleurs, au Chili, en Irlande, en Israël et en Norvège, le niveau d'émission d'oxydes d'azote (NO_x) intervient dans le barème des taxes d'immatriculation.

Le Tableau annexe 4.A.2 donne un exemple d'effet cumulé de la TVA, des taxes (locales) d'immatriculation, des redevances et taxes environnementales liées à l'achat et à l'immatriculation de certains types de véhicule (à motorisation électrique, hybride et thermique). La nature des barèmes, prélèvements et allégements pouvant varier à l'intérieur d'un même pays, les chiffres indiqués sont ceux calculés pour la capitale. Ainsi, dans la catégorie des véhicules les plus fortement taxés (à savoir les véhicules à quatre roues motrices et à motorisation thermique émettant plus de 290 g de CO_2 /km), la charge fiscale totale représente entre 12 % environ du prix hors taxe du véhicule à Berne (Suisse) et à Washington (États-Unis) (du fait, respectivement, d'un taux de TVA de 7.7 % et d'une taxe sur les ventes de 6 %, de taxes d'immatriculation relativement faibles et de l'absence de taxe sur les émissions de CO_2) et plus de 150 % du prix hors taxe à La Haye (Pays-Bas) (où le taux de TVA est de 21 % et la taxe d'immatriculation, assise sur les émissions de CO_2 , est relativement élevée) et à Copenhague (Danemark) (où le taux de TVA est de 25 % et les taxes d'immatriculation, assises sur la valeur et les émissions de CO_2 , sont relativement élevées). À Ankara (Türkiye), le montant total dû au titre des impôts liés à l'achat et à l'immatriculation d'un véhicule peut représenter plus de 200 % de son prix hors taxe, en raison du niveau très élevé de la taxe d'immatriculation. À l'inverse, les abattements et bonus fiscaux pratiqués à l'égard des véhicules (tout) électriques peuvent ramener ce montant à un niveau proche de 0 % du prix hors taxe (à Oslo (Norvège) et Reykjavik (Islande)), voire se traduire par une prime à l'achat (c'est le cas à Paris (France), au Luxembourg et à Washington (États-Unis)). Ces chiffres illustrent l'hétérogénéité fiscale qui caractérise la zone OCDE, qu'il s'agisse du niveau ou de la structure des barèmes.

Les véhicules à moteur ne font pas l'objet d'un volume significatif d'achats transfrontaliers motivés par la disparité des fiscalités, dans la mesure où ils ne peuvent être immatriculés que dans le pays principal d'utilisation. La TVA à l'importation d'un véhicule (ou à son « acquisition » si la transaction a lieu au sein de l'UE) est généralement due dans le pays d'immatriculation. En outre , même sur le marché commun de l'Union européenne, les impôts et taux d'imposition applicables aux véhicules automobiles ne sont ni harmonisés, ni même convergents.

Le nombre des pays qui font bénéficier les consommateurs d'incitations fiscales et/ou de primes à l'achat de véhicules électriques est monté en flèche depuis 2010. Ces dispositifs ont fortement influé sur les comportements de consommation ainsi que sur l'offre, même si, dans ce deuxième cas, les normes techniques nationales peuvent aussi jouer un rôle décisif. On constate que les incitations fiscales prévues à l'achat d'un véhicule, entre autres mesures (comme les réductions de tarif de péage et la création de zones à faibles émissions), sont déterminantes dans la décision des consommateurs et des entreprises d'opter pour une solution électrique (International Energy Agency, 2020[7]). Cela dit, l'application de prélèvements obligatoires liés aux émissions de CO_2 est également susceptible de faire grimper le taux de motorisation électrique. Il est particulièrement efficace d'intégrer le prix du carbone dans les ventes de véhicules dès lors que les producteurs et consommateurs peuvent voir les signaux donnés par les prix, y réagir et facilement se tourner vers des solutions bas carbone (John Larsen, 2020[8]).

4.2.2. Quoique très disparates selon les pays de l'OCDE, les impôts périodiques liés à la possession ou à l'utilisation de véhicules répondent de plus en plus à des objectifs environnementaux

Tous les pays de l'OCDE prélèvent des taxes sur la possession et/ou l'utilisation d'un véhicule à moteur (voir Tableau annexe 4.A.3). Il s'agit d'impôts, de taxes et de redevances périodiques (taxes de circulation, taxes sur les véhicules à moteur, taxes routières, annuelles ou semestrielles) qui concernent le droit d'usage de la voirie publique. Comme dans le cas des impôts liés à l'achat et à l'immatriculation de véhicules, le barème et la nature de ces impôts périodiques varient grandement d'un pays de l'OCDE à l'autre. Leur montant est calculé sur la base d'éléments très semblables à ceux retenus aux fins des impôts liés à l'achat et à l'immatriculation : la nature de l'utilisation (professionnelle ou non), le type du véhicule concerné, le type de carburant utilisé, la cylindrée, l'âge, les niveaux d'émissions polluantes et la consommation de carburant. Dans environ un tiers des pays de l'OCDE (13 sur 38, à savoir l'Australie, la Belgique, le Canada, le Chili, la Colombie, l'Espagne, les États-Unis, le Japon, le Mexique, les Pays-Bas, la Pologne, le Portugal et la Suisse), les impôts liés à la possession ou à l'utilisation des véhicules à moteur relèvent de la fiscalité locale.

Leur modulation en fonction des émissions polluantes se généralise parmi les pays de l'OCDE. Dans environ les deux tiers d'entre eux (22 sur 38), les émissions de CO_2 font partie des critères qui interviennent dans le calcul du montant dû et/ou qui conditionnent l'éligibilité à l'exemption prévue pour les véhicules hybrides et électriques (Allemagne, Autriche, Belgique, Danemark, Finlande, France, Grèce, Hongrie, Irlande, Islande, Italie, Japon, Lettonie, Luxembourg, Norvège, Pays-Bas, Portugal, République slovaque, Royaume-Uni, Slovénie, Suède et Suisse). Quatorze d'entre eux (Autriche, Belgique, Danemark, Finlande, France, Grèce, Irlande, Islande, Italie, Norvège, Pays-Bas, Portugal, Slovénie et Suède) appliquent ce même principe de modulation aux taxes périodiques et aux impôts liés à l'achat et à l'immatriculation. La Norvège a abrogé l'exemption de la taxe sur les assurances automobiles dont bénéficiaient jusqu'alors les véhicules électriques à compter du 1er mars 2022.

Tous les pays de l'OCDE, excepté l'Allemagne, le Canada, la Colombie, le Costa Rica, le Mexique, la Nouvelle-Zélande et la Suède, ont déclaré appliquer des taux et/ou assiettes spécifiques pour les véhicules à usage commercial (camions, poids lourds, bus, utilitaires légers). Parmi les critères de calcul utilisés à leur égard figurent le poids, la capacité de chargement, le nombre d'essieux et le type du véhicule considéré (par exemple, semi-remorque).

4.3. Fiscalité des carburants routiers

4.3.1. La fiscalité des carburants routiers est généralement très élevée dans les pays de l'OCDE

Les accises sur les carburants existent depuis la première moitié du XXe siècle. À l'origine leur instauration a été principalement, voire exclusivement, motivée par des objectifs sans lien avec l'environnement tels que la génération de recettes fiscales oule financement des infrastructures. Au fil du temps, toutefois, elles ont peu à peu acquis une vocation environnementale. Souvent élevées, les taxes sur les carburants routiers finiront nécessairement par décourager l'utilisation des carburants fossiles, ce qui influe indirectement sur le niveau des émissions de CO_2 , même si leur barème ne répond pas à des considérations environnementales et qu'en conséquence, le dispositif de tarification du carbone lui-même n'est pas structuré de manière idéale. Ces taxes peuvent néanmoins constituer des instruments fondés sur les prix qui permettent la poursuite d'objectifs environnementaux. Par exemple, lorsque l'essence sans plomb, moins nocive pour l'environnement, est apparue sur le marché, elle était moins compétitive au détail que l'essence avec plomb parce que plus chère à la production. La fiscalité sur l'énergie a permis d'y remédier en abaissant son prix à la pompe. L'essence avec plomb a aujourd'hui disparu du marché et n'est même plus autorisée à la vente. En revanche, l'application de taxes plus faibles au carburant GPL a eu un effet beaucoup moins marqué sur le comportement des consommateurs. Les caractéristiques de ce produit (qui n'est pas liquide à température ambiante à pression atmosphérique, est plus difficile à stocker et nécessite des stations dotées d'équipements spéciaux) ont fait obstacle à son essor. Le GPL reste globalement très peu utilisé par rapport au gazole et à l'essence.

Les recettes tirées de ces taxes sont importantes dans la zone OCDE, parce que la consommation d'énergie y est très forte et les taux d'imposition souvent élevés (OECD, 2017[9]). Malgré d'importantes disparités entre pays, le taux d'imposition des carburants routiers est généralement élevé. Selon les données de l'AIE (International Energy Agency, 2022[10]), dans le cas du supercarburant sans plomb par exemple, la charge fiscale totale (principalement composée d'un droit d'accise et de la TVA) est supérieure à 40 % du prix à la pompe dans tous les pays de l'OCDE, excepté l'Australie, le Canada, le Chili, le Costa Rica, les États-Unis, la Nouvelle-Zélande, la Pologne et la Türkiye (voir Tableau annexe 4.A.4). S'agissant de l'essence sans plomb, la part des taxes dans le prix à la pompe est la plus faible aux États-Unis (14.2 %), en Türkiye (20 %) et au Canada (29.1 %), et la plus élevée en Irlande (62.3 %), en Israël (60.2 %) et en Finlande (55.1 %). Dans un seul pays, la Colombie, les carburants routiers ne sont pas assujettis au taux de TVA standard.

Le droit d'accise sur le gazole[1] (Tableau annexe 4.A.5) est inférieur à celui de l'essence dans la quasi-totalité des pays de l'OCDE : en Australie, en Belgique et au Royaume-Uni, ils sont identiques, tandis qu'en Suisse, le montant appliqué est supérieur dans le cas du gazole. Du point de vue de l'environnement, cette situation est pour le moins paradoxale, le gazole étant plus polluant que l'essence sans plomb, notamment parce qu'il émet beaucoup plus d'oxydes d'azote (NO_x) et de particules. Cela dit, cette différence s'estompe pour les nouveaux véhicules à la faveur du durcissement de la réglementation relative aux véhicules, bien que les écarts entre les cycles d'essai et les performances sur route suscitent des inquiétudes ; de surcroît, le parc de véhicules comporte encore des véhicules diesel plus anciens et plus polluants.

Dans un petit nombre de pays, les émissions de CO_2 interviennent explicitement dans le calcul du montant de l'accise sur l'essence sans plomb et le carburant diesel (Finlande, Norvège, Slovénie et Suède).

Dans l'Union européenne, la directive sur la taxation de l'énergie (2003/96/CE) définit le cadre régissant la taxation des produits énergétiques dans les États membres. Elle vise à réduire les distorsions de concurrence entre les huiles minérales et les autres formes d'énergie, ainsi qu'à limiter la concurrence fiscale à laquelle peuvent se livrer les États membres en jouant sur les différences de taux d'imposition de l'énergie. Elle a aussi pour but d'encourager une utilisation plus efficiente de l'énergie. Elle fixe des règles communes pour la taxation d'un ensemble de produits énergétiques, notamment de nombreux produits pétroliers, du charbon et du gaz naturel, ainsi que pour la taxation de la consommation d'électricité. Elle définit, pour chaque produit, des minima de taxation exprimés en fonction du volume, du poids ou du contenu énergétique. Par exemple, les minima applicables aux carburants utilisés pour le transport routier sont les suivants : 0.359 EUR par litre pour l'essence sans plomb ; 0.330 EUR par litre pour le gazole et 0.125 EUR par kilogramme pour le gaz de pétrole liquéfié (GPL). Le texte ne précise pas les taxes à utiliser pour atteindre ce niveau minimum. Elles peuvent être de diverse nature (accises, taxe carbone, taxe sur l'énergie, etc.). La directive sur la taxation de l'énergie est en cours de révision dans le cadre de l'examen du volet législatif du Pacte vert européen. Le 14 juillet 2021, la Commission européenne en a présenté une proposition à cet effet, qui prévoit la mise en place d'un nouveau barème fondé sur le contenu énergétique et la performance environnementale des produits énergétiques, électricité incluse, élargit le régime à d'autres produits et supprime une partie des exemptions et réductions actuellement prévues.

Les accises sur les carburants sont en principe nettement plus élevées que celles qui frappent les autres huiles minérales et, plus généralement, les énergies fossiles utilisées à d'autres fins que le transport (OECD, 2022[11]). Plusieurs raisons peuvent expliquer cet écart, notamment l'élasticité-prix plus faible de la base d'imposition dans le secteur des transports, l'utilisation d'accises pour couvrir (plus ou moins directement) certains coûts externes propres à ce secteur (en particulier les embouteillages) et des considérations liées à l'équité. Par exemple, c'est au nom de l'équité que le fioul domestique est moins taxé que le carburant diesel utilisé dans les transports (Flues and Thomas, 2015[12]). Tous les pays de l'OCDE, à l'exception des Pays-Bas, taxent moins le fioul domestique que le carburant diesel, bien que ces deux produits soient plus ou moins identiques (voir le tableau annexe 3.A.6). Israël applique le même taux d'accise aux deux produits. Enfin, les véhicules de société font souvent l'objet d'un traitement fiscal plus favorable, voire beaucoup plus favorable, que d'autres types de véhicule (Harding, 2014[1]).

La prise en compte des droits d'accise appliqués aux carburants automobiles ne permet pas, à elle seule, de mesurer la charge fiscale globale qui pèse sur le transport routier (van Dender, 2019[13]). Les véhicules peuvent aussi être soumis à des taxes kilométriques, à des taxes de stationnement, à des péages, à des droits d'immatriculation et à des taxes de circulation récurrentes que beaucoup de pays modulent en fonction du type de carburant utilisé ou des émissions de CO_2 par unité de distance (voir section 4.2 ci-dessus).

4.3.2. Afin de contrecarrer la hausse des coûts de l'énergie, plusieurs pays de l'OCDE ont temporairement réduit les taxes sur les carburants routiers

En 2022, un certain nombre de pays de l'OCDE (Allemagne, Australie, Belgique, Canada, Corée, Espagne, Hongrie, Pays-Bas, Pologne, Slovénie et Suède) ont annoncé l'instauration temporaire d'une remise fiscale sur l'essence sans plomb et le gazole parmi les mesures prises contre la hausse des coûts de l'énergie (voir notes pays, Tableau annexe 4.A.4 et Tableau annexe 4.A.5). Concrètement, ils ont abaissé le taux d'accise correspondant. La Pologne a par ailleurs fait passer de 23 % à 8 % le taux de TVA applicable à certains carburants. La réduction fiscale déclarée par la Corée concerne uniquement l'essence sans plomb.

4.4. Les carburants d'aviation sont souvent exonérés

L'objet de la présente section est de donner une vue d'ensemble de la TVA et des droits d'accise appliqués aux deux grandes catégories de carburants destinés aux aéronefs : le carburant Jet A-1, pour l'alimentation des moteurs à turbines, et l'essence d'aviation (AvGas), pour l'alimentation des moteurs à piston.

Le Tableau annexe 4.A.6 montre les taux d'accise et de TVA appliqués à ces types de carburant (ci-après dénommés les « carburants d'aviation ») dans les pays membres de l'OCDE et, le cas échéant, les impositions frappant leur fourniture (par exemple, taxe carbone). Les autres taxes et impôts qui touchent le transport aérien (taxes sur les billets d'avion, taxes d'aéroport, etc.) ne sont pas étudiés dans cette publication.

La fourniture de carburants d'aviation aux exploitants d'aéronefs qui effectuent des vols commerciaux internationaux (transport de passagers ou de marchandises) est soumise à un taux de TVA nul dans tous les pays de l'OCDE dotés d'un régime de TVA et à un remboursement intégral au Chili. Y fait exception la Colombie, où le taux réduit de 5 % s'applique. La fourniture de carburants d'aviation destinés aux vols intérieurs à but récréatif ou non commercial est soumise au taux de TVA standard dans tous les pays de l'OCDE, sauf en Colombie, où le taux réduit de 5 % s'applique. Aux États-Unis, il est imposé au niveau infranational à un taux variable selon les États. En théorie, si un taux de TVA nul est appliqué aux carburants d'aviation utilisés dans les vols internationaux dans le pays d'origine, c'est pour éviter qu'ils fassent l'objet d'une double imposition en tant que biens importés puisque, conformément au principe de destination, le pays de destination a le droit de prélever la TVA sur les biens faisant l'objet d'échanges internationaux. Cependant, contrairement à la plupart des autres articles exportés, normalement soumis à la TVA dans le pays de destination, le carburant d'aviation des vols internationaux restera généralement détaxé puisque la majeure partie est consommée pendant le vol et que le reste échappe à l'impôt par application de la Convention relative à l'aviation civile internationale (également appelée « Convention de Chicago », voir ci-dessous), aux termes de laquelle tout État contractant doit exempter de droits le carburant d'aviation se trouvant dans un aéronef lorsque celui-ci arrive sur son territoire en provenance d'un autre État contractant (tous les pays de l'OCDE sont parties à la Convention). Comme le carburant d'aviation fait généralement partie des intrants d'entreprises dont la taille permet l'enregistrement aux fins de la TVA, cette composante fiscale est intégralement déductible et, par conséquent, dénuée de toute incidence économique.

Le Tableau annexe 4.A.6 montre que tous les pays de l'OCDE exemptent aussi des droits d'accise les carburants d'aviation destinés aux vols commerciaux internationaux, contrairement à la pratique établie à l'égard des produits énergétiques utilisés dans les transports routiers et ferroviaires. Cette exemption vaut également pour les vols commerciaux intérieurs, sauf en Australie, au Canada, aux États-Unis, au Costa Rica, au Japon, en Norvège, en Slovénie et en Suisse. La situation est plus hétérogène en ce qui concerne les vols à but récréatif et non commercial : 20 pays de l'OCDE appliquent des droits d'accises dans le cas des vols internationaux (Allemagne, Autriche, Belgique, Danemark, Espagne, Estonie, Finlande, Grèce, Hongrie, Irlande, Italie, Lettonie, Lituanie, Luxembourg, Pays-Bas, Pologne, Portugal, République tchèque, Slovénie et Suède) ; et tous en appliquent dans le cas des vols intérieurs (sauf le Chili, la Colombie, la Corée, l'Islande, Israël, le Mexique, la Norvège et la Nouvelle-Zélande). Au titre des mesures prises en réaction à la crise liée au COVID-19, les États-Unis ont suspendu le prélèvement de la taxe fédérale d'accise sur le carburant d'aviationutilisé par l'aviation commerciale du 28 mars au 31 décembre 2020.

Les carburants d'aviation sont assujettis à d'autres taxes (environnementales) dans deux pays de l'OCDE : en Norvège, où certains sont exonérés des droits d'accise mais soumis à une taxe carbone ; et en Slovénie, où tous sont frappés d'une surtaxe (y compris ceux destinés aux vols internationaux) en complément des droits d'accise (appliqués aux carburants destinés aux vols à but récréatif et non commercial).

Comme expliqué précédemment, l'exemption dont les carburants d'aviation destinés aux vols internationaux font l'objet dans les pays d'arrivée découle de la Convention de Chicago, qui définit les normes et principes de base régissant l'aviation internationale. Son article 24 interdit de taxer le carburant qui se trouve dans les aéronefs arrivant du territoire d'une partie contractante. En revanche, la Convention n'interdit pas de taxer le carburant avitaillé au départ (Faber and O'Leary, 2018[14]). L'exonération actuelledes carburants avitaillés au départ procède plutôt des accords bilatéraux sur le transport aérien conclus entre pays, dont la plupart prévoient une clause de cette nature sur la base de la réciprocité (Teusch and Ribansky, 2021[15]). Par ailleurs, le transport aérien intérieur étant exclu du champ d'application de la Convention de Chicago, rien n'empêche les pays de taxer les carburants d'aviation utilisés pour les vols intérieurs.

Pour atteindre l'objectif de neutralité climatique d'ici au milieu du siècle, tous les secteurs, y compris celui de l'aviation, devront fortement réduire leurs émissions. Il ressort de travaux récents que, comme dans le cas d'autres carburants, les signaux-prix du carbone donnés par les taxes sur le kérosène aideront certainement le secteur de l'aviation à mener une transition sans heurt. Une hausse progressive des taxes sur le kérosène pourrait inciter davantage encore à investir et à innover dans les technologies aéronautiques propres : le produit fiscal ainsi obtenu pourrait servir à financer ces investissements et innovations, mais aussi à régler les problèmes de compétitivité et d'équité (Teusch and Ribansky, 2021[15]).

Références

Alonso, C. and J. Kilpatrick (2022), *The Distributional Impact of a Carbon Tax in Asia and the Pacific*, International Monetary Fund, Washington, https://doi.org/10.5089/9798400212383.001.A001. [6]

Faber, J. and A. O'Leary (2018), *Taxing aviation fuels in the EU*, CE Delft, Delft. [14]

Filippo Maria D'Arcangelo Ilai Levin Alessia Pagani Mauro Pisu Åsa Johansson (2022), "A framework to decarbonise the economy", *Economic Policy Paper*, No. No. 31, OECD, Paris. [3]

Flues, F. and A. Thomas (2015), "The distributional effects of energy taxes", *OECD Taxation Working Papers*, No. 23, OECD Publishing, Paris, https://doi.org/10.1787/5js1qwkqqrbv-en. [12]

Harding, M. (2014), "Personal Tax Treatment of Company Cars and Commuting Expenses: Estimating the Fiscal and Environmental Costs", *OECD Taxation Working Papers*, No. 20, OECD Publishing, Paris, https://doi.org/10.1787/5jz14cg1s7vl-en. [1]

International Energy Agency (2022), *International Energy Agency, Prices and taxes database*, International Energy Agency, https://www.oecd-ilibrary.org/energy/data/iea-energy-prices-and-taxes-statistics_eneprice-data-en (accessed on 27 October 2022). [10]

International Energy Agency (2020), *Global EV Outlook 2020*, International Energy Agency, Paris, https://www.iea.org/reports/global-ev-outlook-2020. [7]

ITF (2021), *ITF Transport Outlook 2021*, OECD Publishing, Paris, https://doi.org/10.1787/16826a30-en. [4]

John Larsen, N. (2020), *Expanding the reach of a carbon tax*, Columbia University Center for Energy Policy. [8]

OECD (2022), *Pricing Greenhouse Gas Emissions: Turning Climate Targets into Climate Action*, OECD Series on Carbon Pricing and Energy Taxation, OECD Publishing, Paris, https://doi.org/10.1787/e9778969-en. [11]

OECD (2021), *Carbon prices in times of Covid-19: What has changed in G20 Economies?*, OECD, Paris, https://www.oecd.org/tax/tax-policy/carbon-pricing-in-times-of-covid-19-what-has-changed-in-g20-economies.htm. [2]

OECD (2017), *Policy Instruments for the Environment (PINE)*, OECD, https://www.oecd.org/environment/indicators-modelling-outlooks/PINE_database_brochure.pdf. [9]

Teusch, J. and S. Ribansky (2021), "Greening international aviation post COVID-19: What role for kerosene taxes?", *OECD Taxation Working Papers*, No. 55, OECD Publishing, Paris, https://doi.org/10.1787/d0e62c41-en. [15]

Teusch, J. and K. van Dender (2020), "Making environmental tax reform work", *La Revue des juristes de Sciences Po* 18. [5]

van Dender, K. (2019), "Taxing vehicles, fuels, and road use: Opportunities for improving transport tax practice", *OECD Taxation Working Papers*, No. 44, OECD Publishing, Paris, https://doi.org/10.1787/e7f1d771-en. [13]

Annexe 4.A. Fiscalité des véhicules

Tableau annexe 4.A.1. Impôts liés à l'achat et à l'immatriculation des véhicules à moteur

Pays	Imposition/Malus[1]	Critères permettant de déterminer l'assiette et/ou le montant de l'impôt Bonus/Malus	Allégements/Bonus/Exemptions[2]
Allemagne	**TVA** : 19 %. *Du 1er juillet au 31 décembre 2020, le taux de TVA a été ramené de 19 % à 16 % pour compenser l'incidence économique de la pandémie de COVID-19.*	Valeur Bonus Propulsion électrique	L'achat d'un véhicule électrique ou hybride est subventionné (voir tableau annexe 4.A.2.).
Australie	**TPS :** 10 % **Taxe sur les voitures de luxe** : dans la majorité des cas, 33 % de la différence entre la valeur du véhicule et le seuil d'application de la taxe. Ce seuil est fixé à 69 152 AUD après impôt (TPS incluse) en règle générale et à 79 659 AUD après impôt (TPS incluse) pour les véhicules consommant moins de 7 litres aux 100 kilomètres (données 2021-22). **Taxe d'immatriculation** : varie selon les États/territoires ; son barème peut prendre en compte la tare, la valeur ou le type du véhicule concerné. **Timbre** : varie selon les États/territoires, calculé sur la base de la tare (véhicules lourds) ou de la valeur (véhicules légers) du véhicule concerné.	Valeur Consommation de carburant Poids (droit d'immatriculation ou droit de timbre uniquement) Poids Émissions de CO_2 (infranational)	Sont exonérés de la taxe sur les voitures de luxe les véhicules d'intervention d'urgence (ambulances, etc.) ; les véhicules vendus plus de deux ans après leur fabrication ou importation ; les véhicules aménagés pour assurer le transport d'une personne en chaise roulante (hormis en cas d'exonération de TPS) ; les véhicules utilitaires servant principalement à l'acheminement de marchandises au titre d'activités d'entreprise ; et les véhicules importés par un musée aux fins d'exposition. Les prestataires de services touristiques et les producteurs du secteur primaire peuvent être remboursés de la taxe jusqu'à 10 000 AUD pour certains véhicules. TPS : en sont exonérés les vétérans et les personnes handicapées, sous certaines conditions. Dans certains États/territoires, les véhicules électriques ou peu émetteurs de CO_2 sont soumis à un taux réduit du droit de timbre ou en sont exonérés.
Autriche	**TVA** : 20 % **Taxe d'immatriculation des véhicules neufs** : sa base est le prix de vente, mais le taux appliqué dépend du niveau d'émissions de CO_2 du véhicule*, soit le nombre de grammes de CO_2 émis par kilomètre moins 107 grammes selon la procédure prévue dans la norme WLTP (procédure d'essai mondiale harmonisée pour les	Valeur Émissions de CO_2	**Taxe d'immatriculation des véhicules neufs** : sont exonérés les véhicules de démonstration, les véhicules d'auto-école, les véhicules de location, les véhicules affectés au transport de clientèle ou à des services de taxi, les véhicules à moteur destinés à la location de courte durée, les véhicules à moteur utilisés pour transporter des personnes malades et assurer des services de secours, les

Pays	Imposition/Malus[1]	Critères permettant de déterminer l'assiette et/ou le montant de l'impôt Bonus/Malus	Allégements/Bonus/Exemptions[2]
	véhicules légers) dans le cas des voitures de tourisme, ou 160 grammes dans le cas des camions (d'un poids inférieur ou égal à 3.5 tonnes), le tout divisé par 5. Ce taux ne peut excéder 60 %. Lorsque les émissions de CO_2 excèdent 185 g/km selon la procédure prévue dans la norme WLTP dans le cas des voitures de tourisme, ou 238 g/km dans le cas des camions, le montant dû est majoré de 60 EUR pour chaque g/km supplémentaire. Une déduction, plafonnée à 350 EUR, s'applique au total ainsi obtenu. *À compter du 1er janvier 2020, les émissions de CO_2 sont calculées selon la procédure prévue dans la norme WLTP (qui remplace la norme NEDC). **Taxe d'immatriculation** : montant forfaitaire de 119.80 EUR par véhicule (+ 49.70 EUR maximum de frais de dossier au bureau des immatriculations + environ 20 EUR au titre de frais divers).		véhicules utilisés pour transporter des corps, les véhicules de lutte contre les incendies et les véhicules auxiliaires de transport spécialisé ainsi que les véhicules affectés au transport de personnes handicapées. **Taxe d'immatriculation** : sont exonérés les véhicules à moteur immatriculés au nom de l'administration centrale ou des autorités locales.
Belgique	**TVA** : 21 % **Taxe de mise en circulation** *Région flamande* : pour les voitures de tourisme (hors financement par crédit-bail), le taux d'imposition est calculé sur la base de l'âge du véhicule, de ses caractéristiques environnementales (notamment les émissions de CO_2), du type de carburant et des normes d'émission Euro. Dans le cas des véhicules sous contrat de crédit-bail, la taxe est calculée en fonction de la puissance du moteur. *Région wallonne* : dans le cas des voitures, des « voitures mixtes » (M1), des minibus et des motocycles, le montant de la taxe dépend de la puissance du moteur ou de la puissance fiscale (qui découle de la cylindrée du moteur à combustion). Le montant dû correspond à la valeur la plus élevée de celles calculées sur la base de l'un et l'autre paramètre. Dans le cas des motocycles, il est calculé sur la base de la puissance exprimée en kilowatt (kW). Pour les voitures	Valeur Âge du véhicule Puissance du moteur Cylindrée Caractéristiques environnementales (dont émissions de CO_2) Propulsion électrique Type de carburant	Dans toutes les régions, certains véhicules utilisés par les autorités sont exonérés de la taxe de mise en circulation, de même que les véhicules destinés aux personnes handicapées et aux invalides de guerre. *Région flamande* : les véhicules tout électriques sont exonérés de la taxe de mise en circulation. Les véhicules d'occasion font l'objet d'une réduction, calculée en fonction de l'âge suivant un barème progressif et comprise entre 90 % et 10 % du montant de la taxe d'immatriculation, ou d'un allégement forfaitaire également conditionné par l'âge. Pour les véhicules en circulation depuis au moins 30 ans, le montant de la taxe est forfaitaire et s'élève à 46.23 EUR. Un allégement est également prévu pour les véhicules partiellement ou entièrement alimentés au gaz de pétrole liquéfié. *Région wallonne* : dans le cas des voitures, des « voitures mixtes » (M1), des minibus et des motocycles de plus de 15 ans d'âge, une réduction de 10 % à 90 %

Pays	Imposition/Malus[1]	Critères permettant de déterminer l'assiette et/ou le montant de l'impôt Bonus/Malus	Allégements/Bonus/Exemptions[2]
	et motocycles électriques, la taxe s'élevait à 61.50 EUR au titre de l'année fiscale 2019. En ce qui concerne les véhicules hybrides (voitures et motocycles), la puissance prise en considération est celle du moteur à combustion. Les voitures et les « voitures mixtes » (M1) sont de surcroît soumises à une deuxième composante de la taxe d'immatriculation : le malus écologique, qui dépend du volume de CO_2 émis par le véhicule. Depuis le 1er janvier 2022, les véhicules d'une masse maximale autorisée supérieure à 3.5 tonnes et conçus pour le transport de marchandises ne sont pas soumis à la taxe de mise en circulation. *Région de Bruxelles-Capitale* : dans le cas des voitures de tourisme, le montant dû dépend de la puissance du moteur du véhicule, exprimée soit en chevaux-vapeur (sur la base de la cylindrée totale), soit en kW (kilowatts), la valeur la plus élevée étant celle retenue. De plus, il diminue avec l'âge du véhicule. Il est compris entre 61.50 EUR et 4 957 EUR. Pour les voitures hybrides, le montant dû dépend de la puissance du moteur thermique. Pour les voitures électriques, il s'élève à 61.50 EUR.	Malus	s'applique suivant un barème progressif en fonction de l'âge du véhicule, lequel correspond à la période écoulée depuis la date de sa première immatriculation. *Région de Bruxelles-Capitale* : les véhicules légers de transport de marchandises d'un poids maximal autorisé en charge de 3.5 tonnes et les autocaravanes ne sont pas soumis à la taxe de mise en circulation.
Canada	**TPS** : 5 % **Taxe de vente harmonisée (TVH)** : 13 % ou 15 % dans les provinces participantes. Les provinces ci-après ont combiné leur taxe de vente avec la taxe fédérale sur les produits et les services et appliquent le taux de **TPS/TVH** indiqué entre parenthèses : Nouveau-Brunswick, Terre-Neuve-et-Labrador, Île-du-Prince-Édouard, Nouvelle-Écosse (15 %) ; Ontario (13 %) ; le Québec applique une TPS à 5 % et une taxe de vente à 9.975 %. Dans les provinces qui n'appliquent pas de TVH, les ventes sont assujetties à une **taxe provinciale**.	Valeur Climatiseur Consommation de carburant Malus Bonus Émissions de CO_2	Les propriétaires de véhicules à moteur spécialement équipés pour personnes handicapées peuvent se faire rembourser la TPS/TVH versée sur la partie du prix d'acquisition imputable aux dispositifs spéciaux. La taxe d'accise sur les véhicules énergivores ne s'applique pas aux camions « pick-up » et aux fourgonnettes équipées pour transporter plus de 10 personnes ni aux ambulances et corbillards. Remboursement de la taxe d'accise sur les véhicules énergivores – fourgonnettes adaptées : en bénéficient les propriétaires de fourgonnettes munies d'un appareil conçu exclusivement pour faciliter le chargement d'un fauteuil roulant sans qu'il soit nécessaire de le plier.

Pays	Imposition/Malus[1]	Critères permettant de déterminer l'assiette et/ou le montant de l'impôt Bonus/Malus	Allégements/Bonus/Exemptions[2]
	Taxe d'accise sur les climatiseurs d'automobiles : 100 CAD par unité. **Taxe d'accise sur les véhicules énergivores (écoprélèvement)** : les véhicules (automobiles familiales, fourgonnettes et tout-terrain de loisir) dont la consommation moyenne pondérée est d'au moins 13 litres aux 100 kilomètres (55 % en ville et 45 % sur autoroute) sont soumis à une taxe d'accise selon le barème suivant : au moins 13 mais moins de 14 litres aux 100 kilomètres : 1 000 CAD ; au moins 14 mais moins de 15 litres aux 100 kilomètres : 2 000 CAD ; au moins 15 mais moins de 16 litres aux 100 kilomètres : 3 000 CAD ; et 16 litres ou plus aux 100 kilomètres : 4 000 CAD. Selon les provinces et territoires, les ventes de véhicules et leur enregistrement peuvent également être frappées d'une taxe ou redevance.		Programme d'Incitatifs pour les véhicules zéro émission (iVZE) : les personnes physiques et morales qui acquièrent ou louent en crédit-bail un véhicule éligible peuvent bénéficier au point de vente d'une remise pouvant atteindre 5 000 CAD (sous réserve des fonds disponibles). Les critères d'éligibilité reposent sur le prix de détail suggéré par le constructeur et l'autonomie en mode tout électrique. Plusieurs provinces et territoires offrent aussi des primes (entre 2 500 CAD et 7 000 CAD) aux acquéreurs de véhicules à émission zéro, sur la base de critères qui varient d'une province ou d'un territoire à l'autre mais rejoignent souvent ceux du programme iVZE (c'est le cas de la Nouvelle-Écosse, du Nouveau-Brunswick et de l'Île-du-Prince-Édouard). Ces dispositifs infranationaux peuvent être combinés avec le programme iVZE.
Chili	**TVA** : 19 %. **Frais d'immatriculation** payables au service du registre civil : première immatriculation, nouvelle plaque d'immatriculation, transfert et immatriculation de véhicules. **Taxe de transfert des véhicules à moteur d'occasion** (perçue par les municipalités) : 1.5 % de la valeur du véhicule. L'**accise sur les émissions des véhicules à moteur neufs** repose sur la performance en ville, le prix de vente et le niveau d'émission d'oxydes d'azote.	Valeur Droit forfaitaire Caractéristiques environnementales	**TVA** : les voitures d'occasion en sont exonérées à quelques exceptions près **Sont exonérés de l'accise sur les émissions** : les véhicules de transport de personnes (plus de 9 places), les taxis, certains camions « pick-up », les tracteurs, les véhicules électriques, les voitures de police et les voitures d'ambulance.

Pays	Imposition/Malus[1]	Critères permettant de déterminer l'assiette et/ou le montant de l'impôt Bonus/Malus	Allégements/Bonus/Exemptions[2]
Colombie	**TVA** : 19 %. **Taxe d'immatriculation des véhicules** : 152 000 COP pour les voitures et 74 000 COP pour les motocycles. **Impôt national sur la consommation** : 16 % pour les véhicules de type familial, les véhicules de camping et les camions « pick-up » d'une valeur FAB (ou équivalente) supérieure ou égale à 30 000 USD. Ce taux est de 8 % pour les véhicules de type familial, les véhicules de camping et les camions « pick-up » d'une valeur FAB (ou équivalente) inférieure à 30 000 USD et pour les motocycles d'une cylindrée supérieure à 200 cm³.	Valeur Type de véhicule	
Corée	**TVA** : 10 % (de la valeur du véhicule, taxe sur la consommation individuelle et taxe en faveur de l'éducation incluses). **Taxe sur la consommation individuelle** : 5 % du prix constructeur des objets imposables : voitures de tourisme (excepté celles d'une cylindrée supérieure à 1 000 cm³), autocaravanes, deux-roues, voitures de tourisme électriques (les camions « pick-up » ne sont pas soumis à la taxe sur la consommation individuelle ni à la taxe en faveur de l'éducation). *Abattement temporaire de 3.5 % du 1er juillet 2020 au 31 décembre 2022 (d'un montant maximal de 1 000 000 KRW).* **Impôt en faveur de l'éducation** : 30 % du montant de la taxe sur la consommation individuelle. **Taxe sur l'achat** : entre 2 % et 7 % du prix de détail hors TVA.	Valeur Cylindrée Propulsion électrique Bonus	**Sont partiellement ou totalement exonérés de la taxe sur la consommation individuelle et de l'impôt en faveur de l'éducation** : les voitures utilisées par les personnes handicapées ; les ambulances utilisées par les hôpitaux ; les véhicules de transport public de voyageurs ; les véhicules utilisés par les sociétés de location de voitures. Les véhicules hybrides et électriques bénéficient d'un abattement de la taxe sur la consommation individuelle, limité, selon le type de véhicule, à 1 000 000 KRW (véhicules hybrides), 3 000 000 KRW (véhicules électriques) et 400 000 KRW (véhicules électriques à hydrogène). **Sont exonérées de la taxe sur l'achat** les voitures utilisées par les personnes handicapées, les voitures utilisées par les parents d'au moins trois enfants à charge ; les voitures de petites dimensions utilisées à des fins non commerciales. Une prime est accordée à la première immatriculation des véhicules électriques (VEB, VEH, VHR et VEPC).

Pays	Imposition/Malus[1]	Critères permettant de déterminer l'assiette et/ou le montant de l'impôt Bonus/Malus	Allégements/Bonus/Exemptions[2]
Costa Rica	**TVA** : 13 %. **Taxe d'immatriculation** : son montant est calculé sur la base de la valeur fiscale. **Droits d'enregistrement et de timbre** : leur montant est calculé sur la base de la valeur fiscale. **Taxe de transfert des véhicules à moteur d'occasion** : 2.5 % de la valeur fiscale.	Valeur Nature du véhicule (marque, année, usage et type de carrosserie)	
Danemark	**TVA** : 25 % **Taxe d'immatriculation des véhicules** : due au moment de la première immatriculation du véhicule. Le taux d'imposition est proportionnel à la valeur du véhicule (prix hors taxe mais TVA incluse) : 25 % de la valeur si celle-ci est inférieure à 65 800 DKK, 85 % si elle est comprise entre 65 800 DKK et 204 600 DKK et, si elle excède 204 600 DKK, 150 % du solde. **Redevance sur les émissions de CO_2** Son montant s'élève à 253 DKK par g/km lorsque le niveau d'émission de CO_2 est inférieur à 121 g/km ; à 506 DKK par g/km lorsqu'il est compris entre 121 et 155 g/km ; et 961 DKK par g/km lorsqu'il est supérieur à 155 g/km. Abattement de 21 900 DKK.	Valeur Émissions de CO_2 Capacité des batteries	La taxe d'immatriculation est moins élevée pour les véhicules à émissions faibles et nulles que pour les véhicules classiques. En 2022, les véhicules à émissions nulles étaient taxés à 40 % du taux plein, en plus de bénéficier d'un abattement forfaitaire de 167 500 DKK, contre respectivement 50 % et 48 750 DKK pour les véhicules à faibles émissions. La valeur avant impôt est diminuée en fonction de la capacité de la batterie, soit de 1 300 DKK par kWh en 2022 (pour 45 kWh maximum).
Espagne	**TVA** : 21 % La **taxe d'immatriculation des véhicules** est assise sur le volume des émissions de CO_2. Son barème est le suivant : 0 % (niveau d'émission de CO_2 inférieur ou égal à 120 g/km) ; 4.75 % (niveau compris entre 120 g/km et 160 g/km) ; 9.75 % (entre 160 g/km et 200 g/km) ; et 14.75 % (plus de 200 g/km).	Valeur Émissions de CO_2	Sont exonérés de la **taxe d'immatriculation** les taxis, les véhicules d'auto-école, les véhicules de location ; les véhicules acquis et utilisés par des personnes handicapées ; les véhicules diplomatiques ; les véhicules transférés dans le cadre du changement de résidence de leur propriétaire.

Pays	Imposition/Malus[1]	Critères permettant de déterminer l'assiette et/ou le montant de l'impôt Bonus/Malus	Allégements/Bonus/Exemptions[2]
Estonie	**TVA** : 20 %. **Taxe d'immatriculation des véhicules (perçue par l'administration centrale)** : 130 EUR (335 EUR pour les véhicules importés à titre temporaire).	Valeur Type de véhicule	
États-Unis	Un **impôt sur les véhicules énergivores** frappe les fabricants et importateurs de modèles de véhicules qui ne répondent pas à certains critères de consommation de carburant au titre de la vente, de l'utilisation ou de la location. Tous les véhicules importés, qu'ils soient réservés à une utilisation professionnelle ou privée, sont concernés. Est visé tout véhicule (ou limousine) équipé de quatre roues dont le poids à vide n'excède pas 6 000 livres (environ 2.72 tonnes), qui fonctionne à l'essence ou au gazole, et qui est destiné à être utilisé principalement sur la voie publique, le réseau routier et autoroutier. En 2017, cet impôt s'appliquait aux véhicules à moteur qui parcouraient moins de 22.5 miles par gallon (consommation d'environ 10.45 litres/100 km). Son montant s'échelonnait entre 1 000 USD, pour les véhicules dont la distance parcourue était située entre 21.5 et 22.5 miles par gallon, et 7 700 USD pour les véhicules affichant une distance parcourue inférieure à 12.5 miles par gallon (consommation d'environ 18.82 litres/100 km). **Taxe sur la vente au détail de camions, remorques et tracteurs** : égale à 12 % du prix de vente, cette taxe doit être acquittée lors de la première vente au détail du châssis ou de la carrosserie d'un camion, d'une remorque, d'une semi-remorque, ou d'un tracteur dont l'usage principal est le transport routier en attelage avec une remorque ou une semi-remorque. L'**impôt sur les pneumatiques** frappe les pneumatiques vendus par un fabricant, producteur ou importateur. Il s'élève à 0.0945 USD (0.04725 USD dans le cas des pneumatiques à structure diagonale ou simples larges non destinés aux essieux directeurs) par tranche de 10 livres (environ 4.6 kg) de la charge utile nominale maximale au-delà de 3 500 livres (environ 1 590 kg).	Consommation de carburant Valeur Poids Pneumatiques	Largement appliqué, l'**impôt sur les véhicules énergivores** concerne également les véhicules vendus aux pouvoirs publics (à l'échelon fédéral, des États ou local) ainsi qu'aux organismes éducatifs sans but lucratif. En sont exonérés les véhicules utilisés par la police et autres autorités chargées du maintien de l'ordre, les véhicules affectés à la lutte contre les incendies, les ambulances, les limousines dont le poids dépasse 6 000 livres (environ 2.7 tonnes) ou conçues pour transporter plus de 10 personnes. Sont exonérés de l'**impôt sur les pneumatiques** ceux destinés aux autobus locaux et scolaires ou réservés à l'usage exclusif du Département de la défense ou de l'organisation des garde-côtes.

Pays	Imposition/Malus[1]	Critères permettant de déterminer l'assiette et/ou le montant de l'impôt Bonus/Malus	Allégements/Bonus/Exemptions[2]
Finlande	**TVA** : 24 %. Le barème de la **taxe d'immatriculation** dépend du taux d'émission de CO_2 du véhicule considéré : il est compris entre 0 % du prix de vente (taux d'émission nul) et 48.9 % (360 g/km ou plus). Un abattement s'applique aux **camionnettes de livraison** d'un poids maximal en charge supérieur à 2 500 kg. Le taux applicable aux **motocycles**, qui dépend de la cylindrée, est compris entre 9.8 % et 24.4 % du prix de vente.	Valeur Émissions de CO_2 Utilisation Cylindrée Type	Sont exonérés les personnes handicapées, les taxis, les autocaravanes, les voitures utilisées à des fins vétérinaires, les véhicules de secours et les véhicules funéraires.
France	**TVA** : 20 %. Une **taxe forfaitaire** est due à chaque délivrance d'un certificat d'immatriculation d'un véhicule terrestre soumis à l'obligation d'immatriculation, équipé ou non d'un moteur. Son montant s'élève à 11 EUR. **Taxe régionale sur les véhicules à moteur** : son taux unitaire par cheval vapeur est compris entre 33 EUR et 60 EUR selon la région. Il est réduit de moitié pour certains véhicules, selon leur type (camions de plus de 3.5 tonnes, motocycles) ou leur âge (plus de 10 ans). La **taxe sur les véhicules de transport des catégories N, M2 et M3** est due à chaque fois qu'un certificat d'immatriculation est délivré, consécutivement au changement de propriétaire d'un véhicule destiné au transport de marchandises ou de personnes s'il comporte au moins neuf places. Son barème tient compte de la masse maximale en charge techniquement admissible.	Valeur Puissance du moteur Poids Utilisation Âge du véhicule Émissions de CO_2 Type de carburant Propulsion électrique Bonus Malus	**Taxe forfaitaire** : En sont exonérés les véhicules de collection. Sont exonérées de la **taxe régionale sur les véhicules à moteur**, et ce dans toutes les régions, les délivrances de certification portant sur des véhicules dont la source d'énergie est exclusivement l'électricité, l'hydrogène ou une combinaison des deux. Les véhicules hybrides ou fonctionnant au moyen de gaz naturel, de gaz de pétrole liquéfié ou de superéthanol E85 peuvent bénéficier d'un tarif réduit ou d'une exonération. Lorsque la source d'énergie a été modifiée depuis la dernière délivrance de certificat soumise à la taxe régionale pour inclure le superéthanol E85, l'exonération s'applique dans la limite de 750 EUR. Sont exonérés les véhicules accessibles en fauteuil roulant et, dans la limite d'un véhicule par bénéficiaire, les véhicules dont le propriétaire, soit est titulaire de la carte « mobilité inclusion » portant la mention « invalidité », soit assume la charge effective et permanente d'un enfant titulaire de l'une de ces cartes et relevant du même foyer fiscal ; de même que les véhicules dont la source d'énergie est exclusivement l'électricité, l'hydrogène ou une combinaison des deux. **Taxe sur les émissions de dioxyde de carbone** : lorsque le propriétaire du véhicule assume la charge effective et permanente d'au moins trois enfants, un abattement de 20 grammes par kilomètre pour les émissions de dioxyde de carbone, ou d'un cheval administratif par enfant pour la puissance administrative, est appliqué dans la limite d'un seul véhicule d'au moins cinq places par foyer. Les

Pays	Imposition/Malus[1]	Critères permettant de déterminer l'assiette et/ou le montant de l'impôt Bonus/Malus	Allégements/Bonus/Exemptions[2]
	Taxe sur les émissions de dioxyde de carbone (« malus écologique ») : le tarif est compris entre 0 EUR (véhicules affichant un taux d'émission inférieur à 128 g CO_2/km) et 40 000 EUR (taux d'émission supérieur à 223 g CO_2/km). Le taux d'émission de CO_2 est calculé selon la procédure d'essai harmonisée au niveau mondial pour les véhicules légers (WLTP). Les véhicules appartenant à des personnes titulaires de la carte d'invalidité ne sont pas soumis à cette taxe. Le montant de la **taxe sur la masse en ordre de marche (TMOM)** (« malus au poids ») est de 10 EUR par kilogramme au-delà de 1 800 kg. La composante liée à la puissance du moteur exprimée en chevaux-vapeur (véhicules n'ayant pas fait l'objet d'une procédure de réception UE par type) s'échelonne entre 1 000 EUR (5 CV) et 40 000 EUR (25 CV).		personnes morales qui acquièrent un véhicule comportant au moins huit places bénéficient d'un abattement de 80 grammes par kilomètre pour les émissions de dioxyde de carbone (ou 4 CV). Les véhicules spécialement équipés pour fonctionner au superéthanol E85, dit carburant modulable, bénéficient d'un abattement de 40 % des émissions de carbone (ou de 2 CV) lorsque leurs émissions de CO_2 n'excèdent pas 250 grammes par kilomètre (ou que leur puissance administrative n'excède pas 12 CV). Pour les véhicules déjà immatriculés (véhicules d'occasion importés et véhicules convertis pour transporter des personnes), le montant de la taxe est réduit de 10 % pour chaque période de douze mois entamée depuis la date de la première immatriculation. Un abattement s'applique aussi pour les foyers comptant au moins trois enfants (200 kg par enfant) et les personnes morales acquérant un véhicule comportant au moins huit places (400 kg). Le plafond cumulé du malus écologique et du malus au poids s'élèvera à 40 000 EUR en 2022, puis à 50 000 EUR en 2023. Un système de bonus écologique vise à favoriser l'achat ou la location de véhicules neufs ou d'occasion fonctionnant à l'électricité ou à l'hydrogène ou de véhicules hybrides rechargeables neufs (voir tableau 4.A.2.)
Grèce[2]	**TVA** : 24 %. Taux de la **taxe d'immatriculation** : - Entre 3.8 % et 180 % de la valeur imposable (prix de vente hors taxe), selon un barème progressif fondé sur les émissions de CO_2 et les normes d'émissions Euro. - Entre 5 % et 20 % de la valeur imposable pour les camions, poids lourds, etc. (moins de 3.5 tonnes ou plus), selon la norme d'émissions applicable. - Entre 0 % et 25 % de la valeur imposable pour les motocycles selon la cylindrée. Le **montant de la taxe d'immatriculation des autobus** dépend du nombre de places, entre autres critères.	Valeur **Voitures** : valeur (prix de vente hors taxe) Émissions de CO_2 Normes EURO Propulsion électrique **Camions** : poids, normes d'émission, type de carrosserie **Motocycles**: cylindrée	**Taxe d'immatriculation** : sont exonérées les catégories de voiture ci-après : Voitures hybrides, à hauteur de 50 % ou 75 % selon le niveau d'émission de CO_2 Voitures électriques Voitures utilisées par les autorités publiques et les personnes handicapées Voitures dont les propriétaires sont parents d'au moins trois enfants à charge Ambulances utilisées par les hôpitaux publics Voitures dont les propriétaires ont installé leur résidence principale en Grèce Voitures dont il a été fait don à la police, aux sapeurs-pompiers ou aux garde-côtes grecs ; ambulances utilisées par des organisations sans but lucratif pour intervenir au nom du Centre national de secours d'urgence.

Pays	Imposition/Malus[1]	Critères permettant de déterminer l'assiette et/ou le montant de l'impôt Bonus/Malus	Allégements/Bonus/Exemptions[2]
Hongrie	**TVA** : 27 %. **Taxe d'immatriculation** : entre 45 000 HUF et 400 000 HUF pour les voitures de tourisme neuves, selon le type de moteur (diesel ou essence) et la cylindrée ; entre 15 000 HUF et 230 000 HUF pour les motocycles, selon la cylindrée. Plus la performance environnementale du moteur est faible, plus le taux appliqué augmente (de 400 %, 600 %, 800 % ou 1 200 %). En revanche, il diminue suivant un barème fondé sur l'âge du véhicule (jusqu'à 90 %). Les voitures hybrides font l'objet d'une exonération partielle, et les voitures électriques d'une exonération totale. **Transfert de véhicules à moteur** : le tarif appliqué dépend de la puissance du moteur du véhicule (en kW). Il est compris entre 300 HUF/kW et 850 HUF/kW selon l'âge du véhicule (le tarif diminue avec l'âge).	Valeur Type de moteur Cylindrée Puissance du moteur Émissions polluantes Type de carburant Âge du véhicule Propulsion électrique	La taxe d'immatriculation est réduite pour les voitures équipées d'une installation motrice hybride ou d'un moteur fonctionnant au gaz (76 000 HUF) tandis qu'elle est nulle dans le cas des voitures équipées d'un moteur électrique et des motocycles hybrides et électriques.
Irlande	**TVA** : 23 %. La **taxe d'immatriculation** repose sur les émissions de CO_2 et de NO_x dans le cas des voitures de tourisme comportant 9 places au maximum et de certains véhicules utilitaires comportant plus de 4 places. Le taux dépend des émissions de CO_2 du véhicule considéré et s'échelonne entre 7 % de la valeur du véhicule (émissions de CO_2 inférieures ou égales à 50 g/km) et 41 % (émissions supérieures à 190 g/km). Le barème appliqué au titre des émissions de NO_x s'élève à 5 EUR par mg/km pour les premiers 40 mg/km, à 15 EUR par mg/km pour les 40 mg/km suivants puis à 25 EUR par mg/km supplémentaire. Le montant imposé au titre des émissions de NOx est plafonné à 4 850 EUR pour les véhicules diesel et à 600 EUR pour les autres véhicules. Un taux forfaitaire est appliqué aux véhicules conçus et fabriqués pour transporter des marchandises et affichant un poids maximal autorisé en charge de 3.5 tonnes, non inclus ci-dessus, ainsi qu'aux autocaravanes (13.30 %	Valeur Émissions de CO_2 Émissions de NO_x Propulsion électrique Type Âge du véhicule Masse maximale en charge Type de carrosserie	**Taxe d'immatriculation :** Allégement pour les nouveaux véhicules électriques produits en série : limité à 5 000 EUR. Remise/remboursement accordé au titre d'un véhicule spécialement aménagé pour des personnes en situation de handicap grave et permanent : au maximum 10 000 EUR, 16 000 EUR ou 22 000 EUR si les aménagements concernent le poste de conduite ; 16 000 EUR ou 22 000 EUR s'ils concernent un passager. Le montant accordé dépend de la nature des aménagements effectués. Certaines organisations caritatives bénéficient d'un abattement, dans la limite de 16 000 EUR, lorsque le véhicule est adapté pour le transport de moins de cinq passagers handicapés. Des exonérations sont prévues dans les cas suivants : transfert de la résidence

Pays	Imposition/Malus[1]	Critères permettant de déterminer l'assiette et/ou le montant de l'impôt Bonus/Malus	Allégements/Bonus/Exemptions[2]
	de la valeur). Pour les motocycles, la taxe s'élève à 2 EUR par cm^3 jusqu'à 350 cm^3 et de 1 EUR par cm^3 au-delà de ce seuil. Pour les grands véhicules conçus et construits pour le transport de marchandises (masse maximale en charge supérieure à 3.5 tonnes), les autobus, les tracteurs et les véhicules « anciens » (âge supérieur à 30 ans), la taxe est de 200 EUR. Son montant est nul dans le cas des véhicules à usage spécial, tels que les ambulances et les camions de pompiers.		permanente, transfert d'activités d'entreprise permanentes, héritages, dons de certaines organisations, services aériens internationaux, agents diplomatiques et fonctionnaires de l'UE, véhicules utilisés par des organes rattachés à l'UE ou aux Nations unies.
Islande	**TVA** : 24 %. La **taxe d'immatriculation des véhicules** s'élève à 5 187 ISK lors de la première immatriculation et à 2 183 ISK les fois suivantes. **Droit d'accise sur les véhicules à moteur** : son taux se situe entre 0 % et 65 %, selon le niveau d'émission **Droit d'accise sur les véhicules à moteur autres que les voitures de tourisme** : correspond à pourcentage de la valeur. **Véhicules de petites dimensions affectés au transport de marchandises** et à usage spécial, véhicules de plus de 40 ans, les caisses motorisées : 13 % **Minibus**, motos et autres : 30 %.	Valeur Émissions de CO_2 Propulsion électrique	Une exonération temporaire de la TVA s'applique, dans la limite d'un plafond, à l'importation et à la vente sur le territoire national de véhicules électriques, à hydrogène et hybrides rechargeables, y compris les autobus. Sont exonérés du droit d'accise sur les véhicules à moteur les véhicules de grandes dimensions affectés au transport de marchandises et à usage spécial, les tracteurs, les remorques agricoles, les grosses motoneiges, les véhicules amphibies, les voitures et motos de compétition, les véhicules destinés au transport de personnes handicapées, les véhicules de secours et les grands autocars.
Israël	**TVA** : 17 % **Taxe à l'achat** : les véhicules à usage personnel et professionnel d'un poids inférieur ou égal à 3.5 tonnes sont frappés d'une taxe équivalant à 83 % de leur valeur ; les véhicules de plus de 300 000 ILS sont soumis à une taxe additionnelle sur les véhicules de luxe dont le montant est calculé comme suit :	Valeur Poids Émissions polluantes Propulsion électrique	**Taxe à l'achat** : Allégements selon le niveau d'émissions polluantes : les véhicules de plus de 3.5 tonnes peuvent être partiellement exonérés de la taxe à l'achat selon le niveau de pollution qu'ils génèrent. La classification des véhicules comprend 15 catégories, par référence à un « score vert » (pondération des émissions de cinq grandes substances polluantes). Le montant maximal de la réduction est de

Pays	Imposition/Malus[1]	Critères permettant de déterminer l'assiette et/ou le montant de l'impôt Bonus/Malus	Allégements/Bonus/Exemptions[2]
	20 %*(prix du véhicule - 300 000 ILS)/prix du véhicule ; Taxis < 3.5 tonnes : 8 % ; taxis > 3.5 tonnes : 0 %. Les véhicules utilitaires d'un poids compris entre 3.5 tonnes et 4.5 tonnes sont imposés à 72 % de leur valeur mais ne sont pas éligibles à un abattement ; Véhicules utilitaires < 4.5 tonnes : 0 %.	Système de sécurité Puissance du moteur	16 927 ILS. Les véhicules hybrides affichant le niveau de pollution 1 ou 2, une capacité de batteries > 3 kWh et un « score vert » < 100 - 20 % sont soumis au taux de 83 %. Le taux applicable aux véhicules hybrides rechargeables s'élève à 40 % mais l'avantage fiscal est plafonné à 4 000 ILS. Taux appliqué aux véhicules électriques : 10 % de la valeur selon le taux de taxe douanière et de taxe à l'achat. Depuis juin 2018, les véhicules hybrides et électriques sont également soumis à la taxe sur les véhicules de luxe. Les véhicules de plus de 3.5 tonnes peuvent être partiellement exonérés de la taxe à l'achat (allégement de 2 400 ILS au maximum), suivant leur niveau de sécurité, lequel dépend du nombre d'équipements de sécurité. Il existe 9 niveaux (de 0 à 8).
Italie	**TVA** : 22 %. **Taxe sur l'immatriculation des véhicules** (*Imposta Provinciale di Trascrizione*, IPT) : son montant dépend de la puissance du véhicule, soit 150 EUR la première tranche de 53 kW + 3.51 EUR par kW supplémentaire. Une surtaxe est appliquée par les provinces (comprise entre 0 % et 30 %). **Écotaxe** : quiconque achète, ou loue par crédit-bail, et fait immatriculer en Italie un véhicule de catégorie M1 (conçu et construit pour le transport de personnes et comportant, outre le siège du conducteur, huit places assises au maximum), ou fait immatriculer en Italie un véhicule de catégorie M1 déjà immatriculé dans un autre État doit s'acquitter d'une **taxe assise sur le nombre de grammes de CO_2 émis par kilomètre** au-dessus d'un seuil de 160 g/km, selon le barème suivant : 1 100 EUR pour une fourchette d'émission de 161-175 g/km ; 1 600 EUR pour une fourchette de 176-200 g/km ; 2 000 EUR pour une fourchette de 201-250 g/km ; 2 500 EUR au-delà de 250 g/km.	Puissance du moteur Émissions de CO_2 Bonus Malus	**Taxe sur l'immatriculation des véhicules** (IPT) : un abattement est appliqué aux véhicules pour personnes handicapées. **Écotaxe** : en sont exonérés certains véhicules à usage spécial, tels que les véhicules pour personnes handicapées. L'achat d'un véhicule émettant moins de 20 grammes de CO_2 au kilomètre parcouru (il s'agit généralement de VEB) donne droit à une prime de 4 000 EUR. Ce montant est de 1 500 EUR si le véhicule émet entre 20 grammes et 60 grammes de CO_2 par kilomètre (il s'agit généralement de VHR).

Pays	Imposition/Malus[1]	Critères permettant de déterminer l'assiette et/ou le montant de l'impôt Bonus/Malus	Allégements/Bonus/Exemptions[2]
Japon	**TVA** : 10 % **Accise environnementale (taxe automobile - taxe sur les véhicules légers à moteur)** : entre 0 % et 3 % du prix d'acquisition (0 % et 2 % pour les véhicules utilitaires et légers) au regard de critères environnementaux (par exemple, type de véhicule, consommation de carburant, etc.).	Valeur Critères environnementaux Consommation de carburant	**Extension de la réduction temporaire de l'accise environnementale (taxe automobile - taxe sur les véhicules légers à moteur)** : réduction de 1 % du taux d'imposition pour les voitures de tourisme acquises entre octobre 2019 et mars 2021. L'**accise environnementale (taxe automobile)** est réduite pour les véhicules ayant un faible impact sur l'environnement, les autobus et taxis accessibles à tous, les camions équipés d'un dispositif de freinage anticollision, etc., ainsi que pour les autobus qui empruntent des voies dédiées en vertu d'une décision préfectorale.
Lettonie	**TVA** : 21 % **Taxe d'immatriculation (perçue par l'État)** : couvrant l'immatriculation, la délivrance du certificat et les plaques d'immatriculation correspondantes, elle s'élève à 43.93 EUR. **Taxe sur les ressources naturelles** : 55 EUR par véhicule.	Valeur Propulsion électrique Bonus	Les véhicules électriques sont exonérés de la **taxe d'immatriculation**. Une prime est accordée à la première immatriculation des véhicules électriques.
Lituanie	**TVA** : 21 %. **Taxe d'immatriculation** : un montant forfaitaire de 14.48 EUR est dû lors de la première immatriculation d'un véhicule neuf (voitures de tourisme, poids lourds) ; il s'élève à 12.45 EUR pour les autres véhicules, par exemple, véhicules d'occasion (voitures de tourisme, poids lourds). Depuis le 1er juillet 2020, tous les propriétaires de voitures de tourisme (personnes physiques et morales) doivent s'acquitter d'une taxe au moment de l'immatriculation. Calculée en fonction de la quantité de CO_2 émise par le véhicule et du type de carburant qu'il consomme, son montant est compris entre 14.96 EUR et 598.92 EUR.	Valeur Âge du véhicule Type de carburant Émissions de CO_2	**Taxe d'immatriculation** : les personnes handicapées (propriétaires d'une voiture particulière, une fois tous les trois ans) bénéficient d'un abattement : de 90 % si leur pourcentage d'invalidité est compris entre 75 % et 100 % ; de 75 % si leur pourcentage d'invalidité est compris entre 60 % et 70 % ; de 50 % si leur pourcentage d'invalidité est compris entre 45 % et 55 %.

Pays	Imposition/Malus[1]	Critères permettant de déterminer l'assiette et/ou le montant de l'impôt Bonus/Malus	Allégements/Bonus/Exemptions[2]
Luxembourg	**TVA** : 17 %. **Taxe d'immatriculation (timbre de chancellerie)** : 50 EUR.	Valeur Propulsion électrique Bonus	Système de bonus : l'achat d'un véhicule à hydrogène ou tout-électrique neuf donne droit à une prime de 8 000 EUR (3 000 EUR dans le cas d'un véhicule électrique consommant plus de 18 kW au 100 km).
Mexique	**TVA** : 16 %. **Impôt sur les véhicules neufs** : entre 2 % et 17 % de la valeur du véhicule, auxquels s'ajoute une part fixe déterminée en fonction de la valeur du véhicule. Lorsque le prix du véhicule dépasse le seuil de 864 750.45 MXN (pour 2022), un abattement égal à 7 % de la différence entre le prix de vente et ce seuil est appliqué. Ces chiffres sont revus tous les ans.	Valeur Propulsion électrique	**Impôt sur les véhicules neufs** : En sont exonérés de 100 % les véhicules d'une valeur inférieure ou égale à 292 552.57 MXN. En sont exonérés de 50 % les véhicules d'une valeur comprise entre 292 552.58 MXN et 370 566.61 MXN. En sont exonérés de 100 % les véhicules hybrides électriques et les véhicules électriques à batterie rechargeable. Le taux appliqué est de 5 % pour les camions d'une capacité de chargement inférieure ou égale à 4 250 kg, y compris les camions pouvant transporter jusqu'à trois passagers maximum, les remorques et semi-remorques.
Norvège	**TVA** : 25 % **Taxe d'immatriculation** : le montant dû dépend du poids et des émissions de CO_2 et de NO_x. En l'absence de données sur les émissions de CO_2, il est calculé sur la base de la cylindrée.	Valeur Poids Émissions de CO_2 Émissions de NO_x Type de carburant Type de véhicule électrique	Les véhicules électriques sont exonérés de la taxe d'immatriculation et soumis à un taux de TVA nul. Les véhicules hybrides rechargeables (à double motorisation, électrique et thermique, munis d'un port de recharge externe) bénéficient d'un abattement : 15 % du poids total du véhicule est déduit de la base d'imposition. Cette déduction est différenciée selon le type de véhicule électrique. Les véhicules polycarburants (qui peuvent fonctionner avec un mélange contenant jusqu'à 85 % d'éthanol) bénéficient d'un abattement de la taxe d'immatriculation égal à 10 000 NOK par véhicule.

Pays	Imposition/Malus[1]	Critères permettant de déterminer l'assiette et/ou le montant de l'impôt Bonus/Malus	Allégements/Bonus/Exemptions[2]
Nouvelle-Zélande	**TPS** : 15 % **Taxe d'immatriculation due à la première immatriculation** : son montant dépend de la catégorie à laquelle appartient le véhicule. **Redevances liées à l'utilisation de l'infrastructure routière** : elles concernent tous les véhicules diesel et tous les véhicules d'un poids total en charge égal ou supérieur à 3.5 tonnes. Leur montant dépend de la distance parcourue (par tranche de 1 000 km) et varie selon le poids et la structure du véhicule.	Valeur Type de véhicule Cylindrée Émissions de CO_2 Propulsion électrique Poids	**Redevances liées à l'utilisation de l'infrastructure routière** : Les véhicules électriques sont actuellement exonérés des redevances liées à l'utilisation de l'infrastructure routière. Depuis le 1er avril 2022, la réduction accordée aux voitures propres (*Clean Car Discount*) repose sur les émissions de CO_2 du véhicule. Y sont éligibles les véhicules à émissions nulles ou faibles, tandis que ceux qui affichent un niveau d'émission élevé sont soumis à redevance.
Pays-Bas	**TVA** : 21 % La **taxe d'immatriculation** des voitures de tourisme repose uniquement sur les émissions de CO_2 et le type de carburant utilisé. Progressive, elle est comprise entre 376 EUR et 448 EUR par gramme émis sur un kilomètre au-delà de 1 g/km. Les voitures de tourisme qui fonctionnent au gazole sont surtaxées à hauteur de 86.67 EUR par gramme émis sur un kilomètre au-delà de 75 g/km. Dans le cas des motocycles et camionnettes de livraison, le montant de la taxe d'immatriculation est calculé sur la base de la valeur du véhicule.	Valeur Émissions de CO_2 Type de carburant Propulsion électrique	**Taxe d'immatriculation :** En sont exonérés les véhicules à émission zéro (par exemple, les véhicules électriques). Autres exemples de véhicules exonérés : les camionnettes de livraison dont les propriétaires sont des entrepreneurs et qui sont utilisées à des fins commerciales au moins 10 % du temps. Un remboursement fiscal est prévu pour certains véhicules : véhicules de lutte contre les incendies, véhicules utilisés par la police, véhicules funéraires, véhicules utilisés pour le transport de prisonniers, camionnettes utilisées par des personnes handicapées, ambulances (y compris vétérinaires), taxis et véhicules de transport sécurisés.
Pologne	**TVA** : 23 %. Un **droit d'accise** est perçu sur les voitures de tourisme avant leur première immatriculation au moment de leur vente, acquisition intracommunautaire ou importation. Ce droit d'accise est également dû : 1) lors de la conversion en voiture de tourisme d'un véhicule à moteur immatriculé en Pologne ;	Valeur Cylindrée Propulsion électrique/hydrogène	**Droits d'accise :** En sont exonérés : certaines catégories d'ambulances ; les véhicules électriques, hybrides (rechargeables) d'une cylindrée égale ou inférieure à 2 000 cm³ et à hydrogène (les véhicules hybrides bénéficient d'une exonération temporaire jusqu'au 31 décembre 2022) ; les voitures de tourisme entrées en Pologne à titre permanent ou au terme d'un séjour temporaire dans un pays de l'UE ou de l'AELE

Pays	Imposition/Malus[1]	Critères permettant de déterminer l'assiette et/ou le montant de l'impôt Bonus/Malus	Allégements/Bonus/Exemptions[2]
	2) au titre de l'acquisition ou de la possession d'une voiture de tourisme auparavant non immatriculée en Pologne. La base d'imposition est le prix de vente ou la valeur en douane (dans le cas d'une importation). Le taux appliqué dépend de la cylindrée du moteur : 18.6 % si la cylindrée est supérieure à 2 000 cm^3, et 3.1 % dans tous les autres cas. Il est divisé par deux (par rapport au taux standard) pour les véhicules qui combinent un système classique de motorisation à combustion interne et un système de propulsion électrique (véhicules électriques hybrides, VEH). Ainsi, le montant dû au titre de l'accise correspond à 1.55 % de la base d'imposition pour les voitures de tourisme équipées d'un moteur thermique d'une cylindrée inférieure ou égale à 2 000 cm^3 et à 9.3 % pour celles d'une cylindrée supérieure à 2 000 cm^3 mais inférieure à 3 500 cm^3. De même, le taux applicable est abaissé à 9.3 % pour les véhicules à alimentation hybride (rechargeables) dont le moteur thermique affiche une cylindrée supérieure à 2 000 cm^3 mais inférieure à 3 500 cm^3. La **taxe sur les transactions civiles** est due à la conclusion d'un contrat de vente d'un véhicule par l'acquéreur. Son montant correspond à 2 % de la valeur de marché du véhicule.	Valeur de marché	(sous certaines conditions). **Taxe sur les transactions civiles :** Y échappent les contrats assujettis à la TVA ou dont au moins l'une des parties est exonérée de la TVA au titre de la transaction.
Portugal	**TVA** : 23 %. **Taxe d'immatriculation des véhicules à moteur (ISV)** : son montant dépend de la cylindrée et du niveau d'émissions de CO_2 (véhicules particuliers légers), ou uniquement de la cylindrée (autres véhicules légers et motocycles à deux, trois ou quatre roues). Les fourchettes diffèrent pour les véhicules utilitaires légers et certains types de véhicule de transport combiné (passagers et marchandises).	Valeur Cylindrée Émissions de CO_2 Émissions de particules Propulsion électrique	Sont exonérés les véhicules détenus par : l'État (administrations centrale, régionales ou locales), les brigades de pompiers, des États étrangers, des missions diplomatiques et consulaires, des organisations internationales et des institutions européennes. Autres exonérations (partielles) : transferts de la résidence permanente, véhicules pour personnes handicapées, véhicules acquis pour transporter une famille comportant trois enfants ou plus (50 %) ; véhicules de tourisme destinés à la location (40 %) ; taxis (70 %). Les véhicules hybrides rechargeables qui affichent une autonomie d'au moins 50 km et n'émettent pas plus de 50 grammes de CO_2 par kilomètre parcouru bénéficient d'un allègement de 25 %.

Pays	Imposition/Malus[1]	Critères permettant de déterminer l'assiette et/ou le montant de l'impôt Bonus/Malus	Allégements/Bonus/Exemptions[2]
			Les véhicules roulant exclusivement au gaz naturel bénéficient d'un allègement de 40 %. Les véhicules qui fonctionnent à l'électricité ou à l'aide d'énergies renouvelables, ainsi que les ambulances et les poids lourds (de plus de 3.5 tonnes) ne sont pas soumis à la taxe.
République slovaque	**TVA** : 20 %. **Frais administratifs** : l'inscription au registre des véhicules est soumise à une redevance payable par le détenteur d'un véhicule à moteur (qu'il s'agisse d'un véhicule neuf, importé ou d'occasion). Le montant dû est calculé selon la formule suivante : M = pkW x VR1-n ; où : M est le montant dû, pkW la puissance du moteur et VR1-n le coefficient de valeur résiduelle. Le montant dû ne peut être inférieur à 33 EUR. En fonction de la puissance de leur moteur (valeur pkW), les véhicules sont répartis en 16 classes, allant de 33 EUR (puissance inférieure ou égale à 80 kW) à 3 900 EUR (puissance supérieure à 254 kW). Le coefficient de valeur résiduelle VR1-n, qui peut prendre 17 valeurs, est compris entre 1 (première immatriculation) et 0.06 (véhicules âgés de plus de 16 ans). Les voitures électriques sont soumises à une redevance de 33 EUR, payable par leur détenteur. **Droit de délivrance d'une plaque d'immatriculation** : 16.50 EUR par plaque (soit 33 EUR par véhicule).	Valeur Puissance du moteur Valeur résiduelle Type de carburant Propulsion électrique	**Frais administratifs :** Personnes handicapées : réduction de 50 % (maximum 100 EUR). Véhicules hybrides et véhicules fonctionnant au GNV/GNL : réduction de 50 %. Voitures particulières monospace : réduction de 50 % si la puissance du moteur ne dépasse pas 110 kW et que le détenteur est parent d'au moins quatre enfants à charge. Exonération totale pour les services de l'État, les collectivités, les organismes publics, les agents diplomatiques, les tribunaux, le ministère public, la police, la Croix-Rouge slovaque et les entreprises détenues à 100 % par l'État.
République tchèque	**TVA** : 21 % **Taxe d'immatriculation** : 300 ou 500 CZK pour les motocycles (selon la cylindrée) ; 800 CZK pour les autres véhicules. Inclut la plaque d'immatriculation. **Surtaxe écologique** : ne sont pas concernés les véhicules conformes aux normes Euro 3 et plus. Son montant s'élève à 3 000 CZK pour les véhicules conformes aux normes Euro 2 et à 5 000 CZK pour les véhicules conformes aux normes Euro 1. **Droit de délivrance du permis** pour véhicules à moteur hors normes.	Valeur Cylindrée Propulsion électrique/hydrogène Émissions de CO_2 Malus	Sont exonérés de la taxe d'immatriculation les véhicules tout-électrique à batterie (VEB), les véhicules électriques à pile à combustible (VEPC) et les véhicules à motorisation alternative (électrique ou hydrogène) émettant jusqu'à 50 g de CO_2 par kilomètre parcouru.

Pays	Imposition/Malus[1]	Critères permettant de déterminer l'assiette et/ou le montant de l'impôt Bonus/Malus	Allégements/Bonus/Exemptions[2]
Royaume Uni	**TVA** : 20 %. **Taxe de première immatriculation** : un montant forfaitaire de 55 GBP est dû la première fois qu'un véhicule à moteur est enregistré et immatriculé au Royaume-Uni.	Taxe forfaitaire	**Taxe de première immatriculation :** En sont exonérées les personnes handicapées. D'autres exemptions existent pour les véhicules précédemment immatriculés en Irlande du Nord ; les véhicules immatriculés pour un usage hors route ; les véhicules de la Couronne, les véhicules de collection précédemment immatriculés auprès des anciennes Autorités Locales (conversions tardives) ; les véhicules importés précédemment immatriculés dans le cadre des dispositifs *Personal Export Scheme* (exportation de biens destinés à l'usage personnel) et *New Means of Transport Scheme* (moyens de transport neufs) ; les véhicules des forces en visite.
Slovénie	**TVA** : 22 %. Un **impôt sur les véhicules à moteur** est prélevé lors de la première mise en circulation ou de la première immatriculation sur le territoire de la Slovénie, ainsi qu'en cas de conversion d'un véhicule à moteur en véhicule de transport de personnes. Le montant dû est calculé par l'autorité fiscale sur la base de la déclaration (remplie en ligne via eDavki). L'obligation de déclaration et de règlement de l'impôt incombe au constructeur du véhicule et/ou à la personne qui l'a acquis dans un autre État membre de l'UE et/ou à l'importateur du véhicule et/ou au propriétaire du véhicule à moteur qui a été converti et pour lequel l'impôt n'a pas été versé (le « contribuable »). Le barème de l'impôt repose sur le type de véhicule. Les critères pris en considération sont la nature du carburant de propulsion, le niveau d'émissions de CO_2 en cycle mixte exprimé en g/km, la puissance du moteur en kW et la catégorie EURO. Les données utilisées pour calculer le montant imposable sont indiquées dans le certificat de conformité, le registre des véhicules immatriculés, qui est tenu par le ministère des Transports conformément	Valeur Émissions de CO_2 Normes d'émission EURO Puissance du moteur	**Sont exonérés de l'impôt sur les véhicules à moteur** : les véhicules spécialement dédiés aux transport des personnes décédées ; les véhicules de lutte contre l'incendie et de protection civile ; les véhicules aménagés pour le transport de personnes handicapées ; les véhicules destinés au transport de familles comptant trois enfants ou plus ; les véhicules exportés et livrés avant leur première immatriculation ; les ambulances ; les véhicules historiques ; les véhicules de sport exclusivement utilisés sur circuit automobile ; les véhicules des représentations diplomatiques et consulaires accrédités auprès de la Slovénie et d'organisations internationales. Sont également exonérés les véhicules tout électriques et autres véhicules à moteur qui n'émettent pas de CO_2 Ces exonérations s'appliquent aux véhicules acquis en crédit-bail.

Pays	Imposition/Malus[1]	Critères permettant de déterminer l'assiette et/ou le montant de l'impôt Bonus/Malus	Allégements/Bonus/Exemptions[2]
	aux dispositions de la loi applicables, dans les fichiers de l'administration financière et dans tout autre document authentique prévu à cet effet. Les données relatives aux émissions de CO_2 prises en compte sont celles obtenues suivant la procédure prévue dans la norme WLTP. Lorsque de telles données ne sont pas disponibles, il est recouru à un tableau de conversion. Une fois le formulaire rempli, le contribuable peut faire enregistrer le véhicule auprès de l'autorité compétente.		
Suède	**TVA** : 25 %	Valeur Émissions de CO_2 Propulsion électrique Bonus Malus	Un système de bonus-malus est en place depuis le 1er juillet 2018. Les propriétaires de voiture, camion léger et autobus dont le niveau d'émission de CO_2 est inférieur ou égale à 60 g/km, selon la procédure WLTP, bénéficient d'un « bonus climatique », et ceux de voiture, camion léger et autobus qui fonctionnent au GNC d'un bonus de 10 000 SEK indépendamment du niveau d'émission de CO_2 Dans le cas des véhicules électriques (VEB) à émissions nulles, le bonus s'élève à 70 000 SEK. Pour les véhicules hybrides rechargeables (VHR) qui émettent 1 gramme de CO_2 par kilomètre, il s'élève à 44 417 SEK, dont est déduit un montant compris entre 583 SEK et 10 020 SEK pour chaque g/km supplémentaire, dans une limite de 60 g/km.
Suisse	**TVA** : 7.7 % **Impôt sur les véhicules automobiles** : son taux s'élève à 4 % de la valeur du véhicule, il s'applique aux véhicules utilitaires légers d'un poids unitaire n'excédant pas 1 600 kg et aux véhicules de transport de personnes. Y sont soumises l'importation sur le territoire suisse de véhicules automobiles, ainsi que la livraison et l'utilisation en propre de véhicules automobiles fabriqués sur le territoire suisse. Il n'y a pas de taxe d'immatriculation (mais le paiement de droits d'un faible montant est exigé pour la délivrance les plaques et documents d'immatriculation).	Valeur Propulsion électrique	Les véhicules électriques sont exonérés de l'**impôt sur les véhicules automobiles**.

Pays	Imposition/Malus[1]	Critères permettant de déterminer l'assiette et/ou le montant de l'impôt Bonus/Malus	Allégements/Bonus/Exemptions[2]
Türkiye	**TVA** : 18 % La **taxe spéciale sur la consommation (TSC)** est prélevée une seule fois, à la première acquisition d'un véhicule. Critères : cylindrée, base d'imposition de la TSC : puissance (kW) du moteur pour les véhicules électriques ou hybrides.	Valeur Cylindrée Propulsion électrique	**Taxe spéciale sur la consommation :** Exonérations : véhicules d'agents diplomatiques ; véhicules pour personnes handicapées ; avions et hélicoptères acquis par l'Académie d'aviation de Turquie ; véhicules neufs acquis par les services de la présidence ; véhicules utilisés exclusivement pour l'exploration pétrolière ; véhicules acquis par les parents de victimes de conflits armés ; remplacement de véhicules utilitaires. Allégements : un taux minoré s'applique aux véhicules tout-électriques relevant des rubriques 87.03 et 87.11 de la nomenclature douanière ainsi qu'aux véhicules équipés de moteurs électriques et de moteurs thermiques (véhicules hybrides) relevant de la rubrique 87.03.

Note :

Ne sont pas pris en compte dans ce tableau : les droits de douane ; les impositions spécifiques aux véhicules d'occasion (par exemple, régimes de la marge bénéficiaire ou des véhicules de collection) ; les ventes diplomatiques ; les dispositifs d'exportation/importation ou de transfert de véhicules ; et la taxe sur les primes d'assurance.

1. Certaines juridictions imposent un « malus » en sus des taxes et droits habituels à payer au titre de l'achat/l'immatriculation.

2. Les allégements et exonérations indiqués dans ce tableau ne comprennent pas ceux accordés aux véhicules qui sont utilisés par les ambassades et autres missions diplomatiques, les organisations internationales ou qui relèvent d'un régime douanier particulier. Aux fins du présent tableau, « bonus » désigne les aides directes versées au titre de l'achat de véhicules peu ou non polluants. En sont exclues les baisses de TVA spécialement accordées aux entreprises.
Source : délégations nationales. Situation au 1er janvier 2022.

Tableau annexe 4.A.2. Taxes sur l'achat et l'immatriculation de certains véhicules neufs (en USD)

Pays	Catégorie A	Catégorie B	Catégorie C	Catégorie D
Allemagne (Berlin)*				
Prix de vente (hors taxe)	33 000	55 000	23 000	50 000
TVA : 19 %, applicable uniquement à certains types de véhicule.	6 270	10 450	4 370	9 500
Bonus	- 6 316	- 5 264	- 4 737	0
Prix (toutes taxes comprises)	32 954	60 186	22 633	59 500
Australie (Canberra)				
Prix de vente (hors taxe)	33 000	55 000	23 000	50 000
TPS : 10 %	3 300	5 500	2 300	5 000
Impôt sur les véhicules de luxe	Non disponible	Non disponible	Non disponible	Non disponible
Taxe d'immatriculation	Non disponible	Non disponible	Non disponible	Non disponible
Droit de timbre	Non disponible	Non disponible	Non disponible	Non disponible
Prix (toutes taxes comprises)	Non disponible	Non disponible	Non disponible	Non disponible
Autriche (Vienne)				
Prix de vente (hors taxe)	33 000	55 000	23 000	50 000
Bonus (-)	(-) 3 550	(-) 3 550	(-) 1 480 USD	-
TVA : 20 %	6 600	11 000	4 600	10 000
Taxe d'immatriculation des voitures neuves	-	-	8 045	25 310
Taxe d'immatriculation	220	220	220	220
Prix (toutes taxes comprises)	36 270	62 670	34 385	85 530
Belgique (Bruxelles)				
Prix de vente (hors taxe)	33 000	55 000	23 000	50 000
TVA : 21 %	6 930	11 550	4 830	10 500
Taxe de mise en circulation	73	73	2 933	5 866
Prix (toutes taxes comprises)	40 002	66.622 USD	30 762	66 366
Canada (Ottawa)				
Prix de vente (hors taxe)	33 000	55 000	23 000	50 000
TPS : 5 %	1 650	2 750	1 150	2 500
Part provinciale de la TVH : 8 %	2 640	4 400	1 840	4 000
Taxe d'accise sur les climatiseurs automobiles (comprise dans la base de la TPS/TVH)	80	80	80	80
Taxe d'accise sur les véhicules énergivores (incluse dans la TPS/TVH)	0	0	0	0
Programme d'Incitatifs pour les véhicules zéro émission (iVZE) (le concessionnaire doit appliquer les impôts, taxes et autres frais avant l'incitation).*	- 3 987	0	0	0 (non applicable)
Prix (toutes taxes comprises)	33 382	62 230	26 070	56 580
Chili (Santiago)*				
Prix de vente (hors taxe)	33 000	55 000	23 000	50 000
TVA : 19 %, applicable uniquement à certains types de véhicule.	6 270	10 450	4 370	9 500
Accise sur les émissions des véhicules à moteur neufs	0	0	172	1 306
Prix (toutes taxes comprises)	39 270	65 450	27 542	60 806

Pays	Catégorie A	Catégorie B	Catégorie C	Catégorie D
Colombie (Bogotà)				
Prix de vente (hors taxe)	33 000	55 000	23 000	50 000
TVA (A, B, C : 5 % ; D : 19 %)	6 270	10 450	4 370	9 500
Taxe d'immatriculation	112	112	112	112
Impôt national sur la consommation	5280	0	1840	8000
Prix (toutes taxes comprises)	40 042	57 862	26 102	67 612
Corée (Séoul)*				
Prix de vente (hors taxe)	33 000	55 000	23 000	50 000
Taxe sur la consommation individuelle (TCI)	0	0	0	-
Taxe en faveur de l'éducation (30 % de la TCI)	0	0	0	-
TVA : 10 % (sur le prix de vente + TCI + taxe en faveur de l'éducation)	3 300	5 500	2 300	5 000
Taxe sur l'achat	1 086	2 626	1 260	3 500
Prix (toutes taxes comprises)	37 386	63 126	26 560	58 500
Costa Rica (San José)*				
Prix de vente (hors taxe)	33 000	55 000	23 000	50 000
TVA : 13 %	Exonérations	7 150	2 990	6 500
Taxe d'immatriculation	2 732	12 804	6 734	9 640
Prix (toutes taxes comprises)	35 732	74 954	32 724	66 140
Danemark (Copenhague)				
Prix de vente (hors taxe)	33 000	55 000	23 000	50 000
TVA : 25 %	8 250	13 750	5 750	12 500
Diminution de la valeur servant de base au calcul du droit d'immatriculation au titre de la capacité de la batterie	- 9 305	- 9 305	-	-
Valeur servant de base au calcul du droit d'immatriculation	31 945	59 445	28 750	62 500
Taxe d'immatriculation fondée sur la valeur	20 874	61 735	18 158	66 317
Taxe d'immatriculation fondée sur les émissions de CO_2	-	-	4 628	29 158
Déduction générale	- 3 483	- 3 483	- 3 483	- 3 483
Taxe d'immatriculation avant déduction pour les véhicules à émission zéro	17 390	58 251	19 302	91 992
Abattement pour véhicules à émissions faibles et nulles	- 17 390	- 58 251	-	-
Taxe d'immatriculation : total	0	0	19 302	91 992
Prix (toutes taxes comprises)	41 250	68 750	48 052	154 492
Espagne (Madrid)				
Prix de vente (hors taxe)	33 000	55 000	23 000	50 000
Bonus	-	-	-	-
TVA : 21 %	6 930	11 550	4830	10 500
Taxe d'immatriculation assise sur les émissions de CO_2	0	0	0	7 375
Prix (toutes taxes comprises)	39 630	66 550	27 830	67 875
Estonie (Tallinn)				
Prix de vente (hors taxe)	33 000	55 000	23 000	50 000
TVA : 20 %	6 600	11 000	4 600	10 000
Taxe d'immatriculation	132	132	132	132
Prix (toutes taxes comprises)	39 732	66 132.16	27 732	60 132

Pays	Catégorie A	Catégorie B	Catégorie C	Catégorie D
États-Unis (Washington DC)*				
Prix de vente (hors taxe)	33 000	55 000	23 000	50 000
Taxe sur les ventes (6 %)	1 980	3 300	1 380	3 000
Taxe d'immatriculation (première fois)	36	36	36	36
Crédit pour l'achat d'un véhicule électrique	- 7 500	- 7 500	0	0
Droit d'accise sur les véhicules à moteur prélevé par l'État de Washington D.C.	0	0	460	2 700
Prix (toutes taxes comprises)	27 516	50 836	24 876	55 736
Finlande (Helsinki)				
Prix de vente (hors taxe)	33 000	55 000	23 000	50 000
Bonus	- 2 376		-	-
TVA : 24 %	7 920	13 200	5 520	12 000
Taxe sur les voitures de tourisme	0	0	2 684	49 511
Prix (toutes taxes comprises)	38 553	68200	31 204	111 511
France (Paris)*				
Prix de vente (hors taxe)	33 000	55 000	23 000	50 000
TVA : 20 %	6 600	11 000	4 600	10 000
Bonus/Malus	- 11 245	- 11 245	- 3 049	40 655
Taxes sur la délivrance de certificat d'immatriculation	11	11	11	11
Prix (toutes taxes comprises)	28 366	54 766	24 562	100 666
Grèce (Athènes)				
Prix de vente (hors taxe)	33 000	55 000	23 000	50 000
TVA : 24 %	7 920	13 200	5 520	12 000
Bonus	- 6 000	- 6 000	0	0
Taxe d'immatriculation	0	0	3 053	24 784
Prix (toutes taxes comprises)	34 920	62 200	31 573	86 784
Hongrie (Budapest)				
Prix de vente (hors taxe)	33 000	55 000	23 000	50 000
TVA 27 %	8 910	14 850	6 210	13 500
Droit de transfert	0	0	339	841
Taxe d'immatriculation des véhicules	0	0	251	1 320
Prix (toutes taxes comprises)	41 910	69 850	29 797	65 661
Irlande (Dublin)				
Prix de vente (hors taxe)	33 000 USD	55 000 USD	23 000 USD	50 000 USD
TVA : 23 %	7 590	12 650	5 290	11 500
Taxe d'immatriculation	0	1 765	3 698	20 618
Prix (toutes taxes comprises)	40 590	69 415	31 988	82 118
Islande (Reykjavik)*				
Prix de vente (hors taxe)	33 000	55 000	23 000	50 000
TVA 24 %	0	915	2 168	19 663
Droit d'accise sur les véhicules à moteur	0	0	1 783	31 930
Taxe d'immatriculation	41	41	41	41
Prix (toutes taxes comprises)	33 041	55 956	26 991	101 634
Israël (Tel Aviv)				
Prix de vente (hors taxe)	33 000	55 000	23 000	50 000
TVA : 17 %	5 610	9 350	3 910	8 500
Taxe sur l'achat	10 440	28 700	19 090	41 500
Prix (toutes taxes comprises)	49 050	93 050	46 000	100 000

Pays	Catégorie A	Catégorie B	Catégorie C	Catégorie D
Italie (Rome)				
Prix de vente (hors taxe)	33 000	55 000	23 000	50 000
TVA : 22 %	7 260	12 100	5 060	11 000
Taxe d'immatriculation	490	1368	389	1 017
Écotaxe	0	0	0	2 500
Bonus	- 4 000	- 4 000	0	0
Prix (toutes taxes comprises)	36 750	64 468	28 449	64 517
Japon (Tokyo)				
Prix de vente (hors taxe)	33 000	55 000	23 000 USD	50 000
TVA : 10 %	3 300	5 500	2 300	5 000
Taxe sur le tonnage des véhicules à moteur	0	0	448	560
Accise environnementale	0	0	0	1500
Taxe automobile	227	227	328	146
Prix (toutes taxes comprises)	36 527	60 727	26 076	57 206
Lettonie (Riga)				
Prix de vente (hors taxe)	33 000	55 000	23 000	50 000
TVA : 21 %	6 930	11 550	4 830 USD	10 500
Bonus	- 5 325	- 5 325	- 2 663	0
Taxe d'immatriculation	0	0	52	52
Taxe sur les ressources naturelles	65	65	65	65
Prix (toutes taxes comprises)	39 995	66 615	27 895	60 565
Lituanie (Vilnius)*				
Prix de vente (hors taxe)	33 000	55 000	23 000	50 000
Bonus (après immatriculation)	5 917	5 917	-	-
TVA : 21 %	39 930	66 550	27 830	60 500
Taxe d'immatriculation : - partie forfaitaire - partie variable en fonction du niveau d'émissions de CO_2	 17 -	 17 -	 17 -	 17 334
Prix (toutes taxes comprises)	34 030	60 650	27 847	60 851
Luxembourg (Luxembourg)*				
Prix de vente (hors taxe)	33 000	55 000	23 000 USD	50 000 USD
TVA : 17 %	5 610	9 350	3 910 USD	8 500 USD
Bonus	- 9 467	- 9 467	0	0
Taxe d'immatriculation	59	59	59	59
Prix (toutes taxes comprises)	29 202	54 942	26 969	58 559
Mexique (Mexico)*				
Prix de vente (hors taxe)	33 000	55 000	23 000	50 000
Impôt sur les véhicules neufs	0	0	0	2 500
TVA : 16 %	5 280	8 800	3 680	8 400
Prix (toutes taxes comprises)	38 280	63 800	26 680	60 900
Norvège (Oslo)				
Prix de vente (hors taxe)	33 000	55 000	23 000	50 000
TVA : 25 %	0	0	5 750	12 500
Taxe d'immatriculation	0	0	18 700	61 500
Prix (toutes taxes comprises)	33 000	55 000	47 450	124 000

Pays	Catégorie A	Catégorie B	Catégorie C	Catégorie D
Nouvelle-Zélande (Wellington)*				
Prix de vente (hors taxe)	33 000	55 000	23 000	50 000
TVA : 15 %	4 950	8 250	3 450	7 500
Taxe d'immatriculation	160	160	176	198
Réduction accordée aux voitures propres	- 6 100	- 6100	- 1 907	3 660
Prix (toutes taxes comprises)	38 110	63 410	26 626	57 698
Pays-Bas (La Haye)				
Prix de vente (hors taxe)	33 000	55 000	23 000	50 000
TVA : 21 %	6 930	11 550	4 830	10 500
Taxe d'immatriculation	0	0	14 246	68 829
Prix (toutes taxes comprises)	39 930	66 550	42 076	129.329
Pologne (Varsovie)*				
Prix de vente (hors taxe)	33 000	55 000	23 000	50 000
TVA : 23 %	7 590	12 650	5 290	11 500
Droits d'accise	0	0	356	9 300
Taxe sur les transactions civiles	660	1 100	460	1 000
Prix (toutes taxes comprises)	41 250	68 750	29 106	71 800
Portugal (Lisbonne)				
Prix de vente (hors taxe)	33 000	55 000	23 000	50 000
TVA : 23 %	7 590	12 650	5 290	11 500
Impôt sur les véhicules à moteur	0	0	2 830	2 314
Prix (toutes taxes comprises)	40 590	67 650	31 120	63 814
République slovaque (Bratislava)				
Prix de vente (hors taxe)	33 000	55 000	23 000	50 000
TVA : 19 %, applicable uniquement à certains types de véhicule.	6 600	11 000	4 600	10 000
Droit de délivrance de plaque	40	40	740	4 615
Prix (toutes taxes comprises)	39 640	66 040	28 240	64 615
République tchèque (Prague)				
Prix de vente (hors taxe)	33 000	55 000	23 000	50 000
TVA : 21 %	6 930	11 550	4 830	10 500
Taxe d'immatriculation	0	0	0	0
Prix (toutes taxes comprises)	39 930	66 550	27 830	60 500
Royaume-Uni (Londres)				
Prix de vente (hors taxe)	33 000	55 000	23 000	50 000
TVA : 20 %	6 600	11 000	4 600	10 000
Taxe d'immatriculation	69	69	69	69
Prix (toutes taxes comprises)	39 669	66 069	27 669	60 069
Slovénie				
Prix de vente (hors taxe)	33 000	55 000	23 000 USD	50 000 USD
Bonus (*Eko Sklad*)	- 5 325	– 5 325		
Impôt sur les véhicules à moteur	0	0	66	5 631
TVA : 22 %	7 260	12 100	5 075	12 239
Prix (toutes taxes comprises)	34 935	61 775	28 141	67 870
Suède (Stockholm)				
Prix de vente (hors taxe)	33 000	55 000	23 000	50 000
TVA : 25 %	8 250	13 750	5 750	12 500
Bonus	- 8 161	- 8 161	0	0
Prix (toutes taxes comprises)	33 089	60 589	28 750	62 500

Pays	Catégorie A	Catégorie B	Catégorie C	Catégorie D
Suisse (Berne)				
Prix de vente (hors taxe)	33 000	55 000	23 000	50 000
Impôt sur les véhicules automobiles : 4 %	0	0	920	2 000
TVA : 7.7 %	2 541	4 235	1 842	4 004
Droits de délivrance des plaques et documents d'immatriculation	109	109	109	109
Prix (toutes taxes comprises)	35 650	59 344	25 871	56 113
Türkiye (Ankara)				
Prix de vente (hors taxe)	33 000	55 000	23 000	50 000
TVA : 18 %	5 940	9 900	4 140	9 000
Taxe spéciale sur la consommation (l'assiette comprend la TVA)	(60 %) 23 364	(60 %) 38 940	(80 %) 21 712	(220 %) 129 800
Prix (toutes taxes comprises)	62 304	103 840	48 852	188 800

Notes :

L'objet du présent tableau est de permettre de comparer les niveaux d'imposition des pays membres, indépendamment des prix pratiqués sur le marché local. Pour faciliter les comparaisons, on part du principe que le prix de vente hors taxe des véhicules est identique dans tous les pays.

Les voitures sont divisées en quatre catégories de véhicules considérés comme typiques : SUV électriques, berlines hybrides, berlines électriques et pick-up 4x4 à moteur à combustion. Dans un souci de simplification, tous les véhicules sont considérés comme équipés d'un climatiseur et destinés à un usage privé (c'est-à-dire non commercial ou professionnel). Les marques et modèles cités en exemples le sont uniquement à des fins d'illustration. Lorsque des modèles ne sont pas commercialisés sur le marché national, le régime fiscal applicable est celui dont relève le véhicule présentant les spécifications techniques les plus proches. Les spécifications des différentes catégories sont les suivantes : **Catégorie A** : SUV/Bicorps à moteur électrique ; puissance : 150 kW (204 CV) ; capacité de stockage de la batterie : 58 kWh ; consommation : 17 kWh/100 km ; poids : 1 730 kg ; émissions de CO_2: 0 g/km ; autonomie de la batterie : plus de 400 km ; prix : 33 000 USD (exemple : Volkswagen ID.3 Performance). **Catégorie B** : berline à moteur électrique, puissance : 370 kW (496 CV) ; capacité de stockage de la batterie : 82 kWh ; consommation : 15 kWh/100 km ; poids : 1 830 kg ; émissions de CO_2 : 0 g/km ; autonomie de la batterie : plus de 400 km ; prix : 55 000 USD (exemple : Tesla Model 3 Long-Range Dual Motor). **Catégorie C** : berline hybride équipée d'un moteur thermique d'une cylindrée de 1.8 litre et d'une puissance de 121 kW (162 CV), fonctionnant à l'essence sans plomb 95-98 RON, et consommant 4.5 litres aux 100 (en cycle mixte), et d'un moteur électrique affichant une puissance de 53 kW (71 CV), une capacité de batterie égale à 1.3 kWh, un poids de 1 800 kg, un niveau d'émissions de CO_2égal à 115 g/km, une autonomie de batterie inférieure à 10 km, un niveau d'émissions de NO_x égal à 3 mg/km, prix : 23 000 USD (exemple : Toyota Corolla Hybrid LE). **Catégorie D** : pick-up 4x4 à moteur V6, fonctionnant à l'essence sans plomb 95-98 RON ; cylindrée : 3.5 litres ; puissance : 300 kW (400 CV) ; consommation : 12.4 l/100 ; émissions de CO_2 : 296 g/km ; émissions de NO_x : 20 mg/km ; poids : 2 200 kg ; prix : 50 000 USD (exemple : Ford F–150 Ecoboost V6). Les véhicules des catégories A, B et C ne sont pas à quatre roues motrices.

Lorsqu'il existe des prélèvements locaux, les données indiquées se rapportent à la capitale du pays considéré. Il ne s'agit pas de rendre compte de toutes les spécificités éventuelles (par exemple, application de règles particulières pour le calcul de la base, telles que la prise en compte des taxes d'immatriculation dans l'assiette de la TVA/TPS). En outre, une taxe d'immatriculation relativement modeste, ou l'absence d'une telle taxe, n'est pas nécessairement synonyme d'une faible imposition globale des véhicules. Dans certains pays, elle peut être compensée par un haut niveau d'impôts annuels.

Les bonus indiqués dans le tableau sont des subventions publiques à l'achat de voitures neuves conçues pour inciter les consommateurs à acheter des véhicules peu ou très peu émetteurs.

Source : délégations nationales. Données au 1er janvier 2022.

Encadré annexe 4.A.1. Notes pays du tableau annexe 4.A.2.

Allemagne : Le bonus écologique de droit public dépend du type de véhicule et du prix de vente conseillé. Véhicules à moteur électrique : 6 000 EUR quand leur prix de vente conseillé net n'excède pas 40 000 EUR, et 5 000 EUR quand le prix de vente conseillé est compris entre 40 000 EUR et 65 000 EUR. Véhicules hybrides (à moteurs électrique et thermique) rechargeables : 4 500 EUR quand leur prix de vente conseillé net n'excède pas 40 000 EUR et 3 750 EUR quand le prix de vente conseillé est compris entre 40 000 EUR et 65 000 EUR. Ce bonus ne réduit pas le montant imposable.

Canada. Dans le programme d'Incitatifs pour les véhicules zéro émission (iVZE), un véhicule électrique à batterie de la catégorie A se situerait sous le plafond fixé à 60 000 CAD pour le prix de détail suggéré par le constructeur à l'égard des modèles de SUV de référence et il serait éligible à une incitation de 5 000 CAD. Un véhicule électrique à batterie de la catégorie B se situerait au-dessus du plafond fixé à 55 000 CAD pour les modèles de voiture de référence (berlines) et ne serait éligible à aucune incitation. Les véhicules hybrides classiques de la catégorie C (c'est-à-dire non rechargeables) ne sont éligibles à aucune incitation.

Chili. Montant de l'accise non disponible. La base imposable est calculée en fonction de la performance du véhicule en conduite urbaine (km/l), de son prix de vente et de ses émissions d'oxydes d'azote (en grammes de NO_x émis par kilomètre).

Colombie. La taxe d'immatriculation, qui est prélevée par les organismes chargés de l'immatriculation des véhicules, comprend deux redevances : une définie par le ministère des Transports, une par les autorités municipales. D'où l'impossibilité de calculer le montant des frais d'immatriculation à l'échelle nationale. La valeur indiquée dans le tableau correspond au tarif de Bogotá. Les voitures hybrides et électriques sont soumises à des taux réduits de la taxe douanière (5 % et 0 % respectivement).

Corée. Le barème de la taxe sur la consommation individuelle (TCI, administrée par le ministère des Finances) tient compte de la réduction accordée aux véhicules respectueux de l'environnement (électriques et hybrides). La taxe sur l'achat (administrée par le ministère de l'Administration publique et de la Sécurité, qui n'a pas fourni le barème indiqué dans le tableau) est également réduite pour les véhicules respectueux de l'environnement.

États-Unis : à Washington D.C., l'accise repose sur la consommation de carburant (en miles par gallon) et le poids du véhicule (en livres). Calculs réalisés par le Secrétariat sur la base de la règlementation applicable à Washington D.C. Les véhicules tout-électriques et hybrides rechargeables sont éligibles à un crédit d'impôt sur le revenu (*Electric Vehicles Credit*) d'un montant maximal de 7 500 USD. Cela dit, les constructeurs ayant déjà vendu à 200 000 exemplaires ou plus un modèle de véhicule électrique éligible sont soumis à un plafond de crédit d'impôt. En l'occurrence, le véhicule donné en exemple dans le descriptif de la catégorie B (Tesla Model 3) n'est pas éligible. C'est également le cas des véhicules des deux autres catégories (C et D).

France. Bonus. Le bonus écologique permet de bénéficier, sans condition de revenu, d'une aide à l'achat ou à la location d'un véhicule neuf ou d'occasion fonctionnant à l'électricité ou à l'hydrogène ou d'un véhicule hybride rechargeable neuf. Son montant, fixé par décret, correspond à 27 % du prix du véhicule et ne peux excéder 6 000 EUR (6 133.75 USD). S'y ajoute une prime à la conversion, qui est accordée lors de l'achat ou de la location d'une voiture neuve dont le taux d'émission de CO_2 est inférieur ou égal à 127 g/km, en échange de la mise à la casse d'un ancien véhicule diesel ou essence. Le montant maximal de cette prime est de 5 000 EUR (5 111.46 USD) pour un taux d'émission inférieur à 50 g/km. **Malus**. Taxe sur les émissions de dioxyde de carbone (« malus écologique ») : 40 000 EUR (40 655.16 USD). **Taxe régionale sur les véhicules à moteur** : son taux unitaire par cheval vapeur est compris entre 33 EUR et 60 EUR selon la région.

Grèce. Bonus : catégories A et B : 20 % du prix hors taxe (HT) si celui-ci est inférieur ou égal à 30 000 EUR, et 15 % du prix HT au-delà de 30 000 EUR. Montant maximal de la prime : 6 000 EUR. Particuliers et entreprises ; les véhicules de catégorie C ne sont pas éligibles. Dispositif réservé aux voitures dont le taux d'émission de CO_2 est inférieur ou égal à 50 g/km. Les véhicules de la catégorie D (à moteur thermique) ne sont pas éligibles. La prime sera portée à 8 000 EUR (30 % du prix HT) dans le cycle « b » du programme d'aides « Go Electric » dont le démarrage est prévu fin juillet 2022.

Islande. Le nombre de véhicules susceptibles de bénéficier d'un abattement de TVA (d'un montant maximal de 480 000 ISK (3 780 USD)) au titre de l'achat d'un véhicule électrique hybride rechargeable neuf avait été limité à 15 000. Ce chiffre ayant été atteint en avril 2022, le dispositif a été aboli le 6 mai 2022.

Italie. Une aide de 4 000 EUR est accordée lors de l'achat d'un véhicule dont le taux d'émission de CO_2 est inférieur à 20 g/km (il s'agit généralement de VEB), son montant est de 1 500 EUR quand le taux d'émission est compris entre 20 et 60 g/km (généralement VHR).

Lituanie. Une prime est disponible jusqu'au 1er juin 2022 (ou jusqu'à épuisement des fonds).

Luxembourg. Si un véhicule est mis en circulation au plus tard le 31 décembre 2022 inclus et que la date de la conclusion du contrat de vente ou, en cas de crédit-bail, du contrat de location ou de crédit-bail du véhicule est comprise entre le 1er avril 2021 et le 31 mars 2022 inclus :

(1) Dans le cas d'une voiture particulière tout-électrique (VEB) consommant jusqu'à 18 kWh/100 km, le bonus s'élève à 8 000 EUR (mais ne peut excéder 50 % du prix hors TVA).

(2) Dans le cas d'une voiture particulière tout-électrique (VEB) consommant plus de 18 kWh/100 km, le bonus s'élève à 3 000 EUR (mais ne peut excéder 50 % du prix hors TVA).

Les véhicules hybrides rechargeables ne sont plus éligibles depuis le 1er janvier 2022.

Mexique. La taxe sur les véhicules neufs est prise en compte dans l'assiette de la TVA. Véhicules de catégorie D : les camions « pick-up » sont considérés comme des véhicules destinés au transport de marchandises, indépendamment de leur valeur et usage. Le taux de la taxe sur les véhicules neufs s'élève à 5 %.

Nouvelle-Zélande. Situation au 1er avril 2022.

Pologne. *Catégories A et B* : les véhicules de ces catégories sont exonérés s'ils remplissent les conditions applicables aux véhicules électriques, c'est-à-dire les véhicules uniquement propulsés par de l'électricité accumulée au moyen d'une source d'alimentation externe. *Catégorie C* : taux d'accise ramené à 1.55 %. *Catégorie D* : taux d'accise à 18.6 %. Taxe sur les transactions civiles : y échappent les contrats assujettis à la TVA ou dont au moins l'une des parties est exonérée de la TVA au titre de la transaction. Son taux est égal à 2 % de la valeur de marché. Dans le cadre du programme « Mon Électricien », les particuliers ont droit à une prime de 18 750 PLN pour l'achat d'une voiture électrique d'un prix inférieur ou égal à 225 000 PLN. Pour les titulaires d'une carte famille nombreuse, la prime s'élève à 27 000 PLN et il n'y a pas de limite au prix du véhicule.

Tableau annexe 4.A.3. Impôts liés à la possession ou à l'utilisation de véhicules à moteur

Pays	Impôts[1]	Critères permettant de déterminer l'assiette et le montant de l'impôt	Allégements/exonérations[2]
Allemagne	**Impôt sur les véhicules à moteur**. Pour les voitures particulières immatriculées pour la première fois après le 1er juillet 2009, l'impôt sur les véhicules à moteur repose principalement sur les émissions de CO_2. Il se compose d'une taxe de base (liée à la cylindrée) et d'une taxe carbone. Le tarif de la composante de base s'élève à 2 EUR (essence) ou 9.50 EUR (diesel) pour 100 cm^3. Le montant de la taxe sur le CO_2, qui dépend de l'année de la première immatriculation et des émissions de CO_2, est compris entre 2 et 4 EUR par gramme de CO_2/km. Les voitures immatriculées avant le 1er juillet 2009 sont imposées en fonction de leurs émissions polluantes (normes EURO) et de leur cylindrée.	Émissions polluantes Cylindrée Émissions de CO_2 Propulsion électrique	Les voitures dont les émissions de CO_2 sont inférieures à 120/110/95 g/km (selon que la date de première immatriculation était antérieure au 1er janvier 2012, antérieure au 1er janvier 2014 ou postérieure au 1er janvier 2014) sont exonérées de la composante « CO_2 » et uniquement soumises à la composante de base. Les voitures tout-électrique sont exonérées pendant dix ans suivant la date de la première immatriculation si celle-ci a eu lieu entre le 18 mai 2011 et le 31 décembre 2025. L'exonération fiscale limitée dans le temps n'est accordée que jusqu'au 31 décembre 2030 au plus tard. Après cette date, la taxe sur les véhicules sera calculée en fonction du poids et minorée de 50 %. D'autres exonérations peuvent être accordées, par exemple aux personnes gravement handicapées ou aux véhicules d'intervention d'urgence.
Australie	**Droits annuels d'immatriculation** : les États et les territoires prélèvent des droits au titre de l'immatriculation annuelle, de l'assurance responsabilité civile obligatoire et de la délivrance du permis de conduire. Leur montant est généralement plus élevé pour les véhicules utilitaires que pour les véhicules particuliers. En ce qui concerne les camions, il dépend du type de véhicule et de sa masse brute dans la plupart des États. Le montant dû au titre du renouvellement du permis dépend de la durée de validité, comprise entre un et cinq ans.	Usage professionnel/personnel Masse brute du véhicule	
Autriche	**Impôt sur les véhicules à moteur** : tous les véhicules à moteur sont soumis à l'impôt en fonction des critères suivants : - Pour les camions dont le poids brut admissible est supérieur à 3.5 tonnes : le poids du véhicule (entre 1.55 EUR et 1.90 EUR par mois et par tonne). - Pour les voitures particulières dont le poids brut admissible est inférieur à 3.5 tonnes : puissance du moteur et émissions de CO_2 ; (cylindrée –	Poids Puissance du moteur Capacité cubique Émissions de CO_2 Propulsion électrique	Véhicules utilisés par les missions diplomatiques et les bureaux consulaires ; les forces armées ; la police ; les brigades de pompiers ; les services d'ambulance ; les services de secours en montagne ; les véhicules à propulsion électrique ; les engins de chantier automoteurs ; les véhicules à l'essai ; les véhicules affectés exclusivement à des services de taxi ; les cyclomoteurs et les motocycles d'une cylindrée

Pays	Impôts[1]	Critères permettant de déterminer l'assiette et le montant de l'impôt	Allégements/exonérations[2]
	63) x 0.72 centime + (émissions de CO_2 – 109) x 0.72 centime par mois. - Pour toutes les autres voitures dont le poids brut admissible est inférieur à 3.5 tonnes : puissance du moteur ; (puissance du moteur – 24) x 0.65 à 0.79 centime par mois. - Pour les motos : capacité cubique ; (capacité cubique – 52) x 0.014 centime + (émissions de CO_2 – 52) x 0.20 centime par mois.		maximale de 100 cm³ ; les véhicules exclusivement à usage agricole et forestier ; et les véhicules destinés au transport de personnes handicapées.
Belgique	**Impôt fédéral** : l'utilisation d'une voiture de société à des fins personnelles est imposée sur la base des émissions de CO_2. La déductibilité des dépenses professionnelles liées à l'utilisation de la voiture, frais de carburant inclus (50 % à 120 %) est associée aux émissions de CO_2. **Taxe de circulation annuelle :** *Région wallonne* : pour les voitures particulières, les voitures mixtes et les minibus, le taux dépend de la puissance fiscale (CV) et de la cylindrée et suit un barème progressif compris entre 85.27 EUR et 2 179.58 EUR (du 01/07/2021 au 30/06/2022). Au-delà de 20 CV (cylindrée supérieure à 41 cm³), un montant additionnel de 118.80 EUR par CV est appliqué. Les véhicules de plus de 30 ans (25 ans dans la Région de Bruxelles-Capitale) sont soumis à un impôt annuel de 36.53 EUR. *Région flamande* : pour les voitures particulières, les voitures mixtes et les minibus immatriculés à compter du 1er janvier 2016, de même que pour les véhicules affectés au transport de marchandises, les corbillards, les tracteurs et remorques d'une MAM (masse maximale autorisée) inférieure ou égale à 3.5 tonnes immatriculés à compter du 30 juin 2017, le montant de la taxe dépend de la puissance fiscale et de la cylindrée ou du poids du véhicule, ainsi que d'un système de bonus-malus écologique. Le taux d'imposition peut donc être modulé en fonction de facteurs liés à l'environnement tels que les émissions de CO_2, la catégorie EURO et le type de carburant. Pour les voitures en crédit-bail et les autres véhicules (hors financement par crédit-bail), le montant dépend uniquement de la puissance fiscale et de la cylindrée, et suit un barème progressif compris entre 85.14 EUR et	Puissance du moteur Cylindrée Type de carburant consommé Caractéristiques environnementales Émissions de CO_2	Dans toutes les régions, des exonérations sont prévues pour les voitures utilisées par les services publics, les véhicules destinés aux personnes handicapées et invalides de guerre, les véhicules agricoles, les véhicules de secours, les véhicules à l'essai, les bateaux et canots, les véhicules affectés à des services de taxi, les cyclomoteurs et motocycles d'une cylindrée maximale de 250 cm³. *Région wallonne* : pour les motocycles, tricycles et quadricycles dont la cylindrée est supérieure à 250 cm³, le montant applicable au 1er juillet 2021 était de 60.46 EUR. Une taxe routière supplémentaire s'applique aux véhicules qui roulent au gaz de pétrole liquéfié. À compter du 1er janvier 2022, les véhicules destinés au transport de marchandises dont la masse maximale autorisée est inférieure à 3.5 tonnes sont soumis à l'impôt dès lors qu'ils ne sont pas immatriculés auprès de la BCE. À compter du 1er janvier 2022, les véhicules dont la première immatriculation remonte à plus de 30 ans doivent être dotés d'une plaque « O » pour bénéficier du taux avantageux réservé aux « ancêtres ». *Région flamande* : depuis l'exercice fiscal 2016, les voitures qui fonctionnent au gaz de pétrole liquéfié bénéficient d'une réduction fiscale de 100 EUR. Une exonération est accordée aux véhicules tout-électriques. *Région de Bruxelles-Capitale* : sont exemptées les victimes d'attentat terroriste qui ont droit à une pension d'invalidité au titre d'une invalidité minimale de 60 %.

Pays	Impôts[1]	Critères permettant de déterminer l'assiette et le montant de l'impôt	Allégements/exonérations[2]
	2179.32 EUR. Au-delà de 20 CV (cylindrée supérieure à 41 cm³), un montant additionnel de 118.80 EUR par CV est appliqué. Un montant forfaitaire de 38.63 EUR s'applique aux véhicules qui sont en circulation depuis au moins 30 ans. À compter de l'exercice fiscal 2022, il s'applique uniquement aux véhicules de 30 ans ou plus. *Région de Bruxelles-Capitale* : pour les voitures particulières, le montant de la taxe, qui dépend de la puissance du moteur (exprimée en chevaux fiscaux en fonction de la cylindrée totale du véhicule), est fixé suivant un barème progressif allant de 85.27 EUR à 5 743.58 EUR. Pour les voitures électriques, c'est le montant minimal qui s'applique. Les véhicules de plus de 25 ans sont soumis à un impôt annuel de 38.64 EUR. (Il convient de noter que l'âge à compter duquel un véhicule est considéré comme un « ancêtre » passera progressivement de 25 à 30 ans d'ici à 2025.) Pour les motos, le montant de l'impôt annuel est forfaitaire et s'élève à 60.46 EUR. Pour les véhicules légers de transport de marchandises d'un poids maximal autorisé en charge de 3.5 tonnes et les autocaravanes, le montant de l'impôt dépend du poids maximal autorisé en charge. Pour les véhicules lourds de transport de marchandises d'un poids maximal autorisé en charge supérieur à 12 tonnes, le montant de l'impôt dépend du poids maximal autorisé en charge, du nombre d'essieux et du type de suspension. Le montant des impôts est indexé au 1er juillet de chaque année. Ce tableau rend compte de la situation au 1er janvier 2022. Les voitures qui fonctionnent partiellement ou entièrement au gaz de pétrole liquéfié (LPG) sont soumises à une **taxe de circulation complémentaire** dans toutes les régions. Son montant, calculé suivant un barème progressif en fonction de la puissance du moteur, est compris entre 89.16 EUR et 208.20 EUR. **Prélèvement kilométrique** : dans toutes les Régions, les véhicules à moteur (camions) ou ensemble de véhicules articulés qui sont destinés ou servent au transport par route de marchandises et dont le poids maximal autorisé en charge dépasse 3.5 tonnes sont soumis à une redevance au kilomètre		

Pays	Impôts[1]	Critères permettant de déterminer l'assiette et le montant de l'impôt	Allégements/exonérations[2]
	parcouru.		
Canada	**Redevances annuelles** : toutes les provinces imposent des redevances annuelles au titre de l'utilisation de véhicules à moteur. Leur montant dépend généralement du type du véhicule concerné et, le plus souvent, de son poids.	Type Poids	Le Québec, la Colombie-Britannique (CB) et l'Île-du-Prince-Édouard (IPE) proposent des primes pour la détention ou l'utilisation de véhicules zéro émission : l'IPE les exonère de la taxe d'immatriculation, le Québec les autorise à circuler sur des voies réservées, les exonère de péages et de frais de stationnement, et la CB les autorise à circuler sur les voies réservées aux véhicules à occupation multiple (VOM).
Chili	**Taxe annuelle sur les véhicules à moteur** : taxe perçue (par les municipalités) au titre de l'utilisation d'un véhicule à moteur sur la voie publique en fonction de la valeur commerciale du véhicule. Véhicules légers : montant fondé sur la valeur commerciale du véhicule. Véhicules de transport de personnes : montant forfaitaire. Véhicules de transport de marchandises : montant fondé sur la charge utile.	Valeur commerciale Droit forfaitaire Charge utile (camions)	
Colombie	**Taxe annuelle sur les véhicules à moteur** : cette taxe est perçue par les municipalités au titre de l'utilisation d'un véhicule à moteur sur la voie publique suivant le barème ci-après, qui repose sur la valeur commerciale du véhicule. (a) 1.5 % de la valeur commerciale du véhicule lorsque celle-ci est inférieure à 48 029 000 COP. (b) 2.5 % de la valeur commerciale du véhicule lorsque celle-ci est supérieure à 48 029 000 COP et inférieure à 108 063 000 COP. (b) 3.5 % de la valeur commerciale du véhicule lorsque celle-ci est supérieure à 108 063 000 COP.	Valeur commerciale	
Corée	**Taxe annuelle sur les véhicules** assise sur la cylindrée : de 80 KRW à 200 KRW par cm^3 pour les véhicules non utilitaires ; et de 18 KRW à 24 KRW par cm^3 pour les véhicules utilitaires. Taxe en faveur de l'éducation : 30 % du montant de la taxe annuelle sur les véhicules.	Cylindrée	Exonération totale pour les personnes handicapées.

Pays	Impôts[1]	Critères permettant de déterminer l'assiette et le montant de l'impôt	Allègements/exonérations[2]
Costa Rica	**Taxe annuelle sur les véhicules à moteur** : cette taxe est acquittée sur la base de la valeur des véhicules à moteur, des navires et des aéronefs qui se trouvent sur le marché intérieur avant le début de l'exercice fiscal, en fonction de leurs caractéristiques et conformément aux pourcentages et au montant minimum indiqués dans le barème prévu par la loi. Le pouvoir exécutif est tenu d'actualiser chaque année, par décret, la liste des valeurs des véhicules, des navires et des aéronefs, ainsi que les montants du tableau, en tenant compte de l'indice de valorisation déterminé par le taux d'inflation (indice des prix à la consommation calculé par l'Institut national de statistique et de recensement), d'un taux annuel de dépréciation de 10 % et du taux de variation de la charge fiscale qui pèse sur l'importation de chaque type de véhicule. De même, il est tenu d'actualiser chaque année, par décret, le taux minimum fondé sur l'évolution du taux d'inflation.	Valeur fiscale calculée par le ministère des Finances sur la base du taux d'inflation, du taux annuel de dépréciation et de la charge fiscale moyenne	Véhicules appartenant à des ambassades et consulats étrangers accrédités dans le pays, affectés à leur usage exclusif et sur une base réciproque ; véhicules d'organisations internationales exclusivement utilisés pour leurs fonctions ; véhicules de l'administration centrale et des municipalités ; ambulances et unités de secours de la Croix-Rouge costaricaine, du système hospitalier national, des établissements médicalisés et de l'Institut national d'assurance, y compris les engins de lutte contre les incendies ; tracteurs pneumatiques, tracteurs à chenilles, chargeuses de canne à sucre, récolteuses de céréales et tout autre type de machines agricoles automotrices.
Danemark	**Taxe semestrielle sur les voitures particulières et camionnettes**, fondée sur les émissions de CO_2. Le montant dû est compris entre 340 DKK (> 0 g CO_2/km) et 12 040 DKK (> 645 g CO_2/km).	Émissions de CO_2	
Espagne	L'**impôt sur les véhicules à moteur** (levé par les municipalités) repose sur : la puissance du moteur (voitures particulières), la capacité d'emport de voyageurs (autobus), la charge utile (camions) ou la cylindrée (motocycles).	Type de véhicule Puissance du moteur Cylindrée	**Sont exonérés :** les véhicules officiels appartenant aux services diplomatiques, les véhicules aménagés pour les personnes handicapées, les ambulances, les véhicules de transport public équipés de plus de neuf sièges, les tracteurs et autres véhicules à usage agricole ; les véhicules de collection.
Estonie	**Taxe sur les poids lourds** : de 0 à 232.60 EUR (par trimestre) selon la fourchette de poids (12 tonnes - 40 tonnes ou plus), le nombre d'essieux (2, 3, 4, 2+1, 2+2, 2+3, 3+2, 3+3), le type de suspension (pneumatique ou autre).	Fourchette de poids, Combinaison des essieux, Type de suspension	Sont exonérés les poids lourds de l'armée, des forces de l'ordre, des services de secours, des autorités locales, des ONG, ainsi que les véhicules affectés à des opérations de sauvetage, les poids lourds.
États-Unis	La **taxe sur les poids lourds** concerne les camions d'un poids égal ou supérieur à 55 000 livres (environ 25 tonnes). Jusqu'à 75 000 livres (environ 34 tonnes, sauf pour les camions grumiers) le montant de cette taxe est de	Poids (camions)	

Pays	Impôts[1]	Critères permettant de déterminer l'assiette et le montant de l'impôt	Allégements/exonérations[2]
	100 USD par an, auxquels s'ajoutent 22 USD par tranche supplémentaire de 1 000 livres à partir de 55 000 livres. Au-delà de 75 000 livres, la taxe est fixée à 550 USD. Pour les camions grumiers, le montant dû est de 75 USD par an, plus 16.50 USD par tranche de 1 000 livres au-delà de 55 000 livres. Au-delà de 75 000 livres, la taxe est fixée à 412.50 USD. Un crédit d'impôt peut être demandé au cours de l'exercice suivant si le véhicule a parcouru 5 000 miles ou moins (7 500 miles ou moins dans le cas des véhicules agricoles). Les États et autorités locales peuvent imposer des **redevances périodiques d'immatriculation, d'exploitation, de stationnement et d'inspection, ainsi que des taxes sur la propriété**.		
Finlande	La **taxe annuelle sur la détention d'une voiture particulière ou d'une camionnette de livraison** est fonction de la quantité de CO_2 émise par le véhicule. En l'absence de données d'émission dans le registre des véhicules et conducteurs, son montant est calculé sur la base de la masse totale du véhicule. Il est compris entre 53.29 EUR (véhicules rejetant moins de 400 grammes de CO_2 par kilomètre) et 654.44 EUR (400 g/km ou plus). Les voitures particulières et camionnettes qui roulent au diesel sont soumises à l'**impôt sur la puissance motrice**, qui a pour base la masse totale du véhicule. L'impôt sur la puissance motrice couvre également d'autres voitures et camionnettes qui fonctionnent avec des carburants moins taxés. Les camions sont soumis à une taxe annuelle assise sur le poids brut maximal, le nombre d'essieux et l'usage des remorques.	Émissions de CO_2 Poids Nombre d'essieux (camions)	
France	**Impôts liés à l'utilisation de voitures particulières :** Premier critère : émissions de CO_2 et d'autres polluants atmosphériques. Le tarif applicable au titre des émissions de CO_2 est compris entre 1 EUR par gramme de CO_2 émis, pour les véhicules qui rejettent au maximum 21 grammes par kilomètre, et 29 EUR par gramme de CO_2 émis, pour les véhicules qui rejettent plus de 269 grammes par kilomètre. Au titre des autres polluants atmosphériques, il est de 20 EUR pour l'essence sans plomb et de 40 EUR pour le diesel. Second critère : l'âge des véhicules de tourisme, au	Puissance du moteur Propulsion électrique Type de carburant Émissions de CO_2	- Véhicules accessibles aux personnes en fauteuil roulant ; véhicules que le contribuable affecte exclusivement à la location ou à une utilisation temporaire par ses clients pour remplacer leur véhicule immobilisé ; véhicules que le contribuable loue pour une période ne dépassant pas un mois civil ou trente jours consécutifs. - Véhicules affectés au transport public de personnes, aux besoins d'activités agricoles ou sylvicoles, aux cours de conduite, à l'enseignement du pilotage ou aux compétitions sportives ; véhicules

Pays	Impôts[1]	Critères permettant de déterminer l'assiette et le montant de l'impôt	Allégements/exonérations[2]
	titre duquel les propriétaires de véhicules dont le taux d'émissions de CO_2 dépasse un seuil compris entre 250 g/km (véhicules dont la première immatriculation a eu lieu en 2009) et 190 g/km (véhicules dont la première immatriculation a eu lieu à partir de 2012) doivent s'acquitter d'une taxe annuelle de 160 EUR. Une **taxe annuelle sur les poids lourds** (anciennement « taxe à l'essieu ») s'applique aux véhicules suivants dont la masse en charge techniquement admissible est de 12 tonnes au moins : - véhicules dont la conception permet le transport de marchandises sans remorque ni semi-remorque (catégories N2 et N3 de l'UE) ; - ensembles de véhicules composés d'un tracteur et d'une ou plusieurs semi-remorques (catégorie O de l'UE) ; - remorques dont le poids en charge techniquement admissible est d'au moins 16 tonnes. Le montant de la taxe est déterminé en fonction du nombre d'essieux, de la charge maximale techniquement admissible du véhicule, exprimée en tonnes, et de la présence ou de l'absence d'un système de suspension pneumatique.		affectés à des organisations à but non lucratif ou d'intérêt général ; véhicules affectés à une entreprise individuelle. - Véhicules fonctionnant exclusivement à l'électricité, à l'hydrogène ou aux deux à la fois ; véhicules dont la source d'énergie est un ou plusieurs combustibles non fossiles (en particulier le gaz naturel et le gaz de pétrole liquéfié), y compris lorsque cette combinaison comprend de l'essence ou du superéthanol, sous réserve d'un seuil maximal d'émissions de CO_2 (ou d'un seuil de puissance fixé par l'administration). Les exonérations de la taxe annuelle sur les émissions de CO_2 indiquées ci-dessus s'appliquent également à la taxe annuelle sur l'ancienneté, à l'exception de la dernière, qui est subordonnée au respect d'un seuil d'émissions de CO_2. **Exonérations :** - Véhicules affectés à la défense nationale, à la sécurité intérieure ou à l'entretien des routes ; véhicules affectés au transport intérieur dans les limites des chantiers de construction ; véhicules de collection ; véhicules affectés au transport de marchandises dans le cadre d'activités de cirque et de foire ; véhicules utilisés par des écoles d'équitation ou des agriculteurs pour le transport des récoltes.
Grèce	Une **taxe annuelle de circulation applicable aux voitures de tourisme** immatriculées pour la première fois en Grèce/dans l'Union européenne/dans l'Espace économique européen le 31 décembre 2010 au plus tard, ainsi qu'aux motocycles et aux tricycles, quelle que soit leur date d'immatriculation, s'applique sur la base de la cylindrée comme suit : Première immatriculation avant 2000, de 22 EUR à 1 230 EUR. Première immatriculation entre 2001 et 2005, de 22 EUR à 1 260 EUR. Première immatriculation à partir de 2006, de 22 EUR à 1 380 EUR. Pour les voitures de tourisme dont la première immatriculation en Grèce/dans l'Union européenne/dans l'Espace économique européen a eu lieu entre le 1er novembre 2010 et le 31 décembre 2020, le montant de la taxe est calculé en fonction des émissions de CO_2 et s'échelonne entre 0 EUR et 3.72 EUR par gramme de CO_2. Pour les voitures de tourisme dont la première immatriculation en Grèce/dans l'Union européenne/dans l'Espace économique européen est postérieure au 1er janvier 2021, le montant de la taxe est calculé en fonction des émissions de	Cylindrée Émissions de CO_2 Propulsion électrique Masse brute (camions) Nombre de sièges (bus)	Les principales exonérations concernent : Voitures appartenant aux pouvoirs publics, aux municipalités, aux hôpitaux publics, aux caisses de sécurité sociale ; voitures appartenant au Compte spécial pour les subventions de recherche ; voitures appartenant à des personnes handicapées ; voitures appartenant à des parents d'enfants handicapés et utilisées pour le transport de ces derniers. Voitures électriques et à hydrogène dont la première immatriculation en Grèce/dans l'Union européenne/dans l'Espace économique européen a eu lieu au plus tard le 31 octobre 2010 ; motocycles électriques et à hydrogène ; voitures hybrides d'une cylindrée de 1 549 cm^3 maximum et immatriculées au plus tard le 31 octobre 2010.

Pays	Impôts[1]	Critères permettant de déterminer l'assiette et le montant de l'impôt	Allégements/exonérations[2]
	CO_2 et s'échelonne entre 0 EUR et 2.85 EUR par gramme de CO_2. Pour les voitures particulières affectées au transport public de passagers ayant été immatriculées en Grèce/dans l'Union européenne/dans l'Espace économique européen pour la première fois au plus tard le 31 octobre 2010, le montant de la taxe est de 290 EUR. Pour les voitures particulières affectées au transport public de passagers immatriculées entre le 1er novembre 2010 et le 31 décembre 2021, le montant de la taxe est calculé en fonction des émissions de CO_2 et s'échelonne entre 0 EUR et 2.80 EUR par gramme de CO_2. Pour les voitures particulières affectées au transport public de passagers immatriculées après le 1er janvier 2022, le montant de la taxe est calculé en fonction des émissions de CO_2 et s'échelonne entre 0 EUR et 2 EUR par gramme de CO_2. Pour les camions et les camions à deux roues, le montant de la taxe dépend du poids brut et, pour les autobus, du nombre de places. Pour les voitures particulières hybrides à usage privé dont la cylindrée est supérieure à 1 549 cm^3 qui ont été immatriculées en Grèce/dans l'Union européenne/dans l'Espace économique européen pour la première fois au plus tard le 31 octobre 2010, le montant de la taxe correspond à 60 % de la taxe annuelle de circulation applicable aux voitures de tourisme appartenant à la catégorie concernée de voitures classiques. Pour les motocycles et les tricycles hybrides à usage privé dont la cylindrée est supérieure à 1 549 cm^3, quelle que soit la date de leur immatriculation en Grèce/dans l'Union européenne/dans l'Espace économique européen, le montant de la taxe correspond à 60 % de la taxe annuelle de circulation applicable aux motocycles et aux tricycles appartenant à la catégorie concernée de motocycles classiques. Pour les voitures particulières hybrides à usage public dont la cylindrée est supérieure à 1 929 cm^3 qui ont été immatriculées en Grèce/dans l'Union européenne/dans l'Espace économique européen pour la première fois au plus tard le 31 octobre 2010, le montant de la taxe correspond à 50 % de la taxe annuelle de circulation applicable aux voitures particulières affectées au transport public de passagers appartenant à la catégorie concernée de voitures classiques. Pour les motocycles et les tricycles hybrides à usage public dont la cylindrée est supérieure à 1 929 cm^3, quelle que soit la date de leur immatriculation en Grèce/dans l'Union européenne/dans l'Espace économique européen, le montant de la taxe correspond à 50 % de la taxe annuelle de circulation		Voitures de tourisme dont la première immatriculation en Grèce/dans l'Union européenne/dans l'Espace économique européen a eu lieu entre le 1er novembre 2010 et le 31 décembre 2020 et dont les émissions de CO_2 sont inférieures ou égales à 90 g/km ; voitures de tourisme dont la première immatriculation en Grèce/dans l'Union européenne/dans l'Espace économique européen a eu lieu à partir du 1er janvier 2021 et dont les émissions de CO_2 sont inférieures ou égales à 122 g/km. Motocycles et tricycles hybrides à usage privé d'une cylindrée de 1 549 cm^3 maximum ; motocycles et tricycles hybrides à usage public d'une cylindrée de 1 949 cm^3 maximum. Véhicules spécifiques détenus et utilisés par des organisations d'utilité publique dont les membres sont bénévoles. Véhicules de collection (voitures, bus, motocycles) en circulation depuis plus de 45 ans. Les voitures et motocycles titulaires d'un permis de circulation en cours de validité peuvent être importés, pendant une période limitée n'excédant pas six mois par an, suivant la procédure douanière d'importation temporaire.

Pays	Impôts[1]	Critères permettant de déterminer l'assiette et le montant de l'impôt	Allégements/exonérations[2]
	applicable aux motocycles et aux tricycles appartenant à la catégorie concernée de motocycles classiques. Pour les voitures particulières hybrides ayant été immatriculées en Grèce/dans l'Union européenne/dans l'Espace économique européen pour la première fois après le 1er novembre 2010, le montant de la taxe est calculé en fonction des émissions de CO_2. Pour les voitures particulières électriques et à hydrogène à usage privé et public ayant été immatriculées en Grèce/dans l'Union européenne/dans l'Espace économique européen pour la première fois après le 1er novembre 2010, le montant de la taxe est calculé en fonction des émissions de CO_2. Le montant de la taxe s'échelonne en fonction de la cylindrée : entre 50 EUR et 200 EUR pour les voitures de collection ; entre 25 EUR et 50 EUR pour les motocycles de collection ; entre 22 EUR et 1 230 EUR pour les véhicules individuels de construction spéciale.		
Hongrie	L'**impôt sur les véhicules à moteur** est prélevé en fonction de la puissance du moteur (en kW) dans le cas des voitures particulières et des motocycles. Il est calculé en fonction du poids à vide pour ce qui est des autobus, des semi-remorques et des autocaravanes. Dans le cas des camions, la base imposable est le poids net augmenté de 50 % du poids de la cargaison. Le montant dû est compris entre 140 HUF et 345 HUF par kW pour les voitures particulières et les motocycles selon l'âge du véhicule (plus il est vieux, plus le montant dû est faible). Il s'élève à 850 HUF par tranche de 100 kg de la base imposable dans le cas des camions, des autobus et des semi-remorques équipés d'essieux qui préservent la chaussée. Pour les autres camions et remorques, le montant dû est de 1 380 HUF par tranche de 100 kg.	Cylindrée Poids (camions) Type d'essieu (véhicules lourds) Propulsion électrique	Sont exonérés : les véhicules détenus par des organismes publics ou des organisations religieuses ; les véhicules détenus par des organismes sociaux et fondations non redevables de l'impôt sur les bénéfices ; les véhicules de transport public ou de lutte contre les incendies ; les véhicules détenus par des personnes atteintes d'un handicap grave ou par des personnes qui assurent le transport régulier de personnes atteintes d'un tel handicap, jusqu'à 13 000 HUF ; les voitures particulières non polluantes. L'exonération concerne un seul véhicule, dont la puissance du moteur ne doit pas dépasser 100 kW.
Irlande	La **taxe de circulation appliquée aux voitures de tourisme** est fondée sur les émissions de CO_2. Son montant est compris entre 120 EUR (pour 0 gramme de CO_2 émis par kilomètre) et 2 350 EUR (au-dessus de 225 g/km). La taxe sur les véhicules utilitaires est assise sur le poids net : son montant est compris entre 333 EUR (< 3000 kg) et 5 195 EUR (> 20 000 kg).	Émissions de CO_2 Poids (véhicules utilitaires) Propulsion électrique	Les véhicules à propulsion électrique : montant forfaitaire de 120 EUR (véhicules particuliers) ou 92 EUR (véhicules utilitaires d'un poids inférieur ou égal à 1 500 kg.

Pays	Impôts[1]	Critères permettant de déterminer l'assiette et le montant de l'impôt	Allégements/exonérations[2]
Islande	Une **redevance d'élimination** de 900 ISK est levée tous les six mois sur la totalité des véhicules, pendant quinze ans à compter de la date de la première immatriculation en Islande, sauf si le véhicule a 25 ans révolus au début de l'année du paiement. Il s'agit d'une taxe environnementale censée financer l'élimination du véhicule à la fin de sa vie utile. À la mise au rebut du véhicule, le propriétaire reçoit une prime de 20 000 ISK. Les véhicules diesel de plus de 10 tonnes sont soumis à une taxe spéciale dont le montant est calculé sur la base du poids du véhicule et du nombre de kilomètres parcourus. Les propriétaires de véhicules diesel de moins de 10 tonnes ne sont pas redevables d'une telle taxe. Les voitures particulières sont soumises à une **taxe semestrielle de circulation** dont la base d'imposition est le niveau d'émission de dioxyde de carbone déclaré par le constructeur pour une combinaison de cycles de circulation urbaine et routière. En l'absence de données sur les émissions, le montant dû dépend du poids du véhicule. Le montant de la taxe routière semestrielle est de 158 ISK par gramme de CO_2 émis au-delà de 121 grammes, en supplément du montant forfaitaire minimal égal à 7 540 ISK.	Poids Distance Émissions de CO_2	
Israël	Une **vignette annuelle** est due par les propriétaires de voitures particulières et utilitaires d'un poids inférieur ou égal à 3.5 tonnes. Les véhicules sont classés en sept groupes (généralement sur la base du prix). Le montant de la redevance annuelle, qui dépend de l'année de construction et du groupe auquel appartient le véhicule, est compris entre 739 et 4 671 ILS. Il est différent pour les véhicules utilitaires à propulsion diesel de plus de 3.5 tonnes.	Prix Âge Catégorie	Véhicules détenus par des personnes handicapées, des agents diplomatiques, des organes du Système des Nations Unies ou certaines œuvres caritatives.
Italie	**Taxe annuelle sur la détention** : entre 2.58 EUR par kW et 4.95 EUR par kW selon la cylindrée et le niveau d'émissions polluantes. Le tarif national peut être modifié par les autorités régionales. Une surtaxe sur l'usage des voitures et véhicules réservés au transport de personnes ou de marchandises s'applique lorsque la puissance du moteur dépasse 185 kW, à hauteur de 20.00 EUR par kW supplémentaire. Elle est réduite de 40 %, 70 % et 85 % pour les véhicules construits depuis plus de	Puissance du moteur Émissions polluantes Propulsion électrique	Sont exonérés les véhicules de plus de 30 ans ; les autres véhicules de plus de 30 ans sont soumis à une taxe forfaitaire s'ils circulent encore sur la voie publique. Les véhicules âgés de 20 à 29 ans qui présentent une valeur historique ou de collection bénéficient d'un allégement de 50 % de l'impôt sur les véhicules à moteur sur présentation d'un certificat attestant de leur intérêt historique. Dans nombre de régions, les véhicules à propulsion électrique, GPL et

Pays	Impôts[1]	Critères permettant de déterminer l'assiette et le montant de l'impôt	Allégements/exonérations[2]
	cinq, dix et quinze ans respectivement.		GNV sont exonérés de la taxe sur la détention de véhicules à hauteur de 100 % au cours des cinq premières années (à compter de la date de la première immatriculation) ; et à 75 % les années suivantes. Les véhicules réservés aux personnes handicapées sont exonérés en totalité.
Japon	Une **taxe (nationale) sur le tonnage des véhicules à moteur** frappe les véhicules privés et utilitaires selon le barème suivant : pour les véhicules de transport de personnes, entre 4 100 JPY et 6 300 JPY par demi-tonne (entre 2 600 JPY et 2 800 JPY) ; pour les camions, entre 3 300 JPY et 6 300 JPY par demi-tonne (entre 2 600 JPY et 2 800 JPY). À l'échelle des préfectures, une **taxe automobile** fondée sur la cylindrée frappe les véhicules utilitaires selon le barème suivant : pour les véhicules de transport de personnes, entre 25 000 JPY et 110 000 JPY (entre 7 500 JPY et 40 700 JPY) ; pour les camions (charge maximale de 4 à 5 tonnes) : 25 500 JPY (18 500 JPY), pour les autobus (capacité de 41 à 50 voyageurs) : 49 000 JPY (17 500 JPY). À l'échelle locale, il existe une **taxe sur les véhicules légers** et les motocycles, calculée suivant la cylindrée et certaines normes.	Poids Cylindrée Incidences sur l'environnement (y compris propulsion électrique/pile à combustible)	Des allégements de la taxe sur le tonnage des véhicules à moteur sont prévues, notamment pour les véhicules ayant un faible impact sur l'environnement, les autobus et taxis accessibles à tous et les camions équipés d'un dispositif de freinage anticollision. Un remboursement de la taxe sur le tonnage des véhicules à moteur est prévu pour les véhicules d'occasion dûment mis au rebut ou détruits par certaines catastrophes naturelles avant la date d'expiration de la période de validité du certificat d'inspection. Des allégements de la taxe sur le tonnage des véhicules à moteur sont prévues, notamment pour les véhicules ayant un faible impact sur l'environnement.
Lettonie	La **taxe annuelle sur les voitures particulières** est calculée en fonction des émissions de CO_2 pour les véhicules immatriculés pour la première fois après le 31 décembre 2008. Les émissions de CO_2 des voitures particulières immatriculées pour la première fois à partir de 2021 sont calculées conformément à la norme WLTP. Pour les voitures immatriculées entre 2005 et 2008, le montant dû est établi en fonction du poids brut, de la cylindrée et de la puissance maximale. Pour les voitures particulières immatriculées avant 2005, la taxe est calculée uniquement suivant le poids brut. La **taxe annuelle sur les motocycles** est associée à la cylindrée du moteur. Dans le cas des **poids lourds**, le calcul tient compte du poids brut, du nombre	Émissions de CO_2 Poids (voitures particulières et poids lourds) Cylindrée (voitures particulières et motocycles) Puissance maximale du moteur (voitures particulières) Nombre d'essieux et type de suspension (poids lourds)	Les principales exonérations concernent : - les voitures, motocycles, tricycles ou quadricycles, dont le propriétaire, détenteur ou conducteur est une personne handicapée - les véhicules dont le propriétaire, détenteur ou conducteur est représentant diplomatique/consulaire ou représentant d'une organisation internationale ou jouit de privilèges ou immunités diplomatiques ou consulaires - les véhicules de secours d'urgence - les véhicules immatriculés ou en cours d'immatriculation en tant que

Pays	Impôts[1]	Critères permettant de déterminer l'assiette et le montant de l'impôt	Allégements/exonérations[2]
	d'essieux et, si le poids brut est supérieur à 12 tonnes, du type de suspension.	Propulsion électrique	véhicule de collection - les véhicules à propulsion électrique.
Lituanie	**Vignette sur les autobus et les poids lourds**. Le montant dû annuellement s'échelonne entre 304 EUR (autobus) et 1 071 EUR (poids lourds d'un PTAC supérieur à 12 tonnes).	Type de véhicule, catégorie, classe et groupe, classe par émissions, poids en charge.	Exonérations : véhicules utilisés par les pouvoirs publics ; véhicules spécialement aménagés pour les personnes handicapées (transport et conduite) ; véhicules des établissements de santé (ambulances, unités mobiles de soins intensifs) ; autobus des réseaux de lignes régulières (transports urbains et périurbains).
Luxembourg	**Taxe automobile** : il s'agit d'une taxe annuelle de circulation calculée en fonction des émissions de CO_2 (conformément à la norme WTLP) et de la catégorie de carburant utilisé : Montant dû = a * b * c ; où : a est la composante « émissions de CO_2 » ; b, un coefficient multiplicateur (0.9 dans le cas des voitures roulant au gazole, 0.6 dans les autres cas) ; et c, un coefficient multiplicateur additionnel « CO_2 » : 0.5 jusqu'à 90 g/km ; au-delà de 90 g/km : 0.5 augmenté de 0.1 pour chaque tranche de 10 g/km. Les véhicules électriques (VEB) sont soumis à une taxe forfaitaire de 30 EUR. Une taxe sur les poids lourds (également appelée « eurovignette ») est levée au titre de l'utilisation des routes sur les véhicules (camions) dont le poids brut est égal ou supérieur à 12 tonnes. Son montant dépend également des normes EURO applicables.	Émissions de CO_2 Type de carburant Propulsion électrique	Exonérations : véhicules destinés aux personnes handicapées ; véhicules de collection ; voitures utilisées par les pouvoirs publics ; voitures à propulsion électrique.
Mexique	À l'échelon fédéral, la taxe sur la détention de véhicules a été supprimée à compter de 2012. Les États peuvent appliquer une taxe sur la détention et/ou l'immatriculation périodique aux véhicules âgés de 10 ans maximum. La **taxe d'immatriculation** s'élève à 1 063 MXN en moyenne et la **taxe sur la détention** représente généralement entre 3.0 % et 19.1 % de la valeur du véhicule, selon la catégorie à laquelle celui-ci appartient et le nombre de passagers qu'il peut transporter.	Valeur Type de véhicule Nombre de passagers Propulsion électrique	Sont exonérés au niveau des États les véhicules hybrides et électriques affectés au transport public de voyageurs et, parfois ceux à usage spécial. Dans certains États, l'exonération peut atteindre 100 % quelle que soit la valeur du véhicule.

Pays	Impôts[1]	Critères permettant de déterminer l'assiette et le montant de l'impôt	Allégements/exonérations[2]
Norvège	La **taxe sur les assurances automobiles** remplace la taxe annuelle sur les véhicules à moteur depuis 2018. Montant journalier : 9.47 NOK pour les voitures diesel non équipées d'un filtre à particules par le constructeur et 8.12 NOK dans les autres cas ; 5.65 NOK pour les motos ; 1.31 NOK pour les cyclomoteurs, tracteurs, etc.	Type de véhicule Propulsion électrique Filtre à particules	Les véhicules électriques bénéficiaient d'un allégement jusqu'au 28 février 2022, mais sont imposés au taux standard depuis le 1er mars 2022.
Nouvelle-Zélande	**Droits périodiques d'immatriculation des véhicules**. La plupart des véhicules sont soumis au paiement de droits périodiques d'immatriculation qui autorisent leur circulation sur la voie publique pour une durée allant jusqu'à 12 mois. Le montant est calculé suivant le type de véhicule.	Type de véhicule	
Pays-Bas	**L'impôt sur les véhicules à moteur** est basé sur le poids et le type de carburant employé. À cela s'ajoute une surtaxe provinciale. Une taxe sur les poids lourds (également appelée « eurovignette ») frappe les véhicules (camions) d'un poids brut égal ou supérieur à 12 tonnes au titre de l'utilisation des routes nationales. Son barème repose sur les normes EURO (catégorie diesel).	Pour l'impôt sur les véhicules à moteur : Type de carburant consommé Poids Région (province) Émissions de CO_2 Pour la taxe sur les poids lourds : Nombre d'essieux Émissions polluantes	Les véhicules qui n'émettent pas de CO_2 bénéficient d'une exonération totale. Pour les véhicules à faible niveau d'émission (moins de 50 g/km), l'exonération est de 50 %. Autres véhicules bénéficiant d'exonérations : Ambulances (vétérinaires) ; véhicules utilisés par les brigades de pompiers ; véhicules utilisés par la police/l'armée ; véhicules funéraires ; véhicules affectés au nettoyage, à l'entretien ou à la construction des routes ; taxis et véhicules de plus de 40 ans. Autres régimes spéciaux : les camionnettes de livraison utilisées à des fins professionnelles au moins 10 % du temps et les minibus aménagés pour les personnes handicapées (transport et conduite) bénéficient d'allégements.
Pologne	Une **taxe annuelle sur les véhicules à moteur** est levée par les municipalités. Sont concernés les poids lourds d'un PTAC supérieur à 3.5 tonnes, les tracteurs routiers et lourds, les remorques et semi-remorques et les autobus.	Poids Type de véhicule Nombre de passagers (autobus)	Véhicules de transport de la force de réserve. Véhicules spéciaux ou à usage spécial. Véhicules de collection. Exonérations et taux réduits autres que ceux mentionnés, mis en place par les autorités locales.

Pays	Impôts[1]	Critères permettant de déterminer l'assiette et le montant de l'impôt	Allégements/exonérations[2]
Portugal	**Taxe annuelle levée par l'État et les municipalités** au titre de la détention d'un véhicule (réformée au 1er juillet 2007). Pour les véhicules de transport de personnes et les voitures à usage multiple d'un poids brut inférieur ou égal à 2.5 tonnes, le montant dû repose sur la capacité du moteur et les émissions de CO_2 si le véhicule a été immatriculé après la réforme, mais si l'immatriculation a été effectuée entre 1981 et l'adoption de la réforme, il dépend de la cylindrée du moteur (ou tension), de la date d'immatriculation et du type de carburant utilisé. Un **droit d'accise est perçu sur les camions** de plus de 2.5 tonnes affectés au transport public et privé de marchandises.	Cylindrée Émissions de CO_2 Propulsion électrique Poids Nombre d'essieux Type de véhicule et carburant Type de suspension	Sont exonérés les véhicules détenus par l'État (administrations centrales, régionales ou locales), les brigades de pompiers, des États étrangers, des missions diplomatiques et consulaires, des organisations internationales, des agences spécialisées européennes et des personnes handicapées ; véhicules saisis par l'État dans le cadre d'une procédure pénale. Sont également exonérés les ambulances, les véhicules de transport de voyageurs affectés à la location ou à des services de taxi, les véhicules utilisés par les sapeurs-forestiers, les tracteurs, les véhicules funéraires, les véhicules non motorisés à assistance électrique ou fonctionnant à l'aide des énergies renouvelables. Une exonération de 50 % est accordée pour les véhicules de catégorie C de plus de 3.5 tonnes utilisés exclusivement dans le cadre d'activités de divertissement itinérant ou des arts du spectacle. L'exonération est également accordée pour certains types de véhicules de plus de 30 ans, considérés comme présentant un intérêt historique et ne parcourant pas plus de 500 kilomètres par an.
République slovaque	L'**impôt sur les véhicules à moteur** s'applique uniquement aux véhicules immatriculés en République slovaque et utilisés dans le cadre d'activités commerciales au cours de l'exercice fiscal considéré. Son montant dépend du type du véhicule (voitures particulières) ; de son poids, de sa cylindrée, du nombre d'essieux (utilitaires et autobus) ; et du type de moteur. L'annexe de la loi instituant la taxe sur les véhicules à moteur recense environ 85 taux différents.	Usage Type de véhicule (voitures particulières) Poids Cylindrée (véhicules utilitaires et bus) Nombre d'essieux Type de moteur	**Exonérations** : véhicules utilisés par des agents diplomatiques et consulaires ; véhicules d'urgence (premiers secours) ; véhicules utilisés pour assurer des services publics (autobus) ; véhicules utilisés uniquement pour des activités agricoles ou forestières. Un **allégement** (50 %) est appliqué aux différents types de véhicules hybrides ; aux véhicules fonctionnant au GNV/GNL ; aux véhicules à hydrogène ainsi qu'aux véhicules ayant été utilisés au moins 60 fois dans le cadre d'un transport combiné. Cette réduction s'applique pendant une période de 108 mois à compter de la date de la première immatriculation du véhicule (à hauteur de 25 % les 36 premiers mois, de 20 % les 36 mois suivants et de 15 % les 36 mois restants). Le montant appliqué aux véhicules électriques est de 0 EUR.

Pays	Impôts[1]	Critères permettant de déterminer l'assiette et le montant de l'impôt	Allègements/exonérations[2]
			Le montant de la taxe est réduit durant la période de 108 mois suivant la date de la première immatriculation du véhicule (ou de 156 mois pour les bus et camions) : de 25 % les 36 premiers mois (50 % pour les bus et les camions), de 20 % les 36 mois suivants (40 % pour les bus et les camions), de 15 % les 36 mois suivants (30 % pour les bus et les camions), puis, pour les bus et les camions, de 20 % les 36 mois suivants et de 10 % les 12 mois restants. Les remorques bénéficient d'une réduction de 70 % quel que soit leur âge.
République tchèque	**Taxe routière** : À compter de 2022, la taxe routière ne s'applique qu'aux poids lourds immatriculés en République tchèque dont la masse maximale en charge techniquement admissible est supérieure à 3.5 tonnes, mais les véhicules sont effectivement taxés (à des taux supérieurs à zéro) jusqu'à un poids de 12 tonnes. Le montant de la taxe annuelle est fixé pour trois catégories de véhicules. Pour **les camions et les camionnettes**, le montant varie de 0 CZK à 14 000 CZK en fonction du nombre d'essieux et du poids admissible du véhicule en tonnes. Pour **les tracteurs de semi-remorque et de remorque**, le montant varie de 0 CZK à 24 200 CZK en fonction du nombre d'essieux et du poids maximal admissible de l'ensemble de véhicules en tonnes. Pour les **remorques (à l'exception des semi-remorques)**, il est de 0 CZK (pour les remorques d'un poids maximal admissible inférieur à 12 tonnes) ou de 3 600 CZK. Les **semi-remorques** ne sont pas imposables en soi, mais à travers la taxe prélevée sur les tracteurs. Les **véhicules à usage spécial** ne sont pas imposables. Le gouvernement tchèque envisage de supprimer la taxe routière frappant les véhicules de moins de 12 tonnes au titre de l'année 2022, avec effet rétroactif.	Poids maximal admissible du véhicule en tonnes Nombre d'essieux Poids maximal admissible de l'ensemble de véhicules en tonnes	Sont exonérés : Les véhicules équipés d'un avertisseur acoustique spécial complété par un voyant lumineux spécial bleu ou bleu et rouge inscrit sur le certificat technique du véhicule ; les véhicules des réserves de matériel de l'État, s'ils ne sont pas utilisés à des fins professionnelles. Les véhicules de catégorie O (remorques) si le contribuable concerné est le propriétaire du tracteur qui y est associé. Les véhicules destinés aux missions diplomatiques et aux bureaux consulaires (en cas d'accord réciproque) ; les prestataires de services médicaux, de services de secours en mine ou en montagne, si le certificat technique indique que le véhicule est une ambulance ou un véhicule de secours ; la Croix-Rouge tchèque, dans la mesure où la loi sur la protection de l'emblème et du nom de la Croix-Rouge et sur la Croix-Rouge tchécoslovaque prévoit une exonération, ou le propriétaire ou le gestionnaire de la voirie, ou une personne habilitée par ces derniers, si le véhicule est utilisé exclusivement pour assurer la praticabilité de la voirie. Les véhicules exclusivement affectés au transport combiné ferroviaire ou fluvial bénéficient d'un allègement (de 25 % à 100 %).
Royaume-Uni	Dans le cas des poids lourds, le **droit d'accise sur les véhicules (VED)** est établi en fonction du nombre d'essieux, du poids et du type de véhicule. Il est établi en fonction du nombre de places pour les autobus, et selon un taux standard pour les fourgonnettes. Un allègement est toutefois accordé aux	Type de véhicule Émissions de CO_2 Type de carburant	Sont exonérés les véhicules destinés aux personnes handicapées, les véhicules de collection âgés de 40 ans ou plus, les véhicules à usage limité, les engins agricoles, les tondeuses, les véhicules à vapeur, les véhicules à propulsion électrique et les cycles à assistance électrique.

Pays	Impôts[1]	Critères permettant de déterminer l'assiette et le montant de l'impôt	Allégements/exonérations[2]
	fourgonnettes répondant à la norme EURO 4 dont la première immatriculation a eu lieu entre le 1er mars 2003 et le 31 décembre 2006, ainsi qu'à celles répondant à la norme EURO 5 dont la première immatriculation a eu lieu entre le 1er janvier 2009 et le 31 décembre 2010. Pour les voitures immatriculées entre le 1er mars 2001 et le 30 mars 2017 sur la base d'un certificat d'approbation type indiquant le niveau d'émission de dioxyde de carbone (CO_2), le montant dû est calculé en fonction de la quantité de CO_2 rejetée et du type de carburant consommé suivant un barème composé de 13 tranches, allant de A à M, la tranche A correspondant aux véhicules les moins polluants, et la tranche M à ceux qui émettent le plus de CO_2 (pour plus de précisions, consulter www.direct.gov.uk/Motoring). Pour les voitures immatriculées à compter du 1er avril 2017 sur la base d'un certificat d'approbation type indiquant le niveau d'émission de dioxyde de carbone (CO_2), le montant dû au titre de la première licence est calculé en fonction de la quantité de CO_2 rejetée et du type de carburant consommé. Concernant la seconde licence, les voitures dont le prix de vente excède 40 000 GBP sont soumises à une majoration du droit d'accise sur les véhicules, tandis que le taux normal s'applique aux voitures dont le prix de vente est inférieur à ce seuil. Les voitures de tourisme qui ne relèvent pas de ce dispositif sont soumises à un système de seuil : le montant du droit annuel diffère selon que la cylindrée est inférieure ou égale à 1 549 cm³, ou supérieure à 1 549 cm³.	Propulsion électrique	Les véhicules appartenant aux services d'intervention d'urgence, tels que les ambulances, les camions de pompiers ou les voitures de police, sont exonérés de ce droit d'accise, de même que ceux qui appartiennent à des organismes publics.
Slovénie	Les propriétaires de véhicules à moteur et de remorques s'acquittent d'un **impôt de circulation** une fois par an, au moment du renouvellement du certificat d'immatriculation. Moyennant versement d'un droit annuel, tout véhicule immatriculé est autorisé à circuler sur la voie publique pendant une période de 12 mois. Le montant de cet impôt dépend de la catégorie à laquelle appartient le véhicule et est proportionnel à la durée de la période d'immatriculation pour une année donnée. Les propriétaires de véhicules à moteur des catégories M1, N1 et L2e s'acquittent d'un droit de radiation deux ans après la radiation du véhicule puis tous les ans à la même date,	Cylindrée Puissance du moteur Poids Émissions polluantes Propulsion électrique Type de suspension Nombre de sièges	Sont exonérés : les véhicules fonctionnant exclusivement à l'électricité, les tracteurs et remorques, les motocycles, les tricycles d'une cylindrée inférieure ou égale à 50 cm³ et les quadricycles légers, les remorques légères d'un PTAC inférieur ou égal à 750 kg, les véhicules à moteur de l'armée slovène, de la protection civile, des services de secours en montagne, du « laboratoire écologique », les véhicules des unités mobiles, de la police et des sapeurs- pompiers, les ambulances, les véhicules à moteur

Pays	Impôts[1]	Critères permettant de déterminer l'assiette et le montant de l'impôt	Allégements/exonérations[2]
	pendant les 10 années qui suivent la dernière radiation. Le montant dû correspond à 25 % de la taxe de circulation, mais est plafonné à 25 EUR. Pour les tricycles à moteur électrique, il s'élève à 20 EUR.		et les remorques immatriculés au nom de missions diplomatiques et consulaires, les véhicules de certaines organisations internationales et les véhicules affectés au transport de personnes handicapées. Allégement accordé aux camions à faible niveau d'émissions : camions de la catégorie N1 : allégement au titre de la norme EURO 5 (- 25 %), EURO 6 et au-delà (-35 %) ; à l'inverse, majoration au titre de EURO 3 (+10 %), EURO 2 (+20 %), EURO 1 (+30 %) et EURO 0 ou en- deçà (+40 %). Camions des catégories N2, N3 et autobus (M., M.) : allégement au titre de EURO 5 (-25 %), EURO 6 et au-delà (-35 %) ; à l'inverse, majoration au titre de EURO 3 (+10 %), EURO 2 (+20 %), EURO 1 (+30 %) et EURO 0 ou en-deçà (+40 %) ; allégement pour les autobus et camions à suspension pneumatique (-15 %). Allégement pour les véhicules de collection (-80 %) et les véhicules acquis pour le transport de familles d'au moins quatre enfants (-50 %).
Suède	La **taxe annuelle de circulation** est calculée suivant les émissions de CO_2 pour les voitures mises en circulation à compter de 2006, pour les véhicules plus anciens au moins conformes aux normes d'émission EURO 4, ainsi que pour les autocaravanes, véhicules légers et autobus légers mis en circulation à compter de 2011. Cette taxe est composée d'un tarif de base de 360 SEK auquel s'ajoutent 22 SEK par gramme de CO2 émis par le véhicule au-delà de 111 g/km. Si le véhicule peut fonctionner au diesel, le montant obtenu est multiplié par 2.37. Dans le cas des véhicules à carburants alternatifs, la taxe est de 360 SEK, plus 11 SEK par gramme de CO2 émis au-delà de 111 g/km. Les véhicules neufs qui émettent une grande quantité de CO_2, dont la mise sur le marché a eu lieu en 2018 ou après et qui ont été pour la première fois imposables après le 1er juillet 2018 sont frappés d'un montant plus élevé pendant les trois premières années. Pour les véhicules qui roulent à l'essence, cette taxe est composée d'un tarif de base de 360 SEK auquel s'ajoutent 107 SEK par gramme de CO_2 émis au-delà du seuil de 90 g/km, jusqu'à 130 g/km, puis 132 SEK par gramme émis au-delà de 130 g/km. Si le véhicule peut fonctionner au diesel, le montant obtenu est multiplié par 13.52 et augmenté de 250 SEK. Au terme des trois premières années, le montant qui dépend des émissions de CO_2 est fixé à 22 SEK par gramme au-delà de 111 g/km.	Poids Émissions de CO_2 Type de carburant. Propulsion électrique Consommation d'électricité	Les voitures non polluantes sont exonérées de la taxe annuelle de circulation pendant les cinq premières années suivant leur mise en circulation. Cette règle ne s'applique plus qu'aux véhicules imposés pour la première fois à une date antérieure au 1er juillet 2018. De nouvelles dispositions sont entrées en vigueur le 1er juillet 2018 à l'égard des véhicules neufs qui ont été pour la première fois imposés avant cette date et dont le niveau d'émissions de CO2 les classe parmi les véhicules non polluants et leur permet de bénéficier d'une prime à l'achat. Cette exonération s'applique aux voitures, autocaravanes, véhicules utilitaires légers et autobus légers qui émettent proportionnellement peu de CO_2 par rapport à leur poids. Leurs émissions ne doivent pas dépasser la valeur obtenue à l'aide de la formule suivante : (95 + 0.0457 x (poids du véhicule en kg – 1 372)). Pour les véhicules à carburants alternatifs, la formule utilisée est (150 + 0.0457 x (poids du véhicule en kg – 1 372)). Les voitures électriques ne doivent pas consommer plus de 37 kWh pour 100 km.

Pays	Impôts[1]	Critères permettant de déterminer l'assiette et le montant de l'impôt	Allégements/exonérations[2]
	À compter du 1er juin 2022, les véhicules qui émettent plus de 75 g CO_2/km sont soumis au taux majoré durant les trois premières années et ceux qui émettent plus de 125 g CO_f/km_2/km sont imposés à hauteur de 132 SEK par gramme au cours de cette période de trois ans.		
Suisse	**Au niveau des cantons, une taxe annuelle sur les véhicules à moteur** est prélevée en fonction du poids ou de la cylindrée du véhicule. Au niveau fédéral, une redevance est généralement due au titre de **l'utilisation des routes suisses** (de première et deuxième classe) et perçue sous la forme d'une vignette qui coûte 40 CHF. Les véhicules à moteur et les remorques dont le poids total ne dépasse pas 3.5 tonnes sont en principe soumis à la vignette. Ce groupe comprend avant tout les véhicules de tourisme, les motocycles, les voitures de livraison, les remorques, etc. Pour les véhicules à moteur et les remorques dont le poids total excède 3.5 tonnes (véhicules lourds), la vignette est obligatoire dès lors qu'ils ne sont pas soumis à la redevance sur le trafic des poids lourds. Relèvent par exemple de cette catégorie les véhicules de travail lourds (camions-grues). La **redevance sur le trafic des poids lourds liée aux prestations (RPLP)** est calculée en fonction du poids total, des émissions polluantes et de la distance parcourue en Suisse. Elle est perçue sur tous les véhicules à moteur et remorques dont le poids total admissible est supérieur à 3.5 tonnes, qui sont affectés au transport de marchandises, qui sont immatriculés en Suisse ou à l'étranger et qui empruntent le réseau routier public suisse. Les véhicules ci-après qui sont utilisés sur le réseau routier public suisse sont soumis à une **redevance forfaitaire sur le trafic des poids lourds (RPLF)** perçue sous la forme d'une somme fixe : voitures de tourisme lourdes, voitures automobiles lourdes servant d'habitation (camping-cars) et caravanes, véhicules affectés au transport de personnes (autocars), tracteurs et chariots à moteur, véhicules à moteur de forains et de cirques, autres véhicules à moteur affectés au transport de marchandises dont la vitesse maximale ne dépasse pas 45 km/h.	Poids Cylindrée Kilométrage Émissions polluantes Propulsion électrique	**Taxe annuelle cantonale sur les véhicules à moteur** : les véhicules électriques et agricoles bénéficient généralement d'un taux réduit. **Utilisation des autoroutes suisses** : exonérations pour les véhicules de la police, des pompiers et des services d'ambulance. **RPLP et RPLF** : exonérations pour les véhicules de la police, des pompiers et des services d'ambulance, ainsi que pour les véhicules à usage agricole et forestier, les véhicules de collection et d'auto-école.

Pays	Impôts[1]	Critères permettant de déterminer l'assiette et le montant de l'impôt	Allégements/exonérations[2]
Türkiye	**Impôt sur les véhicules à moteur**. Cet impôt frappe les véhicules à moteur qui relèvent des barèmes prévus dans la loi y afférente et sont immatriculés auprès de l'administration correspondante. Il est réglé sous la forme de deux versements. Barèmes : les automobiles, camions polyvalents, véhicules utilisés hors route et véhicules et motocycles assimilés immatriculés après le 31 décembre 2017 relèvent du barème n° I, ceux qui sont immatriculés le 31 décembre 2017 ou avant cette date relèvent du barème n° I/A, les minibus, fourgonnettes, autocaravanes, bus et véhicules assimilés, de même que les camions, dépanneuses et véhicules assimilés relèvent du barème n° II, les avions et hélicoptères du barème n° IV. Par ailleurs, les véhicules relevant des barèmes n^{os} I, I/A et II et uniquement équipés de moteurs électriques sont imposées à hauteur de 25 % de l'impôt applicable aux véhicules du même type.	Poids Nombre de sièges Âge Valeur Type de véhicule Cylindrée Puissance du moteur	Les véhicules immatriculés au nom d'administrations du budget général, d'administrations du budget spécial, d'administrations de la sécurité sociale, d'administrations provinciales spéciales, de municipalités, de villages à titre de personne morale, du Croissant-Rouge turc et de personnes invalides et handicapées, ainsi que les véhicules appartenant à des ambassades et consulats d'États étrangers, à des ambassadeurs, à des chargés d'affaires, consuls, agents des ambassades et consulats qui sont citoyens de ce pays, à des comités internationaux ayant leur siège en Türkiye et à des agents étrangers de ces comités, à des délégués et délégations qui se rendent en Türkiye pour une mission officielle et à des membres de ces délégations de nationalité étrangère sont exonérés de l'impôt sur les véhicules à moteur.

Notes :

1. Taxe sur les primes d'assurance non incluse.

2. Les allégements et exonérations indiqués dans ce tableau ne comprennent pas ceux accordés aux véhicules qui sont utilisés par les ambassades et autres missions diplomatiques, les organisations internationales ou qui relèvent d'un régime douanier particulier.

Source : Délégations nationales – Situation au 1er janvier 2022.

Tableau annexe 4.A.4. Impôts sur le supercarburant sans plomb (94-96 RON) (par litre, 1er trimestre 2022)

Pays		Prix hors taxe[1]		Accise[2]	Taux de TVA[3]	Montant de la TVA	Total de la taxe	Prix total		Total de la taxe en % du prix total
	Monnaie	Monnaie nationale	USD	Monnaie nationale	En pourcentage	Monnaie nationale	Monnaie nationale	Monnaie nationale	USD	
Allemagne*	EUR	0.856	0.961	0.720	19.00	0.299	1.019	1.875	2.105	54.4
Australie	AUD	1.351	0.977	0.442	10.00	0.179	0.621	1.972	1.427	31.5
Autriche*	EUR	0.805	0.904	0.489	20.00	0.259	0.748	1.553	1.743	48.2
Belgique	EUR	0.851	0.955	0.579	21.00	0.300	0.879	1.730	1.943	50.8
Canada*	CAD	1.264	0.998	0.435	5.00	0.085	0.520	1.784	1.409	29.1
Chili*	CLP	667.951	0.826	240.978	19.00	126.911	367.889	1035.840	1.281	35.5
Colombie*	COP	Note pays		499.50	19.0					
Corée	KRW	1174.340	0.974	632.430	10.00	180.677	813.107	1987.447	1.649	40.9
Costa Rica	CRC	521.740	0.812	270.6	0.21	1.664	272.264	794.004	1.236	34.3
Danemark*	DKK	7.394	1.115	4.675	25.00	3.017	7.692	15.086	2.275	51.0
Espagne*	EUR	0.871	0.978	0.473	21.00	0.282	0.755	1.626	1.826	46.4
Estonie	EUR	0.853	0.958	0.563	20.00	0.283	0.846	1.699	1.908	49.8
États-Unis*	USD	0.936	0.936	0.117	-	-	0.155	1.091	1.091	14.2
Finlande*	EUR	0.905	1.016	0.722	24.00	0.390	1.112	2.017	2.265	55.1
France*	EUR	0.821	0.922	0.691	20.00	0.302	0.994	1.815	2.037	54.8
Grèce	EUR	0.830	0.932	0.700	24.00	0.367	1.067	1.897	2.130	56.3
Hongrie	HUF	261.594	0.806	115.557	27.00	101.831	217.388	478.982	1.475	45.4
Irlande	EUR	0.797	0.895	0.657	23.00	0.334	0.991	1.788	2.008	62.3
Islande*	ISK	131.440	1.026	89.4	24.00	53.002	142.402	273.842	2.138	52.0
Israël	ILS	2.725	0.852	3.129	17.00	0.995	4.124	6.849	2.142	60.2
Italie	EUR	0.839	0.941	0.698	22.00	0.338	1.036	1.875	2.104	55.3
Japon*	JPY	99.130	0.853	56.600	10.00	15.573	72.173	171.303	1.474	42.1
Lettonie	EUR	0.817	0.917	0.524	21.00	0.282	0.806	1.623	1.822	49.6
Lituanie	EUR	0.827	0.928	0.466	21.00	0.272	0.738	1.565	1.756	47.1
Luxembourg*	EUR	0.827	0.928	0.528	17.00	0.230	0.758	1.585	1.780	47.8
Mexique*	MXN	Note pays								
Norvège*	NOK	9.259	0.934	6.730	25.00	3.997	10.727	19.986	2.259	53.7
Nouvelle-Zélande*	NZD	1.726	1.167	0.759	15.00	0.373	1.132	2.858	1.932	39.6
Pays-Bas	EUR	0.963	1.081	0.780	21.00	0.366	1.146	2.109	2.368	54.3
Pologne*	PLN	3.673	0.892	1.578	13.17	0.691	2.269	5.942	1.443	38.2
Portugal	EUR	0.839	0.942	0.644	23.00	0.341	0.985	1.824	2.048	54.0
République slovaque*	EUR	0.805	0.904	0.514	20.00	0.264	0.778	1.583	1.777	49.1
République tchèque	CZK	19.479	0.887	12.840	21.00	6.787	19.627	39.106	1.781	50.2
Royaume-Uni	GBP	0.68	0.913	0.58	20.00	0.252	0.832	1.512	2.029	55.0
Slovénie*	EUR	0.716	0.804	0.435	22.00	0.253	0.688	1.404	1.576	49.0
Suède*	SEK	9.285	0.995	6.539	25.00	3.956	10.495	19.780	2.119	53.1
Suisse	CHF	0.982	1.063	0.754	7.70	0.134	0.888	1.870	2.024	47.5
Türkiye	TRY	11.438	0.821	2.206	18.00	2.456	4.662	16.100	1.155	29.0

Notes :

* Notes par pays

1. Le prix hors taxe correspond au prix hors TVA et accise.

2. Les accises sont exprimées en monnaie locale par litre. Elles incluent toutes les taxes autres que la TVA perçues sur le produit. Dans le cadre de ce tableau, les paiements en faveur d'organismes spécifiques qui emploient tous les montants recouvrés pour accomplir des missions déterminées (constitution de stocks d'urgence, par exemple) ne sont pas considérés comme des « impôts » et sont donc inclus dans le prix hors taxe. Lorsque différents taux s'appliquent au même produit en fonction de sa teneur en soufre ou en biocarburant par exemple, le taux indiqué est celui applicable au carburant le plus couramment utilisé dans le pays, sous réserve d'éventuelles notes par pays. Les impôts indiqués dans ce tableau sont ceux applicables aux véhicules destinés un usage personnel (et non professionnel).
3. TPS pour l'Australie, le Canada et la Nouvelle-Zélande, taxes sur les ventes pour les États-Unis et taxe sur la consommation pour le Japon. TVA pour tous les autres pays.
4. Conversion de la monnaie nationale en USD : les taux de conversion sont les taux moyens du marché (T1 2022) publiés dans les Statistiques monétaires mensuelles de l'OCDE (stats.oecd.org).
Source : AIE (2022), base de données et documents sur les prix de l'énergie (en anglais uniquement), Agence internationale de l'énergie ; prix et taxes moyens au 1er trimestre 2022 : https://www.iea.org/data-and-statistics/data-product/energy-prices et https://www.iea.org/data-and-statistics/data-product/energy-prices#documentation.

Encadré annexe 4.A.2. Notes pays relatives au Tableau annexe 4.A.4 Impôts sur le supercarburant sans plomb (94-96 RON) (par litre, 1er trimestre 2022)

Allemagne. Le montant de l'accise indiqué comprend le droit d'accise (0.6545 EUR/l) et le prix des émissions de carbone (0.05962 EUR/l) applicable à l'essence sans plomb dont la teneur en soufre est inférieure ou égale à 10 mg/kg. Dans les autres cas, la composante accise s'élève à 0.6698 EUR par litre. ***Allégement temporaire :*** *afin de contrecarrer la hausse des coûts de l'énergie, les taux d'imposition de l'énergie applicables aux carburants principalement utilisés pour le transport routier sont ramenés, du 1er juin au 31 août 2022, au minimum prévu par la directive européenne sur la taxation de l'énergie. Dans le cas de l'essence sans plomb dont la teneur en soufre est inférieure ou égale à 10 mg/kg, le taux s'élève à 0.3590 EUR par litre.*

Australie. Les taux d'accises sont ajustés chaque année en février et en août. ***Allégement temporaire :*** *les droits d'accise et les droits de douane équivalents frappant l'essence, le gazole, ainsi que tous les autres carburants et produits pétroliers, à l'exception des carburants d'aviation, seront réduits de moitié durant six mois à compter du 30 mars 2022.*

Autriche. Le droit d'accise de 0.482 EUR par litre est applicable à l'essence sans plomb dont la teneur en biocarburant est de 4.6 % au minimum et la teneur en soufre inférieure ou égale à 10 mg/kg. Dans les autres cas, le droit d'accise s'établit à 0.515 EUR par litre.

Belgique. ***Allégement temporaire :*** *afin de contrecarrer la hausse des coûts de l'énergie, le montant des droits d'accise a été ramené de 0.600 EUR à 0.456 EUR par litre à compter du 19 mars 2022.*

Canada. Les taux d'accise tiennent compte des taxes fédérales et provinciales (le taux de l'accise fédérale est de 0.1 CAD par litre). Le taux de la TPS fédérale est de 5 %. Dans ce tableau, les taxes provinciales (y compris les taxes sur les ventes, la TVH et la TVQ) sont considérées comme faisant partie des droits d'accise et sont déterminées en soustrayant le montant de la TPS fédérale, calculé à l'aide du taux applicable au niveau fédéral, du total des taxes figurant sur le site web de RNCan (documents sur les prix de l'énergie de l'AIE, 2022). ***Allégement temporaire*** *: certaines provinces ont mis en place, en 2022, des mesures temporaires liées à l'imposition de l'essence.*

Chili. Le Mécanisme de stabilisation des prix du carburant (*Mecanismo de Estabilización de Precios de los Combustibles* ou MEPCO instauré en 2014 par la loi n° 20.765) a introduit une composante variable dans l'accise, qui est ajustée chaque semaine pour qu'elle se comporte soit comme une taxe, soit comme une taxe négative, l'objectif étant de stabiliser le prix à la consommation face aux fluctuations du prix sur le marché mondial. Contrairement à ce qui se passe dans d'autres pays de l'OCDE, la base de la TVA correspond uniquement au prix hors taxe et non à la somme du prix hors taxe et du droit d'accise.

Colombie. L'accise varie en fonction de la teneur en biocarburant : 549.90 COP/gal pour 2 % ; 538.68 COP/gal pour 4 % ; 516.23 COP/gal pour 8 % et 505.01 COP/gal pour 10 %. Le montant de la TVA compris dans le prix à la consommation résulte d'une analyse spécifique des bases d'imposition fondée, pour les carburants, sur les critères objectifs et subjectifs suivants : la base d'imposition à la TVA correspond (a) pour les producteurs ou importateurs, à la rémunération du producteur (*ingreso al productor, IP*); (b) pour les distributeurs grossistes et/ou industriels, à la rémunération du producteur ou du distributeur de carburant et d'alcool-carburant et/ou de biocarburant à concurrence de la part que le ministère des Mines et de l'Énergie autorise à transformer en carburant oxygéné, majorée de la marge de gros. Les coûts de transport ne sont pas compris dans la base d'imposition. Concernant les carburants dont la marge commerciale et la rémunération du producteur ne sont pas réglementées par le ministère des Mines et de l'Énergie, la base d'imposition correspond au prix de vente hors coût de transport par conduites. La TVA générée fait l'objet d'un droit à déduction en fonction de règles spécifiques.

Corée. ***Allégement temporaire** : la taxe sur les carburants a été réduite de 20 % du 12 novembre 2021 au 30 avril 2022, de 30 % du 1er mai 2022 au 30 juin 2022, puis de 37 % à compter du 1er juillet 2022 (la date à laquelle cette mesure prendra fin n'avait pas été arrêtée au moment de la publication du présent rapport).*

Costa Rica. Le pays n'applique pas de TVA sur les carburants routiers proprement dits, mais sur le coût du transport terrestre du produit : le montant de la TVA est calculé sur cette base.

Danemark. Le montant de l'accise est celui appliqué au carburant dont la teneur minimale en biocarburant est de 4.8 %. Il englobe le droit d'accise, l'écotaxe et la taxe sur les oxydes d'azote.

Espagne. Le montant de l'accise (0.473 EUR par litre) englobe le taux d'imposition général (0.401 EUR par litre) et le taux d'imposition spécial (0.072 EUR par litre). ***Allégement temporaire** : dans le cadre des mesures visant à contrecarrer la hausse des coûts de l'énergie, une subvention temporaire de 0.20 EUR par litre s'applique.*

États-Unis. Moyenne des taxes appliquées par l'État fédéral et par les États – il n'est pas appliqué de TVA. Les États et certaines autres administrations locales prélèvent toutefois des taxes sur les ventes, qui n'existent pas au niveau fédéral. Le calcul d'une taxe moyenne sur les ventes pour chaque produit énergétique commercial nécessiterait des données sur la consommation ventilées pour chaque produit, qui ne sont pas disponibles actuellement.

Finlande. Le montant de l'accise indiqué pour cette combinaison de carburants moyenne se compose des taxes sur l'énergie, des composantes carbone et de la redevance pour la constitution de stocks stratégiques.

France. En Corse, le taux appliqué est inférieur de 0.01 EUR/l. Un droit supplémentaire de 0.0073 EUR par litre au maximum peut être appliqué par les conseils régionaux (sauf en Corse) pour financer des infrastructures durables, ferroviaires ou fluviales. En Île-de-France, en revanche, le taux est majoré de 0.0102/l.

Hongrie. Le montant de l'accise dépend du cours du pétrole brut sur le marché mondial. Lorsque ce cours dépasse 50 USD le baril, l'accise s'établit à 124.145 HUF par litre (120 HUF par litre au titre du droit d'accise et 4.145 HUF par litre au titre de la redevance pour la constitution de stocks stratégiques). Lorsque le cours mondial du pétrole brut est inférieur ou égal à 50 USD, le montant de l'accise s'établit à 129.145 HUF par litre (125 HUF par litre au titre du droit d'accise et 4.145 HUF par litre au titre de la redevance pour la constitution de stocks stratégiques). ***Allégement temporaire** : le 28 février 2022, le droit d'accise a été minoré de 5 HUF par litre et le prélèvement de la redevance pour la constitution de stocks stratégiques a été suspendu ; le 10 mars, le droit d'accise a encore été diminué de 20 HUF par litre. Ces mesures devraient rester en vigueur jusqu'au 1er juillet 2022.*

Irlande. Le droit d'« accise » de 0.66 EUR par litre se compose de la taxe sur les huiles minérales, au taux de 0.63671 EUR, et d'un prélèvement de la National Oil Reserves Agency (NORA) au taux de 0.02 EUR par litre. Le 13 octobre 2021, le montant de la taxe sur les huiles minérales applicable à l'essence sans plomb a été porté à 0.63671 EUR par litre. Il a été ramené à 0.47411 EUR par litre le 10 mars 2022, puis à 0.46598 EUR par litre le 1er avril 2022.

Islande. L'accise de 89.4 ISK par litre inclut l'accise générale sur le carburant (30.2 ISK par litre), l'accise spéciale sur le carburant (48.7 ISK par litre) et la taxe carbone (10.5 ISK par litre).

Italie. Le montant du droit d'accise correspond à la moyenne pondérée du taux en vigueur entre le 1er janvier 2022 et le 21 mars 2022, soit 0.7284 EUR par litre, et de celui en vigueur entre le 22 mars 2022 et le 31 mars 2022, soit 0.4784 EUR par litre.

Japon. Essence ordinaire sans plomb : le montant indiqué englobe la taxe sur l'essence (48.6 JPY/l), la taxe locale sur l'essence (5.2 JPY/l) et la taxe sur le pétrole et le charbon (2.8 JPY/l). Les prix et taxes sont indiqués pour la préfecture de Tokyo.

Lettonie. Depuis le 1er janvier 2020, le droit d'accise applicable à l'essence sans plomb s'établit à 0.509 EUR par litre. À compter du 1er janvier 2022, la redevance destinée à financer la constitution de stocks stratégiques s'élève à 0.014 EUR par litre.

Mexique. Les données relatives aux prix ne sont pas disponibles dans les statistiques de l'AIE. Il n'existe pas d'accise ad quantum. Une taxe spéciale (*Impuesto Especial sobre Producción y Servicios*), correspondant à un pourcentage du prix de gros du produit, est appliquée. Elle est incluse dans le prix hors taxe.

Norvège. Le montant de l'accise indiqué englobe la taxe de circulation et la taxe carbone.

Nouvelle-Zélande. Le montant de l'accise indiqué inclut la taxe pour le Fonds national pour les transports terrestres (National Land Transport Fund), la redevance sur les carburants (Petroleum or Engine Fuel Monitoring Levy) et la taxe locale sur les carburants et combustibles (Local Authority Fuel Tax).

Pays-Bas. L'essence est frappée d'une taxe destinée à financer la constitution de stocks, qui n'est pas incluse dans le taux de l'accise indiqué. ***Allégements temporaires*** *: afin de contrecarrer la hausse des coûts de l'énergie, le droit d'accise applicable à l'essence sans plomb a été ramené de 823.71 EUR à 650.71 EUR par 1 000 litres le 1er avril 2022. Cette mesure devrait rester en vigueur jusqu'au 31 décembre 2022.*

Pologne. Le montant de l'accise indiqué englobe le droit d'accise, la redevance sur les carburants et la redevance sur les émissions. ***Allégement temporaire*** : pour contrecarrer la hausse des coûts de l'énergie, le taux de TVA applicable à certains carburants a été ramené à 8 % et le droit d'accise au minimum autorisé par l'UE (1 413 PLN par 1 000 litres).

République slovaque. Le droit d'accise s'élève à 0.514 EUR par litre.

Slovénie. La situation au 1er janvier 2022 était la suivante : l'accise de 445.49 EUR par 1 000 litres inclut le droit d'accise de 377.49 EUR, une redevance de 12.22 EUR pour la constitution de stocks stratégiques, une surtaxe sur l'essence de 7.36 EUR au titre de l'efficacité de l'utilisation finale de l'énergie ; une surtaxe sur l'essence de 9.11 EUR pour la promotion de la production d'électricité à partir de sources d'énergie renouvelables et de la cogénération de haute efficience, et une taxe carbone de 39.79 EUR. ***Allégement temporaire*** *au titre des mesures visant à contrecarrer la hausse des coûts de l'énergie (situation au 5 juillet 2022) : le montant de 371.22 EUR par 1 000 litres comprend le droit d'accise de 359 EUR et une redevance pour la constitution de stocks stratégiques de 12.22 EUR.*

Suède. Le montant de l'accise inclut la taxe sur l'énergie (4.180 SEK par litre) et la taxe carbone (2.640 SEK par litre). ***Allégement temporaire*** *: à compter du 1er mai 2022, la taxe sur l'énergie applicable à l'essence a été réduite de 1.45 SEK par litre (dont 1.05 SEK par litre au titre d'une réduction temporaire en vigueur de mai à octobre 2022).*

Union européenne. La directive 2003/96/CE fixe les taux d'accise minima applicables aux produits énergétiques et à l'électricité.

Note : des différences mineures peuvent apparaître entre certains des montants indiqués dans les notes par pays et ceux repris dans le tableau. Elles peuvent s'expliquer par le fait que les instituts de statistique (dont proviennent les données figurant dans le tableau) et les autorités fiscales (don émanent les notes par pays) appliquent des méthodes de calcul différentes.

Tableau annexe 4.A.5. Impôts sur le gazole (par litre, 1er trimestre 2022)

Pays		Prix hors taxe[1]		Accise[2]	Taux de TVA[3]	Montant de la TVA	Total de la taxe	Prix total		Total de la taxe en % du prix total
	Monnaie	Monnaie nationale	USD	Monnaie nationale	En pourcentage	Monnaie nationale	Monnaie nationale	Monnaie nationale	USD	
Allemagne*	EUR	0.982	1.102	0.550	19.00	0.291	0.841	1.823	2.047	46.1
Australie	AUD	1.217	0.880	0.442	10.00	0.166	0.608	1.825	1.320	33.3
Autriche*	EUR	0.901	1.012	0.405	20.00	0.261	0.666	1.567	1.759	42.5
Belgique	EUR	0.925	1.038	0.579	21.00	0.316	0.895	1.820	2.043	49.2
Canada*	CAD	1.237	0.977	0.377	5.00	0.081	0.458	1.695	1.338	27.0
Chili*	CLP	654.100	0.809	37.186	19.00	124.279	161.465	815.565	1.009	19.8
Colombie*	COP	Note pays		253.731	5 %					
Corée	KRW	1038.500	0.862	423.000	10.00	146.150	569.150	1607.650	1.334	35.4
Costa Rica	CRC	Note pays								
Danemark*	DKK	7.116	1.073	3.255	25.00	2.593	5.848	12.964	1.955	45.1
Espagne*	EUR	0.892	1.001	0.379	21.00	0.267	0.646	1.538	1.727	42.0
Estonie	EUR	0.957	1.074	0.372	20.00	0.266	0.638	1.595	1.790	40.0
États-Unis*	USD	0.974	0.974	0.137	-	..	0.161	1.135	1.135	14.2
Finlande*	EUR	1.094	1.228	0.513	24.00	0.386	0.899	1.993	2.237	45.1
France*	EUR	0.866	0.972	0.609	20.00	0.295	0.904	1.770	1.987	51.1
Grèce	EUR	0.940	1.055	0.410	24.00	0.324	0.734	1.674	1.879	43.8
Hongrie	HUF	277.731	0.855	105.634	27.00	103.509	209.143	486.874	1.500	43.0
Irlande	EUR	0.834	0.936	0.555	23.00	0.319	0.874	1.708	1.918	51.2
Islande*	ISK	134.210	1.048	79.7	24	51.338	131.038	265.248	2.070	49.4
Israël	ILS	3.079	0.963	2.998	17.00	1.033	4.031	7.110	2.223	56.7
Italie	EUR	0.869	0.976	0.587	22.00	0.320	0.907	1.776	1.994	51.1
Japon*	JPY	105.291	0.906	34.900	10.00	10.809	45.709	151.000	1.300	34.0
Lettonie	EUR	0.815	0.915	0.430	21.00	0.261	0.691	1.506	1.691	45.9
Lituanie	EUR	0.905	1.016	0.372	21.00	0.268	0.640	1.545	1.735	41.4
Luxembourg*	EUR	0.918	1.031	0.417	17.00	0.227	0.644	1.562	1.754	41.2
Mexique*	MXN	Note pays								
Norvège*	NOK	9.851	1.113	5.570	25.00	3.855	9.425	19276	2.178	48.9
Nouvelle-Zélande*	NZD	1.683	1.138	0.043	15.00	0.259	0.302	1.985	1.342	15.2
Pays-Bas	EUR	1.029	1.155	0.494	21.00	0.320	0.814	1.843	2.069	44.2
Pologne*	PLN	4.043	0.982	1.443	23.00	1.262	2.705	6.748	1.639	40.1
Portugal	EUR	0.883	0.991	0.497	23.00	0.317	0.814	1.697	1.906	48.0
République slovaque*	EUR	0.881	0.989	0.368	20.00	0.250	0.618	1.499	1.683	41.2
République tchèque	CZK	22.519	1.026	9.950	21.00	6.818	16.768	39.287	1.789	42.7
Royaume-Uni	GBP									
Slovénie*	EUR	0.767	0.861	0.430	22.00	0.263	0.693	1.460	1.639	47.5
Suède*	SEK	13.236	1.418	4.958	25.00	4.549	9.507	22.743	2.437	41.8
Suisse	CHF	1.029	1.114	0.782	7.70	0.139	0.921	1.950	2.112	47.2
Türkiye	TRY	12.252	0.879	2.056	18.00	2.575	4.631	16.883	1.212	27.4

Notes :

* Notes par pays

1. Le prix hors taxe correspond au prix hors TVA et accise.

2. Les accises sont exprimées en monnaie locale par litre. Elles incluent toutes les taxes autres que la TVA perçues sur le produit. Dans le cadre de ce tableau, les paiements en faveur d'organismes spécifiques qui emploient tous les montants recouvrés pour accomplir des missions déterminées (constitution de stocks d'urgence, par exemple) ne sont pas considérés comme des « impôts » et sont donc inclus dans le prix hors taxe. Lorsque différents taux s'appliquent au même produit en fonction de sa teneur en soufre ou en biocarburant par exemple, le taux indiqué est celui applicable au carburant le plus couramment utilisé dans le pays, sous réserve d'éventuelles notes par pays. Les impôts indiqués dans ce tableau sont ceux applicables aux véhicules destinés un usage personnel (et non professionnel).

3. TPS pour l'Australie, le Canada et la Nouvelle-Zélande, taxes sur les ventes pour les États-Unis et taxe sur la consommation pour le Japon. TVA pour tous les autres pays.

4. Conversion de la monnaie nationale en USD : les taux de conversion sont les taux moyens du marché (T1 2022) publiés dans les Statistiques monétaires mensuelles de l'OCDE (stats.oecd.org).

Source : AIE (2022), base de données et documents sur les prix de l'énergie (en anglais uniquement), Agence internationale de l'énergie ; prix et taxes moyens au 1er trimestre 2022 : https://www.iea.org/data-and-statistics/data-product/energy-prices et https://www.iea.org/data-and-statistics/data-product/energy-prices#documentation.

Encadré annexe 4.A.3. Notes pays relatives au Tableau annexe 4.A.5 Impôts sur le gazole (par litre, 1er trimestre 2022)

Allemagne. Le montant de l'accise indiqué comprend le droit d'accise (0.4704 EUR/l) et le prix des émissions de carbone (0.06691 EUR/l) applicable au gazole dont la teneur en soufre est inférieure ou égale à 10 mg/kg. Dans les autres cas, la composante de l'accise s'élève à 0.48517 EUR par litre. ***Allégement temporaire :*** afin de contrecarrer la hausse des coûts de l'énergie, les taux d'imposition de l'énergie applicables aux carburants principalement utilisés pour le transport routier sont ramenés, du 1er juin au 31 août 2022, au minimum prévu par la directive européenne sur la taxation de l'énergie. Concernant le gazole dont la teneur en soufre est inférieure ou égale à 10 mg/kg, le taux s'élève alors à 0.33 EUR par litre.

Australie. Les taux d'accises sont ajustés chaque année en février et en août. **Allégement temporaire :** les droits d'accise et les droits de douane équivalents frappant l'essence, le gazole, ainsi que tous les autres carburants et produits pétroliers, à l'exception des carburants d'aviation, seront réduits de moitié durant six mois à compter du 30 mars 2022.

Autriche. L'accise de 0.397 EUR par litre s'applique au gazole dont la teneur en biocarburant est de 6.6 % au minimum et la teneur en soufre inférieure ou égale à 10 mg/kg. Dans les autres cas, le droit d'accise s'établit à 0.425 EUR par litre.

Belgique. *Allégement temporaire :* afin de contrecarrer la hausse des coûts de l'énergie, le montant des droits d'accise de 0.600 EUR par litre a été ramené à 0.456 EUR par litre à compter du 19 mars 2022.

Canada. Le montant de l'accise inclut les taxes fédérales et provinciales (la taxe fédérale s'élève à 0.04 CAD par litre). Le taux de la TPS fédérale est de 5 %. Dans ce tableau, les taxes provinciales (y compris les taxes sur les ventes, la TVH et la TVQ) sont considérées comme faisant partie des droits d'accise et sont déterminées en soustrayant le montant de la TPS fédérale, calculé à l'aide du taux applicable au niveau fédéral, du total des taxes figurant sur le site web de RNCan (documents sur les prix de l'énergie de l'AIE, 2022). ***Allégement temporaire** : certaines provinces ont mis en place, en 2022, des mesures de secours temporaires liées à l'imposition du gazole.*

Chili. Le Mécanisme de stabilisation des prix du carburant (*Mecanismo de Estabililización de Precios de los Combustibles* ou MEPCO instauré en 2014 par la loi n° 20.765) a introduit une composante variable dans l'accise, qui est ajustée chaque semaine pour qu'elle se comporte soit comme une taxe, soit comme une taxe négative, l'objectif étant de stabiliser le prix à la consommation face aux fluctuations du prix sur le marché mondial. Contrairement à ce qui se passe dans d'autres pays de l'OCDE, la base de la TVA correspond uniquement au prix hors taxe et non à la somme du prix hors taxe et du droit d'accise.

Colombie. Depuis le 1er mai 2019, le taux de TVA appliqué est de 5 %, contre 19 % auparavant. En outre une taxe sur l'essence supplémentaire est appliquée au taux de 1 053.47 COP par gallon. Les carburants utilisés dans le cadre d'activités de pêche ou de cabotage sur la côte colombienne, ainsi que d'activités maritimes menées par la Marine nationale, le plus souvent par les garde-côtes, de même que le gazole à usage maritime et fluvial, sont soumis à la taxe nationale sur l'essence au taux de 677.11 COP par gallon. Le montant de la TVA compris dans le prix à la consommation résulte d'une analyse spécifique des bases d'imposition fondée, pour les carburants, sur les critères objectifs et subjectifs suivants : la base d'imposition à la TVA correspond (a) pour les producteurs ou importateurs, à la rémunération du producteur (*ingreso al productor, IP*) ; (b) pour les distributeurs grossistes et/ou industriels, à la rémunération du producteur ou du distributeur de carburant et d'alcool-carburant et/ou de biocarburant à concurrence de la part que le ministère des Mines et de l'Énergie autorise à transformer en carburant oxygéné, majorée de la marge de gros. Les coûts de transport ne sont pas compris dans la base d'imposition. Concernant les carburants dont la marge commerciale et la rémunération du producteur ne sont pas réglementées par le ministère des Mines et de l'Énergie, la base d'imposition correspond au prix de vente hors coût de transport par conduites. La TVA générée est soumise à un droit de déduction en fonction de règles spécifiques.

Costa Rica. Le pays n'applique pas de TVA sur les carburants routiers proprement dits, mais sur le coût du transport terrestre du produit : le montant de la TVA est calculé sur cette base. Il n'existe pas de données sur les prix émanant de l'AIE concernant ce produit.

Espagne. Le montant de l'accise (0.379 EUR par litre) englobe le droit d'accise générale (0.307 EUR par litre) et le taux d'imposition spécial (0.037 EUR par litre). ***Allégement temporaire*** *: dans le cadre des mesures visant à contrecarrer la hausse des coûts de l'énergie, une subvention temporaire de 0.20 EUR par litre s'applique.*

États-Unis. Moyenne des taxes appliquées par l'État fédéral et par les États – il n'est pas appliqué de TVA. Les États et certaines autres administrations locales prélèvent toutefois des taxes sur les ventes, qui n'existent pas au niveau fédéral. Le calcul d'une taxe moyenne sur les ventes pour chaque produit énergétique commercial nécessiterait des données sur la consommation ventilées pour chaque produit, qui ne sont pas disponibles actuellement.

Finlande. Le montant de l'accise indiqué pour cette combinaison de carburants moyenne se compose de la taxe sur le contenu énergétique, de la taxe carbone et de la redevance pour la constitution de stocks stratégiques.

France. Un droit supplémentaire de 0.0135 EUR par litre au maximum peut être appliqué par les conseils régionaux (sauf en Corse) pour financer des infrastructures durables, ferroviaires ou fluviales. En Île-de-France, en revanche, le taux est majoré de 0.0189/l.

Grèce. Le pays applique une « redevance écologique » supplémentaire de 0.03 EUR par litre en faveur de l'environnement.

Hongrie. Le montant de l'accise dépend du cours du pétrole brut sur le marché mondial. Lorsque ce cours dépasse 50 USD le baril, l'accise s'élève à 114.233 HUF par litre (soit 110.35 HUF par litre au titre du droit d'accise et 3.883 HUF par litre au titre de la redevance pour la constitution de stocks stratégiques). Lorsque le cours mondial du pétrole brut est inférieur ou égal à 50 USD, le montant de l'accise s'élève à 124.233 HUF par litre (soit 120.35 HUF par litre au titre du droit d'accise et 3.883 HUF par litre au titre de la redevance pour la constitution de stocks stratégiques). ***Allégement temporaire*** *: le 28 février 2022, le droit d'accise a été minoré de 5 HUF par litre et le prélèvement de la redevance pour la constitution de stocks stratégiques a été suspendu ; le 10 mars, le droit d'accise a encore été diminué de 20 HUF par litre. Ces mesures devraient rester en vigueur d'ici au 1er juillet.*

Irlande. Le droit d'« accise » de 0.560 EUR par litre se compose de la taxe sur les huiles minérales, au taux de 0.53546 EUR, et d'un prélèvement de la National Oil Reserves Agency (NORA) au taux de 0.02 EUR par litre. Le 13 octobre 2021, le montant de la taxe sur les huiles minérales applicable au gazole a été porté à 0.53546 EUR par litre. Il a été ramené à 0.41351 EUR par litre le 10 mars 2022, puis à 0.40538 EUR par litre le 1er avril 2022.

Islande. L'accise de 79.7 ISK par litre inclut le droit d'accise sur le diesel (67.65 ISK par litre) et la taxe carbone (12.05 ISK par litre).

Italie. Le montant du droit d'accise correspond à la moyenne pondérée du taux en vigueur entre le 1er janvier 2022 et le 21 mars 2022, soit 0.6174 EUR par litre, et de celui en vigueur entre le 22 mars 2022 et le 31 mars 2022, soit 0.3674 EUR par litre.

Japon. L'accise comprend la taxe sur le pétrole (2 800 YEN) et la taxe sur l'essence (32 100 YEN), mais l'assiette TVA n'englobe pas la taxe sur le pétrole.

Lettonie. Depuis le 1er janvier 2020, le droit d'accise applicable au gazole s'établit à 0.414 EUR par litre. À compter du 1er janvier 2022, la redevance destinée à financer la constitution de stocks stratégiques s'élève à 0.016 EUR par litre.

Lituanie. Une hausse du taux d'accise a pris effet le 1er janvier 2020 : l'accise appliquée au gazole utilisé dans l'agriculture a été fixée à 0.06 EUR par litre et le taux normal appliqué au carburant diesel à 0.372 EUR par litre.

Mexique. En 2015, les droits d'accise sur l'essence et le gazole étaient formés de trois composantes : (1) une taxe d'accise sur le carbone, fixée proportionnellement au contenu en carbone du carburant et perçue sous la forme d'un montant forfaitaire par litre ; elle avait principalement pour but d'envoyer un signal de prix du carbone afin de favoriser le respect des engagements souscrits en matière de changement climatique ; (2) un droit d'accise dont les recettes étaient affectées au budget des autorités des États, en fonction de leur consommation ; elle revêtait elle aussi la forme d'un montant forfaitaire par litre ; (3) le droit d'accise principal, dont le montant variait mensuellement en fonction d'un ensemble de critères ; il correspondait au prix réglementé du carburant amputé du coût d'importation ou de production, des coûts de distribution, des dépenses logistiques, des éléments connexes et de la marge bénéficiaire des exploitants de stations-service. Cette accise générale pouvait même se comporter comme une taxe négative (en d'autres termes une subvention) si le prix national du carburant était bas et le prix international de référence élevé, comme ce fut le cas durant les trois premières années de la décennie. Les réformes des droits d'accise adoptées en 2016 ont totalement transformé cette troisième composante. L'accise générale sur l'essence et le gazole est désormais elle aussi une taxe forfaitaire par litre. Durant la période de transition précédant la libéralisation totale des prix prévue pour 2018, la partie forfaitaire de l'accise sera complétée par une autre composante (positive ou négative) qui empêchera les prix de détail du carburant de sortir d'une fourchette de plus ou moins 3 % de leur niveau de 2015. Cette composante supplémentaire ne peut en aucun cas atteindre le même montant que le droit d'accise, l'objectif étant d'empêcher la réapparition de subventions aux énergies fossiles.

Norvège. Le montant de l'accise indiqué englobe la taxe de circulation et la taxe carbone.

Nouvelle-Zélande. L'accise sur le gazole est une taxe locale et les propriétaires de véhicules diesel doivent également s'acquitter de redevances liées à l'utilisation de l'infrastructure routière.

Pays-Bas. Le gazole est frappé d'une taxe de 0.008 EUR par litre destinée à financer la constitution de stocks, qui n'est pas incluse dans le taux de l'accise indiqué. ***Allégements temporaires** : afin de contrecarrer la hausse des coûts de l'énergie, le droit d'accise applicable au gazole a été ramené de 528.46 EUR à 417.46 EUR par 1 000 litres le 1er avril 2022. Cette mesure devrait rester en vigueur jusqu'au 31 décembre 2022.*

Pologne. Le montant de l'accise indiqué englobe le droit d'accise, la redevance sur les carburants et la redevance sur les émissions. ***Allégement temporaire*** : dans le cadre des mesures visant à contrecarrer la hausse des coûts de l'énergie, le taux de TVA applicable à certains carburants a été ramené à 8 % et le droit d'accise au minimum autorisé par l'UE (1 104 PLN par 1 000 litres).

Portugal. Un taux de TVA réduit, égal à 13 %, est appliqué au gazole utilisé dans l'agriculture.

République slovaque. Le droit d'accise applicable au gazole s'élève à 0.393 EUR par litre.

Slovénie. Situation au 1er janvier 2022 : Le montant de 463.94 EUR par 1 000 litres comprend le droit d'accise de 387.67 EUR, une redevance pour la constitution de stocks stratégiques de 11.66 EUR sur le gazole utilisé comme carburant, une surtaxe sur le gazole utilisé comme carburant de 8 EUR au titre de l'efficacité de l'utilisation finale ; une surtaxe sur le gazole utilisé comme carburant égale à 9.90 EUR pour la promotion de la production d'électricité à partir de sources d'énergie renouvelables et de la cogénération de haute efficience, la taxe carbone de 46.71 EUR. ***Allégement temporaire*** *au titre des mesures visant à contrecarrer la hausse des coûts de l'énergie (situation au 5 juillet 2022) : le montant de 341.66 EUR par 1 000 litres comprend le droit d'accise de 330 EUR et une redevance pour la constitution de stocks stratégiques de 11.66 EUR.*

Suède. Le montant de l'accise inclut la taxe sur l'énergie (2.511 SEK par litre) et la taxe carbone (2.292 SEK par litre). L'accise de 4.803 SEK par litre s'applique au gazole de classe 1 (teneur en composés aromatiques inférieure à 5 % vol. ; teneur en soufre inférieure ou égale à 10 ppmm). Des taux plus élevés s'appliquent aux gazoles de classe 2 (5.126 SEK par litre) et de classe 3 (5.293 SEK par litre). ***Allégement temporaire*** : à compter du 1er mai 2022, la taxe sur l'énergie applicable au gazole a été réduite de 1.45 SEK par litre (dont 1.05 SEK par litre au titre d'une réduction temporaire en vigueur de mai à octobre 2022).

Union européenne. La directive 2003/96/CE fixe les taux d'accise minima applicables aux produits énergétiques et à l'électricité.

Note : des différences mineures peuvent apparaître entre certains des montants indiqués dans les notes par pays et ceux repris dans le tableau. Elles peuvent s'expliquer par le fait que les instituts de statistique (dont proviennent les données figurant dans le tableau) et les autorités fiscales (don émanent les notes par pays) appliquent des méthodes de calcul différentes.

Tableau annexe 4.A.6. Fiscalité des carburants d'aviation

Pays	Fiscalité	Aviation commerciale[1](JET A-1)[2]		Vols privés/récréatifs[3] (JET A-1/AvGas)[4]	
		Vols intérieurs	Vols internationaux	Vols intérieurs	Vols internationaux
Allemagne	Accise (EUR) par litre	0	0	0.6545/0.721	0.6545/0.721
	TVA (%)	19	0	19	0
Australie*	Accise (AUD) par litre	0.03556	0	0.03556/0.03556	0
	TPS (%)	10	0	10	0
Autriche	Accise (EUR) par litre	0	0	0.397/0.587	0.397/0.587
	TVA (%)	20	0	20	0
Belgique	Accise (EUR) par litre	0	0	0.6325307/0.6678350	0.6325307/0.6678350
	TVA (%)	21	0	21	0
Canada	Accise (CAD) par litre	0.04	0	0.04/0.1	0
	TPS (%)	5	0	5	0
Chili*	Accise (CLP) par litre	0	0	0	0
	TVA (%)	19	19	19	19
Colombie	Accise (COP) par litre	0	0	0	0
	TVA (%)	5	5	5	5
Corée	Accise (KRW) par litre	0	0	0	0
	TVA (%)	10	0	10	0
Costa Rica	Accise (CRC) par litre	153.5	0	153.5/255.88	0
	TVA (%)	-	-	-	0
Danemark	Accise (DKK) par litre Elle englobe le droit d'accise, l'écotaxe et la taxe sur les oxydes d'azote.	0	0	3.643	3.643
	TVA (%)	25	0	25	0
Estonie	Accise (EUR) par litre	0	0	0.3301/0.563	0.3301/0.563
	TVA (%)	20	0	20	0
États-Unis*	Accise (USD) par litre	0.0116	0	0.0579/0.0512	0
	Taxes sur les ventes (%)				
Finlande	Accise (EUR) par litre	0	0	0.8117/0.7360	0.8117/0.7360
	TVA (%)	24	0	24	0
France	Accise (EUR) par litre	0	0	0.398/0.6729	0
	TVA (%)	20	0	20	0
Grèce	Accise (EUR) par litre	0	0	0.410/0.697	0.410/0.697
	TVA (%)	24	0	24	0
Hongrie	Accise (HUF) par litre	0	0	126.432	126.432
	TVA (%)	27	0	27	0
Irlande	Accise (EUR) par litre	0	0	0.5355/0.6367	0.5355/0.6367
	TVA (%)	23	0	23	0
Islande	Accise (ISK) par litre	0	0	0	0
	TVA (%)	24	0	24	0
Israël	Accise (ILS) par litre	0	0	0	0
	TVA (%)	17	0	17	0
Italie*	Accise (EUR) par litre	0	0	0.3375/0.7006	0.3375/0.7006
	TVA (%)	22	0	22	0
Japon	Accise (JPY) par litre	9	0	9/9	0
	TVA (%)	10	0	10	0
Lettonie	Accise (EUR) par litre	0	0	0.414/0.594	0.414/0.594
	TVA (%)	21	0	21	0
Lituanie	Accise (EUR) par litre	0	0	0.33017/0.57924	0.33017/0.57924

Pays	Fiscalité	Aviation commerciale[1](JET A-1)[2]		Vols privés/récréatifs[3] (JET A-1/AvGas)[4]	
		Vols intérieurs	Vols internationaux	Vols intérieurs	Vols internationaux
	TVA (%)	21	0	21	0
Luxembourg	Accise (EUR) par litre	0	0	0.33	0.33
	TVA (%)	17	0	17	17
Mexique	Accise (MXN) par litre	0	0	0	0
	TVA (%)	16	0	16	0
Norvège	Accise (NOK) par litre	0	0	0	0
	TVA (%)	25	0	25	0
	Taxe carbone sur les vols hors SEQE	1.96	0	1.96	0
	Taxe carbone sur les vols SEQE	1.61	0	1.61	0
Nouvelle-Zélande	Accise (NZD) par litre	0	0	0	0
	TVA (%)	15	0	15	0
Pays-Bas*	Accise (EUR) par litre	0	0	0.52846	0.52846
	TVA (%)	21	0	21	0
Pologne*	Accise (PLN) par litre	0	0	1590/1956	1590/1956
	TVA (%)	23	0	23	0
Portugal*	Accise (EUR) par litre	0	0	0.39225/0.56098	0.39225/0.56098
	TVA (%)	23	0	23	0
République slovaque	Accise (EUR) par litre	0	0	0.481	0.481
	TVA (%)	20	0	20	0
République tchèque	Accise (CZK) par litre	0	0	0.370	0.370
	TVA (%)	21	0	21	0
Royaume-Uni	Accise (GBP) par litre	0	0	0.5795/0.3820	0
	TVA (%)	20	0	20	0
Slovénie	Accise (EUR) par litre	0	0	0.330/0.42161	0.330/0.42161
	TVA (%)	22	0	22	0
	Autres	0.00911	0.00911	0.0489/0.05238	0.0489/0.05238
Suède	Accise (SEK) par litre	0	0	5.293/6.867	5.293/6.867
	TVA (%)	25	0	25	0
Suisse	Accise (CHF) par litre	0.7395	0	0.7395/0.7682	0
	TVA (%)	7.7	0	7.7	0
Türkiye	Accise (TRY) par litre	0	0	0	0
	TVA (%)	18	0	18	0

Notes :

Les carburants examinés dans ce tableau sont le JET A-1, qui alimente les moteurs à turbines, et l'essence d'aviation (AvGas), qui alimente les moteurs à piston. Ne sont pas pris en compte pas dans ce tableau : les carburants qui se trouvent à bord des appareils au moment où ils atterrissent dans un pays partie à la Convention relative à l'OACI (Convention de Chicago) et les carburants spéciaux à usage militaire ou utilisés dans les zones nordiques.

1. Aux fins du présent tableau, « aviation commerciale » désigne l'aviation de transport de marchandises et de passagers, tous types d'appareil confondus.

2. Aux fins du présent tableau, il est supposé que seuls des carburants de type JET A-1 sont utilisés dans les vols commerciaux.

3. Aux fins du présent tableau, les « vols privés/récréatifs » s'entendent des vols considérés comme non commerciaux.

4. Les chiffres indiqués pour les vols privés/récréatifs concernent les carburants JET A-1 et AvGas.

5. La taxe frappe le carburant utilisé pour tous les vols intérieurs, mais le taux varie selon qu'ils relèvent ou non du système d'échange de quotas d'émission de l'UE (SEQE).

Source : délégations nationales. Situation au 1er janvier 2022.

Encadré annexe 4.A.4. Notes pays relatives au Tableau annexe 4.A.6 Fiscalité des carburants d'aviation

Allemagne. Les carburants affectés aux vols privés et récréatifs sont soumis à un droit d'accise de 654,50 EUR par 1 000 litres de JET A-1 et de 721 EUR par 1 000 litres d'AvGas.

Canada. La taxe fédérale sur les biens et les services est prélevée au taux de 5 % sur le carburant et l'essence d'aviation affectés aux vols intérieurs. Lorsqu'elle s'applique, la taxe d'accise fédérale s'élève à 0.04 CAD par litre de carburant d'aviation et à 0.10 CAD par litre d'essence d'aviation. Les provinces et les territoires peuvent imposer des taxes sur les ventes et des droits d'accise qui s'ajoutent à la taxe fédérale applicable.

Chili. Les services commerciaux assurés par les compagnies aériennes (en particulier, fret international et/ou transport de voyageurs) et les services fournis aux non-résidents sont considérés comme des exportations. Par conséquent, les compagnies aériennes peuvent demander le remboursement de la TVA acquittée, notamment au titre du carburant. Dans la pratique, cela équivaut parfois à l'application d'un taux nul (pour faciliter la lecture du tableau, le taux de TVA indiqué est 0 même si, en fait, les compagnies aériennes et les non-résidents doivent tout d'abord s'acquitter de la taxe avant d'être remboursés.

Colombie Le carburant d'aviation JET A-1 et/ou le carburants d'aviation national 100/130 sont soumis à un taux de TVA de 5 %. Le carburant fourni pour le service national de transport aérien de passagers à destination et en provenance de certains départements n'est pas soumis à la TVA. Le montant de la TVA compris dans le prix à la consommation résulte d'une évaluation spécifique des bases d'imposition, fondée sur les critères objectifs et subjectifs suivants pour l'essence d'aviation 100/130 octanes : a) pour le producteur : le prix catalogue officiel à la raffinerie ; b) pour le distributeur en gros : le prix catalogue officiel à la raffinerie majoré de la marge commerciale.

Estonie. L'essence d'aviation affectée aux vols privés et récréatifs est soumise à un droit d'accise de 563 EUR par 1 000 litres.

États-Unis. Pour l'aviation commerciale, la taxe fédérale s'élève à 0.044 USD par gallon (soit 0.010 EUR par litre). Le kérosène affecté à l'aviation non commerciale est généralement taxé à hauteur de 0.219 USD par gallon. L'essence d'aviation est taxée à hauteur de 0.194 USD par gallon. En outre, les États et les autorités locales prélèvent d'autres taxes sur le carburant, dont le montant va de 0 USD à 0.235 USD par gallon (District de Columbia) pour le carburéacteur et de 0 USD à 0.3048 USD par gallon (Vermont) pour l'essence d'aviation. Il n'existe pas de taxe fédérale sur les ventes. Le taux pratiqué dans les États et localement est compris entre 0 % (Delaware, Montana, New Hampshire et Oregon) et 9.5 % et plus (Tennessee et Louisiane), sachant que tous les États n'appliquent pas de taxe sur les ventes au carburant d'aviation. ***Allégement temporaire*** *: au titre des mesures prises pour lutter contre la crise liée au COVID-19, le prélèvement de la taxe fédérale d'accise sur le carburéacteur utilisé par l'aviation commerciale a été suspendu du 28 mars au 31 décembre 2020.*

Finlande. Le montant de l'accise se compose de la taxe sur le contenu énergétique, de la taxe carbone et de la redevance pour la constitution de stocks stratégiques.

Grèce. Le carburant d'aviation est normalement frappé d'un taux de TVA de 24 %. Cependant, les dispositions de la Directive 2006/112/CE s'appliquent systématiquement au travers d'une exonération conditionnelle qui se traduit par un taux nul. Pour les vols privés/récréatifs, le taux d'accise est de 697 EUR par 1 000 litres dans le cas de l'AvGas (code CN 2710 1231, 2710 1270) et de 410 EUR par 1 000 litres dans le cas du JET A-1 (CN codes 2710 1921, 2710 1925).

Hongrie. Le montant de l'accise dépend du cours du pétrole brut sur le marché mondial. Lorsque ce cours dépasse 50 USD le baril, le montant de l'accise s'élève à 122.674 HUF par litre (soit 120 HUF par litre au titre du droit d'accise et 2.674 HUF par litre au titre de la redevance pour la constitution de stocks stratégiques). Lorsque le cours mondial du pétrole brut est inférieur ou égal à 50 USD, le montant de l'accise s'élève à 131.432 HUF par litre (soit 129.2 HUF par litre au titre du droit d'accise et 2.232 HUF par litre au titre de la redevance pour la constitution de stocks stratégiques).

Irlande. L'AvGas affectée à l'aviation commerciale est partiellement exonérée de l'accise, à hauteur de 0.2323 EUR par litre, ce qui en ramène le tarif réel à 0.4044 EUR par litre.

Italie. Le montant correspond à la moyenne pondérée entre le taux des droits d'accise en vigueur du 1er janvier 2022 au 21 mars 2022 (inclus), soit 0.7284 EUR par litre, et celui en vigueur du 22 mars 2022 au 31 mars 2022, c'est-à-dire 0.4784 EUR par litre.

Pays-Bas. Taux de TVA nul pour les carburants réservés aux aéronefs des compagnies aériennes dont la principale activité est le transport commercial international de personnes et de marchandises.

Pologne. Les carburants d'aviation sont soumis à la taxe sur les carburants et à l'accise. Le chiffre indiqué dans le tableau comprend le droit d'accise de 1.446 PLN par litre (pour le JET A-1) et de 1.822 PLN par litre (pour l'AvGas) ainsi que la taxe sur les carburants, qui s'élève à 0.18632 PLN par kilogramme. Comme l'accise nationale est calculée en PLN par litre et la taxe sur les carburants en PLN par kilogramme, le tarif de cette dernière a été converti en PLN par litre sur la base de la densité du carburant.

Portugal. Les carburants d'aviation affectés aux vols commerciaux (c'est-à-dire les vols de transport de marchandises ou de passagers, tous types d'appareil confondus) sont exonérés des droits d'accise. Le montant de l'accise sur les carburants affectés aux vols privés et récréatifs s'élève à 560.98 EUR par 1 000 litres d'essence d'aviation (AvGas) et à 392.35 EUR par 1 000 litres de carburéacteur (JET A-1).

Slovénie. Les carburants d'aviation affectés aux vols privés/récréatifs sont soumis à une accise de 330.00 EUR par 1 000 litres de JET A-1 et de 421.61 EUR par 1 000 litres d'AvGas, ainsi qu'à une taxe carbone de 39.79 EUR pour 1 000 litres de JET A-1 et de 43.25 EUR par 1 000 litres d'AvGas. S'y ajoute une surtaxe pour la promotion de la production d'électricité à partir de sources d'énergie renouvelables et de la cogénération de haute efficience, qui s'élève à 9.11 EUR par 1 000 litres de JET A-1 et à 9.13 EUR par 1 000 litres d'AvGas.

Note

[1] D'après les calculs de l'Agence internationale de l'énergie, il s'agit de la somme des impôts, taxes et redevances, hors TVA.

Annexe A. Pays dotés d'une TVA

Pratiquement tous les pays prélèvent des impôts généraux sur la consommation, c'est-à-dire des impôts sur la vente de la plupart des biens et services aux consommateurs. Dans la grande majorité de ces pays, cet impôt est une taxe sur la valeur ajoutée (TVA[1]), c'est-à-dire une taxe collectée à tous les stades de production et de distribution des biens et des services, l'effet d'accumulation de la taxe étant empêché par le mécanisme du droit à déduction, par les entreprises, de la taxe qu'elles ont acquittée sur leurs intrants de celle qu'elles facturent sur leurs ventes de biens et services. Les exportations de biens et de services entrent généralement dans le champ de la TVA, encore qu'elles soient habituellement taxées à taux nul. En revanche, l'importation de biens et de services est soumise à la taxe afin de garantir la neutralité du système fiscal (voir le chapitre 1). Une minorité de pays (et certaines entités infranationales) appliquent des taxes de vente au détail, qui désignent des impôts perçus à un stade unique sur les biens et services fournis aux consommateurs finals (ils ne sont pas énumérés dans le tableau ci-dessous). Tous les pays de l'OCDE prélèvent une TVA, à l'exception des États-Unis où des taxes sur les ventes au détail sont perçues au niveau infranational (voir le chapitre 1).

Au 1er novembre 2022, 174 pays et territoires dans le monde avaient mis en œuvre un régime de TVA.

Tableau A A.1. Pays et territoires appliquant une TVA

N°	Pays	Mise en œuvre	Taux en 2022 (%)		
			Normal[1]	Réduit[2]	Majoré
1	Afghanistan	2021	10	0	
2	Afrique du Sud	1991	15	0	
3	Albanie	1995	20	0, 6	
4	Algérie	1992	19	9	
5	Allemagne	1968	19	7	
6	Andorre	2013	4.5	0, 1, 2.5	9.5
7	Angola	2019	14	0, 1, 2, 5, 7	
8	Anguilla	2022	13	0	
9	Antigua-et-Barbuda	2007	15	0, 14	
10	Arabie saoudite	2018	15	0	
11	Argentine	1974	21	2.5, 5, 10.5	27
12	Arménie	1993	20	0	
13	Australie	2000	10	0	
14	Autriche[3]	1973	20	10, 13	
15	Azerbaïdjan	1992	18	0	
16	Bahamas	2015	10		
17	Bahreïn	2018	10	0	
18	Bangladesh	1991	15	5, 7, 10	
19	Barbade	1997	17.5	0, 7.5	
20	Belarus	1991	20	0, 10	25, 26
21	Belgique	1971	21	0, 6, 12	
22	Belize	2006	12.5	0	
23	Bénin	1991	18	0	
24	Bhoutan[4]	2022	7	0	
25	Bolivie	1986	13	0	

26	Bosnie-Herzégovine	2006	17		
27	Botswana	2002	12	0	
28	Brésil	1964	17, 18	4, 7, 12	25, 30
29	Bulgarie	1994	20	9	
30	Burkina Faso	1993	18	0, 10	
31	Burundi	2009	18	0, 10	
32	Cabo Verde	2004	15	0, 8	
33	Cambodge	1999	10		
34	Cameroun	1999	19.25	0	
35	Canada[5]	1991	TPS/TVH : 5, 13, 15		
36	Chili	1975	19		
37	Chine (République populaire de)	1994	13	1, 1.5, 3, 6, 9	
38	Chypre[6]	1992	19	0, 5, 9	
39	Colombie	1983	19	0, 5	
40	Commonwealth de Dominique	2006	15	0, 10	
41	Congo (République démocratique)	2012	16	0, 8	
42	Congo (République)	1997	18	0, 5	
43	Corée	1977	10		
44	Costa Rica	2019	13	1, 2, 4	
45	Côte d'Ivoire	1960	18	0, 9	
46	Croatie	1998	25	5, 13	
47	Danemark	1967	25	0	
48	Djibouti	2009	10	0	
49	Égypte	2017	14	0, 5	
50	El Salvador	1992	13	0	
51	Émirats arabes unis	2018	5	0	
52	Équateur	1970	12	0	
53	Espagne[13]	1986	21	4, 10	
54	Estonie	1991	20	0, 9	
55	Eswatini	2012	15	0	
56	Éthiopie	2003	15	0	
57	Fidji	1992	9	0	
58	Finlande	1994	24	0, 10, 14	
59	France[6]	1968	20	2.1, 5.5, 10	
60	Gabon	1995	18	0, 10	
61	Gambie	2013	15	0	
62	Géorgie	1993	18	0	
63	Ghana	1998	12.5	0, 3	
64	Grèce[7]	1987	24	6, 13	
65	Grenade	2010	15	0, 10	20
66	Guatemala	1992	12	0	
67	Guinée	1996	18	0	
68	Guinée équatoriale	2005	15	0, 6	
69	Guinée-Bissau	2001	17	0, 10	20
70	Guyana	2007	14	0	
71	Haïti	1982	10		
72	Honduras	1964	15	0	18
73	Hongrie	1988	27	5, 18	
74	Île de Man	1973	20	0, 5	
75	Îles Cook	1997	15	0	
76	Îles Féroé	1993	25	0	
77	Inde	2017	12, 18	0, 5	28
78	Indonésie	1985	11	0	10 – 125

79	Iran[8]	2008	9	0	12+3, 20 (5 ou 10) 25-30
80	Irlande	1972	23	0, 4.8, 9, 13.5	
81	Islande	1990	24	0, 11	
82	Israël[9]	1976	17	0	
83	Italie	1973	22	4, 5, 10	
84	Jamaïque	1991	15	2, 10	21.5, 25
85	Japon	1989	10	8	
86	Jersey	2008	5	0	
87	Jordanie	2001	16	0, 2, 4, 5, 10	26
88	Kazakhstan	1992	12	0	
89	Kenya	1990	16	0, 8	
90	Kirghizstan	1999	12	0	
91	Kiribati	2014	12.5	0	
92	Kosovo[10]	2001	18	8	
93	Lao (République démocratique populaire)	2010	7	0	
94	Lesotho	2003	15	0, 10	
95	Lettonie	1995	21	5, 12	
96	Liban	2002	11	0	
97	Liechtenstein	1995	7.7	2.5, 3.7	
98	Lituanie	1994	21	5, 9	
99	Luxembourg	1970	17	3, 8, 14	
100	Macédoine du Nord	2000	18	5, 10	
101	Madagascar	1994	20	0	
102	Malawi	2002	16.5	0	
103	Maldives	2011	6	0	12
104	Mali	1991	18	5	
105	Malte	1999	18	0, 5, 7	
106	Maroc	1986	20	0, 7, 10, 14	
107	Maurice	1998	15	0	
108	Mauritanie	1995	16		18
109	Mexique	1980	16	0	
110	Moldavie	1998	20	0, 8	
111	Monaco	1968	20	2.1, 5.5, 10	
112	Mongolie	1998	10	0	
113	Monténégro	2003	21	0, 7	
114	Mozambique	1999	17	0, 5	
115	Namibie	2000	15	0	
116	Népal	1997	13	0	
117	Nicaragua	1975	15	0	
118	Niger	1986	19	0, 5, 10	
119	Nigeria	1994	7.5	0	
120	Niue	2009	12.5	0	
121	Norvège	1970	25	0, 12, 15	
122	Nouvelle-Zélande	1986	15	0	
123	Oman	2021	5	0	
124	Ouganda	1996	18	0	
125	Ouzbékistan	1992	20	0	
126	Pakistan	1990	17	0 - 16	18.5, 21, 22 et 25
127	Panama	1977	7		10, 15
128	Papouasie-Nouvelle-Guinée	1999	10	0	
129	Paraguay	1993	10	5	
130	Pays-Bas	1969	21	9	
131	Pérou[11]	1991	16	0	

132	Philippines	1988	12	0, 5	
133	Pologne	1993	23	5, 8	
134	Portugal[12]	1986	23	6, 13	
135	République centrafricaine	2001	19	0, 5	
136	République dominicaine	1983	18	0, 16	-
137	République slovaque	1993	20	10	
138	République tchèque	1993	21	10, 15	
139	Roumanie	1993	19	5, 9	
140	Royaume-Uni	1973	20	0, 5	
141	Russie	1991	20	0, 10	
142	Rwanda	2001	18	0	
143	Sainte-Lucie	2012	16	0, 10	
144	Saint-Kitts-et-Nevis	2010	17	10	
145	Saint-Vincent-et-Grenadines	2007	16	0, 11	
146	Samoa	1994	15	0	
147	Sénégal	1980	18	0, 10	
148	Serbie	2005	20	10	
149	Seychelles	2012	15	0	
150	Sierra Leone	2009	15	0	
151	Singapour	1994	7	0	
152	Slovénie	1999	22	5, 9.5	
153	Soudan	2000	18	0	
154	Sri Lanka	1998	8	0	15
155	Suède	1969	25	0, 6, 12	
156	Suisse	1995	7.7	2.5, 3.7	
157	Tadjikistan[14]	1992	18	5	
158	Taipei chinois	1986	5	0	
159	Tanzanie	1998	18	0	
160	Tchad	2000	18	0, 9	
161	Thaïlande	1992	10	0, 7	
162	Togo	1995	18	10	
163	Tonga	2005	15		
164	Trinité-et-Tobago	1990	12.5	0	
165	Tunisie	1988	19	0, 7, 13	
166	Turkménistan	1992	15	0	
167	Turquie	1984	18	1, 8	
168	Ukraine	1992	20	0, 7, 14	
169	Uruguay	1972	22	0, 10	
170	Vanuatu	1998	15	0	
171	Venezuela	1993	16	8	31
172	Vietnam	1999	10	0, 5	
173	Zambie	1995	16	0	
174	Zimbabwe	2004	14.5	0	
	Aruba[15]				
	Koweït[16]				
	Liberia[17]				
	Qatar[18]				
	Suriname[19]				
	Palaos[20]				
	Malaisie[21]				

Source : F. Annacondia, International - Overview of General Turnover Taxes and Tax Rates, International VAT Monitor, Journals IBFD, cité avec l'autorisation de l'IBFD, voir http://online.ibfd.org/kbase/, Tous droits réservés.
Note :

L'acronyme « TVA » désigne tout impôt national qui réunit les caractéristiques fondamentales d'une taxe sur la valeur ajoutée telles qu'elles sont décrites dans le chapitre 1, quels que soient sa dénomination ou son acronyme, « taxe sur les biens et services » (TPS) par exemple.
1. Le taux normal est celui qui s'applique de manière générale, sauf lorsque la législation impose un taux de TVA différent (taux réduit ou taux majoré) à des biens et services spécifiques.
2. Les taux réduits comprennent le taux zéro (c.-à-d. les exonérations avec droit à déduction de la TVA d'amont) applicable aux transactions intérieures. Ce taux n'inclut pas les taux zéro applicables aux exportations et opérations assimilées telles que le transport international ou les fournitures aux ambassades, organisations internationales et autres missions diplomatiques. Les réductions temporaires des taux de TVA adoptées en réaction à la pandémie de COVID-19 et à la crise énergétique ne sont pas prises en compte dans ce tableau compte tenu de leur nature temporaire.
3. **Autriche.** Le taux normal de TVA est de 19 % à Jungholtz et à Mittleberg.
d. **Bhoutan.** Le taux normal est appliqué depuis le 1er juillet 2022.
5. **Canada.** Les provinces suivantes ont harmonisé leurs taxes provinciales sur les ventes avec la taxe fédérale sur les produits et services et appliquent les taux de TPS/TVH suivants : Nouveau-Brunswick, Terre-Neuve-et-Labrador, Nouvelle-Écosse, Île- du-Prince-Édouard : 15 % ; et Ontario : 13 %. Le Québec applique une TPS au taux de 5 % et une taxe sur les ventes de 9.975 % (à la même assiette que la TPS). D'autres provinces canadiennes, à l'exception des Territoires du Yukon, du Nord-Ouest et du Nunavut et de la province de l'Alberta appliquent une taxe provinciale sur les ventes à certains biens et services, en plus de la TPS fédérale.
6. **France.** Des taux spécifiques s'appliquent dans certaines régions ou certains territoires : taux réduits 0.9/2.1/10.0/13.0 (Corse) ; taux normal/réduit 8.5/2.1 (Martinique, Guadeloupe, Réunion) ; taux normal/réduit 16-13/5 (Polynésie française) (voir également le tableau annexe 2.A.1).
7. **Grèce.** Des taux régionaux spécifiques de 4.0 %, 9.0 % et 17.0 % s'appliquent dans les îles de Leros, Lesbos, Kos, Samos et Chios jusqu'au 31 décembre 2020 (voir également le tableau annexe 2.A.1).
8. **Iran.** En plus de la TVA (6 %), une taxe additionnelle de 3 % s'applique de la même manière que la TVA.
9. **Israël.** Les données statistiques concernant Israël sont fournies par les autorités israéliennes compétentes et sous leur responsabilité. L'utilisation de ces données par l'OCDE est sans préjudice du statut des hauteurs du Golan, de Jérusalem-Est et des colonies de peuplement israéliennes en Cisjordanie aux termes du droit international.
10. **Kosovo.** Cette désignation est sans préjudice des positions sur le statut et est conforme à la résolution 1244/1999 du Conseil de sécurité des Nations unies ainsi qu'à l'avis consultatif de la Cour internationale de justice sur la déclaration d'indépendance du Kosovo.
11. **Pérou.** En plus du taux normal d'IGV de 16 %, une taxe sur les ventes supplémentaire de 2 %(IPM) s'applique au niveau municipal.
12. **Portugal.** Aux Açores, le taux normal de TVA est de 18 % et les taux réduits sont de 4 % et 9 %. À Madère, le taux normal est de 22 % et les taux réduits sont de 5 % et 12 %.
13. **Espagne.** Des taux de 0.0 %, 3.0 % ; 7.0 %, 9.50 % ; 13.50 %, 20 % s'appliquent dans les Îles Canaries.
14. **Tadjikistan.** À partir du 1er janvier 2022, le taux normal de TVA passera de 18 % à 15 % pour les transactions scripturales. Le taux de TVA sera ramené à 14 % à partir de 2024 et à 13 % à partir de 2027 pour les transactions scripturales. Pour les transactions en espèces, le taux de TVA restera à 18 % en 2022, et passera à 19 % en 2024, puis à 20 % en 2027. La réduction du taux de TVA vise à faciliter le passage aux paiements sans espèces.
15. **Aruba.** La mise en œuvre de la TVA, prévue initialement au 1er janvier 2023, est reportée à 2024.
16. **Koweït**. Le gouvernement a annoncé l'introduction de la TVA en 2023.
17. **Liberia**. Le gouvernement a annoncé l'introduction de la TVA en 2023.
18. **Qatar.** La mise en œuvre de la TVA est reportée à cause du COVID-19 et de la hausse de l'inflation.
19. **Suriname.** La loi instaurant une taxe sur la valeur ajoutée (TVA) a été votée par l'Assemblée nationale en août 2022 et devrait entrer en vigueur en 2023.
20. **Palaos.** La TVA a été mise en place le 1er janvier 2023, sous le nom de « taxe sur les produits et services de Palaos ».
21. **Malaisie.** La TPS a été supprimée et un système de taxe unique sur les ventes a été rétabli le 1er septembre 2018, trois ans après l'introduction initiale de la TPS.

Annexe B. Taux de change

Tableau A B.1. Taux de change

Pays	Devise	Taux de change à PPA pour le PIB de 2021	Taux de change du marché pour 2020	Taux de change du marché pour 2021	Taux de change du marché pour le T1 2022
Australie	AUD	1.44	1.45	1.33	1.38
Autriche	EUR	0.77	0.88	0.85	0.89
Belgique	EUR	0.74	0.88	0.85	0.89
Canada	CAD	1.25	1.34	1.25	1.27
Chili	CLP	430.00	791.72	758.95	808.38
Colombie	COP	1359.00	3695.61	3743.59	3,912.31
Costa Rica	CRC	353.24	584.68	620.79	642.64
République tchèque	CZK	12.90	23.21	21.68	21.96
Danemark	DKK	6.59	6.54	6.29	6.63
Estonie	EUR	0.55	0.88	0.85	0.89
Finlande	EUR	0.83	0.88	0.85	0.89
France	EUR	0.73	0.88	0.85	0.89
Allemagne	EUR	0.74	0.88	0.85	0.89
Grèce	EUR	0.55	0.88	0.85	0.89
Hongrie	HUF	155.00	307.99	303.14	324.66
Islande	ISK	151.00	135.38	126.99	128.11
Irlande	EUR	0.79	0.88	0.85	0.89
Israël	ILS	3.80	3.44	3.23	3.20
Italie	EUR	0.65	0.88	0.85	0.89
Japon	JPY	100.00	106.76	109.75	116.20
Corée	KRW	847.00	1180.13	1143.96	1,205.25
Lettonie	EUR	0.51	0.88	0.85	0.89
Lituanie	EUR	0.46	0.88	0.85	0.89
Luxembourg	EUR	0.85	0.88	0.85	0.89
Mexique	MXN	10.00	21.40	20.27	20.45
Pays-Bas	EUR	0.77	0.88	0.85	0.89
Nouvelle-Zélande	NZD	1.49	1.54	1.41	1.48
Norvège	NOK	9.67	9.41	8.59	8.85
Pologne	PLN	1.84	3.90	3.86	4.12
Portugal	EUR	0.57	0.88	0.85	0.89
République slovaque	EUR	0.54	0.88	0.85	0.89
Slovénie	EUR	0.57	0.88	0.85	0.89
Espagne	EUR	0.62	0.88	0.85	0.89
Suède	SEK	8.71	9.21	8.57	9.33
Suisse	CHF	1.10	0.94	0.91	0.92
Turquie	TRY	2.78	7.02	8.85	13.93
Royaume-Uni	GBP	1.69	0.78	0.73	0.75
États-Unis	USD	1	1.00	1.00	1.00

Note :
1. Taux de change à parité de pouvoir d'achat (PPA) pour le PIB 2021. Consulté le 28 août 2022. Pour plus de détails. voir *www.oecd.org/std/ppp*.
2. Taux moyens du marché en 2019. Statistiques monétaires mensuelles de l'OCDE. Pour plus de détails, voir *stats.oecd.org*.
Source : OCDE.

www.ingramcontent.com/pod-product-compliance
Ingram Content Group UK Ltd.
Pitfield, Milton Keynes, MK11 3LW, UK
UKHW051646031026
15588UKWH00007B/1352